家事事件法之理論與實務 增訂第八版

———————— 李太正 著

五南圖書出版公司 印行

八版序

　　本法自 101 年 6 月 1 日施行以來，已四次修正。第一次為 105 年 1 月 15 日，修正第 19、32、60、64、165 條，重點為通譯之使用、調解委員之選任及準用、承受與起訴期限延長、程序監理人「應」改為「得」。第二次為 108 年 5 月 3 日，修正第 53、167 條，重點為監護宣告法院鑑定訊問「應」改為「得」。第三次為 108 年 6 月 21 日，修正第 164、165 條，重點為配合民法增訂意定監護制度。第四次為 112 年 6 月 21 日，修正第 12、138、200 條，重點為擴大遠距視訊、遺產管理人不載明其住所、施行日期；另配合精神衛生法修正，修正第 3、96、185 條（後三條施行日期，由司法院指定）。而民法、家庭暴力防治法、兒童及少年性剝削防制條例、提審法、跟蹤騷擾防制法、精神衛生法等相關法律亦陸續公布或修正，爰藉此新版為適當補充，並納入重要參考文獻與實務見解，以求新求全。

　　一個法律門外漢會很容易認為，在書中的某個地方，每個法律問題都會有答案。但多數的法律專家們，則不太喜歡沒有推理的結論，因此，在本書處處角落裡，提供了千百法律問題思辨的線索。

李太正

112 年 8 月

自 序

德國家事法知名學者 Dieter Schwarb 說道：「即便精研過家庭法的人，也沒辦法再信賴自己的知識，到處都充滿意外與驚奇」。本書付梓時，家事事件法施行不過二年，相處或許太短，還來不及熟悉，多次奉邀演講，常聽到這樣的聲音：「家事事件法施行至今，新舊好像沒什麼不同」。實不知則不知，知之似不知，反覆探索，則 Schwarb 意外與驚奇之言，借用對五代十國花蕊夫人之美讚，適可詩成：「意外不足充其狀，驚奇差堪顯其實」。

本書寫作，全國律師公會、台北、桃園、苗栗律師公會、財團法人法律扶助基金會等團體之演講邀請，先累以一定研究成果，而獲聘擔任東吳大學碩乙班家事事件法課程之講座，繼而將早思構想之個別專題，一一串連，而得完成問世。

特值一提與感謝的是，若非二十幾年前司法官訓練所物權法權威講座，前司法院副院長謝大法官在全老師之鼓勵，不曾想過會完成此書，雖然筆者二十幾年來之法學雜文或共同著書，也湊數近百萬字。這段時間以來，千百個家事法問題晨昏相伴，反覆思辨，企求完備。然家事事件法所涉親屬與繼承等實體法，訴訟與非訟等程序法，既深且廣，猶待長時耕耘，日新月新，或能所獲，而免大錯。

撰寫期間，幾度易稿，所幸有我的同事奕臻、媄娟、劉輝、昱程、慈郁的耐心研讀、校對與討論，讓本書得以把錯漏減到最低。

本書特色，依家事事件法之編章逐一論述，參考重要學理，並蒐

整法院重要裁判與行政函示，務求理論與實務兼顧。家事事件法雖為一程序法，但與親屬、繼承實體法關係密切，為求完整，研讀方便，亦擇要納入。

蘇格拉底說：「我知道我不知道」，蒙田說：「我知道什麼」，仿之曰：「什麼我知道！？」驚嘆帶有些絲得意，問號卻是反思再三。在知道與不知道間，測度法學深淺，在驚嘆與困惑中，計量有限之知與無涯之學。然而，更深的是，「我們所知道的都是局部的，及至那完全的來到。」（新約歌林多前書第十三章第九至十節）。

希冀本書對有志研究家事事件法者能提供適切的幫助！

李太正 103 年 6 月

目◆錄

第二編　調解程序

第三編　家事訴訟程序

第四編　家事非訟程序

第五編　家事事件之執行

第六編　附則

第一編

總論

第一章

法律施行及立法爭議

壹、法律施行

　　家事事件法之研議歷經多年，幾經波折，於民國 101 年 1 月 11 日公布，全法計 200 條，最後一條規定：「施行日期由司法院定之」，司法院在同年 2 月 29 日發布命令，決定在同年 6 月 1 日施行，同日高雄少年及家事法院揭牌運作（原來爲高雄少年法院）[1]。因教育訓練不及，相關配套均未到位，引起全國家事庭法官之抱怨與質疑[2]。司法院主管廳即少年及家事廳（以下簡稱少家廳）連忙在同年 3、4 月間，分北、中、南三區舉辦研究會，調訓法官以下各級承辦業務人員，但由於師資難覓，教材貧乏，有法官當場質疑講師適格性，甚而指名勿再續聘，要求暫緩施行之呼聲不斷。立法委員在同年 4 月間於立法院質詢司法院秘書長時，要求在家事法官紛紛表明尚不瞭解新法之法理基礎，相關子法尤其是審理細則又尚未公告完備，家事法官還未能瞭解如何適用新法情況下，希望司法院能延緩施行。秘書長準備好且訓練足之答覆，引來法官反彈[3]。少家廳臨時於 4 月 30 日至 5 月 4 日邀集全國各地家事法庭庭長舉辦「庭長願景營」，在司法人員研習所集訓討論了 5 天[4]，就提案問題詳爲討論、表決，作成類似法律座談會結論，希望統一做法，減少衝擊。少家廳廳長更於施行前幾天，親自到各法院少家庭一一說明拜訪，聽取意見，態度誠懇，希冀得到法官們的體諒與支持。直到 6 月 1 日施行，包括「家事事件法施行

---

[1] 其實在101年6月1日前，高雄地方法院之家事法庭，已先入駐於高雄少年法院，借用該院區辦理家事業務。

[2] 相對於日本之家事事件手續法（譯爲家事事件程序法），於2011年5月25日公布，約1年半後之2013年1月1日施行，而我國家事事件法從公布至施行不到半年。

[3] 有法官指責秘書長之答覆是公然說謊者。見自由時報，2012年6月1日報導，司法政績？還是詐欺所得？家事事件法倉卒立法、倉卒施行　法官抗議中。

[4] 由呂所長太郎主持（按司法人員研習所現已改爲法官學院）。

細則」等相關子法，各法院才正式收到司法院函頒之公文，快速立法，倉促施行，在法制史上也算少見。而由是引發不同典範理論者之評價，更是引人注目，有稱頌爲法制史上的里程碑，創程序法制史先河；也有認爲，制定過程過於匆促，相關配套不周全，如對民事訴訟法之配套修正部分，予以草率刪減，可能增加法理適用上困難；或認法之陳義雖良善，如執行困難，自非良法；或以如此粗糙之手段完成立法程序，實爲法制史所罕見，其缺失不勝枚舉，新舊法比較，舊法較爲嚴謹，新法失之簡略，對於人之生命極不尊重，其立法之內涵及品質，不進反退等語 [5]。

貳、立法爭議

　　家事事件法草案自 89 年成立第一階段研修會以來，歷經十多年未能定案，各方意見不一。100 年 1 月 18 日司法院以 99 年 11 月 19 日立法院三讀通過少年及家事法院組織法時附帶決議，要求司法院在 1 年內將家事事件法草案送立法院審議爲由，致函參與委員，表示於最後一次會議即 100 年 1 月 25 日第 215 次會議結束後解散該委員會任務，隨即重新另聘少數幾位法官及法官出身學者，組成第二階段委員會，從 100 年 2 月 14 日至同年 7 月 4 日止，以第一階段修正委員會所完成 194 條草案初稿爲底，擬定 191 條草案內容，用 5 個月取代 10 年研修，並於同年 7 月 21 日開始連續 3 天密集舉辦公聽會，不顧質疑聲浪，仍在總統大選前，將草案送請立法院審議，草案提出後，旋遭學界及婦女團體多方批判，發起「反對司法院『拼裝式』家事事件法草案」之連署行動，並召開民間團體聯合記者會要求立法院退回

---

[5] 見許正賢，人事訴訟的典範轉換？！——以家事事件合併審理制度爲例，月旦法學雜誌，第209期，2012年10月，第39頁以下。在第19頁及第40至41頁，引學者之評論意見。

該法草案。經立法院於同年 10 月 31 日起連續舉辦三場公聽會，第一階段委員於第一次公聽會提出「第一階段委員會草案補足版」，經立法院司法及法制委員會協調各方進行協商，最後司法院棄守其所提版本，而主要以上開「補足版」草案內容作為討論基礎，100 年 12 月 12 日三讀通過之現行家事事件法，近百分之九十以上就是補足版之內容。通過之法律既不是司法院所要或所熟悉，倉促成軍，受司法院邀請到各法院演講之講師因之被質疑不適格，也就能理其所然。多數法官們咸認上課無助於理解新法精神，抱怨聲不斷，這也促成作者特別邀請第一階段研修委員，也是認識多年的好友，臺灣大學法律系許士宦教授到苗栗地方法院演講的原因，自此開啟作者加入家事法研究之路，持續發表撰寫相關文章[6]。此期間多次獲邀至多處律師公會、法

---

[6] 家事事件法之繳費與退費（上）、（下），司法周刊，第1620及1621期，2012年11月16日、22日，第2、3版（見本書第一編第十三章，略加修改）；家事事件之合併（上）、（下），司法周刊，第1706及1707期，2014年7月25日及8月1日，第2、3版（見本書第三編第六章，略加修改）；民事事件可否併入家事事件統合處理──以最高法院一〇二年度台抗字第八〇二號民事裁定為例，裁判時報，第28期，2014年8月，第37頁以下；程序監理人──誰都可以當？怎麼當？台灣法學雜誌，第255期，2014年9月，第15頁以下；家事事件之定性，（上）、（下），司法周刊，第1740及1741期，2015年3月27日及4月2日，第2、3版；民事併入家事審理之爭議，裁判時報，第56期，2017年2月，第30頁以下；家事事件之救濟（上）、（下），司法周刊，第1856及1857期，2017年6月30日及7月7日，第2、3版；扶養減免裁定之溯及效力，一個橫跨公私法領域的議題──評最高行政法院106年度判字第377號判決，裁判時報，第65期，2017年11月，第31頁以下；約定贍養費事件之實體與程序──評最高法院106年度台簡抗字第15號民事裁定，裁判時報，第73期，2018年7月，第29頁以下；宣告終止收養事件：訴訟或非訟之爭──評最高法院109年度台簡抗字第262號裁定，月旦裁判時報，第112期，2021年10月，第19頁以下；關於民事庭審理家事事件引發之爭議──評最高法院109年度台上字第882號民事裁定，月旦裁判時報，第120期，2022年6月，第38頁以下；「血緣親子關係」確認訴訟之爭議──評最高法院109年度台上字第725號民事判決，月旦裁判時報，第128期，2023年2月，第27頁以下。

扶基金會演講，並擔任全國律師公會全國聯合會律師職前訓練課程講座，更自 103 年 9 月起，獲聘在東吳大學法律專業碩士班開授家事事件法課程。

第二章

重要立法原則之形成

壹、家事事件法制定緣由

民國 88 年 7 月間全國司法改革會議在「研採建立人民參與司法審判制度」之議題上，曾作成「爲因應社會價值觀之多元化，增強法官法律外之專業知識，並提升國民對司法裁判之信服度，應規劃如何立法試行酌採專家參審制，處理特定類型案件（如少年、家事、勞工、智慧財產權、醫療糾紛、行政爭訟及重大刑事等類案件）。其中就家事事件部分，應儘速制定家事審判法，並研究設立家事法院、勞工法院或促使此類法庭法院化」之結論，此爲家事事件法制定緣由。

貳、家事事件法名稱由來

從上述立法緣由之議題結論可知，係擬就家事事件制定「家事審判法」，然司法院組成之家事事件修法委員會，在參考日本「家事審判法」、韓國「家事訴訟法」後，決定以韓國立法模式爲仿效對象，確立將我國家事訴訟與家事非訟事件合併立法，而不是如日本之家事審判法僅處理家事非訟事件。法案名稱之選擇，因日本之家事審判法僅包括家事非訟，與立法政策不符；韓國之「家事訴訟法」其實包括訴訟與非訟，亦不恰當。間有提及使用「家事事件程序法」者，但最後提出供表決之名稱爲「家事事件法」與「家事事件處理法」，結果採「家事事件法」，理由認爲「解決紛爭」與「處理紛爭」之不同在於解決紛爭較牽涉既判力問題，而處理紛爭係關於訴訟事件以外各種各樣的交涉談判，家事事件包括訴訟與非訟，其處理範圍較廣，不加「處理」二字較有彈性。但有批評「家事事件法」一詞似乎寓有實體法的意味[1]，故而初見此法名稱，會難以立即判斷究爲程序法或實體

---

[1] 司法院家事事件法研究制定資料彙編（一），90年12月，第104至106頁。

法，蓋其有別於我國民事訴訟法、非訟事件法，或前述日本舊「家事審判法」（新法爲 2011 年制定之「家事事件手續法」，譯爲「家事事件程序法」）、韓國「家事訴訟法」[2]（韓國官方譯成英文之法典名稱爲「Family Litigation Act」[3]），均明顯含有「程序」意味。

參、少年及家事法院合併

日本家庭裁判所兼辦家事與少年事件，但適用個別法律[4]。司法院政策贊成合在一起，即原則上是同一建築物內有少年法庭與家事法庭，而不是如日本家庭裁判所，以家庭涵蓋少年，少年是家庭一環。因此，我國現在是「少年及家事法院組織法」，而不是「家事法院組織法」[5]。比較法上，各國有關家事事件之審理，仍有由民事普通法院管轄者，如瑞士、芬蘭、挪威；有因各自法制沿革，分別歸青少年法院、治安法院、監護法院、民事普通法院管轄者，如比利時、英國、義大利、法國[6]；有設專業法院者，如日本，全國共有 50 所家

---

[2] 見司法院編印，各國家事事件相關法規彙編，90年8月，第216頁。

[3] 按韓文原文爲「가사소송법」，逐字翻譯即爲「家事訴訟法」，該法自1990年12月31日施行以來，至2017年10月31日止，已修正16次，https://elaw.klri.re.kr/eng_service/lawView.do?hseq=45908&lang=ENG（2018年10月1日瀏覽）。

[4] 日本現行之家庭裁判所之沿革如下：1947日本通過「家事審判法」，1948年1月1日施行，初在地方裁判所內特設支部爲家事審判之機關，稱爲「家事審判所」，1948年由於少年法案之全面修改，依裁判所法改制爲「家庭裁判所」，是家庭裁判所係將「家事審判所」由地方裁判所獨立後與「少年裁判所」合併而成立，於1949年1月1日設立，見林菊枝，家事裁判制度之研究，政大法學評論，第13期，1976年2月，第114至115頁。另可參陳思帆，家事調查官相關制度，司法院選送國外進修報告，103年12月24日繳交。

[5] 同上資料彙編（一），第92頁。

[6] 張曉茹，日本家事法院及其對我國的啟示，比較法研究，第3期，2008年，第66頁以下。但法國在普通法院內也設有專辦家事事件之法官，如巴黎地方法院之

事法院（日文爲家庭裁判所），幾乎與地方法院（日文爲地方裁判
所）之設置相同[7]。韓國則於首爾設有家庭法院，亦分成家事部及少年
部，幾個大城市並設家庭法院分院，其他地區則是在地方法院內設少
年法庭及家事法庭[8]。德國則於區法院（Amtsgerichte）中成立家事法
庭（Familiengerichte），並無專門之家事法院，且除家事法庭外，
另設照管法庭（Betreuungsgerichte），負責成年監護及安置事件[9]。
而美國則各州不同，有單獨成立家事法院（Family Court 或 Court of
Domestic Relations），有於市法院內設置家事裁判部門者（Division
of Domestic Relations）[10]。我國於 101 年 6 月 1 日家事事件法施行同

家事法庭配置15位專業法官。見王聰明、胡方新、洪遠亮、黃曼莉，司法院92
年度法國、德國司法業務考察報告，92年8月（出國），第34頁。法國法院分
公法與私法二大體系，屬於私法系統之普通地方法院中之大審法院（Tribunaux
De Grande Instance），設有家事法官（Juge Aux Affaires Familiales）與少年法官
（Juge Des Enfants）分別處理家事與少年事件。

[7] 家庭裁判所とその支部は，地方裁判所とその支部の所在地と同じ所にありま
す。又因每一裁判所管轄地方大小不同，各自分設數目不同之支部（類似分
所），及出張所（辦公室）。例如東京家庭裁判所下設立川支部‧八丈島出張
所‧伊豆大島出張所。

[8] 司法周刊，第1467期，2010年1月22日，第1版報導。

[9] 規定於德國法院組織法§23b (1) Bei den Amtsgerichten werden Abteilungen für
Familiensachen (Familiengerichte) gebildet., §23c (1) Bei den Amtsgerichten werden
Abteilungen für Betreuungssachen, Unterbringungssachen und betreuungsgerichtliche
Zuweisungssachen (Betreuungsgerichte) gebildet. Betreuungsgerichte之前身是監護
法庭（Vormundschaftsgerichte），2009年配合FamFG之施行而取消，並修正其
管轄範圍。德國這種立法例，在美國也有類似制度，例如美國除一般之Family
Court（譯爲家事法院）外，也另外設有Probate或Surrogate Court（譯爲遺產驗證
法院），專門處理遺產事件者。

[10] 美國有關家事法庭之設置甚早，1910年紐約州水牛城在市裁判所設置家事裁判
部（Division of Domestic Relations），爲其他城市所採用，但由於同州內不同
法院間發生管轄權競合問題，遂有統一家事法庭（院）之運動。1914年俄亥
俄州之辛西那提市設立家事法院（Court of Domestic Relations），爲美國設立
家事法院先驅。1947年在白宮舉行全國家庭生活會議（National Conference on

日成立高雄少年及家事法院，屬於專業法院[11]，未來是否必要於北部、中部、東部各別成立，仍評估中。現狀則是於各地方法院（除離島地區少數法院外）設有少年及家事法庭（二者合一，如苗栗地院），或家事法庭、少年法庭（二者分開，如台中地院）[12]。

肆、少年及家事法官同一

日本雖由家庭裁判所負責處理少年事件與家事事件，然二者基本上係各自獨立。而美國法制則有由同一法官處理同一家庭的案件，包括少年及家事事件。法案草擬過程，本有將某些少年事件與家事事件

Family Life），美國律師公會提出離婚制度之報告，建議設置家事法院，見林菊枝，前揭文（註4），第125至126頁。其後，從1980年起，美國律師公會呼籲各州應設置統一家事法院〔Unified Family Courts（UFCs）〕。1998年共有來自30州之代表，在費城召開第一屆統一家事法院高峰會（Summit on Unified Family Courts），會後組成統一家事法院協調委員會（Coordinating Council on Unified Family Courts）督促此一改革呼籲之進展。2007年在Maryland州的Baltimore市，由美國律師公會與Baltimore大學共同召開第二屆統一的家事法院會議，共有來自25州之代表花兩天時間密集討論相關議題。根據統計，直至2006年，全美設有專門處理家事事件之家事法院州數共有38州，Barbara A. Babb, Special Issue: Unified Family Courts, REEVALUATING WHERE WE STAND: A COMPREHENSIVE SURVEY OF AMERICA'S FAMILY JUSTICE SYSTEMS, Family Court Review April, 2008.

[11] 該院之沿革為：88年9月15日依少年事件處理法成立「臺灣高雄少年法院」，初借用高雄高等行政法院之部分廳舍辦公，現行位於楠梓之法院大樓於92年5月9日落成啟用，同年籌建家事法庭大樓，96年7月9日落成啟用，高雄地院家事法庭遷入使用。

[12] 我國最早之家事法庭，是行政院於62年12月8日發布「家事事件處理辦法」後之翌年，依該辦法第3條：「地方法院設家事法庭辦理前條所定之事件，其事件較少之法院，得指定民事庭兼辦之。」之規定，於63年1月1日在台北、台中、高雄三地方法院成立。見林菊枝，前揭文（註4），第114頁。

規定應由同一法官處理之議，但最終並無共識。我國目前各地方法院包括高雄少年及家事法院，有些是類同日本法，家事庭與少年庭法官各自審理少年及家事事件，有些法院則是法官同時兼辦少年及家事事件。但即使是後者，並無規定將相關聯之少年及家事事件由同一位法官辦理。

伍、社工師與調解委員

　　家事法院應配置具備法律以外專業知識背景之人參與，曾引起熱烈討論。其中家事調查官已納入本法中；而社工師部分，當時的台北市社工師公會曾提出「家事法院設置社會工作師的趨勢說明」交委員會參考，主張非有國家公權力介入難有適當突破，應仿醫院及教育體系設有社工師進駐，唯有讓社工師進駐協助法院，才能改變現有法院傳統生態及意識形態[13]。但未被採納，因多數認為民間已有社工師考照制度，縣市政府社會局處也有專職社工人員，無於法院設專職必要；至於調解委員則可仿民事訴訟之調解委員予以設置[14]。

陸、家事諮商程序專編

　　日本家事實務衍生運用家事諮商程序，在事件進入訴訟或調解

---

[13] 同上資料彙編（一），第168頁。

[14] 同上資料彙編（一），第138頁。法院應否設置司法社工，在本法施行後仍見爭議，見監察委員沈美眞與杜善良調查「家事事件法施行後，法院所需之社工服務需求遽增，卻無妥適之配套措施，而仰賴原已嚴重不足之地方政府社工人力，致排擠社工原有福利服務及保護工作，相關機關有無怠失乙案」報告，公布於監察院人權調查報告網站（輸入關鍵字「社工」即可查得）。

程序前，由法院書記官、調查官及關係人商談，提供法律資訊，使
關係人得知悉法律效果，自主解決，因此日本家事法院稱是「最不像
法院的法院」、「讓國民不分男女老幼，不問懂得法律與否皆可利
用」[15]，此一議題提出後，對其功能是否僅限於法律諮詢，抑或應及於
心理、精神輔導與諮商；是否為法定前置程序，其與訴訟及調解關係
如何轉換；相關人員是否應為法院正式編制，委員意見不一，並未作
成結論。會議主席提到家事法院依實際需要或視人力、物力商請相關
社會或法律服務團體，於法院中設置「諮詢人員」[16]。法案在第二階段
研究期間，少家廳彙整實務意見認為：「一、少家法院組織法並沒有
規定設置法院諮詢人員，本法是作用法，得否作為建制諮詢單位的依
據？二、諮詢單位的職掌事項為何？與公平法院角色是否有所違背？
諮詢服務對象究係一造或兩造，如果是一造經諮詢，日後受到不利判
決，是否反而質疑法院中立角色？因此建議由法院提供場所，供縣市
政府設立諮詢單位，也就是類似家暴服務處性質，一方面提供當事人
第一時間在身心及程序層面的諮詢服務，一方面法院也可保持中立角
色。」獲得研究小組之贊同，認為家事事件法是審判法，是司法法，
諮詢單位適合在行政法律規定，且本法與家庭暴力防治法，有其不同
之處，家事審判之當事人，係以當事人平等立場進行審判，非為維護
被認為弱者之利益而進行，公平法院在此處也是很重要的，所以不贊
同設置[17]。故而本法並未列入，然因立法過程匆促，未及注意，以致
現行第 21 條規定：「民事訴訟法有關法院職員迴避之規定，於家事

---

[15] 由許士宦委員提出，同上資料彙編（一），第129頁。

[16] 主席為邱聯恭，見同上資料彙編（一），第133頁。

[17] 見第二階段之司法院家事事件法研究制定小組第1次會議紀錄（少家廳提供之電
子檔，未出版）。其實在已廢止之「家事事件處理辦法」第16條曾規定：「地
方法院設家事商談室，依當事人聲請或依職權，在調解或起訴前以商談方式協
助其解決家事問題。前項商談，由地方法院遴任書記官、通譯、或約聘適當人
士擔任之」。

調查官及諮詢人員準用之」，殘留「諮詢人員」一語[18]。

柒、家事服務中心

現行法院雖多設有單一窗口聯合服務中心，但有委員認為無法針對家事事件提供適切服務，服務人員應有相當專業訓練，必要時轉介其他機關服務，並由法院予以追蹤落實，可參考日本家事商談制度予以規定，最後因家事事件法為程序法，不宜規定組織法事項，而未納入[19]。

捌、家事事件分類

現行家事事件法第3條將家事事件分為甲、乙、丙、丁、戊五類，對於初次接觸本法者，理解常發生困難，此一分類雛型，是在第7次小組會議中提出[20]，當時係參考韓國家事訴訟法第2條根據當事人得否處分程度，而分為甲、乙、丙、丁、戊五類[21]，期間雖有刪修，而最終成為現行法模式。各類事件，韓國法僅寫類型[22]，日本法則將有關法條列入[23]，採韓國模式者認為，實體法有些未規定者，程序法

---

[18] 按此「諮詢人員」一語，為司法院送請審議之條文所無，而係立法院審查時所加。

[19] 彭南元委員主張，同上資料彙編（一），第762至764頁。

[20] 由許士宦委員提出，同上資料彙編（一），第312頁。

[21] 同上資料彙編（一），第312頁以下。

[22] 韓國家事訴訟法第2條就家事訴訟事件之甲、乙、丙類固無列出條文，但家事非訟事件丁、戊類則列舉條文以對。

[23] 日本新制定之家事事件手續法，已取消甲、乙分類，而是一一臚列共27種事件（第117至243條）。

仍應給予救濟機會，因此如對照法條列出，有遺漏可能，且不利法官造法；採日本模式者認為，可以精準對照事件對象。家事事件法草案初稿第 2 條有關家事事件分類本有以括弧列出實體法條文，但該時因許多法律正著手修正，到底是應列當時有效之條文，抑或列送立法院審議之草案條文，有不同意見[24]。現行家事事件法顯偏向韓國模式立法，並無於各該事件下臚列民法等實體法條文加以對照，例如，甲類事件為：一、確認婚姻無效、婚姻關係存在或不存在事件。二、確定母再婚後所生子女生父事件。三、確認親子關係存在或不存在事件。四、確認收養關係存在或不存在事件。家事事件法公布後制定之家事事件審理細則，則於第 70 條、第 74 條、第 79 條、第 95 條、第 101 條、第 108 條、第 123 條、第 128 條、第 129 條、第 149 條分別臚列相關法條，有列舉有概括，以為補充。對於分甲、乙、丙、丁、戊共五「類」之立法方式，有委員質疑與一般法制及實務習慣不符[25]。因此司法院當初根據第二階段委員會之建議，提送立法院審議之草案，曾把第 3 條拿掉，認為民法所規定親屬、繼承會因此而紊亂[26]。

玖、程序監理人制度

　　草案討論期間，參考美國 1970 年統一婚姻及離婚法第 310 節規定「法院為未成年人或需保護子女之利益，於決定該未成年人或需

---

[24] 同上資料彙編（二），第40至45頁。

[25] 吳明軒委員發言，同上資料彙編（二），第155頁。

[26] 許士宦，家事事件法，新學林出版，2020年2月一版一刷，第40頁。草案拿掉第3條後，於第2條第2項規定：「前項所稱家事事件，係指下列事件：一、本法第三編家事訴訟程序事件及第四編家事非訟程序事件。二、民法第四編親屬、第五編繼承所定前款以外之家事事件。但夫妻財產制契約登記事件，不在此限。三、家庭暴力防治法之民事保護令事件。四、其他法律規定事件，經司法院指定由少年及家事法院處理者。」

保護子女之監護、扶養及探望事項時，得指定律師爲其代表人」、
馬里蘭州家事法第 1-202 節相類規定、德國非訟事件法第 50 條之
「兒童律師」（Anwalt des Kindes），爲未成年子女選定程序監護人
（Verfahrenspfleger），此人不以具律師資格爲必要，其他如社會局
人員、兒童福利機構人員皆可擔任，負責法案總則部分草擬委員認
爲如有於總則中增訂之必要，應爲彈性規定，使法官有較大之裁量
權[27]，有委員提出德國非訟事件法第 50 條規定：法院於必要時得依職
權爲未成年子女所涉及之所有程序指定一名程序監護人；而在以下列
三種情形是法律明文視爲必要者：一、未成年子女利益與法定代理人
明顯衝突時。二、程序標的涉及未成年子女福祉有受危害之虞，而須
將之自家庭分開或剝奪親權。三、程序標的涉及將未成年子女自其照
顧人、探視權人或父母之一方帶離[28]。程序監理人之議題第一次被提
出，係於第 17 次小組會議中[29]，之後首次草擬之條文爲：「調解法官
或法院爲維護當事人或關係人之利益，於必要時得選任程序監護人。
但當事人或關係人有法定代理人或程序代理人者，法院應不爲選任或
撤銷選任（第 1 項）。程序監護人之報酬由調解法官或法院定之（第
2 項）」[30]。隨後委員補充報告提出：德國非訟事件法第 50 條之程序
監護人制度係受英美法影響，不過，德國聯邦憲法法院很早即已經宣
示，兒童在訴訟程序中亦爲基本權的權利主體，而非被決定的客體，
其有權請求國家給與保護，憲法法院在相關案例中一再宣示此原則。
此一原則雖有共識，但具體在程序上並無相關配套制度，直到 1998
年之修正，將德國非訟事件法舊法第 50 條刪除後所遺留下之空白，
置入現今程序監護人制度。德國在立法之初曾討論相關之立法例，最
完整的制度屬英國法上的雙重代理制度，亦即在家事程序中涉及子女

27許士宦委員所提，同上資料彙編（一），第910頁。
28沈冠伶委員所提，同上資料彙編（一），第910至911頁。
29司法院少家廳林敏蕙科長發言，同上資料彙編（一），第909至929頁。
30同上資料彙編（一），第951頁。

之事件，原則上須選任一名律師作為其訴訟代理人，在英國的律師公會置有一特別委員會（兒童保護委員會），被選任的律師必須是該兒童保護委員會中之成員，強調律師的專業性，此外，再同時由一名獨立的社工人員共同代理，其具有社會學及心理學方面的專業知識及處理家事事件之豐富經驗。不過，此制度最後並未為德國所採，此乃因考慮到德國本身之社會環境、相關法制之配套等，未採此種嚴格的雙重代理制度，而是由法官在必要時為選任。所謂「有必要」，於法條中列舉，除此之外，法官亦可視個案而依職權指定，在有律師代理的情形，如其本身對家事事件即具有專業性，即可不須再另指定一程序監護人，而將二重角色合一[31]。此外，對於程序監護人制度是否於成年監護事件亦有適用，而不單限於未成年子女事件、有法定代理人或訴訟代理人時是否不需要程序監護人、程序監護人有無主動詢問或調查證據等權利、其資格是否限於律師、報酬應由國庫或程序發動者負擔，均有所討論[32]。就報酬部分，委員會初步採國庫負擔為原則，惟嗣後在第20次小組會議上，以財政困難為由改列為程序費用[33]。現行「程序監理人」名稱用語，亦多次變動。如上所述，一開始是用「程序監護人」（也有提出「程序保護人」、「程序輔助人」者），因該詞容易與實體法上「監護人」混淆，在91年11月12日委員會第25次會議上，由少家廳整理提案之甲案首次使用了「程序監理人」一詞，理由提及名稱是參考司法院84年1月出版「各國非訟事件關係法規選輯」第49頁，即德國非訟事件法第70條之2「指定監理人」翻譯名稱而來[34]。儘管如此，仍有認為「監理人」名稱一開始使用，恐怕比較不容易理解，分別有建議使用「特別代理人」、「特別監護

---

[31] 沈冠伶委員所提，同上資料彙編（一），第1021頁。

[32] 同上資料彙編（一），第1021至1035頁。

[33] 司法院調辦事法官彭昭芬發言，見同上資料彙編（一），第1060頁。

[34] 同上資料彙編（三），第139至140頁。

人」者[35]，其後在委員會第26次會議上，主席建議發言內容暫以「程序監理人」稱之[36]。但到第二階段研究制定小組第2次會議中又將「程序監理人」改爲「程序監護人」。司法院於100年8月26日根據第二階段委員所擬之「家事事件法草案」第14條使用「程序監護人」，於立法院討論時，才又改回現行第15條之「程序監理人」。至於程序監理人資格，草案討論期間，本有得選任「受監理人三親等內血親」，或其他具有「法律專業知識」之人擔任之，然現行法並無此規定；此外，本以社會福利主管「機關」或社會福利「機構」爲選任對象，但擔憂將來出庭人員更替，現行法用語爲該機構「所屬人員」；就律師公會、社會工作師工會或他相類似公會所推薦之人，本亦應限定於該公會所屬人員[37]，惟現行法並無此用語。因此，理論上可以推薦非該公會之人，例如法學教授或其他之人，只要彼等具有「性別平權意識、尊重多元文化，並有處理家事事件相關知識」，均可能爲適當之程序監理人人選，其中自然可能包括被刪除之「受監理人三親等內血親」，或其他具有「法律專業知識」之人。

拾、DNA之血緣鑑定

在確定親子關係訴訟上，目前DNA科技之正確率高達百分之九十九以上，此一鑑定技術是否僅限於消極否認訴訟抑或包括積極確認訴訟，及自然血親科學眞實性是否爲法律制度所應加以追求之最高要求，例如受婚生推定子女之最佳利益考量，是否優先於實體眞實價值，甚至可以利用時效來取得身分等，皆留有爭議。比較各國法，德國較追求發現眞實，除有妨害身體健康等例外情形外，可直接對其身

---

[35] 同上資料彙編（三），第149至150頁。
[36] 同上資料彙編（三），第153頁。
[37] 同上資料彙編（三），第260頁。

體爲直接強制，亦即以強制力抽血檢驗，該國制度之形成乃基於仇視猶太背景而來，當時因爲仇視猶太人，所以將其關入集中營，許多人爲防止遭到迫害，乃提起確認父子關係不存在等身分訴訟；另有一說係基於探知自己生父爲人格權之一種，任何人皆不能干涉之法理。韓國家事訴訟法採取德國立法例，但條件較寬，奧地利立法則採較緩和之間接強制方式，英美自由主義國家則連拘提、管收等間接方式亦不予允許，日本現行法最爲寬鬆[38]。家事事件法草案初稿第58條第4項規定「當事人無正當理由拒絕接受醫學檢驗者，法院得審酌情形認他造關於該檢驗應證之事實爲眞正」，並於第194條規定違反之間接處罰規定：「當事人或第三人於收受第五十八條之檢驗命令後，無正當理由拒絕接受檢驗者，法院得以裁定處新臺幣三萬元以下之罰鍰（第1項）。前項裁定得爲抗告（第2項）。受裁定人於第一項裁定確定後仍無正當理由仍拒不履行者，法院得拘提並管收直至其履行檢驗之義務爲止，但管收期限不得逾三個月（第3項）。強制執行法第二十二條之一至第二十二條之五之規定，於前項情形準用之（第4項）」[39]。然現行法第68條並無上開審酌爲眞正及間接處罰之規定。

拾壹、家事法院之權限

從現行家事事件法第1條：統合處理「家事事件」之規定觀之，家事法院應僅受理家事事件無疑，但立法過程中仍多有討論，例如當家事法院與其他法院（普通法院或行政法院）發生權限爭議時，有贊成得由當事人合意由家事法院處理，反對者認爲如當事人合意即可將

---

[38] 同上資料彙編（一），第199至201頁。世界各國如德、法、英、美、日等國之詳細比較法研究，請參陳風易，親子關係訴訟中的血緣鑑定之強制性，現代法學，第32卷第1期，2010年1月，第86頁以下。

[39] 同上資料彙編（二），第40至101頁。

非家事事件由家事法院審理，將不當擴張家事法院處理權限，可能造成排擠原本家事事件可運用專業法院處理的資源，最後通過之現行法第4條規定：「少年及家事法院就其受理事件之權限，與非少年及家事法院確定裁判之見解有異時，如當事人合意由少年及家事法院處理者，依其合意（第1項）。前項合意，應記明筆錄或以文書證之（第2項）。」草案討論期間，雖有所修正，但此一條文主要內容，在第15次委員會討論後大致確定[40]。

拾貳、家事與民事法院

　　現行家事事件法第7條規定：「同一地區之少年及家事法院與地方法院處理權限之劃分，除本法及其他法令別有規定外，由司法院定之（第1項）。同一地方法院家事法庭與民事庭之事務分配，由司法院定之（第2項）。」前者指不同法院間，例如高雄少年及家事法院與高雄地方法院間事件「處理權限」；後者指同一法院內家事庭與民事庭之「事務分配」，此條文在討論過程中，多有爭議。草案原本僅有第2項之規定，一般認為那是法院內部事務分配問題較無問題，但對於不同法院間之權限衝突問題如何解決應予規範，後來才加入如現在之第1項內容。第1項有關不同法院間（現行條文用語為「同一地區」）權限爭議，有認為那是「審判權」衝突，不適合由司法院定之，以免侵害審判權獨立之本質，並有逾越立法授權與法律保留原則，且縱然由司法院定之（當時司法院是否審判化及有無規則制定權尚未確定），其規範方式是個案定之或應有一客觀辦法，亦應思考。與會者有認為這非屬審判權衝突性質，而是指普通民事法院與其他民事法院間就事件應如何處理之權限劃分，本法是就全部民事事件中，

---

[40]同上資料彙編（二），第504、525頁。

抽出具家事事件性質者，因此縱是家事事件亦屬於民事事件之一部分，因此不涉及審判權問題。為了淡化「審判權」爭議，改用「處理權限」，並認為應有一客觀辦法，因此原來草案係規定處理權限之劃分「辦法」，但現行通過之上開條文並無「辦法」二字，顯然並不以由司法院事先定一客觀辦法為必要，而認司法院可以個案認定之[41]。

拾參、程序不公開原則

家事事件處理程序究以公開或不公開為原則，草案研擬過程中有過熱烈討論，現行家事事件法第 9 條採「不公開為原則，公開為例外」。採公開為原則者，援引法院組織法第 86 條：「訴訟之辯論及裁判之宣示，應公開法庭行之」、民事訴訟法第 574 條第 4 項：「婚姻事件，當事人得合意不公開審判，並向受訴法院陳明」（已刪除）；採不公開為原則者，參考日本家事審判規則第 6 條：「家庭裁判所之手續，不公開。但家庭裁判所得准許認為適當之人旁聽」，日本將法庭公開原則規定憲法中，尚可採取如上不公開原則，我國則規定於法院組織法中，改採取不公開原則，問題爭議較少，在奧地利亦採取不公開為原則，並認為法庭公開原則在 19 世紀時具有政治意義，採取之目的在於監督法官，然目前世界各國對法官有逐漸加重信賴趨勢，家事事件除身分關係事件外，縱涉及財產訴訟，當事人亦多有家醜不外揚心態。現行條文第 2 項「審判長或法官認為適當時，得許就事件無妨礙之人旁聽」，本為草案條文討論之初所無，嗣有委員認為，所謂因公益或學術研究之必要或有利害關係第三人，其範圍廣泛不確定，爰增訂之。另不公開原則是否包括裁判之宣示、裁判書之公開、裁判書上網、卷宗證物閱覽權之限制，及是否仿韓國家事訴

---

[41]同上資料彙編（二），第511、513、534、557頁。

訟法第 10 條：「家事法院處理中或業已處理之事件，其事實與照片
能辨認當事人姓名、年齡、職業與肖像等，不得於新聞報紙、雜誌及
其他出版刊物登載或廣播」，雖曾提出討論，但現行法未一併加以規
範[42]。

拾肆、本人到庭之義務

　　現行家事事件法第 13 條規定：「法院處理家事事件，得命當事
人或法定代理人本人到場，或依事件之性質，以適當方法命其陳述
或訊問之。但法律別有規定者，依其規定（第 1 項）。當事人或法
定代理人本人無正當理由，而不從法院之命到場者，準用民事訴訟
法第三百零三條之規定。但不得拘提之（第 2 項）。受前項裁定之
人經法院合法通知，無正當理由仍不到場者，法院得連續處罰（第 3
項）。受裁定人對於前二項裁定得為抗告；抗告中應停止執行（第 4
項）。」草案討論之初，焦點放在「應」命本人到場，或「得」命本
人到場，及是否準用民事訴訟法第 303 條罰鍰及拘提之制裁效果[43]。
在立法例上，德國民事訴訟法第 613 條特別標明不得拘提，而韓國家
事訴訟法則規定可以拘提[44]，現行法顯然採取較為緩和之立法方式，
但在分則條文，如第 30 條第 1 項：「家事事件之調解，就離婚、終
止收養關係、分割遺產或其他得處分之事項，經當事人合意，並記載
於調解筆錄時成立。但離婚及終止收養關係之調解，須經當事人本人
表明合意，始得成立」、第 45 條第 1 項：「當事人就離婚、終止收
養關係、分割遺產或其他得處分之事項得為訴訟上和解。但離婚或終
止收養關係之和解，須經當事人本人表明合意，始得成立」，立法理

---

[42] 同上資料彙編（二），第582至705頁。

[43] 同上資料彙編（二），第634至756頁。

[44] 同上資料彙編（三），第25頁。

由提到：「至於當事人係由本人到場或以聲音及影像相互傳送之科技設備等方式表明意思，均無不可」；第46條第1項第1款：「當事人於言詞辯論期日就前條第一項得處分之事項，為捨棄或認諾者，除法律別有規定外，法院應本於其捨棄或認諾為該當事人敗訴之判決。但離婚或終止收養關係事件有下列各款情形之一者，不在此限：一、其捨棄或認諾未經當事人本人到場陳明。」立法理由謂：「不許他人代理」。此三條文是否限於本人親自到場，新法施行前舉行之庭長願景營曾提出討論，多數認為第30條及第45條，當事人本人不一定到場，凡本人有明確表意即可，此一表意得以書面為之[45]，至於第46條，當事人本人須「到場」陳明，並認為第12條遠距訊問，可被解釋為係「到場」方式之一[46]。

拾伍、法律用語之改變

參考德國2009年9月1日施行之「家事事件及非訟事件程序法」（Gesetz über das Verfahren in Familiensachen und in den Angelegenheiten der freiwilligen Gerichtsbarkeit，以下簡稱FamFG）新法，將訴訟稱為「程序」，起訴稱為「請求」，原、被告稱為「請求人」與「相對人」，「訴訟能力」改成「程序能力」。概念上是要有別於傳統民事訴訟法[47]。本法參考之，亦納入相關條文中。

---

[45] 實務上，例如原告出具切結書「具結其確實有離婚之意思，為慎重起見，特立此書為證，如有虛假，願負法律責任」等語，參台南地院103年度調家訴字第1號判決。如係當庭透過個人手機之通話，應確認身分，令在場關係人辨識，並將遠距之通話地點、手機號碼、通話時間等詳細記明筆錄，以免事後翻異，參桃園地院101年度家續字第1號判決。

[46] 參司法院編印，家事事件法法官參考手冊，第129頁。

[47] 許政賢委員發言（第二階段研究制定小組第3次會議，第131頁）。按指該法第113條

　　此外其他包括參審員、配置醫技人員等，因相關政策、預算或另案研議等因素，雖於本法草案研議過程均曾列入討論，但與現行法之適用，較無直接關聯，爰予省略。

---

(5) Bei der Anwendung der Zivilprozessordnung tritt an die Stelle der Bezeichnung

1. Prozess oder Rechtsstreit die Bezeichnung Verfahren,
2. Klage die Bezeichnung Antrag,
3. Kläger die Bezeichnung Antragsteller,
4. Beklagter die Bezeichnung Antragsgegner,
5. Partei die Bezeichnung Beteiligter.

第三章

行政法令與變革

學習重點

1. 家事事件行政管考與民刑事分離
2. 同一調解筆錄何以冠上數個案號
3. 審理期限適度延長是否符合需要
4. 暫時處分類型及方法辦法供參考
5. 程序監理人選任及酬金辦法
6. 程序監理人倫理規範
7. 法院設置家事調解委員辦法
8. 溝通式家事法庭設置

壹、相關法規之訂定

一、新訂定「家事事件編號計數分案報結實施要點」

　　長期以來，家事事件為民事事件之一環，故其編號、計數、分案、報結等行政事項，統由「民刑事編號計數分案報結實施要點」規範，隨著新法施行，基於統合處理家事事件，圓融解決家庭紛爭之立法意旨，基礎事實相牽連之數家事事件，得合併調解、合併審理。故司法院依事件性質，重新調整家事事件分案、計數及報結之需要，參照「民刑事編號計數分案報結實施要點」（以下簡稱民刑要點）有關規定，於 101 年 5 月 31 日以院台廳少家二字第 1010015446 號函頒「家事事件編號計數分案報結實施要點」（以下簡稱家事要點），家事事件與民刑事件此方面之行政管考自此分離。其中最大差異為，民事事件訴之追加或反訴，不另立卷宗號數（民刑要點第 9 點），而家事事件則如因請求之基礎事實相牽連而為請求之追加或反請求者，應另立卷宗號數（家事要點第 6 點）。因此，爾後將出現同一裁判書，甚至和解書、調解書掛有多個案號之情形。此外，為維持家庭之平和安寧，避免當事人間因家事紛爭迭次興訟，並符合程序經濟原則，免生裁判之牴觸，家事事件法第 41 條明定就數家事訴訟事件或請求之基礎事實相牽連之家事訴訟事件與家事非訟事件，得選擇向其中一家事訴訟事件有管轄權之少年及家事法院合併請求，不受民事訴訟法第 53 條及第 248 條所定有關提起共同訴訟或客觀合併訴訟要件之限制；前項情形，並得於第一審或第二審言詞辯論終結前為請求之變更、追加或為反請求；且依前項情形得為請求之變更、追加或反請求者，如另行請求時，法院為統合處理事件認有必要或經當事人合意者，得依聲請或依職權，移由或以裁定移送家事訴訟事件繫屬最先之第一審或第二審法院合併審理，並準用第 6 條第 3 項至第 5 項之規定。依此規

定，未來第一審會有數案合併審理、合併審判情形[1]，即同一裁判書或和解、調解筆錄會有數個案號之情形。

二、新訂定「少年及家事法院審理期限規則」

　　如上所述，長期以來，家事事件爲民事事件之一環，故其辦案期限，統由「各級法院辦案期限實施要點」規範，隨著新法施行，且少年及家事法院組織法第 49 條明定：「少年及家事法院之審理，應規定期限，其期限由司法院以命令定之。」司法院參照各級法院辦案期限實施要點有關規定，於 101 年 5 月 31 日以院台廳少家一字第 1010015547 號函頒「少年及家事法院審理期限規則」，對於部分事件審理期限多有放寬，並對於合併審理事件另有延長規定。此一修正雖適度放寬辦案期限，但若能一併斟酌個案審理中選任程序監理人、函請社工調查訪視，送請家暴處遇鑑定，甚或轉介婚姻親子諮商等，造成之額外程序費時，而予適度延長或加計，在統合、迅速、妥適中取得平衡，或許能讓家事事件之審理更能圓滿解決相關爭議。

三、其他法規修正

　　新法施行以來，司法院陸續訂定、修正相關法令如下：（一）家事事件法施行細則。（二）家事事件審理細則。（三）家事非訟事件暫時處分類型及方法辦法。（四）程序監理人選任及酬金辦法（含程序監理人倫理規範）。（五）家事事件編號計數分案報結實施要點。（六）少年及家事法院審理期限規則。（七）法院設置家事調解委員辦法。（八）表揚法院家事調解委員實施要點。（九）法院辦理家庭

---

[1] 由此衍生，此種事件上訴到上級審（高等法院及其分院），上訴審到底算一案或數案，如算一案，等於同時辦理數案，相較於辦理一般民事事件之其他上訴審法官，可能會有勞逸不均現象，也曾一度引起上訴審法官之擔憂，要求主管之少家廳正視釋疑。

暴力案件應行注意事項。（十）法庭席位布置規則。（十一）少年及家事法院受囑託辦理交付子女與子女會面交往強制執行事件要點。（十二）家事事件裁判費徵收核算對照表。（十三）家事事件文書傳真及電子傳送作業辦法。（十四）法院辦理家事事件遠距訊問審理及文書傳送作業辦法。（十五）家事事件書狀規則。（十六）司法院辦理補助駐法院家事服務中心辦法。（十七）法院加強辦理家事調解事件實施要點。

貳、溝通式家事法庭

因應少年及家事法庭之設置及家事事件法之施行，家事事件程序新增家事調查官、程序監理人等得於法庭活動之人，且兒童及少年福利與權益保障法第 61 條第 2 項、家庭暴力防治法第 13 條第 4 項及家事事件法第 11 條等，均訂有於審判程序中陪同到庭人之席位，司法院於 101 年 5 月 30 日以院台廳司一字第 1010015215 號函發布「法庭席位布置規則」，將家事法庭分為一般家事庭席位與溝通式家事法庭席位，相較於一般法庭，後者未以欄杆區隔審判區、旁聽區，且全部席位均置於地面、無高度差。

家事服務中心

壹、家事服務中心立法

　　家事事件法研擬及立法過程中，要求法律明定法院應設置類如「家事服務中心」之單位，以提供當事人及家屬多元化諮詢與資源轉介服務之呼聲不斷，其主要理由認為，各法院雖多設有單一窗口聯合服務中心，但並無法針對家事事件提供適切服務，因家事事件服務人員須具備專業訓練，必要時還要轉介其他機關服務，並由法院予以追蹤落實，故建議參考日本家事商談制度或其他國家更完整之制度，以應需要[1]。最後因依中央行政機關組織基準法第5條規定，作用法不得訂定組織事項，而未能在家事事件法中制定設置。

　　然此一議題仍持續受到多方關注，立法院於審理家事事件法時附帶決議要求司法院於修正少年及家事法院組織法時，研議增訂相關規定之必要性，如有增訂必要者，應於家事事件法制定公布後半年內，擬具修正草案送立法院審議[2]。司法院依此擬具少年及家事法院組織法第19條之1：「少年及家事法院得提供場所，必要之軟硬體設備及其他相關協助，供直轄市、縣（市）主管機關自行或委託民間團體設置資源整合連結服務處所。但離島法院有礙難情形者，不在此限。」立法院三讀通過條文為「少年及家事法院應提供場所、必要之軟硬體設備及其他相關協助，供直轄市、縣（市）主管機關自行或委託民間團體設置資源整合連結服務處所，於經費不足時，由司法院編列預算補助之。前項之補助辦法，由司法院定之。」

　　101年6月1日家事事件法施行，同時高雄少年及家事法院也揭牌運作，作為第一個，也是目前唯一的少年及家事專業法院，隨即邀請高雄市政府在該院設置「高雄市政府家事資源服務站」，服務範圍包括「戶政登記」、「社工陪同出庭」、「社福諮詢與轉介」，另請

---

[1] 司法院家事事件法研究制定資料彙編（一），90年12月，第762至764頁。
[2] 見立法院公報第100卷第88期院會紀錄。

內政部移民署高雄市第二服務站到院服務，提供新移民業務諮詢[3]。相較於鄰近國家日本，其家庭裁判所設有醫務室技官，為精神科及內科醫師，但因專業及有意願之人員不易覓得，故並非所有的家庭裁判所均設置專任醫務室技官，其工作在於必要時針對家事事件當事人與少年之身心狀況進行診斷[4]。蓋家事服務中心之功能，應側重協助家事紛爭解決，強化諮商、情緒排解，甚至主動訪視、提供法律服務、講授相關課程、聘請專家進駐，密切與各方家事資源結合，進而充實家事法庭專業化之需求，始能真正達到統合解決家事紛爭之目的。目前各法院設立之家事服務中心，其功能編制定位，如僅重在資源連結，好似法院出借場地供行政機關設置聯合服務處，行政機關擴點越多，固然更為便民，但與家事事件法之立法旨趣尚屬有間。

　　司法院於家事事件法施行後，即不斷希望各法院儘快成立類似家事服務中心之單位，但因缺乏法源，若干縣市政府消極不願配合，即便成立，也不見的實際運作[5]，102年5月8日少年及家事法院組織法第19條之1修正公布後，司法院憂心立法目標未能達成，特別於家事事件法施行屆滿一年之102年5月31日，邀集各家事法庭庭長及縣市社會局處代表開會，希望能因應法律修正，儘快編列預算，會議中若干縣市質疑其法源拘束性及成立必要性[6]。又法文規定為「設置資源整合連結服務處所」，正式名稱為何，各法院做法不一，直到102年9月間，才律定中英文名稱為「○○市（縣）政府駐法院家事服務中心」、「○○ City (County) Government Family Cases Service Center」。

---

[3] 見司法周刊之報導，第1598期，2012年6月14日發行。

[4] 見司法院九十三年度日本家事司法制度考察報告，第22頁。

[5] 有些法院固掛牌成立，但並無專人服務，或每週幾日派員服務，或以電話轉介至縣政府相關部門。

[6] 全國各地法院雖於102年12月底陸續成立，中英文名稱也加以統一，但直到103年3月17日連江地方法院掛牌運作，全國各法院才全部完成設置，見司法周刊之報導，第1688期，2014年3月21日發行。

貳、家事服務中心定位

家事服務中心涉及層面有多面向，分別說明如下：第一，法源問題，上開少年及家事法院組織法第19條之1規定：「少年及家事法院應提供場所、必要之軟硬體設備及其他相關協助，供直轄市、縣（市）主管機關自行或委託民間團體設置資源整合連結服務處所，於經費不足時，由司法院編列預算補助之。前項之補助辦法，由司法院定之。」與此相類之立法，為家庭暴力防治法第19條第2項：「直轄市、縣（市）主管機關應於所在地方法院自行或委託民間團體設置家庭暴力事件服務處所，法院應提供場所、必要之軟硬體設備及其他相關協助。但離島法院有礙難情形者，不在此限。」二者相異點為，少年及家事法院組織法之主管機關是司法院，家庭暴力防治法之中央主管機關是內政部（102年7月政府改制後，此項業務劃歸「衛生福利部」），地方是各縣市政府。前者規範對象是各少年及家事法院，後者規範對象是縣市政府；前者之各縣市政府既非規範對象，是否成立家事服務中心即非其等之義務；反之，後者則是各縣市政府之義務。此即何以司法院召開會議，商請各縣市政府能予配合設置之原因。第二，預算編列問題，因為法源有如上疑義，在司法院前所召開之會議上，若干縣市政府代表即以法源是司法院主管之少年及家事法院組織法，而非其行政上級機關行政院相關部會，當場表示預算編列將有困難。第三，福利行政問題，家事服務中心既是提供家事事件服務，性質上屬於福利行政，由非行政機關之司法院要求行政機關配合實施，在權力分立上即面臨挑戰。這當然牽涉到立法當初，設置類似之服務中心是否為法院所應為之爭議。且若干縣市政府已有設置類似之便民服務中心，囿於財政困難，對於何以須配合司法院政策設置家事服務中心亦產生質疑。第四，家事服務中心與家庭暴力服務處定位問題[7]，二者法源不同已如上述，家事事件法施行後，民事保護令

---

[7] 其實立法院司法及法制委員會審竣本法草案時之附帶決議，本有「前項服務

事件屬家事事件之一種（家事事件法第 3 條丁類第 13 款），後者因有獨立之設置法源依據，運作已久，長期為心繫家暴議題之婦女團體所關注，如融入家事服務中心，可能招致弱化家暴防治保護之批評。雖然事實上，縣市政府多是委託民間單位在法院設置（如勵馨基金會等團體），功能會有所重疊，如合併為一，似乎可統合資源，節省行政成本，這也就是若干縣市政府有所遲疑之故。第五，家事事件服務中心功能問題，家事服務中心之服務範圍，如類似各法院現行聯合服務中心，則其成立必要性為何，故有法院就把家事服務中心設置在聯合服務中心內，而非如家庭暴力服務處獨立掛牌運作。第六，主動與被動問題，各縣市政府對於是否在法院設置家事事件服務中心，看法不一，除有上述問題外，主要牽涉各縣市政府資源多寡，施政重心及心態問題，被動配合，則裹足不前，主動服務，將家事事件服務中心視為縣市政府服務民眾之延伸，自不考慮法源與預算編列困難。如前所述，高雄市政府在少家及家事法院組織法第 19 條之 1 未修正通過前，即已在高雄少年及家事法院設置「高雄市政府家事資源服務站」，視之為高雄市政府駐法院辦公室，宛如市政府手腳之延伸。

參、家事服務中心運作

　　目前各法院均已成立家事服務中心，司法院為落實追蹤服務績效，要求各法院每月呈報「家事事件專案服務執行概況統計表」，內容包括：一、服務內容，有法律諮詢、社工陪同、心理治療、婚姻、心理諮商等轉介、其他。二、服務方式，有現場服務、電話諮詢、書面諮詢。三、現場及電話服務之事件類型，有婚姻、親子、繼承、家暴、監護（輔助）、其他。四、陪同服務之家事事件類型及人次數，

處所得與家庭暴力防治法第十九條第二項所定家庭暴力事件服務處所合併設置」，見立法院公報第100卷第88期院會紀錄。

有婚姻、親子、繼承、家暴、監護（輔助）、其他。五、服務對象，
有家事當事人、關係人或未成年人、家暴被害人、家暴相對人、其他
成員、性侵被害人、性侵加害人、一般民眾。司法院根據少年及家事
法院組織法第19條之1第2項之規定，訂頒「司法院辦理補助駐法
院家事服務中心辦法」，以為適度之經費補助。

　　家事服務中心之運作成效，不斷受到各界關注，例如立法院司法
及法制委員會提案請司法院會同法律扶助基金會儘速協調各分會，支
援各地方法院家事服務中心[8]，司法院於103年1月17日研商開會後，
建議各分會派遣律師至服務中心提供法律諮詢服務。司法院且發函
要求各地方法院定期（每2個月或按季）舉行服務中心之業務聯繫座
談會，斟酌邀請地方政府、律師、專家學者及民間團體參與，分享交
流、深化與各界溝通，提高各方對司法之瞭解與信賴，提升服務中心
之服務品質[9]。

　　然正因家事服務中心之法源、定位與功能仍有諸多問題，加上
社工陪同出庭業務增加，造成各縣市政府部分社福資源及社工人力負
擔，監察院提案主動調查，就家事服務中心部分，認為：駐法院家事
服務中心依法雖應由地方政府自行或委託民間團體設置之，惟因地方
囿於財政困難而未能挹注穩定且充足之經費，多數中心僅有1至2名
專任社工人力，而上開補捐助對象為民間團體，對於少數由縣府社工
輪值派駐法院服務者，能否申請補助，似有疑義。亟待司法院依法積
極編列預算補助之，以落實該中心之立法目的，並減緩家事事件法對
於地方政府社工人力之衝擊[10]。

---

8 立法院第8屆第4會期司法及法制委員會第18次全體會議。

9 司法院秘書長103年3月26日密台廳少家字第1030008699號函。

10 見監察委員沈美真與杜善良調查「家事事件法施行後，法院所需之社工服務需
　求遽增，卻無妥適之配套措施，而仰賴原已嚴重不足之地方政府社工人力，致
　排擠社工原有福利服務及保護工作，相關機關有無怠失乙案」報告，公布於監
　察院人權調查報告網站（輸入關鍵字「社工」即可查得）。

第五章

家事事件之定性

學習重點

1. 家事事件定性之先後
2. 家事事件定性之重要
3. 如何定性民事或家事
4. 如何定性訴訟與非訟
5. 司法院有無定性權限
6. 代位訴訟事件之爭議
7. 饒富爭議之定性事件

壹、概說

　　家事事件法之制定與施行，代表從民事訴訟中之人事訴訟編出走，從此家事事件有別於民事事件。由是，第一層次之定性問題，即民事事件或家事事件之判斷，自然而生，特別是在與本法施行日同一天成立之高雄少年及家事法院開始運作後，民事事件屬於高雄地方法院管轄，家事事件屬於高雄少年及家事法院管轄，某一事件究為民事事件或家事事件，院區不同，受理法院不同，而不再是同一法院內之事務分配問題。而家事事件法把非訟事件法中之家事非訟事件納入，家事事件內含家事訴訟事件與家事非訟事件，二者程序不同，法理相異，不容混淆，因此訴訟事件或非訟事件之第二層次定性問題隨之而來。此一定性問題，是家事事件法施行之初最受關注之議題，至今猶然。

貳、民事或家事事件

　　首先要面對的是，何謂家事事件，與此糾葛的通常是民事事件（雖然理論上也有可能包括行政訴訟事件），某一事件清楚定性為家事事件後，自然不是一般民事事件，雖然二者仍有牽扯，例如本法施行後，若干家事法庭之裁判書抬頭改寫為「某某地方法院家事判決（裁定）」，但在無專設家事法庭之高等法院及最高法院仍舊用「民事判決（裁定）」下，司法院函知統一使用「民事判決（裁定）」，但現今仍有使用家事判決（或裁定）者，有認此為家事事件法立法未竟之功[1]，然此畢竟僅為裁判書之抬頭用語，屬於司法文書之行政事

---

[1] 未竟之功不僅如此，例如關係法官選辦法院事務之志願，目前僅有民事訴訟、刑事訴訟、行政訴訟事務，家事僅是民事之一環，而非可獨立選填者，參「各

項，與法律正確適用尙無直接關聯。

　　本法施行前，定性爲民事或家事事件並無法之規範意義，蓋當時許多法院民事庭法官仍有同時承辦家事與民事事件者，且一同適用民事訴訟法（家事非訟事件則適用非訟事件法），區別實益不大。然本法施行後，法之適用不同，若採民事法院不得審理家事事件，民事事件不得併入家事事件之見解[2]，則區辨二者，尙涉及法院事務分配與裁判是否違法之問題。

　　家事事件一語，可見諸於 69 年 9 月 2 日發布，於 98 年 6 月 19 日廢止之家事事件處理辦法[3]，該辦法第 2 條規定：「本辦法所稱家事事件如左：一、民事訴訟法第九編所定人事訴訟事件。二、非訟事件法第四章所定家事非訟事件。三、其他因婚姻、親屬關係、繼承或遺囑所發生之民事事件。」

　　家事事件法本身並無對家事事件有所定義[4]，第 3 條僅是類別與範圍，尤其該條第 6 項之概括家事事件，個案仍須被定性，定性之權限則依第 7 條由司法院爲之。本法施行日前一日即 101 年 5 月 31 日，司法院秘書長秘台廳少家二字第1010015417號[5]：「一、按家事事件法

級法院法官辦理民刑事與行政訴訟及特殊專業類型案件年度司法事務分配辦法」。

[2]　參本書第三編第六章「家事事件之合併」。

[3]　此辦法在民國69年審檢分隸前之62年12月8日，即由行政院命令發布，見林菊枝，家事裁判制度之研究，政大法學評論，第13期，1976年2月，第114頁。

[4]　司法院提請審議版草案第2條原規定：「下列事件係家事事件：（一）本法第三編家事訴訟程序事件及第四編家事非訟程序事件。（二）民法第四編親屬、第五編繼承所定前款以外之家事事件。但夫妻財產制契約登記事件，不在此限。（三）家庭暴力防治法之民事保護令事件。（四）其他法律規定事件，經司法院指定由少年及家事法院處理者。」

[5]　司法院少家廳於101年4月30日至5月4日邀集全國各地家事法庭庭長舉辦「庭長願景營」，討論提案收錄於家事事件法法官辦案手冊。此一函應係受到庭長願景營相關議題之討論及建議影響，蓋討論當時，本人認爲現場並無全國民庭庭長參與討論，拘束力不足，建議函示以遵。函文附有「各地方法院家事事件之判斷標準」，可於法學檢索中輸入關鍵字查得。

第 7 條第 2 項規定，同一地方法院家事法庭與民事庭之事務分配，由司法院定之。二、家事事件法之制定，係爲協助民眾利用法院有效解決家庭紛爭，並使家事法庭法官依該法之目的，專責、專業、迅速、妥適、統合處理家庭成員間衝突所生紛爭及其他相關家事事件，以促進程序經濟，平衡保護當事人及關係人實體利益與程序利益，並兼顧子女、弱勢族群之最佳利益及家庭和諧。至不涉及家庭成員間紛爭核心問題之普通財產權事件，仍宜由民事庭處理，以達由專業家事法庭專責處理家事紛爭之立法目的。家事事件法於立法過程中，立法委員及學者專家咸認爲確保家事法庭專業處理家事事件之定位，避免家事法庭財產法院化，不應將債權人銀行代位行使夫妻間剩餘財產分配請求權或因配偶外遇所生對第三人請求損害賠償等財產事件，納入家事事件中，最終並達成修改現行家事事件法第 41 條第 1 項之共識，使家事庭與民事庭法官各依專業各司其責，分別發揮調整家庭關係、解決私權紛爭之功能。三、家事事件之類型繁多，難以一一列舉，舉凡民法親屬編、繼承編或其特別法所規定而性質上屬於家事事件者，自應由受理之法官依家事事件法審理之，家事事件法第 3 條第 6 項特別定有明文。至於非親屬編、繼承編或其特別法所規定之事件，例如親屬間之借款等糾紛，或依民法第 242 條代位行使債務人之權利，或依強制執行法第 14 條或第 15 條所提起之異議之訴，性質上主要爲普通財產紛爭等事件，多無以家事程序法理審理此類事件之必要，亦無選任程序監理人、命家事調查官爲調查之必要，更無法院職權調查或依裁量而爲裁定之空間，應認非屬家事事件。是關於同一地方法院民事庭與家事庭事務分配，請依附件所示家事事件法及家事事件審理細則相關規定及前開意旨辦理，以期有效發揮家事法庭應有之功能。」

此一函示，針對若干個案之定性說明，曾引起質疑，有引最高法院 99 年度台抗字第 360 號裁判見解，認爲債權人所代位者爲提起訴訟之行爲，該訴訟之訴訟標的，仍爲債務人對該請求對象即被告之實體法上權利，而主張銀行代位行使夫妻剩餘財產分配請求權事件仍屬家事事件，不應改由民事庭法官審理。有認爲夫妻財產制及剩餘財產

分配請求本就規定在親屬編，家事庭法官就此部分已駕輕就熟，夫妻間請求本由家事庭審理，如僅銀行代位夫妻一方提起，就要改由對此部分較爲陌生之民事庭審理，不符合經濟效益。

　　上開代位請求夫妻剩餘財產分配請求權事件，昔實務常見金融機構根據舊民法第 1011 條：「債權人對於夫妻一方之財產已爲扣押，而未得受清償時，法院因債權人之聲請，得宣告改用分別財產制」之規定，向法院聲請宣告改用分別財產制，俟法院裁定（家事事件法施行前是訴訟事件以判決爲之）改用後，隨依民法第 1030 條之 1 法定財產制關係消滅所生之剩餘財產分配請求權，代位債務人（夫或妻之一方）向他方請求剩餘財產分配，101 年間因幾起此類事件見諸媒體，引發婦女團體抗議，進而推動修法，立法院於 101 年 12 月 26 日修正親屬法，刪除第 1009 條：「夫妻之一方受破產宣告時，其夫妻財產制，當然成爲分別財產制」，及第 1011 條上開條文內容，並增訂第 1030 條之 1 第 3 項：「第一項請求權，不得讓與或繼承。但已依契約承諾，或已起訴者，不在此限」[6]。修法後，債權人無從再代位請求，因此代位請求剩餘財產分配事件是否爲家事事件或民事事件之爭議，已不復存在，但代位請求遺產分割事件，依司法院上開函示仍由民事庭審理[7]。

---

[6] 修正後之民法第1030條之1第3項本爲舊法所有，於96年5月23日修正時，立法者認剩餘財產分配請求權因夫妻關係所生，但性質上爲財產權，不具行使上之專屬性，而刪除，此次修法等於是回復舊規定。有關該條之歷次修法經過，及剩餘財產分配請求權之性質爲何，參劉昭辰，簡析剩餘財產分配請求權的法律性質——民法第1030條之1第3項的反覆修法，興大法學，第14期，2013年11月，第151頁以下。

[7] 此類由民事庭審理之代位事件，究應適用家事事件法或民事訴訟法之程序進行（例如公開法庭審理），民事庭法官長期對此爭執，因此，在106年及110年舉行之台灣高等法院暨所屬法院法律座談會被提出討論，106年討論結果多數採家事事件，並建請司法院檢討上開函示；110年多數認其本質仍與丙類事件相當，應屬家事事件，且如由民事法院依家事事件法審理，不發生無審判權或違背專屬管轄之問題。但司法院於111年3月21日函覆基隆地院此事件同一法院事務分

　　此外，針對法院就已取得執行名義債權人，經民事執行處命債權人代位債務人提起分割遺產訴訟，應由民庭或家事庭辦理之疑義[8]，司法院秘書長 101 年 10 月 2 日秘台廳少家二字第 1010020161 號函覆應本上開 101 年 5 月 31 日秘台廳少家二字第 1010015417 號函示意旨，由民事庭審理。另銀行對債務人之繼承人提起「清償繼承債務」訴訟，並聲明被告（即債務人之繼承人）應於繼承遺產範圍內給付原告若干元，因非屬家事事件法第 3 條第 1 項至第 3 項所定甲類、乙類、丙類事件，亦非同法第 37 條規定之其他家事訴訟事件，亦應由民事庭受理[9]。

　　除了前開代位請求事件，當事人基於協議請求家庭生活費用、扶養費及贍養費，或本於不當得利請求給付扶養費，是否仍屬家事事件，新法施行之初亦同受爭議，也成為「庭長願景營」久辯不休之題目。當時「家事事件審理細則」尚未公布，但草案第 9 條第 2 項明定：「本法第三條第五項所定戊類之給付家庭生活費用、贍養費或扶養費家事事件，有依當事人之協議而為一定財產上之請求者，仍適用前項之規定。」換言之，將之定性為家事事件，由家事庭審理。至於不當得利部分，「庭長願景營」提案討論意見為：夫妻間依民法第 179 條請求過去所代墊之未成年子女扶養費，如行使親權之人，為婚姻關係存續中之父母，則行使親權之一方請求一方給付過去代墊子女扶養費，應屬家事事件法第 3 條第 5 項戊類第 5 款所定給付家庭生活費用事件；如為婚姻關係消滅後之父母一方請求對方給付過去代墊之子女扶養費者，多數說認屬家事事件，少數說認屬民事事件，二者差距極

配疑義，再次重申上開函示意旨。在無最終統一見解前，此類事件，目前有由民事庭審理者，有由家事法庭審理者。

[8] 士林地院報請解釋之研究意見認為此等債權人之地位已屬確定，訴訟中已無須就原告是否為被代位繼承人之債權再為審理調查，債務人之遺產分割起訴權存否，及如何為分割乃是類訴訟中唯一應審理之對象，是否仍存有家事法庭財產法院化之疑慮。

[9] 民事廳 102 年 5 月 29 日答覆法官論壇提問。

小。有關過去代墊扶養費與將來扶養費請求定性問題，在本法研擬過程中即多所討論，有認為未來的扶養費請求法院酌定，是家事非訟事件，已代墊的扶養費請求，則是民事訴訟事件，二者因係基於同一原因事實而產生的，透過合併途徑由家事法院審理；有認為在同時起訴用合併的概念由家事法院審理，單獨起訴卻回歸到普通法院去處理，將使當事人一頭霧水；有認為對於單獨起訴者，或可由司法院指定為家事事件[10]。至於基於離婚協議書約定父或母一方應按月支付子女多少扶養費而未履行，一方依據該離婚協議書，訴請履行扶養費之訴，在家事事件法施行前，有些法院係透過民事庭跟家事庭之會議共識，認為請求權基礎是契約關係，由民庭法官負責審理[11]。本法施行後，夫妻間本於「協議」請求關於未成年子女之扶養費與贍養費，多數見解均將之定性為家事非訟事件[12]。109 年 7 月 23 日新修正家事事件審理細則第 95 條第 1 項第 8 款，將當事人協議請求給付贍養費、家庭生活費、扶養費事件均明定為婚姻非訟事件。

　　由上具體事件之爭議觀之，民事或家事事件之定性，非僅法理之辯，更寓含家事法院與民事普通法院權限分配等立法政策問題。如有合併情形，更見爭議[13]。

---

[10] 見第二階段研究制定小組第2次公聽會後會議紀錄（少家廳提供之電子檔，未出版），第617頁。

[11] 前揭註。

[12] 台灣高等法院101年度法律座談會第24號提案結論，實務見解亦多採此（最高法院102年度台抗字第435號裁定參照），少數裁判則未加定性逕以判決為之（士林地院102年度重家訴字第26號），惟應注意者，如協議內容原屬家事訴訟事件，例如夫妻離婚時約定之損害賠償，仍應定性為家事訴訟事件，始為正確（苗栗地院105年度家訴字第14號裁定）。

[13] 參本書第三編第六章「家事事件之合併」伍「民事併入家事爭議」及陸「家事併入民事爭議」。

參、家事訴訟或家事非訟事件

　　某一事件定性為家事事件後，接下來應進而定性為家事「訴訟事件」或家事「非訟事件」，而異其審理及救濟程序[14]。其中尚包括應據以繳交之裁判費、聲請費、繳退費多寡[15]，及是否准予訴訟救助聲請。非訟事件，往昔實務多不許為訴訟救助之聲請，本法施行後，依最高法院101年第7次民事庭決議准許之[16]。可見定性問題涉及多層面之法律適用。

肆、饒富爭議之定性事件

　　除以上有關贍養費、代墊未成年子女扶養費與將來扶養費、家庭生活費用及依契約請求等定性問題外，尚有受程序影響之定性事件（離因與離婚損害）、最高法院曾自我否定的定性事件（酌給遺產）、妾身不明的定性事件（監護所生損害賠償）與新興定性事件（提審），均請詳參本書第三編、第四編各該類款事件之說明。

伍、結論

　　某一事件須先定性為家事事件，始有本法之適用，定性為本法

---

[14] 參拙著，家事事件之救濟（上）、（下），司法周刊，第1856及1857期，2017年6月30日及7月7日，第2、3版。
[15] 詳參本書第一編第十三章「家事事件法之繳費與退費」。
[16] 有認為根據本法第20條之規定即蘊含有程序救助之精神，而非未為規定，參沈冠伶，2012年民事程序法發展回顧：家事事件法施行後之實務裁判回顧與展望，臺大法學論叢，第42卷特刊，2013年11月，第1014頁。

之家事事件後，尚須進而定性爲訴訟事件或非訟事件，分別依本法之不同訴訟程序而爲處理。定性爲家事訴訟事件後，猶須定性爲甲類、乙類或丙類，定性爲甲類、乙類或丙類，仍須進而定性爲該類何款事件；同理，定性爲家事非訟事件後，猶須定性爲丁類或戊類，定性爲丁類或戊類，仍須進而定性爲該類何款事件，以求概念精確，而爲法律之正確適用。因此，事件之定性，無疑是研習家事事件法者，首須認眞研究，詳予析辨之課題[17]。

---

[17] 有關家事事件一詞之定義方法，在邏輯學上之探討、各國比較法之研究、本法之定性機制、定性影響層面、具體問題之定性研析，及「家事事件」定義試擬，請參拙著，家事事件之定性（上）、（下），司法周刊，第1740及1741期，2015年3月27日及4月2日，第2、3版。

第六章

訴訟與非訟分類

壹、前言

習於傳統法典編排之法律工作者，初一接觸家事事件法，看到第 3 條分為甲、乙、丙、丁、戊五類，總計 40 項不同事件，縱然努力參閱立法說明，仍有不易理解，難以為繼之感。若未能從此探其根源，明其脈絡，仍有可能因理解困難，被阻擋於本條之外。蓋家事事件法施行至今，許多爭議，實本源於此。本章先從整體面，對比家事訴訟事件與家事非訟事件之差異性與關聯性，以梳理掌握本法之梗概，至於五大類別，細項內容，於後分章述之。

貳、法律規定（第3條）

下列事件為甲類事件：

一、確認婚姻無效、婚姻關係存在或不存在事件。

二、確定母再婚後所生子女生父事件。

三、確認親子關係存在或不存在事件。

四、確認收養關係存在或不存在事件。

下列事件為乙類事件：

一、撤銷婚姻事件。

二、離婚事件。

三、否認子女、認領子女事件。

四、撤銷收養、撤銷終止收養事件。

下列事件為丙類事件：

一、因婚約無效、解除、撤銷、違反婚約之損害賠償、返還婚約贈與物事件。

二、因婚姻無效、撤銷婚姻、離婚、婚姻消滅之損害賠償事件。

三、夫妻財產之補償、分配、分割、取回、返還及其他因夫妻財產關係所生請求事件。

四、因判決終止收養關係給與相當金額事件。

五、因監護所生損害賠償事件。

六、因繼承回復、遺產分割、特留分、遺贈、確認遺囑眞僞或其他繼承關係所生請求事件。

　　下列事件爲丁類事件：

一、宣告死亡事件。

二、撤銷死亡宣告事件。

三、失蹤人財產管理事件。

四、監護或輔助宣告事件。

五、撤銷監護或輔助宣告事件。

六、定監護人、選任特別代理人事件。

七、認可收養或終止收養、許可終止收養事件。

八、親屬會議事件。

九、拋棄繼承、無人承認繼承及其他繼承事件。

十、指定遺囑執行人事件。

十一、兒童、少年或身心障礙者保護安置事件。

十二、停止緊急安置或強制住院事件（112年修正爲嚴重病人保護安置事件，尙未施行）。

十三、民事保護令事件。

　　下列事件爲戊類事件：

一、因婚姻無效、撤銷或離婚之給與贍養費事件。

二、夫妻同居事件。

三、指定夫妻住所事件。

四、報告夫妻財產狀況事件。

五、給付家庭生活費用事件。

六、宣告改用分別財產制事件。

七、變更子女姓氏事件。

八、定對於未成年子女權利義務之行使負擔事件。

九、交付子女事件。

十、宣告停止親權或監護權及撤銷其宣告事件。

十一、監護人報告財產狀況及監護人報酬事件。

十二、扶養事件。

十三、宣告終止收養關係事件。

其他應由法院處理之家事事件，除法律別有規定外，適用本法之規定。

參、立法考察

本條有關家事事件分類，如何分類，分類妥當性，無疑是法案研擬過程中最為費時者。現行家事事件法第3條將家事事件分為甲、乙、丙、丁、戊五類，對於初次接觸本法者，理解常發生困難，此一分類雛型及過程，請參考本書第一編第二章、捌「家事事件分類」。

我國家事事件法，將家事訴訟事件與家事非訟事件合併為單一立法（因此民事訴訟法第九編人事訴訟程序，及非訟事件第四章家事非訟事件，於家事事件法施行後翌年刪除，102年5月10日公布生效），與日本法制不同，日本仍區分為人事訴訟法（訴訟事件）與家事事件手續法（非訟事件）二類型併存立法。德國於2009年9月1日施行之「家事事件及非訟事件程序法」（FamFG），多達489條，則將家事事件之處理程序全面非訟化。

肆、分類標準

就性質言，甲、乙類皆涉及身分關係，甲類為確認之訴，具訟爭性，當事人對於程序標的無處分權；乙類為形成之訴，具訟爭性，當事人對於程序標的具有某程度之處分權；丙類涉及與家事事件密切關係之財產權事項，具有訟爭性，且當事人對於程序標的有處分權；丁

類較無訟爭性，當事人或利害關係人對於程序標的無處分權；戊類有某程度訟爭性，當事人或利害關係人對於程序標的有某程度處分權。

就內容言，相較於本法施行前，甲、乙類事件在舊民事訴訟法第九編人事訴訟程序中可找到相同訴訟類型，但有增刪調整，例如本法新增存在不存在之訴，取代舊法之成立不成立之訴。丙類為與身分關係相牽連之財產事件，在舊民事訴訟法第 572 條第 3 項可以找到部分類型（例如夫妻財產之分配或分割），加上原屬民事訴訟法上一般財產訴訟（例如遺產分割）。丁類事件中之死亡宣告（第 1 款）、撤銷死亡宣告（第 2 款）、撤銷監護或輔助宣告（第 5 款），為舊民事訴訟法之部分人事訴訟事件，而予以非訟化，其餘 10 款，除第 13 款保護令事件新納入外，另 9 款，均為舊非訟事件法第四章所定之家事非訟事件。戊類是舊民事訴訟法之部分人事訴訟事件，例如夫妻同居之訴、贍養費、家庭生活費用及扶養費[1]、宣告改用分別財產制、宣告停止親權或監護權及撤銷其宣告、宣告終止收養事件，而予以非訟化，加上舊非訟事件法之部分非訟事件[2]。

伍、分類爭議

家事事件法公布後，學理討論最多，實務爭議最大者，莫過本

---

[1] 扶養費部分，在99年非訟事件法修正時，就已部分非訟化。

[2] 部分事件從舊民事訴訟法之人事訴訟程序改列於本法之丁、戊類家事非訟事件，其非訟化之理由，除該等事件性質適宜予以非訟化外，在比較法上，研究者認為，乃我國舊制係繼受1887年德國民事訴訟法，由於當時德國沒有非訟事件法，只好一併規定於民事訴訟法中，但德國於制定非訟事件法後，已逐步予以非訟化，日本亦同，在本國立法過程中，若干事件司法院提請審議之草案本仍欲保留為家事訴訟事件，經參與學者提出書面說明，多方討論，始為現今之條文，詳參沈冠伶等，家事程序法制之新變革及程序原則——家事事件法之評析及展望——民事訴訟法研討會第114次研討紀錄，法學叢刊，第226期，2012年4月，第216頁（沈冠伶書面論文）。

條之分類是否妥適，其中包括：一、甲、乙、丙三類同為家事訴訟
程序，有無分類必要。二、五大類中細項歸類是否不當。三、歸類為
家事訴訟事件，卻適用家事非訟程序審理，是否矛盾。四、甲、乙、
丙、丁、戊五大類中若干款規範是否不明。五、依契約請求或過去費
用之請求，應歸屬何類事件。茲分述如下：

一、甲、乙、丙三類同為家事訴訟程序，有無分類必要

　　按甲、乙類皆為身分訴訟，其中包括婚姻、親子與收養三類。有
謂，甲類與乙類之分別規定，依立法理由說明，係按處分權之有無為
標準。甲類事件為全無處分權之事件，乙類為有一定程度之處分權。
但甲、乙類之區分，作用有限，因為處分權限有無，影響最大的是得
否成立調解、訴訟上和解，及程序處理要否受處分權主義三項衍生法
則適用限制。但本法第二編之調解程序，包含全部之家事事件，而不
以有處分權之事件為限。又訴訟上和解規定於第45條，得成立訴訟
上和解者，在乙類中僅以離婚及終止收養關係事件為限，不及於其他
事件，亦無從藉由乙類之特別分類，即認為乙類事件均有成立訴訟上
和解可能。再者，處分權主義，所適用之程序法理，為辯論主義三項
衍生法則，但本法第10條關於辯論主義之限制，第1項即明定，法
院認有必要時，得採職權探知主義。第2項亦僅將乙類事件中之離婚
及終止收養事件，規定準用民事訴訟法有關爭點簡化協議規定及事實
認定規定而已，其餘乙類事件則無。立法上不如僅列甲類，而離婚及
終止收養關係事件，如有承認處分權限必要者，於法條中立特別規定
則可[3]。有謂，甲、乙、丙三類同為家事訴訟程序，無區分必要，甲、
乙類如有區分必要，應以婚姻、親子為分類，而非以確認之訴（甲
類）與形成之訴（乙類）為分類標準。收養關係，分散在甲類（第4

---

[3] 魏大喨，家事事件之範圍及類屬——以裁量及對審為中心，台灣法學雜誌，第
224期，2013年5月，第125頁。

款之存在不存在)、乙類(第 4 款之撤銷)與戊類(第 13 款之宣告終止)明顯不當,應將戊類第 13 款納入家事訴訟事件[4]。

二、五大類中細項歸類不當部分

於此多集中在適用舊民事訴訟法時,原屬於家事訴訟程序,納入本法後被非訟化,歸入丁類與戊類中。包括:(一)宣告死亡事件及撤銷死亡宣告事件(丁類第 1 款、第 2 款)。(二)撤銷監護或輔助宣告事件(丁類第 5 款)。(三)給付贍養費(戊類第 1 款)。(四)夫妻同居事件(戊類第 2 款)。(五)給付家庭生活費用(戊類第 5 款)。(六)宣告停止親權或監護權及撤銷其宣告事件(戊類第 10 款)。(七)扶養事件(戊類第 12 款)。(八)宣告終止收養關係事件(戊類第 13 款)。此一批評,在法理上,固係訴訟與非訟二元化與一元化之爭,尚有新制改革,難以調適問題[5]。

三、歸類為家事訴訟事件,卻適用家事非訟程序審理

此指「因監護所生損害賠償事件」,其為丙類家事訴訟事件(第 5 款),但第三編之家事訴訟程序卻無此類型規定,反是在非訟事件編之第 120 條第 1 項第 9 款(未成年子女監護事件)、第 164 條第 1 項第 10 款(監護宣告事件)、第 177 條第 1 項第 9 款(輔助宣告事件)出現。此一歸類,被批評前後矛盾不一。

---

[4] 吳明軒,論家事事件法之得失(上),月旦法學雜誌,第205期,2012年7月,第86頁。

[5] 依典範模式理論,許多批評,似乎不過是個人內心深層信仰的某種反應,見許正賢,人事訴訟的典範轉換?!——以家事事件合併審理制度為例,月旦法學雜誌,第209期,2012年10月,第55頁。

四、甲、乙、丙、丁、戊五大類中若干款規範是否不明

　　例一，丙類第 2 款規定「因婚姻無效、撤銷婚姻、離婚、婚姻消滅之損害賠償事件」，與戊類第 1 款之「因婚姻無效、撤銷婚姻或離婚之給與贍養費事件」，前者是家事訴訟事件，後者是家事非訟事件，二者本都是訴訟事件（舊民事訴訟法第 572 條第 2 項），且皆同因婚姻無效、撤銷婚姻、離婚而生，似無必要將贍養費另歸類於家事非訟事件。例二，「扶養費事件」，依戊類第 12 款為家事非訟事件，但扶養費有未成年子女請求父母之扶養，有親屬間之扶養，二者不同，該款立法理由謂，指除未成年子女請求父母扶養事件以外之扶養事件，則未成年子女請求父母扶養事件，應歸類為五大類中何一款，抑或屬於第 6 項之其他家事事件[6]，曾見解歧異。

五、依契約請求或過去費用之請求，應歸類何類事件

　　例如夫妻一方依離婚協議書請求給付贍養費、家庭生活費用，扶養費；或依不當得利請求過去代墊扶養費，此等事件，是否仍可被歸類為丁、戊類之家事非訟事件（即相對應之戊類第 1 款、第 5 款、第 12 款），或應被認屬一般民事事件，而非家事事件；若認定為家事事件，究為家事訴訟或家事非訟事件，如被定性為家事非訟事件而以家事非訟法理審理，有無侵害對審或聽審請求權，並產生法院裁判有無既判力等疑問[7]。109 年 7 月 23 日新修正家事事件審理細則第 95 條

---

[6] 台灣高等法院於101年11月14日舉行之法律座談會第24、25號提案中，就未成年子女對父母請求扶養費屬於何類家事非訟事件；父母一方代墊該費用後之請求屬於何類家事非訟事件？甲說：為第3條第5項第12款之家事非訟事件。乙說：為第3條第5項第8款「定對於未成年子女權利義務之行使負擔事件」。丙說：為第3條第6項「其他應由法院處理之家事事件」。結論採丙說。足見，就此實務常見之事件，到底應劃歸為何類、款，仍有爭議。詳參本書第四編第二章、參、該款說明。

[7] 魏大喨，前揭文（註3），第130頁。

第1項第8款，將當事人協議請求給付贍養費、家庭生活費、扶養費事件均明定為婚姻非訟事件。

陸、爭議解決

　　上開分類爭議，自家事事件法施行伊始，就不斷被提出，餘波蕩漾，至今學理仍多所批評，實務也未盡一致。持合目的之解釋及實現立法政策之宏觀論者，認為若因非訟化，而生程序法理之爭，應就個案為訴訟與非訟法理交錯適用之，來解決理論上疑義[8]。而個別事件因係基於一定親屬身分關係所生之請求，亦具有未來展望性、繼續性給付之特性，並因親屬關係或曾為親屬關係所生之心理層面之感情上非理性因素，以及對於弱者之保護、人際關係調整之需求，而與其他財產上請求具有一次給付性，或理性經濟上計算者有所不同，亦與損害額之酌定係因數額之事實認定上困難有所不同[9]，有賴法官職權裁量而為妥適、迅速之判斷，故有從訴訟事件改列為非訟事件必要，例如贍養費、家庭生活費用，扶養費之請求[10]。

　　以贍養費為例，依最高法院95年度台上字第855號判決意旨，認為：「民法第一千零五十七條之贍養費乃為填補婚姻上生活保持請求權之喪失而設，其非賠償請求權性質，乃基於權利人生活上之需要，為求道義上公平，使於婚姻關係消滅後，事後發生效力之一種給付，有扶養請求權之意味。而贍養費的數額，實應按權利人之需要、

8　參閱許士宦，家事非訟之程序保障，收錄於家事審判與債務執行，2013年12月初版1刷，第3頁以下。

9　沈冠伶等，前揭文（註2），第241頁（沈冠伶回應意見）。

10　有關扶養費部分之不同意見，參劉明生，家事訴訟事件與家事非訟事件之區分——從家事事件程序基本原則之觀點考察，月旦法學雜誌，第227期，2014年4月，第177頁以下。

義務人之經濟能力及身分定之，由此可知贍養費之多寡係以當事人之生活狀態，包括身分地位、生活需要及經濟情況等情形為基礎。換言之，亦即離婚時，如婚姻繼續存在，夫妻一方得向他方期待之扶養數額相同。職此之故，以定期金為給付方式，最能符合贍養費為婚姻關係存續中，夫之扶養義務延長。如不以定期給付方式為之，亦宜扣除期前利息。」性質類似於扶養費，有賴法院為職權裁量，故予以非訟化。

　　上述事件如依契約而為請求可能衍生之爭議，本法施行之初，就有所預見，故發布之審理細則第 9 條第 2 項明定：「本法第三條第五項所定戊類之給付家庭生活費用、贍養費或扶養費家事事件，有依當事人之協議而為一定財產上之請求者，仍適用前項之規定。」所謂「仍適用前項之規定」，就是將之定性為家事事件，由家事法庭處理。然，縱屬家事事件，究係家事訴訟事件抑或家事非訟事件，少家廳於本法施行後不久，在法官論壇回應提問時表示：「至於該類事件所應適用之程序法理，因事屬審判核心事項，允宜由承審法官依本法為統合處理家事紛爭，兼顧程序之迅速及經濟，並防免裁判歧異等相關程序規範，本於確信妥適處理之，本廳未便表示意見」，一直到本法施行當年之 101 年 11 月，台灣高等法院舉辦 101 年度法律座談會作成結論後[11]，上開有關贍養費、家庭生活費用，扶養費之定性爭議，於多數見解認為屬於家事非訟事件後，雖暫告段落，惟實際上各

---

[11] 提案第24、25號，問題一：夫妻一方依不當得利請求他方給付代墊子女扶養費，事件定性？初步研討：家事訴訟事件。審查意見：一般財產訴訟事件。研討結果：家事非訟事件。問題二：夫妻一方以他方未依離婚協議書給付子女扶養費，事件定性？初步研討：家事訴訟事件。審查意見：家事非訟事件（家事法第3條第6項「其他應由法院處理之家事事件」，依第104條第1項第6款為家事非訟）。研討結果：家事非訟事件。問題三：夫妻一方以他方未依離婚協議書給付子女扶養費，事件定性？結論：家事非訟事件。問題四：問題三情形，如法院認為金額過高或低，法院可否職權變更？結論：不可，應受契約拘束。

法院做法仍未盡一致[12]。

　　至於法理交錯之論，在本法施行前，早為最高法院所採用，例如，100年度台抗字第99號裁定即謂：「按於婚姻事件附帶請求定對於未成年子女權利義務行使或負擔之內容及方法，該附帶請求本質上雖為非訟事件，但其中關於命給付扶養費等事項，具給付裁判性質，因有強烈訟爭性，仍屬當事人處分權範圍，與法院應依職權酌定親權行使內容及方法事項尚有差異。是以法院於審理是類附帶請求事件，依民事訴訟法第五百七十二條之一第二項規定給予當事人陳述意見機會時，應注意交錯運用訴訟與非訟法理，就職權事項與處分權事項，分別給予不同程度之陳述意見機會，其中屬給付裁判性質事項，抗告法院對當事人於抗告程序始提出或未於婚姻事件程序審理中充分表示意見之攻擊或防禦方法，亦當詳為調查，並將該調查證據之結果，曉諭當事人為辯論，始符合該條項規範之趣旨，以保障當事人之程序權。」此一裁定，雖於本法施行前作成，但其揭示之原則，應仍有其遵循價值。因此，在家事非訟程序中，是否適宜審理本質上屬於家事訴訟事件之法理疑義，自當參考本法之立法精神及上開判決意旨，就個案為妥適之法理適用，充分保障對審或聽審請求權，並解決既判力問題。

　　家事訴訟事件中雖不乏交錯適用非訟法理者，例如在遺產分割事件中，法院就分割方法具有裁量權而不受原告聲明所拘束，但法理交錯理論主要在解決部分家事訴訟事件非訟化後，如何在非訟程

---

[12] 例如，102年4月24日台北地院101年度家訴字第361號，就請求代墊未成年子女扶養事件，仍以判決為之，其日期在高院座談會作成結論之後。經上訴高院，台灣高等法院102年度家上易字第31號民事裁定將原判決廢棄（另因違背專屬管轄移轉台中地院），略以：抗告人於家事事件法施行後提起本件請求，誤以起訴方式為之，原審未改依非訟程序進行及終結，即有未合，本院自不受其拘束，而改依家事非訟程序審理。且認本件請求給付代墊未成年子女扶養費，應屬第3條第5項第8款所定之戊類家事非訟事件（與高院座談會之結論認屬第3條第6項之見解也不同）。

序中依具體個案之不同分別適用訴訟與非訟法理，學理稱此為第三程序或中間程序，以擺脫傳統訴訟與非訟二元論之立場，而求紛爭一次性之解決。比較法上，德國於 2009 年新制定「家事事件及非訟事件程序法」，將家事事件之處理程序全面非訟化，但就涉及財產請求之「家事訟爭事件」（Familienstreitsachen）（第 112 條），則明定原則上準用民事訴訟法之規定（第 113 條），亦可作為法理交錯之法例參考。對於此一非訟事件中實質上具有訴訟性質之所謂「真正訟爭（訴訟）事件」（echte Streitsache），基本上受一般非訟程序原理之支配，例如適用職權探知主義、職權進行主義及不公開主義，但因具有訟爭性，故在審判上亦同時準用民事訴訟法上有關權利保護之利益及必要、失權效、訴訟標的移轉之當事人恆定主義、聲明之拘束性、訴之變更、舉證責任等等規定。且對於真正訟爭事件所為裁判原則上應該且可能承認其有既判力。日本於 2013 年施行之家事事件程序法雖未將上開第三程序之理論實定法化，但在相關條文，亦擴充相應之程序保障規定[13]。我國家事事件法雖亦未就此予以明文，但寓其法理，論者並將此真正家事訟爭事件細分為二：一、本質上家事訴訟事件非訟化之審判，例如：（一）暫時處分失效之回復原狀請求（第90 條），具訟爭性，故應給予辯論機會。（二）宣告終止收養關係（第 3 條丙類第 13 款），具對立訟爭性，如雙方均為成年人，有程序標的處分權，故其雖規定為家事非訟事件，卻同時在家事訴訟編之第 45 條規定得為訴訟上和解。（三）依協議請求贍養費、家庭生活費及扶養費，當事人有一定處分權，得為捨棄、認諾。二、實定法上家事訴訟事件非訟化之審判，即該事件明定為家事訴訟事件，卻在一定情形下改依非訟程序予以審理，可再分：（一）法定非訟化審理者。監護或輔助所生損害賠償事件，為家事訴訟事件（第 3 條丙類第5 款），卻在其後家事非訟程序編之第 102 條第 1 項第 9 款、第 164

---

[13]許士宦，前揭文（註8），第22至23頁、第27頁。

條第1項第10款、第177條第1項第9款規定其管轄與程序。但當其程序標的金額或價額逾上訴第三審利益額時,得合意改用家事訴訟程序。(二)意定非訟化審理者。請求家庭生活費用、扶養費或贍養費等家事非訟事件,就所依據之前提法律關係存否有爭執時,關係人得合意仍適用家事非訟程序予以合併審理(第103條第2項);另家事訴訟事件經過調解後得合意改以非訟裁定(第33條、第36條)[14]。然上述之細分與論述,係透過解釋論而來,因乏法之明文(包括立法理由之說明),因此被質疑立法草率,前後矛盾,難為人信服,其中以監護或輔助所生損害賠償事件及終止收養關係事件之爭議為最,致依協議(或不當得利)請求贍養費、家庭生活費及扶養費,仍有將之歸類為家事訴訟事件者。

柒、個案法理

家事非訟事件不論是純家事非訟事件,或原屬訴訟事件非訟化審判之真正家事訟爭事件,樣態不一,個案法理不同。例如,本於協議請求贍養費及扶養費事件,雖均可認是家事非訟事件,但二者性質不同,故關於法院得否依職權變更該協議之金額,應分別而論。如係夫妻間贍養費之約定,純屬夫妻間可完全處分之事項,且僅涉及私益,自應受該協議所拘束,依協議請求他方為給付,則關於請求之聲明對法院具有拘束力。蓋此事件雖予以非訟化,採用非訟程序之簡速主義,其目的係為使權利人得迅速獲得裁判作為執行名義以實現權利,避免生活上窘迫,保護其人性尊嚴,但由於夫妻間對於贍養費金額既已有約定,於協議存在之前提下,具有拘束力,而無待法院裁量後予以形成具體金額,因此無必要適用非訟法理之裁量主義,又僅涉

---

[14]許士宦,前揭文(註8),第22至42頁。

及私益，故仍應適用訴訟法理之處分權主義，此可謂係單一事件之程序法理交錯適用（於非訟程序交錯適用訴訟法理）。正如同在裁判分割共有物事件，雖行訴訟程序，法院就分割方法具有裁量權而不受原告聲明所拘束（於訴訟程序交錯適用非訟法理），但於分割協議請求履行事件，法院仍必須受原告聲明所拘束，並依協議之約定判斷原告之主張是否理由。相對於此，夫妻間關於未成年子女扶養費之協議，因涉及未成年子女最佳利益之保護而具有公益性，當事人就系爭標的並不具有完全處分權限，自不宜適用處分權主義，故該協議自不具有完全拘束性，如不利於未成年子女，法院仍得依職權改定之（民法第1055條第2項），就有利於子女之適當金額為裁量判斷[15]，此裁判具有雙重性，一方面具有改定協議內容之形成裁判性質，另一方面則具有依改定結果命為一定金額給付之給付裁判性質，而非單純之扶養費給付裁判。又實務常見夫妻一方請求他方給付過去代墊未成年子女之扶養費，並同時請求將來之扶養費，就主張過去代墊已發生之事實所生之權利義務關係，具有本質上訴訟事件之性質，但因作為不當得利之前提要件仍係以扶養費為基礎，除當事人已有約定者外，仍須由法院裁量定其適當之數額及其分擔比例，始能進一步判斷代墊之數額若干及權利人之主張是否有理由，就此而言，具有某程度之非訟性，因與將來之扶養費一併請求，而有行一道程序之必要，亦有簡速裁判之需求，為謀求達成更迅速而經濟之裁判，優先保護程序利益等目的，故家事事件法將之非訟化，行裁定程序。換言之，此為本質上具訴訟事件性卻被家事事件法列為非訟事件，法院應交錯適用訴訟法理與非

---

[15] 故台灣高等法院101年度法律座談會第25號提案（問題二）就未成子女扶養費部分，如法院認為金額過高或低，法院可否職權變更？研討結果認為不可變更而應受契約拘束之結論似待商榷。最高法院102年度台抗字第453號裁定認為除有得由法院改定、酌定或變更之情形，否則不可遽為變更原約定而為不利於子女之酌減。依此裁定意旨，如原約定不利於子女者，基於子女利益，自不當然受該契約拘束。

訟法理，始能為適當處理。但關於過去已發生之事實及理由，例如：關於是否已清償及其數額若干、罷於時效之抗辯，均屬當事人得處分之事項，原則上得為自認或成立爭點簡化協議（本法第 10 條第 2 項），因此，法院應行爭點整理程序並於證據調查前曉諭爭點（準用民訴法第 296 條之 1）。當事人間如就事實有爭執而聲明證據時，法院即應調查當事人所聲明之證據，如認為無調查之必要，應於裁判書中敘明為不必要證據之理由（準用民訴法第 286 條），當事人如要求言詞辯論時，法院亦應行辯論程序，以使裁定發生終結解決紛爭之既判力（準用民訴法第 400 條），而不宜因行裁定程序，一概行書面審理[16]。

捌、其他家事事件

其他應由法院處理之家事事件，除法律別有規定外，適用本法之規定（第 3 條第 6 項）。其他家事事件，當包括家事訴訟事件（第 37 條），與家事非訟事件（第 74 條）[17]。此類家事事件，包括未來法律新增修產生之新家事事件類型；或現行法律民事爭訟事件，性質上應歸類為家事事件，而不在第 3 條共 40 款所規範之中者；或某一事件，雖為家事事件，但不知歸屬於何類、款；或已歸類事件但應為法

---

[16] 沈冠伶，2012年民事程序法發展回顧：家事事件法施行後之實務裁判回顧與展望，臺大法學論叢，第42卷特刊，2013年11月，第1008至1013頁。

[17] 學理上，有將甲、乙、丙類事件，稱為「實定法上家事訴訟事件」；丁、戊類稱為「實定法上家事非訟事件」，第3條第6項稱為「本質上家事事件」，後者再分成第37條之「本質上訴訟事件」與第74條之「本質上非訟事件」。見呂太郎等，家事事件法若干解釋上問題——民事訴訟法研究會第115次研討紀錄，法學叢刊，第227期，2012年7月，第210至214頁（邱聯恭，家事事件法相關規定之解釋論上問題研討——對於呂氏報告文所提問題之思考心得書面資料）。

理交錯者[18]。然新增或歸類爲本項之家事事件，究爲家事訴訟事件，或家事非訟事件，仍視個別事件定性之，自不待言。

　　舉例言之，因侵害會面交往權而生之損害賠償，爲其他家事事件。但在無法定扶養義務之情形，例如無特定親屬關係存在之繼父與子女間達成之扶養協議，則屬一般債法上財產請求，爲民事財產訴訟事件，並非家事事件[19]。因婚約解除，請求返還贈與物者，固限於婚約當事人（民法第 979 條之 1），但聘金在習俗上被認爲是男方贈與女方父母，以報答女方父母養育女方之恩，多由女方父母收受，故婚約解除後，如以女方父母爲被告請求返還聘金，似可解爲其他家事事件[20]。又如民法第 1128 條命令家屬分離事件，多數認屬其他家事非訟事件[21]。

---

[18] 邱聯恭，對於第37條「本質上訴訟事件」之舉例爲：(1)第103條第2項、第107條第2項及第126條規定容許基於合意就本質上訴訟事件（扶養費、家庭生活費或贍養費等請求所依據之法律關係存否訟爭事件）適用家事非訟程序裁判。(2)親屬會議存否效力爭執事件，經民法第1137條或本法第3條第4項第8款及第183條第4項規定被非訟化審理之情形。(3)有關扶養等費用之協議履行請求事件，經第3條第5項第1款、第5款、第12款等規定被非訟化審理之情形。對於第74條「本質上非訟事件」之舉例爲：如分割遺產事件之分割方法。見前揭文（註17）其所提書面資料。

[19] 劉明生，前揭文（註10），第191頁。

[20] 在苗栗地院102年度苗家簡字第6號判決中，被告之一即收受聘金之女方父親主張男方原告對伊以民法第979條之1請求返還聘金，爲被告當事人不適格之抗辯，法院判決改以民法第179條爲原告勝訴判決之依據。在此案例中，實涉及事件定性及合併問題；簡言之，就此部分如認屬家事事件，無論是爲第3條第6項之其他家事事件，或歸之於第3項丙類第1款之家事事件，自得合併審理；反之，若定性爲僅屬不當得利返還請求之一般民事財產事件，則涉及民事件是否得併入家事事件中審理之問題。

[21] 本法施行後多數認屬家事非訟事件，如台南高分院101年度家上字第45號裁定、新北地院104年度家聲字第25號裁定（均加以定性）。但也有以判決爲之者，如台南地院107年度家訴字第5號判決（未加定性）。

第七章

訴訟與非訟區別

壹、概說

訴訟與非訟之區別[1]，可從非訟事件為觀察，以對照二者之不同。非訟事件對於訴訟事件而言，其性質為國家干預私權之創設、變更、消滅而為必要之預防，以免日後之損害[2]。其與訴訟事件雖均涉及私權，但非訟事件較重在法律關係之維護及預防，不以有兩造當事人存在為必要[3]，訴訟事件之特色則具有訟爭性，通常有兩造當事人之對立爭訟。惟因部分訴訟事件基於合目的性考量予以非訟化，二者之界線漸趨模糊。非訟事件因有上列特色，因此有廣狹二義，廣義之非訟事件，其處理不限於司法裁判機關，並及於一般行政機關，即凡以國家機關就私權關係而為干涉之非訟事件均屬之。狹義之非訟事件，則專指司法裁判機關所管轄者而言。

貳、非訟法理

家事非訟法理之瞭解，可從程序外觀分辨：一、處分權主義三

---

[1] 訴訟與非訟二詞皆無法律定義，「訴訟」不明，自難反推「非訟」何物，研究認為訴訟與非訟事件之區分源於德國法，非訟事件之法律定義可溯源於1793年普魯士一般訴訟法（Preußisch Allgemeine Gerichtsordnung），曾將之定義為：「根據法律規定應由法院處理之事件，雖非訴訟，而當事人為求明確及認證，基於其自由意願（aus freiem Willen）決定於法院進行者」，此即Freiwillige Gerichtsbarkeit（中譯為非訟法院）一語之由來；奧地利則於1854年將「非訟爭程序」（Außerstreitverfahren）自「一般法院程序法」中獨立出來，另訂非訟事件法（Außerstreitgesetz），參沈冠伶，扶養請求事件之審判（上），月旦法學教室，第166期，2016年8月，第42頁。我國民事訴訟法於民國19年公布，非訟事件法於53年公布。

[2] 民國53年5月28日所公布非訟事件法草案說明。

[3] 是本法第75條第3項第2款，書狀記載「有相對人者，其姓名、住所或居所」，即不以有相對人為必要。

層面[4]，在非訟事件均受到限制或排除，就第一層面之程序開啓而言，非訟事件之程序開始，得依職權開啓者，稱爲職權事件，僅能由聲請人依聲請開啓者，稱爲聲請事件。區別實益在於，職權事件全面適用非訟法理，聲請事件則酌採訴訟法理。就第二層面之審理對象與範圍而言，非訟事件當事人之聲明對法院不具拘束性。就第三層面之程序終結而言，當事人之捨棄、認諾、撤回之權受到限制。非訟事件此一特徵，可以稱爲職權進行主義。二、辯論主義三命題[5]，在非訟事件均受到限制或排除，第一命題，當事人沒有主張之事實，法院可以依職權蒐集。第二命題，當事人不爭執之事實或已自認之事實，不當然拘束法院之判斷。第三命題，當事人有爭執之事實，法院可以不待當事人提出而依職權調查。非訟事件此一特徵，可以稱爲職權探知主義。三、言詞或書面審理主義，非訟事件審理，除有特別規定外，同時採用言詞或書面審理主義（非訟事件法第 29 條第 1 項）。四、不公開審理主義，非訟事件審理，訊問關係人、證人或鑑定人，不公開之，但法院認爲適當時，得許旁聽（非訟事件法第 34 條）。家事事件法則不論訴訟事件或非訟事件之處理程序，除經當事人合意，並無妨礙公共秩序或善良風俗之虞；經有法律上利害關係之第三人聲請；法律別有規定；審判長或法官認爲適當時，允許事件無妨礙之人旁聽外，原則以不公開法庭行之（第 9 條）。

亦可從其本質特性爲探討：有從法秩序形成觀點，認爲非訟事件目的在形成（設定、變更、終了）私法秩序，民事訴訟則是在維持確立私法秩序。有從預防觀點，認爲非訟事件以預防可能發生的私權損

---

4 學說上之處分權主義內容有三層面，第一層面指程序之開啓與主導，民事訴訟是由當事人開啓並主導。第二層面指程序對象與範圍（訴訟標的），民事訴訟由當事人決定。第三層面指程序終結與主導，當事人得撤回訴訟。

5 學說上辯論主義有三命題，第一命題當事人沒有主張之事實，法院不得作爲判決基礎；第二命題，當事人不爭執之事實或已自認之事實，毋庸舉證，法院不得依職權去蒐集或調查，法院應以該事實作爲判決基礎；第三命題當事人有爭執之事實，須待當事人聲請法院才去調查。

害為目的，民事訴訟則是在回復與重建已破壞之法秩序為目的。有從客體觀點，認為非訟事件之審理對象無爭訟性，民事訴訟則係以紛爭或爭訟為對象。有從手段觀點，非訟事件之裁判並無強制力，因無關於私權確定，原則上無既判力，民事訴訟則是為了強制解決爭執，有既判力，可為強制執行。有從實定法規範觀點，非訟事件規定於非訟事件法，民事訴訟事件規定於民事訴訟法。有從民事行政觀點，認為非訟事件係由國家直接介入私法關係之命令處分屬於民事行政，民事訴訟則適用抽象預定法規解決爭執，屬於民事司法[6]。然非訟法理變動進展中，綜合程序外觀分辨與本質特性探討，整體觀察，以掌握非訟事件之特徵，而為法理之適用。尤其家事事件具有多樣性，亦有兼具訟爭性與非訟爭性者，何者應循訴訟程序或非訟程序處理，並非亙古不變之事，應注意在程序上滿足各類家事事件之不同需求。例如有僅需書面形式審查者（拋棄繼承事件）；有須追求客觀真實發現（涉及身分關係存否確認事件）；雖涉及財產，仍須法院迅速酌定適當方法者（扶養費請求事件）；涉及財產但應尊重當事人之處分權者（贍養費事件）；有須特別保障聽審權、辯論權，進而賦予既判力者（本質上為訴訟事件而予非訟化處理者）[7]。

參、家事非訟種類

家事事件法擴大家事非訟事件之範圍[8]，所包含之事件種類繁多，依事件之性質可分為：一、具典型之非訟者（本質上非訟事件），例

---

[6] 參楊智守，非訟事件法實務問題研析與建議，司法院研究年報，第26輯第1篇，2009年11月，第31至34頁。

[7] 沈冠伶，家事非訟事件之程序保障，基於紛爭類型審理論及程序法理交錯適用論之觀點，臺大法學論叢，第35卷第4期，2006年7月，第118頁。

[8] 家事事件非訟化之發展趨勢，請參沈冠伶，前揭文（註7），第117至118頁。

如未成年子女監護酌定事件。二、具訴訟性但經立法者予以非訟化審理者（本質上訴訟事件、眞正訟爭事件），例如夫妻間家庭生活費用事件。三、本爲家事訴訟件而經當事人合意選用家事非訟程序而行裁定程序者，例如調解程序第33條之合意裁定、第36條適當裁定（見如下肆、程序轉換）[9]。此一區分實益，在於二、三類之訴訟與非訟之法理交錯，進而在個別情形討論其既判力之有無。

另依事件之追求目的區分爲：一、簡速裁判追求型，迅速調整或形成一定法律地位或關係，以保護公益或關係人之利益，例如扶養請求事件。二、保護照顧監督型，法院及時介入以保護照顧，例如監護宣告事件。三、法安定性追求型，涉及人身重大事項，須爲愼重處理之程序保障，例如收養認可事件。此一區分實益，在於生效及效力時點是否相同，及羈束力與確定力之有無。家事非訟裁定之生效，於通則部分有設一般規定，除法律別有規定外，於宣示、公告、送達或以其他適當方法告知於受裁定人發生效力（第82條第1項）[10]。但有合法之抗告者，抗告中停止效力[11]。另就上開類型之不同而有不同規定，就二、保護照顧監督型而言，在選任未成年人之特別代理人事件，於裁定「送達或當庭告知被選任人」時發生效力（第111條第4項），以及時保護未成年人之最佳利益；在監護宣告之裁定，於「送達或當庭告知法院選定之監護人」時發生效力（第169條第1項），以及時保護受監護人之目的，且此規定爲第82條之特別規定，不因抗告而使效力阻斷[12]。但如係事後撤銷監護宣告，則須至「確定」時

---

[9] 沈冠伶，家事非訟裁定之效力（一）：裁定之生效即可變更性，月旦法學教室，第135期，2014年1月，第39頁。

[10] 有於裁定主文特別載明於何時生效者，參花蓮地院105年度家親聲字第20號裁定。

[11] 此與一般民事與非訟裁定，抗告原則不停止執行不同（民事訴訟法第491條第1項；非訟準用之，非訟事件法第46條）。

[12] 沈冠伶，前揭文（註9），第40至42頁。但本法明定抗告不停止執行者，僅暫時處分（第91條第1項）一例。另二例爲監護、輔助宣告之裁定不因抗告而停止效力，係分別規定於審理細則第141條、第145條第2項。

始發生效力（第 172 條第 1 項）。同理，在輔助宣告事件之裁定，於裁定送達或當庭告知受輔助宣告之人之時發生效力（第 178 條第 1 項），而撤銷輔助宣告事件，則須至確定時始發生效力（第 180 條第 6 項）。就三、法安定性追求型而言，在認可收養裁定，於其對於聲請人及對於第 115 條第 2 項所定之人（即收養人及被收養人、被收養人之父母、收養人及被收養人之配偶）「確定」時發生效力（第 117 條第 1 項）。此所以不同於保護照顧監督型，而須待確定始能生效，乃涉及身分關係之變動，宜較慎重也。

　　再從處分權與職權主義，視事件之特性及程序標的之性質是否屬於當事人得處分者，區別為「職權事件」與「聲請事件」[13]。於職權事件採職權主義（有稱公權主義 [14]），於聲請事件採處分權主義，但於聲請事件，又區分為「真正聲請事件」與「不真正聲請事件」，所謂不真正聲請事件，指程序之開始雖仍基於當事人之聲請，但關於程序標的，當事人並無處分權，而由法院依職權進行程序及裁判。以丁類為例，有由法院依職權開始程序者 [15]，例如，未成年子女監護人選定事件（民法第 1055 條之 2）、另行選定未成年人監護人事件（民法

---

[13] 職權事件或聲請事件之區別，不能單純依其係屬丁類或戊類事件為準，而應視各該事件所涉及公益之內容及其強度而定，意即其事件該當性之判斷為何，應求諸有關該事件之法律所明示或默示之立法旨趣，而非恆可見諸於其明文上，亦非僅憑抽象論即可得知，是乃如何從法律解釋上個別探求之課題，見邱聯恭，民事訴訟法研究會第六十五次研討會後補註，收錄於民事訴訟之研討（八），民事訴訟法研究基金會，1999年9月，第165頁，轉引自許士宦，家事審判之請求（上），月旦法學教室，第130期，2013年8月，第66頁。

[14] 許士宦，前揭文（註13），第65頁。

[15] 德國法非訟程序中之職權程序（Amtsverfahren），雖有認為除法有明文須依聲請開啟外，均為職權事件，法院得依職權開始程序，在此類事件中關係人之聲請行為，僅是「激勵」（Anregung），促請法院發動而已，在職權事件中若駁回聲請人之聲請，法律賦予其抗告權者，其在此程序取得形式當事人地位。我國法並未將職權發動作為多數程序之基本原則。參姜世明，家事非訟程序，月旦法學雜誌，第212期，2013年1月，第4頁。

第1106條）、特別代理人選任事件（民法第1086條、第1089條）、監護人選定事件（民法第1111條）；丁類中之不眞正聲請事件者，例如，監護宣告之聲請由關係人發動，但因涉公益，關係人之聲明對法院無拘束力，關係人聲請監護宣告，法院認爲未達監護宣告程度，而有輔助宣告之原因者，得依職權爲輔助宣告（第174條第1項）；對於輔助宣告之聲請，法院認有監護宣告之必要者，亦得依職權爲監護宣告（第179條第1項）。戊類事件中之職權事件，例如，對於未成年子女權利義務之行使負擔事件，聲請後經法院裁定，抗告審中聲請人撤回原聲請，法院仍應本於職權審究有無酌定之必要，以確保未成年子女之利益，程序非當然終結[16]；戊類中之不眞正聲請事件，例如，就家庭生活費用之給付方法，不受聲請人聲明之拘束（第100條第1項）[17]。

肆、程序轉換

　　甲、乙、丙類爲家事訴訟事件，原則依家事訴訟程序審理（有例外，例如丙類第5款「因監護所生損害賠償事件」，則係依家事非訟程序審理）；丁、戊類爲家事非訟事件依家事非訟程序審理。然，亦可能因程序轉換，使得家事訴訟事件改依家事非訟程序審理，或家事非訟事件改依家事訴訟程序審理，抑且尚有再度轉換者。例一，丙類第5款「因監護所生損害賠償事件」之轉換，該類款爲家事訴訟事件，如前述，其程序規範見之於第四編家事非訟事件中，而生「因監

---

[16]最高法院110年度台簡抗字第75號裁定。倘貫徹此裁定意旨，則在一審審理中撤回聲請，現行實務多逕予報結之做法，或有可議。

[17]詳參沈冠伶等，家事程序法制之新變革及程序原則——家事事件法之評析及展望——民事訴訟法研討會第114次研討紀錄，法學叢刊，第226期，2012年4月，第234至235頁（沈冠伶書面論文）。

護所生損害賠償事件」究為訴訟事件或非訟事件疑慮[18]，此乃基於法律明文之轉換，呈現「非訟為表」（指審理外觀為家事非訟程序），「訴訟為裡」（指審理之事件本質），表裡不一情形；換言之，以非訟化審理訴訟事件，形式上為非訟事件程序，實質上係訴訟事件之審理，而生訴訟與非訟法理交錯。但當上開監護或輔助所生之損害賠償事件，其程序標的之金額或價額逾得上訴第三審利益額者，或因案情複雜，聲請人與相對人得於第一審程序終結前，合意向法院陳明改用家事訴訟程序（第121條、第176條第5項、第180條第5項），又可透過當事人合意由「非訟之表」轉回「訴訟之表」，最終「表裡一致」（即訴訟事件以訴訟程序審理之），屬於二度轉換。例二，「合意與適當裁定」之轉換。當事人就不得處分之事項，其解決事件之意思已甚接近或對於原因事實之有無不爭執者，得合意聲請法院為裁定（第33條第1項）；就得處分之事項調解不成立，而當事人合意聲請法院為裁定、或當事人合意聲請法院與不得處分之牽連、或合併或附帶請求事項合併為裁定、或當事人解決事件之意思已甚接近，而僅就其他牽連、合併或附帶之請求事項有爭執，法院認有統合處理之必要，徵詢兩造當事人同意。法院應參酌調解委員之意見，平衡當事人之權益，並審酌其主要意思及其他一切情形，就本案為適當之裁定（第36條第1項）。不論是合意或適當裁定，事件對象若為第3條甲、乙、丙三類之家事訴訟事件，原應以家事訴訟程序審理判決為之，卻依此改以非訟程序審理裁定為之，這種程序轉換，是基於法律明定與當事人合（同）意之結果，於此也有「非訟為表、訴訟為裡」之法理交錯問題。例三，請求家庭生活費用、扶養費或贍養費事件（即第99條事件，以下簡稱 A 事件），關係人就請求所依據之法律關係有爭執者（以下簡稱 B 事件），法院應曉諭其得合併請求裁判。關係人為前項合併請求時，除關係人合意適用家事非訟程序外，法院

---

[18] 「庭長願景營」討論提案編號5，收錄於家事事件法法官辦案手冊，101年5月，第110頁。

應裁定改用家事訴訟程序，由原法官繼續審理（第 103 條第 1 項、第 2 項），此項家事非訟事件請求所依據之法律關係爭訟本應依家事訴訟程序審理，法律卻賦予關係人程序選擇權，而繼續以家事非訟程序終結之；換言之，關係人可以選擇將家事訴訟之 B 事件，同意在 A 事件之非訟程序中一併審理，此時就 B 事件而言，也生「非訟為表、訴訟為裡」之現象，當然，如果把 A、B 二事件一併請求改依家事訴訟事件審理，此時就 A 事件而言，變成裡、外不一，即轉換成「訴訟為表、非訟為裡」。此種程序轉換，因事件準用關係，在未成年子女親權行使負擔之親子非訟事件（第 107 條第 2 項）、親屬間扶養事件（第 126 條）、親屬會議事件（第 183 條第 2 項）皆會發生。由以上說明可知，本條甲、乙、丙類，與丁、戊類二者，固可從適用之程序不同予以劃分，但卻可能互為轉換。故而，某些甲、乙、丙類家事訴訟事件，可能以家事非訟程序審理；某些丁、戊類家事非訟事件，也可能以家事訴訟程序審理之。

伍、調解程序

甲、乙、丙、戊類於請求法院裁判前，應經法院調解；丁類事件，除別有規定外，如民事保護令事件，或性質上不宜調解，如監護宣告事件，其餘亦得於法院裁判前，聲請法院調解（第 23 條第 1 項）。

陸、裁判效力

甲、乙二類家事訴訟事件所為確定之終局判決，均與身分有關，事涉公益，原則上對於第三人亦有效力（第 48 條），同屬家事訴訟事件之丙類事件所為確定之終局判決，則準用民事訴訟法第 401

條以爲界定[19]。至於丁、戊類之家事非訟事件所爲之確定本案裁定，及暫時處分回復原狀法律明定之既判力（第90條第4項），因無法藉由職權撤銷或變更[20]，因此得予準用民事訴訟法第五編再審程序之規定（第96條）[21]。甚至第33條之合意裁定確定者，法律明定與確定裁判有同一之效力，得準用民事訴訟法同上規定，聲請再審。應注意者，暫時處分之裁定，係附隨於本案，並非本案自身之裁定，並無前開既判力之適用，不得對之聲請再審（最高法院102年度台聲字第1328號裁定）。而確定裁定效力所及之第三人，亦得準用民事訴訟法第五編之一之規定，聲請撤銷原裁定（第35條）。如上，家事非訟裁定之效力，法條用語有「既判力」及「與確定裁判有同一之效力」之不同，實乃家事非訟裁定之性質與種類不一，故「與確定裁判有同一之效力」之裁定並不均具「既判力」。而裁定縱已確定，在一定情形下仍具可變更性（第83條）。至既判力之有無則應個案判斷（von Fall zu Fall）[22]。例如，許可及認可終止收養事件，就終止權之行使一事於關係人間欠缺對立性及訟爭性，不具「既判力之適格性」；而宣告終止收養事件，具訟爭性，法院之裁判係以爭執之權利義務關係爲標的，且有法安定性之要求，不論是成年人間，或一方爲未成年人間，在滿足一定程序保障，諸如言詞辯論及嚴格證明等類似訴訟判決之訟爭程序後，均應認有既判力之適格性[23]。

---

[19] 邱聯恭，既判力相對性原則之絕對性化及對世效之相對效力化——闡釋家事事件法定立之裁判效力主觀範圍界定基準，月旦法學雜誌，第211期，2012年12月，第141頁。

[20] 家事非訟事件之撤銷與變更情形，請參本書第四編第三章、貳、十之說明。

[21] 非訟裁定本不得聲請再審，但102年非訟事件法修正增訂第46條之1規定得準用民事訴訟法之相關規定而聲請再審。

[22] 沈冠伶，前揭文（註9），及家事非訟裁定之效力（二）：既判力之有無，月旦法學教室，第136期，2014年2月，第43頁。後文對於家事非訟裁定之既判力問題有詳細說明。

[23] 沈冠伶，終止收養事件之審判（下），月旦法學教室，第154期，2015年8月，第48至50頁。

柒、暫時處分與保全程序

　　本法第 85 條以下之暫時處分制度，僅限於丁、戊類之家事非訟事件，且以繫屬爲必要，至於甲、乙、丙類之家事訴訟事件，則應視其情形，準用民事訴訟法第七編之保全程序。實務上如發現其所據以聲請暫時處分之「本案請求」是家事訴訟事件，因民事訴訟法之假扣押、假處分或定暫時狀態之處分，不以本案繫屬爲前提，應予釋明，是否改依上開民事訴訟法規定聲請保全處分。第二階段研究制定小組曾有建議將暫時處分移到總則規定，否則依現行法制，家事訴訟事件如有暫時處分必要，僅能準用民事訴訟法爲假扣押、假處分之聲請（審理細則第 71 條）[24]。又家事非訟事件，聲請人誤爲假扣押聲請，應爲適當闡明是否爲暫時處分之聲請，不宜逕予駁回[25]。聲請暫時處分，如以禁止相對人處分特定財產爲目的，法院裁定主文之諭知雖可能出現假扣押之字樣，但不可與民事訴訟法保全程序之假扣押裁定同視[26]。

　　家事非訟事件，適用本法之暫時處分，而非民事訴訟法之假扣押程序，因此民事訴訟法第 526 條第 4 項原規定有關假扣押擔保金之：

---

[24] 第二階段研究制定小組第7次會議紀錄（少家廳提供之電子檔，未出版），第219頁。

[25] 新北地院103年度家暫字第34號裁定。

[26] 例如：「聲請人以新臺幣○○元爲相對人供擔保後，得對於相對人之財產於新臺幣○○元之範圍內爲假扣押。相對人如以新臺幣○○元爲聲請人供擔保後，得免爲或撤銷假扣押」（花蓮地院103年度家暫字第1號裁定）。也有寫成：「聲請人以新臺幣○○元爲相對人供擔保後，於本院102年度○字第○○號請求離婚等事件裁判確定或和解或撤回前，禁止相對人將所有座落於○地號土地爲出租、出借負擔或移轉、設定等處分之行爲。相對人如以新臺幣○○元爲聲請人供擔保後，得免爲或撤銷前項暫時處分」（苗栗地院102年度家暫字第6號裁定）。但暫時處分裁定主文是否應載明「於本案調（和）解、撤回或裁定確定前」之內容，有不同見解（參台灣高等法院暨所屬法院109年法律座談會民執類提案第33號之討論）。

「債權人之請求係基於家庭生活費用、扶養費、贍養費、夫妻剩餘財產差額分配者，前項法院所命供擔保之金額不得高於請求金額之十分之一」，已於 102 年 5 月 8 日修正公布刪除其中屬於家事非訟事件之「家庭生活費用、扶養費、贍養費」部分 [27]。

捌、救濟程序

甲、乙、丙類為家事訴訟事件，對判決不服之救濟，適用上訴程序。丁、戊類為家事非訟事件，對裁定不服之救濟，適用抗告程序。家事訴訟事件與家事非訟事件合併審理之裁判，全部不服之救濟，適用上訴程序（第 44 條）。本案終結前之程序裁定，如得為抗告者，管轄法院應視本案為家事訴訟或家事非訟事件而異，前者之管轄法院為高等法院，後者為地方法院合議庭。例如遺產分割事件，原告就法院駁回訴訟救助裁定提起抗告，抗告審為高等法院；而請求贍養費事件，聲請人就法院駁回訴訟救助裁定提起抗告 [28]，抗告審為地方法院合議庭。遇合併請求家事訴訟事件（如 A 離婚事件）及家事非訟事件（如 B 贍養費事件），當事人如就 A、B 事件全部聲請訴訟救助，法院亦為全部之准否裁定，當事人一併不服，抗告審法院為高等法院（第 44 條第 1 項法理參照），如當事人僅就 A 事件部分不服者，抗

---

[27] 實務曾見民庭司法事務官未注意法律已修正而誤為假扣押裁定，聲請人以擔保金三分之一過高，援引舊法抗告請求改以十分之一，經家事庭合議庭廢棄原裁定，並以本案尚未繫屬駁回假扣押之聲請，參苗栗地院103年度家聲抗字第21號裁定。

[28] 家事非訟事件可否聲請訴訟救助，因非訟事件無規定，本法施行前，有主張類推適用民事訴訟法訴訟救助規定之肯定說，有從程序及性質差異之否定說，多數採否定說，見台灣高等法院暨所屬法院98年法律座談會民事類提案第25號，然本法施行後，最高法院101年度台聲字第900號裁定採類推適用民事訴訟法有關訴訟救助之規定，此為目前實務見解。

告審法院爲高等法院（第 44 條第 2 項法理參照），如當事人僅就 B
事件部分不服者，抗告審法院爲地方法院合議庭（第 44 條第 3 項法
理參照）。倘爲家事財產事件，例如離婚損害賠償之家事訴訟事件，
其抗告審本應爲高等法院，但如爲一定金額請求以下之小額或簡易訴
訟，就此類事件之訴訟救助裁定不服，則應以地方法院合議庭爲抗告
審法院（民事訴訟法第 436 條之 1 第 1 項、第 436 條之 24 第 1 項）[29]。
至於贍養費事件，雖爲財產事件，但爲家事非訟事件，性質上不宜以
小額或簡易程序處理，其抗告審應爲地方法院合議庭。在離婚事件合
併請求新台幣 50 萬元以下之剩餘財產分配請求事件，法院係以婚字
案爲通常程序之審理，而非以財產事件之小額或簡易程序分案，設當
事人僅就剩餘財產分配請求事件聲請訴訟救助，爲法院駁回後提起抗
告，其管轄法院爲何，或有從實質上認其爲小額或簡易案件，而應由
地方法院合議庭管轄，但本書以爲仍應回到該本案之救濟程序以資判
斷。該案既爲家事訴訟事件，程序上並未以簡易程序審理，其不服之
救濟，應向高等法院提起上訴，是不服其本案裁判終結前之訴訟救助
裁定，亦應以高等法院爲抗告審法院才是。

玖、簡易與小額程序

　　家事訴訟程序之丙類事件，除本法特別規定外，應依事件之性
質，分別適用民事訴訟法有關通常訴訟程序、簡易訴訟程序及小額訴
訟程序之規定審理（審理細則第 72 條）。而家事非訟事件，雖也有
僅涉財產請求者，如贍養費、家庭生活費用、扶養費，但其性質爲非
訟事件不宜準用之，尤不宜改以簡易訴訟程序及小額訴訟程序行之，
蓋後者爲訴訟事件，且以判決爲之。贍養費事件非訟化，因此民事訴

---

[29] 參照司法院第19期司法業務研究會有關簡易訴訟事件確定訴訟費用之裁定，以
　地方法院合議庭爲抗告審法院之多數見解。

訟法第 427 條第 2 項第 8 款原贍養費適用簡易程序之規定，已於 102 年 5 月 8 日修正公布刪除。而依離婚協議請求父母之一方給付子女扶養費，已多定性為家事非訟事件，亦不宜適用簡易程序，但法院初期實務有未注意上開修法意旨，而改依該款「因請求其他定期給付涉訟」之規定，適用簡易訴訟程序者[30]。

拾、假執行

家事非訟事件準用非訟事件法，而非訟事件法並無民事訴訟法假執行之適用。以扶養費為例，扶養費事件為家事非訟事件，由法院以裁定程序行之，性質上不生判決假執行之問題。如家事訴訟事件與扶養費事件合併請求，經法院依家事事件法第 42 條第 2 項合併判決者，其中命給付扶養費部分性質上仍屬家事非訟裁定，依同法第 41 條第 6 項規定，法院於裁判前認有必要時，得依同法第 85 條規定命為適當之暫時處分，法院為本案裁判後，依同法第 186 條第 1 項，該裁判亦得為執行名義。因此，民事訴訟法於 102 年 5 月 8 日修正公布刪除第 389 條第 1 項第 2 款：「命履行扶養義務之判決。但以起訴前最近六個月分及訴訟中履行期已到者為限」，依職權宣告假執行之規定（修法理由參照）。但法院實務仍多有假執行之宣告者，此在本於不當得利或契約請求扶養費之事件尤為常見[31]。此一現象，或未精確法律適用所致，或隱性的（裁判書未明確交代）法理交錯之結果。

---

[30]參台南地院102年度家簡字第29號判決。

[31]最高法院102年度台抗字第339號裁定、台灣高等法院102年度家上易字第23號裁定，均於上訴後改依家事非訟事件抗告程序處理，但就原審判決之宣告假執行並未糾正；有明確交代非訟事件無假執行之適用者，如台北地院102年度婚字第415號判決；有於102年5月8日民事訴訟法修正公布後，仍引用已刪除之第389條第1項第2款規定，就扶養費依職權宣告假執行者，如台北地院102年度婚字第118號判決。

拾壹、第三程序或中間程序事件

　　家事事件依其訴訟或非訟性質，雖應分別適用其固有法理，但仍時有法理交錯之需要。例如在遺產分割事件中，法院就分割方法具有裁量權而不受原告聲明所拘束（在訴訟事件中適用部分非訟法理），而部分家事訴訟事件非訟化後，特別是在所謂真正訟爭事件，應注意在非訟程序中依具體個案之不同分別適用訴訟與非訟法理，避免堅持訴訟法理與非訟法理二元分離適用論，以求程序經濟及紛爭一次性之解決，就此同時兼具家事訴訟與家事非訟部分特徵之事件，學理上以第三程序或中間程序事件稱之[32]。所以稱為第三程序事件，因先有民事訴訟法，後有非訟事件法，是行家事訴訟程序事件可稱為第一程序事件，而行家事非訟程序事件以第二程序事件稱之。多數家事訴訟事件與家事非訟事件，本質屬性與實定法一致，例如確認婚姻關係存在或不存在事件為純家事訴訟事件，監護宣告事件為純家事非訟事件，各依訴訟與非訟法理。但有些事件雖行訴訟程序，定性為訴訟事件，但有非訟性；或雖行非訟程序，定性為非訟事件，但有訴訟性，故此類事件學理上以第三程序事件稱之。另若將第一程序事件與第二程序事件分列左右，則此類第三程序事件，左中有右，右中有左，而以中間程序事件稱之。對此類事件之認知及有無實定法之依據，無疑是本法施行以來最大論辯之議題。

　　對於第三程序或中間程序事件之說明，有分以「本質上非訟事件」與「本質上訴訟事件」[33]，認為甲類、乙類、丙類中有「本質上家事非訟事件」，並多以裁判分割遺產事件為例[34]，認該事件當事人之

---

[32] 另參本編第六章「訴訟與非訟分類」。

[33] 許士宦，家事事件法，新學林出版，2020年2月1版1刷，第42頁以下。

[34] 此外，另有舉夫妻剩餘財產差額分配事件及確定母再婚所生子女生父事件為例，認為前者之酌減、免除及分配方法，具非訟性；就後者而言，如前配偶主張其為生父，以後配偶為被告提起該訴，調查後，發現後配偶才是真正血緣生

分割方法聲明無拘束性，而有非訟性。丁、戊類中則有「本質上家事訴訟事件」，請求返還代墊扶養費事件為常舉之例，認其雖行非訟程序審理，但有訟爭性，是謂真正訟爭事件，進而認為第 37 條及第 74 條分別為第三程序或中間程序事件之實定法依據，並將第 37 條之「其他家事訴訟事件」，解為包括非訟化審理之「真正訟爭事件」，如請求返還代墊扶養費事件；將第 74 條之「其他家事非訟事件」，則以行訴訟程序之裁判分割遺產事件為例。然而，本書以為，這樣的詮釋，或與多數認知有很大差異。依一般法解釋論，第 37 條之「其他家事訴訟事件」，會被解釋成其他應被歸類為行家事訴訟程序之事件，而不會指非訟化審理之事件；第 74 條之「其他家事非訟程序」，也會被歸類為應行家事非訟程序之事件，不會包括行訴訟化審理之事件。也就是第 37 條之「其他家事訴訟事件」應是對應於甲、乙、丙類列舉之其他例示家事訴訟事件，第 74 條之「其他家事非訟事件」，應是對應於丁、戊類列舉之其他例示家事非訟事件才對。至於第三程序或中間程序事件，本應注意個別事件之屬性為法理交錯，雖行訴訟程序但應注意部分非訟法理（裁判分割遺產事件），雖行非訟程序但應注意部分訴訟法理（請求返還代墊扶養費事件），殊無將第 37 條及第 74 條強解為此類事件之實定法依據，以致與一般法解釋論相距太遠，造成紛擾，不易為人信服。此外，第 37 條之「別有規定」，立法技術上，應係指在家事事件法或特別法中別有之相關程序規定，而不會是民法第 824 條關於實體分割方法之規定，蓋該條本在規範民事事件之共有物分割，也未見民事訴訟法有將之解釋為該法之別有規定。個別實體法中相關權利內容並未具體明確，法院有一定裁

父，應認為原告之聲明無拘束性，判決主文仍應確定後配偶之被告為該子女之生父，參許士宦，前揭書（註33），第49頁。惟本書以為，前者雖賦予法院裁量權，但無須冠以「本質上家事非訟事件」之名，蓋該財產事件大部分具訴訟性（同如上裁判分割遺產事件之說明）；後者之見解，所稱聲明無拘束性似乏依據，且有訴外裁判之嫌，蓋被告未反訴。短駁回原告之請求，法律上，當然僅以後配偶為法律上推定之生父，無待確認。

量權者，所在多有，但民事訴訟法亦未特此強調該等規定爲別有之程序規定。因此將裁判分割遺產事件之分割方法聲明無拘束性，費力解釋爲此處之別有規定，實無必要，亦屬牽強。另如把「非訟法理」也解釋爲此之「別有規定」，亦不盡妥適，蓋規定就是規定，化曰爲法條，但法理本身不應等同規定；縱無此「別有規定」之規定，亦當然爲個案裁判時所應適用矣。另有謂第 37 條之「別有規定」即包括非訟化審理之眞正訟爭事件，原則上應適用家事非訟程序[35]，亦混淆不清。蓋裁判分割遺產事件爲訴訟事件，眞正訟爭事件爲非訟事件（行非訟化審理），二者豈會同是此處之「別有規定」？另把裁判分割遺產事件解釋爲「本質上家事非訟事件」，也易造成學習困擾，蓋裁判分割遺產事件中之分割方法聲明，固無拘束性而有非訟性，但這僅是該類事件中一小部分，是否爲遺產範圍、繼承人爲何人、有無喪失繼承權、遺囑眞僞等一系列問題才是該類事件之常見重要爭點，訟爭本質含量極高，不宜以占比不多之分割方法聲明無拘束性，視爲其「本質」，進而稱之爲「本質上家事非訟事件」或「非訟事件訴訟化」，亦讓人困惑。論者謂，若未清楚理解第 37 條及第 74 條之規定，整部家事事件法之理解或認識即會發生問題，或有其深意與說理負擔[36]。然文有盡意無窮，受限於立法技術，豐富之法學理論本無法完全見之於法律條文，但法解釋論，有其一定方法講求，超出一定界限，不是法學理論有問題，就是法律規定不完善，前者應檢討，後者應修法，否則負擔難以卸下，深意難有共鳴，本法之學習也就受限被擾。

爲解決如上第三程序或中間程序事件法理交錯所生爭議，本書以爲，本法因未全面非訟化，除可參考德國法對於眞正訟爭事件規定適（準）用本法家事訴訟程序編外，對於家事訴訟程序事件中有非訟性質者，規定適（準）用本法家事非訟程序編，不失爲解決之道。如此，現行法對於同一事件，部分規定在家事訴訟程序編（例如第 45

---

[35] 許士宦，前揭書（註33），第665頁。

[36] 許士宦，前揭書（註33），第468頁。

條之終止收養），其他程序卻規定在家事非訟程序編；或歸類於第 3
條丙類家事訴訟事件，但相關程序規定卻規定在家事非訟程序編（例
如監護所生損害賠償事件），所生矛盾不一之批評或立法創舉之堅
持，或可於未來修法時一併解決。

　　至於「本質上訴訟事件」之請求返還代墊扶養費事件，如何法
理交錯，以體現其訟爭性，不啻為本法施行以來之爭議大項，衍生
之問題甚多，至今仍無定論，或理論與實務不同者，擇要說明如下：
一、民事事件還是家事事件，本法施行之初爭議甚大，至今對扶養義
務人之代墊，才被定性為家事事件，非扶養義務人之代墊，仍被定性
為民事事件。二、定性為家事事件者，是家事訴訟或家事非訟事件，
同具爭議，多年後才被多數肯認為家事非訟事件。三、定性為家事
非訟事件，如係請求返還代墊親屬扶養費（例如兄弟間一方代墊扶養
父母），為第 3 條第 5 項戊類第 12 款之事件，如係未成年子女扶養
費代墊之返還請求，為同類第 8 款之事件。四、定性為家事非訟事件
者，以裁定為之，循抗告程序救濟。五、裁判費標準，應依訴訟事件
繳納（民事訴訟法第 77 條之 13 以下，費用較高），或依非訟事件繳
納（非訟事件法第 13 條以下，費用較低）。就此，各法院做法容有
不一（多數依後者繳納）。六、管轄認定，涉及請求返還代墊未成年
子女扶養費，如定性為第 3 條第 5 項丙類第 8 款之事件，則應適用第
104 條定管轄[37]。但有認為如係父母間之代墊，適用第 98 條定管轄；
非父母（如祖父母）間之代墊，屬於親屬間之扶養，適用第 125 條定
管轄；甚有認為應適用民事訴訟法以原就被等管轄規定。七、言詞辯
論必要性，第二審僅由受命法官一人調查證據，於合議庭未經言詞辯
論程序，最高法院 104 年度台簡抗字第 185 號裁定，認非訟事件得不

---

[37] 台灣高等法院暨所屬法院111年法律座談會民事類提案第12號，就子女未成年時
住甲地，父母一方向另一方聲請返還代墊未成年子女扶養費時，該子女已成年
並移住乙地，應以何地為管轄法院，意見分歧，多數認為第140條並非表示專屬
子女未成年時之住居所地，而應以子女目前所在乙地為管轄法院。

經言詞辯論，於法並無不合。但 105 年度台抗字第 322 號裁定卻認為請求返還代墊親屬扶養費之不當得利，乃屬家事事件法第 10 條第 2 項所指之「當事人得處分之事項」，原審就部分事實未予兩造有辯論或陳述意見之機會，適用法律顯有錯誤，廢棄發回。可見仍應就個案為判斷。另未經言詞辯論之裁定，也會發生既判力有無之疑義。八、舉證責任之範圍，代墊費用多寡及必要性，如代墊者無法實質舉證，法院應得參考雙方資力、扶養必要性、政府所定最低生活費等因素認定。九、保全程序之適用，如認屬家事非訟事件，應聲請暫時處分；如本其訟爭性，應適用民事訴訟法之假扣押、假處分等程序[38]。十、假執行之宣告，如認屬家事非訟事件，無假執行之適用；如本其訟爭性，仍得為假執行宣告。就此，實務個案見解不一。十一、執行費用之暫免繳，如認屬第 189 條之扶養費性質，其執行，暫免繳執行費，由執行所得扣還之。然參考該條立法理由所謂「扶養債權人通常係屬經濟上弱者」，則似應僅限將來扶養費請求，而不當然包括請求返還代墊扶養費。代墊者並不必然是經濟上弱者，反而可能是強者，才有資力代墊，能否比照適用，不免有疑。十二、生效時點與執行名義，有執行力之家事非訟事件裁定，一宣示或告知受裁定人，依第 82 條第 1 項發生效力，不待確定，依第 186 條第 1 項即可作為執行名義。但此類事件並不當然具急迫性（如前述不一定是經濟弱者），是否應同一般財產裁判，確定後才有執行力，此實同時涉及上開假執行及暫免執行費之適用與否。以上各點，都涉及法理交錯之適用範圍，偏左（訴訟）或偏右（非訟）之多寡，影響此類事件非訟化之實益。實務運作結果，倘大部分偏左，則不無非訟形骸化之虞，即單有裁定之形式，而無裁定之實質。以應否經言詞辯論為例，倘認應行之，則以非訟程序快速、簡易為此類事件非訟化之理由，將失其依據。蓋不僅快不得，甚且可能更為緩慢，因經言詞辯論之訴訟事件，辯論終結後，

---

[38] 真正訟爭事件，有認解釋論似可擴大至本案繫屬前即可聲請暫時處分，參許士宦，前揭書（註33），第600頁。

應於一定期限內宣判（民事訴訟法第 223 條），而非訟事件，則無此限制，縱經言詞辯論，亦可能數月後始作出裁定。剩下的快，或許是辦案期間之長短（非訟事件一般短於訴訟事件）、向地方法院合議庭提起抗告，而非向高等法院提起上訴。即便如此，程序上也不能保證比較快。因此，批評者才會提出，何不將之當作家事訴訟事件，然後在家事訴訟程序中交錯適用非訟法理之主張。

　　另對於基於協議而請求之扶養費事件，何以非訟化之理由，論者謂，雖日本學者有認為這是民事事件，然遇協議不成立或被撤銷，權利人仍有法定權利，會產生有協議依民事訴訟程序請求，無協議依家事事件程序請求，如將前者非訟化，可一併解決，權利人得先位依協議請求，於協議不成立或被撤銷之情形，依後位法定權利請求，俾得一次解決紛爭，並舉德國法為例，訟爭性部分（須行言詞辯論，裁定有既判力）準用民事訴訟法，但保全程序及裁定部分明定適用家事及非訟程序[39]。然本書以為，請求返還代墊扶養費與基於協議請求扶養費，二者性質略有不同，後者屬於將來之給付，債務人如未給付，債權人可能陷於生活困難，屬於經濟上弱者，故而適用非訟程序之暫時處分、不待確定即得執行、暫免繳執行費等，或有其正當性。但前者如上所述，則不盡然，能否同等對待，或有不同解讀空間，而影響法律之適用。

　　本為訴訟事件，卻非訟化審理之家事事件，除上開請求返還代墊扶養費事件、基於協議而請求之扶養費事件（含其他家庭生活費用、贍養費事件等），係透過解釋定性為家事非訟事件，並為現今實務通說者外，法律直接明定行非訟化審理者有：第 33 條之合意裁定、第 36 條之適當裁定（前二者本案為訴訟事件時）、第 90 條暫時處分失效之回復原狀事件（事件屬性為訴訟事件）、第 103 條第 2 項合併審理之前提法律關係（法律性質本為訴訟事件，此為第 107 條第 2 項、

---

[39] 許士宦，前揭書（註33），第72至73頁。

第 126 條、第 183 條第 2 項所準用），此類事件雖均行家事非訟程序，但有認為法理交錯範圍不一，應不同處理 [40]。

請求代墊或協議費用事件之定性，本法未明文，而有如上爭議。但關於代墊（屆期未付）部分，審理細則第 95 條第 2 項一開始就明定為婚姻非訟事件；協議部分，則至 109 年 7 月 23 日始增訂第 1 項第 8 款同明定為婚姻非訟事件。

[40] 許士宦，前揭書（註33），第71頁，第484至486頁。

第八章

法院管轄與權限

學習重點

1. 專業法院與普通法院權限劃分
2. 家事庭與民事庭之權限劃分
3. 權限爭議之解決機制
4. 積極爭議與消極爭議
5. 專屬管轄之相對化

壹、專業法院

本法所定家事事件由少年及家事法院處理之；未設少年及家事法院地區，由地方法院家事法庭處理之（第 2 條）。此乃爲貫徹家事事件（包括家事訴訟事件、家事非訟事件及家事調解事件）專業處理之精神，明定家事事件之事務管轄法院。

專業法院之內涵即專業法官，因此處理家事事件之法官，應遴選具有性別平權意識、尊重多元文化並有相關學識、經驗及熱忱者任之。法官之遴選資格、遴選方式、任期及其他有關事項，由司法院定之（第 8 條）[1]。

貳、處理權限衝突

少年及家事法院受理經非少年及家事法院（含行政法院及普通法院）裁判確定認屬家事事件之事件，而少年及家事法院依其合理之確信認該事件不屬家事事件時，如當事人合意由少年及家事法院處理者，受理事件之少年及家事法院應依其合意而處理該事件，以尊重當事人之程序選擇權。爲期愼重，並避免日後發生爭議，該一合意應記明筆錄或以文書證之（第 4 條）。

就家事法院而言，其「審理」對象限於家事事件（爲第 1 條所明定）[2]，本節所指處理權限衝突，指某一事件經民事或行政法院裁判確定認定爲家事事件，而家事法院認爲不是家事事件，所生法院處理權限之消極爭議，亦即本法第 4 條所要處理之問題。至於積極衝突，即

---

[1] 司法院訂頒「改任少年及家事法院法官辦法」。

[2] 但調解可以涵蓋民事事件（第26條），至於審理可否一併審理民事事件有爭議，參本書第三編第六章「家事事件之合併」。

家事法院與民事法院（與行政法院較無關聯），先繫屬之法院認為其有審判權，而予審理之問題。實務認為，如民事法院將家事事件誤為民事事件予以裁判，應屬違法；反之，倘家事法院將民事事件加以審判，多數認為並無違法，但如未公開審理（民事事件應公開審理，家事事件則反是），有認程序違法。另 111 年 1 月 4 日施行之憲法訴訟新制，大法官不再受理法院就審判權爭議聲請統一解釋之案件，普通法院與行政法院間之審判權爭議，改由終審法院作終局判斷。

參、處理權限劃分

　　隨著社會生活複雜化，民事事件之類型日益繁複，本法第 3 條雖已明定少年及家事法院處理事務之範圍，並賦予司法院得指定由少年及家事法院處理事務之權限，惟就某類民事事件，究屬家事事件或一般民事事件，可能仍有難以明確劃分之情形。為便於當事人請求法院處理，並避免法院間因事件之定性見解分歧，造成審理程序延宕，致減損當事人之程序利益，同一地區少年及家事法院與地方法院民事庭間就事件之處理權限有所不明時，授權司法院另定解決方法，以求迅速處理。至於同一地方法院家事法庭與民事庭相互間，關於某類事件之處理權限，乃同一地方法院內部之事務分配問題，因其分配辦法事涉瑣細，也授權司法院另行規定（第 7 條）。根據此一規定，司法院就具體事件究為民事或家事事件陸續函示以解決爭議[3]。

---

[3] 參本編第五章「家事事件之定性」。

肆、管轄有無與移送

　　家事事件法就個別事件定有管轄之規定，法院受理事件，自當首
先判斷有無管轄權。由於家事事件之類型廣泛，有關其管轄之一般事
項，例如：定共同訴訟之管轄法院，有關管轄競合、指定管轄、合意
管轄、應訴管轄之處理，定管轄之時期及移送裁定前必要之處分等，
除本法有特別規定外，應依各該事件之性質及其所應適用之程序法
理，先準用非訟事件法相關規定，於非訟事件法未規定時，再準用民
事訴訟法有關之規定（第5條）。因此，除非是違背專屬管轄規定，
否則並不排除「以原就被」普通審判籍之適用，當事人得擇定其一為
起訴法院[4]。

　　法院（指少年及家事法院以及地方法院之家事法庭）管轄之有
無及移送情形，分有各種情形：一、無管轄權法院移送至有管轄權法
院。受理家事事件之全部或一部不屬其管轄者，原則上應依當事人之
聲請或依職權以裁定移送於其管轄法院（第6條第1項但書）。就
此一裁定，可否抗告，本條無明文，因第3項僅規定「前項」（指
第2項）裁定得為抗告，解釋上應可抗告[5]。二、無管轄權法院自行處
理。法院雖無管轄權，但法院為統合處理事件認有必要，或當事人
已就本案為陳述者，得裁定自行處理（第6條第1項但書）。此一裁
定，可否抗告，解釋上應為否定[6]。此處所指之無管轄權，包括違背專

4　例如高雄高分院101年度家抗字第28號裁定，就第70條之繼承訴訟事件，被繼承
　　人死亡時之住所地在桃園，但相對人（繼承人）住所在高雄，當事人得擇一起
　　訴，原法院不察，未將移送至對抗告人與相對人較為便利之高雄少年及家事法
　　院，而逕移送距離較遠之桃園地院，自有不當，而廢棄原裁定，依職權移送高
　　雄少年及家事法院。但倘共同訴訟被告數人住所在不同管轄法院，有認依本法
　　準用民事訴訟法第20條但書之規定，如被繼承人住所地不在起訴之該地，應以
　　被繼承人該住所地為共同管轄法院，參台北地院106年度重家訴字第9號裁定。
5　第4項「移送訴訟之聲請被駁回者，不得聲明不服」之反面解釋。
6　第4項之正面解釋。

屬管轄（立法理由參照），因此統合之必要性及程序安定與程序經濟要求，已優於傳統之專屬管轄之考量，不同於民事訴訟法嚴格限定專屬管轄之訴訟並無合意管轄，故有將家事事件之專屬管轄稱為相對專屬管轄，專屬性被弱化，即當事人合意之管轄「程序選擇權」，及已就本案為陳述之「維持審理成果」之價值優於「家事事件專屬管轄公益性」之上，授權受理法院在個案基於「程序安定及程序經濟之要求」，繼續進行案件審理，而不以裁定移送管轄法院[7]。惟實務上最高法院101年度台簡抗字第64號裁定，認原審違背專屬管轄廢棄原裁定，但從裁定內容，看不出是否已審酌當事人有無合意，及已就本案為陳述之情形[8]。三、有管轄權法院移送到另一有管轄權法院。法院受理有管轄權之事件，原則上應自行處理，惟如有相關家事事件繫屬於其他法院，而本件受理法院基於統合處理事件之必要，認為由該相關家事事件繫屬中之法院管轄較為適當，而當事人就本件家事事件合意由該法院管轄，以利法院統合處理時，亦應許本件受理法院得依聲請以裁定將事件移送於該相關家事事件繫屬中之其他法院。又為尊重當事人之程序主體地位，法院依此將事件移送於他法院時，宜令當事人有陳述意見之機會。此一移送裁定，當事人提起抗告，以為救濟。至於移送之聲請被駁回者，不得聲明不服（第6條第2項至第4項）。

　　為使管轄事項得迅速確定，以利事件儘速獲得處理，於移送之裁定確定後，受移送之法院應受該確定裁定羈束，縱使該裁定違背專屬管轄規定，受移送之法院亦不得據以將該事件再移送於他法院，此不同於民事訴訟法第30條第2項但書規定得更行移送[9]。法院書記官並

---

[7] 黃國昌，家事事件之專屬管轄屬性及違反效果——以請求酌給遺產事件為例，月旦法學教室，第132期，2013年10月，第25頁。

[8] 某離婚案件上訴至二審法院後，當事人另向地院聲請核發保護令，地院依第41條裁定合併至二審法院，卻被二審法院以家暴事件專屬管轄為由移送原地院審理者，參台灣高等法院105年度家聲字第33號裁定（該號裁定理由並認該二事件無基礎事實相牽連）。

[9] 但對於第一審就家事非訟事件所為裁定之抗告，應由少年及家事法院之合議庭

應速將裁定正本附入卷宗，送交受移送之法院，受移送之法院並應就該事件為處理，以臻明確（第6條第5項）。

裁定，如誤向最高法院提出，則仍有民事訴訟法第30條第2項但書規定之適用（最高法院102年度台簡抗字第79號裁定）。

第九章

總論之特別規定

學習重點

1. 家事法官之專業與困境
2. 程序公開與否之規定
3. 何謂得處分事項
4. 不利維持婚姻事實之法院職權探知
5. 本人到場與他人代理界線
6. 未成年人或受輔助宣告者之程序能力

壹、概說

本法第一編總論之內容，除本書第十章至第十二章另專章論述外，有特別與一般規定。特別者，乃相較於民事訴訟之既有規定而予調整；一般者，則係家事程序進行之通譯使用（第19條）、囑託調查（第17條）、費用墊付（第20條）、迴避準用（第21條）[1]，及受命法官準備程序權限（第22條）等。以下僅就特別規定予以論述。

貳、專業法官遴選

處理家事事件之法官，應遴選具有性別平權意識、尊重多元文化並有相關學識、經驗及熱忱者任之。前項法官之遴選資格、遴選方式、任期及其他有關事項，由司法院定之（第8條），司法院依此訂頒「改任少年及家事法院法官辦法」[2]。此一法官專業之法效如何，實務上，曾有聲請人請求給付扶養費及免除扶養義務事件，以本法第8

---

[1] 就家事非訟事件在第一審聲請法官迴避，其第二審抗告及第三審再抗告之法院為何，台灣高等法院102年法律座談會民事類提案第45號討論中並未作成結論。而台北地院在一件聲請未成年子女監護家事非訟事件中，關係人聲請法官迴避，該院合議庭以無理由駁回（102年度家聲字第217號裁定），不服抗告，由另一合議庭以抗告逾期為由駁回（102年度家聲抗字第50號裁定），不服再抗告，最高法院以逾期為由駁回（103年度台簡抗字第35號裁定），似可為參考。與此相類之民事簡易庭聲請法官迴避，由地方法院合議庭裁定後，抗告審仍應向該院合議庭提起（民事訴訟法第436條之1第1項），參司法院103年11月3日院台民廳一字1030029347號函覆高雄高分院。家事調查官參與家事事件之前審調查後，於同一事件之抗告審，不須迴避，仍得再行調查，參台灣高等法院暨所屬法院109年度法律座談會民事類提案第31號結論。

[2] 實際上，地方法院法官對於擔任家事庭法官意願不高，因此本條之專業遴選，難以落實。該辦法已於107年1月31日廢止，另依法官法所定「法官遷調改任辦法」加以規範。

條明定應由具家事類型專業法官證明書之法官審理，惟受理地院並無
家事類型之專業法官得審理本案之抗告事件，而聲請指定管轄者。最
高法院以家事事件法第5條準用非訟事件法第6條第1項規定，有管
轄權之法院，因法律或事實不能行使職權；或因管轄區域境界不明，
致不能辨別有管轄權之法院；或數法院於管轄權有爭議者，直接上級
法院應依關係人之聲請或法院之請求，指定管轄。聲請人之主張並非
上開所定得聲請指定管轄之事由，而否准其聲請[3]。蓋家事類型專業法
官證明書之有無，僅是取得之法官有優先選辦家事事務之權，而非處
理家事事件之適格條件，當事人無法依此拒卻承辦法官。

參、程序不公開

　　家事事件涉及當事人間不欲人知之私密事項，為保護家庭成員之
隱私及名譽、發現真實、尊重家庭制度，以利圓融處理，以不公開法
庭行之[4]。但有「應准旁聽」，即當事人對無妨礙公共秩序或善良風俗
之事件合意公開，或經有法律上利害關係之第三人聲請，或法律另有
規定者，審判長或法官應准其旁聽。及「得許旁聽」，即審判長或法
官認為適當時，得許就事件無妨礙之人旁聽（第9條）。審判長或法

---

[3] 最高法院102年度台抗字第433號裁定。

[4] 為落實不公開原則，保障當事人及關係人隱私之法律規範意旨，不得聲請法院
交付法庭錄音光碟，司法院秘書長103年7月16日秘台廳少家二字第1030017997
號函。法院組織法於104年7月1日修正公布增訂第90條之1，就聲請法庭錄音錄
影加以規範。但最高法院認仍可依法聲請交付法庭錄音光碟，不因家事事件以
不公開法庭方式審理，而受影響（105年度台簡抗字第79、84號裁定）。就此，
苗栗地院108年度家聲字第2號裁定有不同之論述，可為參考（為筆者所撰）。
法官在法院內其他設置之協商室、調解處進行協商、調解等程序，非屬法院組
織法第84條所稱之「法庭」，自無錄音或錄影之必要。無從依同法第90條之1第
1項規定聲請交付非「法庭」之錄音或錄影（最高法院107年度台抗字第134號裁
定）。

官准許旁聽之處分，為程序進行中之處分，不得聲明不服。

家事事件之所以採行不公開原則，乃基於家事紛爭之特性，一方面優先保護關係人隱私，另方面較能發現真實。立法例可參考，我國非訟事件法第34條：「詢問關係人、證人或鑑定人，不公開之。但法院認為適當時，得許旁聽」、舊民事訴訟法第574條第4項：「婚姻事件，當事人得合意不公開審判，並向受訴法院陳明」、德國法院組織法第170條規定，家事事件及非訟事件之審理非公開，但在不違背關係人之意願下，法院得公開審理。於成人監護及安置事件，得基於關係人之請求，許可其信賴之人在場。於法律審（權利抗告）法院，如公開審理之利益大於關係人之不公開利益時，法院得行公開審理，及日本家事事件手續法第33條規定，家事事件之程序，不公開之。但法院得允許適當之人為旁聽；人事訴訟法亦有不公開之特別規定（日本人事訴訟法第22條第1項）[5]。

肆、辯論主義之限制

家事事件多與身分關係有關，並涉及公益，故在審理程序中，為求法院裁判與事實相符，並保護受裁判效力所及之利害關係第三人，及便於統合處理家事紛爭，採行非訟法理之職權探知主義，法院得視個案具體情形所需，斟酌當事人所未提出之事實，並於未能由當事人聲明之證據獲得心證時，得依職權調查證據。惟法律另有特別規定時，則應限制法院依職權斟酌事實或調查證據之權限。

離婚、終止收養關係、分割遺產或其他得處分之事項[6]，因當事人

---

5 參沈冠伶等，家事程序法制之新變革及程序原則——家事事件法之評析及展望——民事訴訟法研討會第114次研討紀錄，法學叢刊，第226期，2012年4月，第233至234頁（沈冠伶書面論文）。

6 「得處分之事項」，本法在多處條文出現，因無明確定義，引起質疑，有謂，

本有處分權限，自得準用民事訴訟法第二編第一章第二節有關爭點簡化協議、第三節有關事實證據之規定，即採行協同主義，原則上有關事實證據之蒐集，應由當事人為之，法院不依職權介入；但為保護當事人程序及實體利益，法院仍得運用訴訟指揮為必要之闡明，或為防止突襲性裁判，發現真實，於未能由當事人聲明之證據得心證時，在保障當事人辯論或陳述意見之機會下，可以斟酌當事人所未主張而於法院已顯著或為其職務上已知之事實，或依職權調查證據。此外，其事件內容如有涉及家庭暴力或可能危害未成年子女之利益；或有害當事人或關係人人格權之虞；或當事人自認及不爭執之事實，顯與調查之事實結果不符；或是綜合各種具體客觀情事，認為法院不介入探知，將顯失公平時，仍應為職權探知，由法院依職權調查證據、斟酌事實，以維護當事人或關係人之權益（第10條及立法理由參照）。

　　雖擴大法院依職權調查證據、斟酌事實之權限，惟此情形涉及當事人或關係人權益，自應使其有辯論或陳述意見之機會，以避免發生突襲性裁判。

　　舊民事訴訟法第575條規定，法院得斟酌當事人所未提出之事實，限於「因維持婚姻或確定婚姻是否無效或不成立」，本法第10條上開有關辯論主義之限制，因與造成無法維持婚姻結果時，不得職權介入或自認之傳統認知與規定不同，引起質疑，因此在訂定本法審理細則時，加以限縮，於修正前最初第15條明定：「離婚或撤銷婚姻之訴訟事件，就不利於維持婚姻之事實，法院不得斟酌當事人所未

從完全無處分權之事件到完全有處分權之事件，尚存有中間性質之事件，即當事人就裁判所據之事項，部分有處分權、部分無處分權，因此何「事項」為當事人得處分，非僅以事件一體為判斷而一概而論，尚須就其中所涉之個別事項予以判斷。德國家事及非訟事件法第36條亦有「得處分」（verfügen können）事項，亦未一一規定何者係屬得處分事項，此被認為是解釋論上處理之問題。舉例言之，由法院依職權發動之父母對未成年子女親權事件，如父母協議有害於子女，不得成立和解；由關係人聲請之監護宣告，亦不得成立和解。見沈冠伶前揭文（註5），第237至238頁（沈冠伶之回應意見）。

提出之事實。」（第15條）[7]。但此一規定，被認為與上述職權探知之規定相違背，而有命令（子法）是否牴觸法律（母法）之疑慮。試舉例如下：夫對妻為家暴行為，妻向法院聲請核發保護令並訴請離婚，妻於離婚事件中未依民法第1052條第1項第3款不堪同居之虐待而為請求，法院得否審酌其於職權調查保護令事件所得知之毆打情節，依該款規定判決兩造離婚？甲說：本法第10條第1項雖規定：「法院審理家事事件認有必要，得斟酌當事人所未提出之事實，並依職權調查證據。但法律別有規定者，不在此限。」惟審理細則第15條規定：「離婚或撤銷婚姻之訴訟事件，就不利於維持婚姻之事實，法院不得斟酌當事人所未提出之事實」，後者立法理由認為當事人所未提出離婚或撤銷婚姻之事實，既不利於婚姻之維持，自不宜由法院依職權採認該事實，參考舊民事訴訟法第574條第2項以補充家事事件法母法規定之不足。妻未主張不堪同居虐待之離婚事由，法院雖於合併審理之保護令事件調查得知該事實，惟因該事實係不利於維持婚姻之事實，且為當事人所未提出，故法院不得斟酌該事實判決兩造離婚。乙說：法律授權行政機關發布行政命令以為補充，係屬例外，不能牴觸母法或對人民之自由權利增加母法所無之限制，審理細則第15條之規定已逾越、牴觸母法第10條第1項之規定，故本題妻雖於離婚事件中未主張不堪同居之虐待，法院於合併審理之保護令事件調查得知該事實，雖該事實係不利於維持婚姻之事實，且為當事人所未提出，法院認有必要時，得斟酌當事人所未提出之事實，自得判決兩造離婚。多數見解認為，法院因受理核發保護令事件，知悉夫對妻有家庭暴力行為，依本法第10條第2項第1款規定，法院得依同條第1項規定斟酌該家庭暴力之事實，並依第3項規定使當事人或關係人有辯論或陳述意見之機會，法院並應適當行使闡明權，經曉諭發問後，仍應由妻追加民法第1052條第1項第3款為訴訟標的，法院始得審

---

[7] 本條內容之訂定，顯係受持法院不得就不利婚姻維持事項依職權審酌意見者之影響，參姜世明，家事事件法論，元照出版，2013年8月2版1刷，第329頁。

酌是否符合該款規定而准予判決離婚[8]。爲解決上開爭議，審理細則第15條於106年修正爲「法院審理家事事件，依職權調查證據，斟酌當事人未提出之事實時，應使當事人或關係人有辯論或陳述意見之機會」（參該條第3項）。

伍、遠距訊問

家事事件之當事人如窘於資力又不符訴訟救助或請求法律扶助之資格時，於審理過程常又無力支出提解羈押或執行中之他造到場費用之情形，形成事件進行之阻礙；此外，家事事件亦常有重要證人、鑑定人及其他依法參與家事事件程序之人，因故無法於期日親自赴遠地法院應訊，經法院一再通知皆未到場，造成程序每多延滯之情事。上開情節，除不利當事人間紛爭之解決外，亦有礙事件之儘速終結。因此法院就家事事件，認爲必要時（例如：兩造當事人均同意且事件之性質適當者），得依聲請或職權進行遠距視訊審理，但法院應徵詢當事人之意見，以便利家事事件之關係人利用法院，並兼顧審理之迅捷。由於科技設備之種類及文書傳送之細節，應隨科技發展狀況而定，宜另以辦法訂定，司法院由是訂頒「法院辦理家事事件遠距訊問審理及文書傳送作業辦法」，以求彈性（第12條）。

---

8 見台灣高等法院暨所屬法院101年法律座談會民事類提案第20號。有關此一法律問題討論，涉及新舊訴訟標的、本法離婚訴訟不採片面職權探知主義而採限制辯論主義、審理細則逾越母法等等問題，參許士宦，離婚請求之訴訟標的選定及其裁判基礎之事實證據蒐集（上）、（下），月旦法學教室，第137及138期，2014年3月、4月，第43頁以下、第39頁以下。姜世明，前揭書（註7），第336頁以下之評釋。有關離婚訴訟應適用之原則討論，另參劉明生，家事訴訟事件與家事非訟事件之區分──從家事事件程序基本原則之觀點考察，月旦法學雜誌，第227期，2014年4月，第177頁以下。

陸、本人到場

　　家事事件類型繁多，有應特別尊重當事人或法定代理人本人意願者（例如定監護人事件、認可收養事件、定病人保護人事件），法院應聽取其意見；有為發現真實、促進程序者（例如離婚事件、夫妻財產關係所生請求事件），則應容許法院依具體事件需要，命當事人或法定代理人本人到場陳述或訊問之；有僅須書面審理，原則上毋庸命當事人或法定代理人本人到場者（例如緊急性暫時保護令事件，拋棄繼承事件）。是為尊重及保障當事人或法定代理人本人之程序主體地位，規定法院處理家事事件，得命當事人或法定代理人本人到場，或依事件之性質，以適當方法命其陳述或訊問之。諸如在法院以外之場所訊問或囑託受託法院訊問或聽取當事人或法定代理人本人陳述意見，或採用書面審理或以鑑定書代之等，以使家事事件處理程序更具彈性。又家事事件雖原則上由法院依上開規定處理，但其他法律（包括本法其他條文）中有特別規定應命當事人或法定代理人本人到場者，或應以書面審理即足者等，則應例外依各該特別規定為之（第13 條第 1 項）。

　　經法院命當事人或法定代理人本人親自到場者，當事人或法定代理人本人有到場之義務，若無正當理由而不從法院前開命令到場者，準用民事訴訟法第 303 條罰鍰處罰之。但不得拘提之。法院為處罰之裁定後，對於經合法通知而無正當理由仍不到場之當事人或關係人，得連續處罰。處罰裁定對於受裁定人之權益影響重大，應許受裁定人循抗告程序以資救濟。又為避免受裁定人遭受難以回復之損害，於抗告中並應停止處罰裁定之執行（第 13 條第 2 項至第 4 項）。

　　所謂本人到場，是否排除代理人之代替到場，本法相關法條用語略有差異，例如第 30 條第 1 項但書：但離婚及終止收養關係之調解，須經當事人「本人表明合意」，始得成立；第 45 條第 1 項但書：但離婚或終止收養關係之和解，須經當事人「本人表明合意」，始得

成立，該二條立法理由謂：「至於當事人係由本人到場或以聲音及影像相互傳送之科技設備等方式表明意思，均無不可。」而第46條第1項第1款則規定，其捨棄或認諾未經當事人「本人到場陳明」，不得為敗訴判決，立法理由明示：「不許他人代理」。此三條之規定，是否意指不得由代理人代理到場（出庭），有所疑義。按本法第13條：「法院處理家事事件，得命當事人或法定代理人到場，或依事件之性質，以適當方法命其陳述或訊問之。但法律別有規定者，依其規定」，乃「得」命到場，而非強制到場，且立法理由之「法律別有規定」舉例並不及第30條、第45條及第46條之情形，似乎仍許得由代理人代為「表明合意」及「到場陳明」。庭長願景營討論結果多數認為依本法第30條、第45條規定之文義，當事人本人不一定須到場，只要本人明確表明意思即可，而此所謂「表明」可否以書面為之，有採肯定，有採否定。至於第46條，當事人本人則須「到場」陳明，惟此之「到場」，得依第12條以遠距訊問為之。但不得以書面代替[9]。傳統民事訴訟程序，如有選任訴訟代理人，並不以本人到場為必要，家事事件法對於身分事件之審理是否特別要求，而有意排除，立法理由尚欠明確，因此實務做法未見一致。

柒、程序能力

　　程序能力，乃當事人得有效自為或自受訴訟或非訟程序行為之資格。依實體法規定享有完全之行為能力人，即能獨立以法律行為負義務（民事訴訟法第45條），其意思能力應足可辨識利害得失，行使程序上之權利，因此就家事事件具有程序能力。滿七歲以上之未成年人，雖僅為限制行為能力人，不能獨立以法律行為負義務，惟在通

9　「庭長願景營」討論提案編號25，收錄於家事事件法法官辦案手冊，101年5月，第129頁。

常情況下，仍具有一定程度之意思能力，得辨識利害得失，則就以限制行為能力人為當事人，且關於其身分及人身自由之家事事件，如否認子女之訴、改定監護人、兒童及少年福利與權益保障法第 57 條第 2 項、兒童及少年性剝削防制條例第 16 條至第 21 條、身心障礙者權益保障法第 80 條第 1 項所定之安置事件，因對當事人影響重大，應賦予其程序能力，以便更充分保障其程序主體權及聽審請求權。如未滿七歲之未成年人或受監護宣告之人，雖不能獨立以法律行為負義務者，惟其如能舉證證明其於法院審理時具有意思能力，足以辨識利害得失，則就自己為當事人，且有關其身分及人身自由之家事事件，因該事件之結果影響當事人之權益甚鉅，亦應賦予程序能力，以保障其程序主體權及聽審請求權（第 14 條）[10]。但實務上對於滿七歲以上未成年人之身分及人身自由事件，仍如往昔，於裁判書上記載其法定代理人者[11]。而滿七歲以上未成年人如為家暴被害人，得否以自己名義聲請民事保護令，曾見爭議[12]。

　　本法分則另有程序能力之規定，即於聲請監護宣告事件及撤銷監護宣告事件，應受監護宣告之人及受監護宣告之人有程序能力，即得以本人名義聲請監護宣告或撤銷監護宣告[13]。如其無意思能力者，法院應依職權為其選任程序監理人。但有事實足認無選任必要者，不在此限（第 165 條）[14]。

---

[10] 第3項：「不能獨立以法律行為負義務，而能證明其有意思能力者」，屬不確定之觀念，判斷有無程序能力，常使程序處於不安定狀態，參吳明軒，試論家事事件法之得失（上）——逐條評釋，月旦法學雜誌，第205期，2012年6月，第91頁。

[11] 最高法院109年度台簡抗字第133號裁定認為，聲請時雖未滿七歲，但程序中已滿七歲，如仍列法定代理人，代為程序行為，程序有重大瑕疵，而應予廢棄發回。惟本書以為，倘實際仍由該未成年人為程序行為，不宜因當事人欄仍列法定代理人而認違法。

[12] 參本書第四編第一章「丁類家事事件研析」、十三。

[13] 台灣高等法院105年法律座談會民事類第1、2號結論。

[14] 第165條但書是105年1月15日修正施行。

　　受輔助宣告之人，若未經輔助人之同意，得否自行向法院訴請離婚，舊民事訴訟法第 571 條之 1 第 1 項原規定，受輔助宣告之人於婚姻事件有訴訟能力，爲訴訟行爲時無須經輔助人同意。本法就此並無特別規定，卻於立法理由謂：「受輔助宣告之人依民法第十五條之二規定雖不因輔助宣告而喪失其程序能力，但就其涉及丙類財產權家事訴訟事件所爲之訴訟行爲，依本法第五十一條準用民事訴訟法第四十五條之一、第五十條、第五十六條第二項之規定辦理。」此項說明，僅在闡釋丙類事件適用原則，對於甲類與乙類如何適用，未具體說明，引來批評[15]。實務上，應依本法第 14 條第 2 項與滿七歲之未成年人同視，蓋未成年人之法律行爲亦同應經法定代理人允許或承認也，或依第 3 項能證明其有意思能力，關於其身分及人身自由之事件，有程序能力，惟法院應注意有無依第 15 條第 1 項第 3 款選任程序監理人之必要[16]。

---

[15] 吳明軒，家事訴訟程序值得檢討之事項，月旦法學雜誌，第219期，2013年8月，第22頁。

[16] 台灣高等法院102年法律座談會第47號提案研討結論認依第2項規定，受輔助宣告之人有程序能力。

第十章

程序監理人

壹、概說

　　程序監理人制度爲家事事件法所新設，在統合處理家事事件之程序中，爲促進程序經濟、平衡保護關係人之實體利益及程序利益，乃參酌德國非訟事件法與新家事及非訟事件法中程序監理人（Verfahrenspfleger 及 Verfahrensbeistand）及美國馬里蘭州家事法之子女代表人等制度，設計符合我國家事事件特性之程序監理人，保護其利益，並作爲當事人或關係人與法院間溝通之橋樑，協助法院妥適、迅速處理家事事件（第15條立法理由參照）。

　　從立法過程可知，此一制度，主要參考美國、德國、英國法例而來，且其名稱一再改變[1]，因此其角色如何，所定權限與現行法制之「法定代理人」、「特別代理人」、「訴訟代理人」如何區別，有無衝突，引起質疑。而有謂程序監理人制度並非良制，稱程序監理人得爲受監理人爲一切程序行爲，不受任何限制，視法定代理人爲無物，且程序監理人之行爲與有程序能力之當事人行爲不一致時，非以當事人之行爲爲準，即當事人之行爲亦無優先之效力，設此「程序監理人」制度，罔顧當事人之利益，頗有主客易位及喧賓奪主之勢，如此將不符我國國情之外國法例，強行移植於內國法律之內，誠所謂「橘逾淮爲枳」，絕非我國人民所能接受[2]。

貳、法律規定

　　程序監理人之法律規定，除家事事件法本文（以下直接引用條

---

[1] 參本書第一編第二章「重要立法原則之形成」。

[2] 吳明軒，試論家事事件法之得失（上）——逐條評釋，月旦法學雜誌，第205期，2012年6月，第94頁。

文）、家事事件審理細則（以下簡稱審理細則），另有程序監理人選任及酬金支給辦法（以下簡稱支給辦法）、程序監理人倫理規範（以係簡稱倫理規範）。茲說明如下：

一、選任要件

　　處理家事事件有下列各款情形之一者，法院[3]得依利害關係人聲請或依職權選任程序監理人：（一）總則規定：法院處理家事事件如遇下列三種情形之一者，得依利害關係人聲請或依職權選任程序監理人。1. 無程序能力之人與其法定代理人有利益衝突之虞。2. 無程序能力之人之法定代理人不能行使代理權，或行使代理權有困難。3. 為保護有程序能力人之利益認有必要（第15條第1項）[4]。（二）分則規定：1. 養父母與養子女間之訴訟，如養子女無程序能力者，法院得依第15條規定選任程序監理人（第62條）。2. 就有關未成年子女權利義務之行使或負擔事件，未成年子女雖非當事人，法院為未成年子女之最佳利益，於必要時，亦得依父母、未成年子女、主管機關、社會福利機構或其他利害關係人之聲請或依職權為未成年子女選任程序監理人（第109條）。3. 於聲請監護宣告事件及撤銷監護宣告事件，應受監護宣告之人及受監護宣告之人有程序能力。如其無意思能力者，修法前法院應依職權為其選任程序監理人（第165條），並為安置事件（第184條第2項）及停止、安置住院事件（第185條第2項）所準用，其究為強制性規定，或法院仍有裁量權，曾引起爭議。105年1月15日修正施行第165條增列但書「但有事實足認無選任必要者，不在此限」，始緩和法律之強制要求。另精神衛生法於111年12月14日修正公布，規定「嚴重病人無前項代理人或法院於審理程序中

---

[3] 此之法院包括最高法院，參最高法院102年度台職第28號裁定。

[4] 有無選任程序監理人之必要，由法院酌情裁量，難認有適用法規是否顯有錯誤之情形，參最高法院102年度台簡抗第139號裁定。

認有必要者，得爲其選任程序監理人；程序監理人之報酬，得由國庫支付」（第70條第2項，尚未施行）。

二、人選來源

　　程序監理人之人選來源爲社會福利主管機關、社會福利機構所屬人員，或律師公會、社會工作師公會或其他類似公會所推薦具有性別平權意識、尊重多元文化，並有處理家事事件相關知識者（第16條第1項）。如無其他適當之人，得選任該代理人，惟不得重複支領報酬（審理細則第21條）。對於願提供義務服務且具有擔任程序監理人之經驗與熱忱者、曾爲受監理人之程序監理人而無不適任情形者、具兒童及少年保護、老人保護、家暴、精神或心智障礙等相關專業知能者，應優先選任。但有下列各款情形之一者，不得選任爲程序監理人；已選任者，應即予撤銷：（一）受有期徒刑以上刑之宣告。但過失犯不在此限。（二）曾受保安處分或感訓處分之裁判確定。（三）受破產宣告確定或裁定開始清算程序尚未復權。（四）褫奪公權尚未復權。（五）受監護宣告或輔助宣告尚未撤銷。（六）律師受除名之處分。（七）社會工作師受撤銷或廢止執業執照或社會工作師證書之處分。（八）其他專門職業人員受除名或撤銷、廢止執業執照、證書之處分。（九）身心障礙致不能執行職務。（十）有違反職務或其他不適於擔任程序監理人之行爲或情事（支給辦法第5條至第7條）。

三、選任人數

　　可以選任一人或數人（審理細則第20條第1項）。

四、人選意見

　　應使當事人、法定代理人、被選任人、已知之關係人有陳述意

見機會[5]，其方式得以書面或電信傳真方式，但有礙難情形或恐有害其健康或顯有延滯程序者，不在此限（審理細則第 20 條第 2 項、第 3 項）。

五、審級限制

不受審級限制（第 16 條第 3 項）。

六、報酬酌給

除義務擔任者，毋庸給付報酬外（支給辦法第 3 條第 3 項），由程序監理人提出聲請，釋明職務內容、事件繁簡、勤勉程度、程序監理人執行律師、社會工作師或相關業務收費標準，再由法院裁定酌給，裁定前應給當事人及程序監理人有陳述意見之機會（支給辦法第 13 條）。

七、預納與墊付

程序監理人之報酬，除 111 年 12 月 14 日修正公布之精神衛生法第 70 條第 2 項特別規定得由國庫支付外（尚未施行），其為程序費用之一部，故由當事人或利害關係人負擔（第 16 條第 4 項、非訟事件法第 21 條、第 24 條）。法院必要時得定期命當事人或利害關係人

---

[5] 對於法院選任程序監理人，可否獨立抗告，有認參考德國家事事件及非訟事件法第158條第2項「不得獨立被撤銷」之規定，應採否定。但如受監理人為未成年人，其法定代理人為當事人或關係人而有支付能力者，得命法定代理人預納（審理細則第23條），因此能否謂其權利未受侵害，不得依第92條提起抗告，恐有疑問。司法院編印之「精簡家事裁判製作參考原則」手冊，第197頁，原認為得抗告，但於106年11月13日答覆法官論壇時改稱，有關家事事件法第15條第1、2、3項規定選任程序監理人、撤銷或變更程序監理人之裁定，性質上屬法院於程序進行中所為之裁定，為不得抗告之裁定。同此見解者，如台中高分院108年度家抗字第19號裁定。

預納一部或全部，預納顯有困難或依職權選任者，得由國庫墊付全部或一部（第 16 條第 5 項、支給辦法第 14 條第 2 項）。當受監理人為未成年人、應受監護或輔助宣告人，或被安置人而無支付能力，得由國庫墊付。然受監理人為未成年人，其法定代理人為當事人或關係人而有支付能力者，得命法定代理人預納。無支付能力之認定，得參酌法律扶助法第 3 條之規定認定之（審理細則第 23 條）。

八、撤銷與變更

撤銷與變更情形有：（一）法院於必要時（第 15 條第 3 項）。（二）受監理人另行委任代理人（審理細則第 31 條第 1 項）。（三）未維護受監理人之最佳利益。（四）與受監理人利益衝突。（五）與受監理人之家屬會談，有不當行為，足以影響事件之進行或受監理人之利益。（六）受監理人已有合適之代理人。（七）違反其職業倫理規範或程序監理人倫理規範。（八）其他不適任情事或已無選任必要。法院為撤銷或變更裁定前，應使受監理人及程序監理人有陳述意見機會（審理細則第 32 條）。程序監理人自撤銷或變更裁定生效時起，喪失為受監理人為一切程序行為之權（審理細則第 31 條第 2 項）。

九、法定權責

其法定權責有：（一）為受監理人之利益為一切程序行為，得獨立上訴、抗告或為其他聲明不服（第 16 條第 2 項），上訴、抗告及聲明不服期間以程序監理人受送達時起算（審理細則第 24 條第 5 項）。（二）聲請閱卷（審理細則第 24 條第 1 項）。（三）受裁判書送達（審理細則第 24 條第 4 項）。（四）以適當方法，告知受監理人事件進行之標的、程序及結果（審理細則第 26 條）。（五）必要時，得與受監理人會談，應審酌其最佳利益，避免其重複陳述，於最少限度內為之（審理細則第 27 條）。（六）法院認為有和諧處

理之望，得許與受監理人之特定親屬會談，分析利害關係及可能影響，並參與調解程序進行，法院應具體指明會談重點與範圍，並向當事人或關係人說明（審理細則第 28 條）。（七）法院得令提出報告或建議，得以書面提出，或以言詞提出經載明筆錄（審理細則第29 條）。（八）應遵守程序監理人倫理規範（支給辦法第 11 條）。（九）程序監理人之行爲與有程序能力人之受監理人或其法定代理人之程序行爲不一致，以法院認爲適當者爲準（第 16 條第 2 項但書）。（十）程序行爲限受監理人本人爲之者，程序監理人不得爲之（審理細則第 24 條第 2 項）。（十一）除法律別有規定，受監理人依法不得爲之程序行爲，程序監理人不得爲之（審理細則第 24 條第 3 項）。

參、法律疑義

如前所述，程序監理人制度爲本法新設，家事事件法本文主要規定爲 2 個條文即第 15 條及第 16 條（第 55 條第 1 項、第 62 條、第 109 條準用之），透過審理細則除第 20 條至第 32 條達 13 個條文加以補充外，在第 46 條第 3 項於個別事件再爲規定，再加上酬金辦法、倫理規範，以求完備。足見，程序監理人與所謂法定代理人、特別代理人迥異，有其制度性要求，而非僅是程序上多一輔助者角色。然就法規範之釋義學觀點，疑義甚多，法院實務操作也未盡一致。

一、就人選來源

依第 16 條文義，程序監理人之人選來源，或社會福利主管機關、社會福利機構「所屬人員」；或律師公會、社會工作師公會或其他類似公會「所推薦」。純從字面文義，前者「所屬」足已，不以「推薦」爲要；後者「推薦」而來，不以「所屬」爲限。惟無論何者，均應具備性別平權意識、尊重多元文化，並有處理家事事件相關知識

者。法院實務，似未注意「所屬」與「推薦」之區別，即社會福利主管機關、社會福利機構有無推薦權？類似公會會員未經「推薦」，可否自行向法院陳報願意擔任，法院可否選任之？依審理細則第21條規定，當無其他適當之人，得選任該代理人，該代理人應指訴訟（非訟）代理人，則代理人豈不身兼二職，代理人與程序監理人角色不同，甚至衝突，如何同時扮演。再程序監理人帶有公益性質，受監理人可否自行選任，或以聲請法院選任為必要；受監理人如可自行花費選任，當程序監理人與受監理人意見不一時，如何善盡其公益角色。倫理規範第18條所謂「程序監理人不得為受監理人之法定代理人或其他利害關係人之代理人」，如何詮釋。程序監理人如受監理人之託，則關係應屬密切，何以必要時始得與受監理人會談，其與受監理人之特定親屬會談，為何須法院認為有和諧處理之望，始得准許。凡此，除法律文義留有解釋空間外，亦與程序監理人角色之定性欠明有關。

二、就支給報酬

　　程序監理人可否自行收受受監理人報酬，不向法院聲請核定；程序監理人未主動聲請報酬，法院是否有通知聲請義務[6]；當事人或程序監理人可否因酌給費用過高或過低聲明不服；程序監理人可否先要求給付法院核定之報酬，事後重新之裁定如有酌減，法院如何向程序監理人要求返還已給付之差額；法院應於本案裁判時併為裁定報酬，或俟事件確定；上訴或抗告之事件如發回，程序監理人有無義務踐行職務，可否另計算新一審級報酬，如可，應否命當事人再預納一次；程

---

[6]　程序監理人之報酬是請求才酌給或當然酌給，草案研擬時曾提出討論，多數認為請求才酌給，司法院家事事件法研究制定資料彙編（三），92年12月，第312頁以下。現行第16條第4項法條用語是法院得依程序監理人「聲請」，才酌給，但實務上，除非是義務程序監理人，否則法院宜於選任時即告知其有聲請報酬權利，以免因有報酬之期待落空，造成選任困難。

序監理人提起上訴或抗告應否繳交上訴或抗告費用[7]；程序監理人提起之上訴或抗告，當與受監理人意見不一時，應否命受監理人預納上級審之程序監理人費用；對義務擔任程序監理人者，固毋庸給付報酬，但是否連交通費等「必要費用」也同免給付。如上諸多晦暗不明之支給報酬疑義，造成實務上程序監理人選任之困擾。

三、就角色定位

　　程序監理人之角色定位，德國舊非訟事件法由於條文上未就程序監理人之職務內容明文規定，因此向來就其職務及法律上地位有所爭議，而有程序代理人說及利益代表人說，為解決此項爭議，德國 2009 年家事事件及非訟程序法就未成年子女之程序監理人（Verfahrensbeistand）重新定位，並明定其職責，採取利益代表人說[8]。我國學理上根據第15條、第16條之規定及立法理由說明，亦認為並非將程序監理人定性為代理人性質，而係為受監理人之利益，主張受監理人之權利，陳述受監理人之意見，但亦得陳述與受監理人意見相反，卻有助於保護受監理人利益之專業意見，且得獨立為程序行為。因之，程序監理人為受監理人之利益為一切程序行為，得獨立上訴、抗告或為其他聲明不服，程序監理人之行為與有程序能力人之受監理人或其法定代理人之程序行為不一致，以法院認為適當者為準，然此一法律實踐可能性尚待觀察。又受監理人已有特別代理人或訴訟

---

[7] 多數認應由程序監理人繳納，如不繳納，逕駁回其上訴或抗告，參台灣高等法院105年法律座談會民事類第41號提案，實務上程序監理人提起上訴或抗告之案例甚少，如士林地院105年家事聲字第11號聲明異議。德國家事事件及非訟事件法第158條第7項則規定：「程序監理人不負擔程序費用」。

[8] 沈冠伶，家事非訟事件之程序保障——基於紛爭類型審理論及程序法理交錯適用論之觀點，臺大法學論叢，第35卷第4期，2006年7月，第132頁。德國法上有關程序監理人之詳細介紹，參姜世明，家事事件法論，元照出版，2013年8月2版1刷，第142頁以下。

（非訟）代理人，是否仍有選任程序監理人必要；程序中發現程序監理人之功能不彰，或與特別代理人或訴訟（非訟）代理人意見不一，是否可以撤銷選任，既然二者之角色與權責不同，何以能彼此取代。再程序監理人有為受監理人之利益為一切行為之權，選任之程序監理人不受審級限制（第 16 條第 2 項、第 3 項），則是否得為調解與和解，如採肯定見解[9]，則與訴訟特別代理人不同，蓋後者不得捨棄、認諾、撤回或和解（民事訴訟法第 51 條第 4 項但書）[10]。

四、「應」與「得」之爭議

如立法理由所揭，程序監理人乃為保護當事人或關係人其利益，並作為其等與法院間溝通之橋樑，協助法院妥適、迅速處理家事事件，理念甚佳，意美法良。程序監理人報酬不低（新台幣 5,000 元到 38,000 元），個案若有需要，聲請人願意預納費用，則法院無論是本於職權或依聲請而選任並無困難。但修法前第 165 條原規定：「於聲請監護宣告事件及撤銷監護宣告事件，應受監護宣告之人及受監護宣告之人有程序能力。如其無意思能力者，法院應依職權為其選任程序監理人」，並為安置事件（第 184 條第 2 項）及停止、安置住院事件（第 185 條第 2 項）所準用，如解釋為強制規定，毋庸考慮關係人意願，法院皆應依職權選任之，則由於此類事件之當事人多為經濟上弱勢，法院如命其預納報酬，是否增加其等過度負擔（對於無支付能力者，雖得依審理細則第 23 條規定先由國庫墊付，但最終仍應由其繳納），且安置事件須迅速裁定，裁定選任程序監理人前，猶須請當事人表示意見，程序費時，如何因應，成為家事事件法施行之初

---

[9] 有認為程序監理人應可為捨棄、認諾、撤回或和解，參鄧學仁，從德日法制論我國家事事件法之程序監理人，法學叢刊，第226期，2012年4月，第86頁。如依此說，則自應也可調解。

[10] 日本學說上有認為法院得對特別代理人為捨棄、認諾、撤回或和解之特別授權，鄧學仁，前揭文（註9），第85頁。

各法院之難題。

　　本法施行前半年，各法院做法並不一致，有並未注意此一「應」字強制規定，即裁判書完全未提及應否選任程序監理人問題[11]；有經審酌後未予選任，認為家事事件法第 165 條之立法意旨，建立在無意思能力者無法辨識利害得失以妥適表達意見，故有由程序監理人代為必要，以充分保障其實體及程序利益，幫助程序順利進行，然若係應受監護宣告之人及受監護宣告之人喪失意思能力後，選任素昧平生之人擔任程序監理人，根本無法與無意思能力者溝通，瞭解無意思能力者對相關事項看法，非僅難達立法目的，尚且增加選任程序監理人程序及報酬之支出，拖延程序之進行，因此應以應受監護宣告之人及受監護宣告之人在未喪失意思能力前，即存有適格之程序監理人足以保障其表意權時方應適用，而予以「目的性限縮」解釋，並參考審理細則第 22 條規定：「下列事件，法院認為有必要時，宜依本法第十五條第一項、第二項之規定選任程序監理人：一、涉及未成年子女權利義務之行使或負擔時。二、涉及受監護或輔助宣告人之事件時。三、涉及受安置人或嚴重病人之事件時。」認為應受監護宣告之人及受監護宣告之人如無意思能力，法院僅於必要時方應依職權為其選任程序監理人，而非一概強制選任[12]。

　　本法施行半年後，於 101 年度舉行之台灣高等法院法律座談會，新竹地方法院分別就監護事件與安置事件提案討論，研討結論均認為應選任，理由略謂：（一）家事事件法第一編總則編第 15 條規定，法院得依聲請或依職權選任程序監理人，其目的在為當事人或關係人進行程序，保護其利益。同法分則編即第四編（家事非訟程序）第十章（監護宣告事件）之第 165 條後段規定，應受監護宣告之人或受

---

[11] 其原因，或不知有此規定，或參考法官辦案手冊139頁庭長願景營法律問題提案編號42-2初步意見及補充説明，均認為宜「審酌」第15條，以決定是否選任程序監理人，而非強制應予選任。

[12] 台北地院101年度監宣字第147號裁定。

監護宣告之人，如為無意思能力者，法院應依職權為其選任程序監理人，乃因無意思能力者無法辨識利害得失，為充分保障其實體及程序利益，並有助程序順利進行，法院應依職權為其選任程序監理人。於立法體系言，分則編第 165 條為總則編第 15 條之特別規定。審理細則第 22 條雖謂「涉及受監護宣告或輔助宣告之事件時」法院認為有必要時，宜依本法第 15 條第 1 項、第 2 項之規定選任程序監理人，應不包括同法第 165 條規定之情形，以免該條形同虛設，牴觸該條立法意旨。是尚不得以審理細則第 22 條規定，認本法第 165 條定為訓示規定。（二）本法第 165 條規定為強制規定，則法院未依職權為其選任程序監理人即為監護宣告之裁定，應屬違法裁定，當事人或關係人得聲明不服。惟依同法第 170 條第 1 項規定，於該監護宣告裁定經廢棄確定前，監護人所為之行為，不失其效力。（三）依第 184 條第 2 項準用第 165 條規定，及審理細則第 150 條規定，被安置人無意思能力時，法院應依職權為其選任程序監理人，以保障其實體及程序利益。

　　雖有如上座談會結論，但並非各法院均參照而行，仍多有持舊未予選任者，翌年即 102 年 5 月 24 日，苗栗地院在一延長安置事件裁定中才以較完整之論述，詳細說明何以應個案審酌，而不宜應一律選任之理由 [13]，略謂：本件延長安置事件，本院認尚無依職權選任程序監理人之必要，理由如下：（一）按程序監理人之設，乃在統合處理家事事件之程序中，為促進程序經濟、平衡保護關係人之實體利益及程序利益，並作為當事人或關係人與法院間溝通之橋樑，協助法院妥適、迅速處理家事事件（第 15 條立法理由參照）。（二）家事事件雖帶公益色彩，個案有賴法院依職權審酌，但本質上仍為私法事件，基於私法自治原則，有無選任程序監理人之必要，因涉報酬給付，應以聲請為原則；換言之，除本於當事人或關係人聲請，並自

---

[13] 102年度護字第66號裁定，按此裁定是由作者所撰寫，為若干法院裁判所引用。

願負擔程序監理人報酬外，除非個案確有必要，法院不宜率而依職權選任，並最終命當事人或關係人給付程序監理人報酬。（三）程序監理人報酬每一審級高達新台幣（下同）5,000 元至 38,000 元（支給辦法第 13 條第 1 項），依法爲程序費用之一部（第 16 條第 4 項）。以安置或監護宣告事件爲例，聲請費僅 1,000 元，與程序監理人報酬相差 5 倍至 38 倍之多，前者因係當事人主動聲請，命其繳納乃訴訟費用負擔之基本法理，後者既係法院依職權選任，其增加費用之不利益，如仍強命聲請人負擔，似有悖私法自治原則；如認程序監理人係爲受監理人之利益而設，應由受監理人負擔報酬，除同有違反私法自治原則之虞外，對於安置事件之經濟弱勢兒童少年，監護宣告事件無力謀生之精神病患，無異雪上加霜，增加其難忍之負擔。（四）人民之財產權應受保障，爲憲法第 15 條所明文。「憲法第十五條關於人民財產權應予保障之規定，旨在確保個人依財產之存續狀態行使其自由使用、收益及處分之權能，並免於遭受公權力或第三人之侵害，俾能實現個人自由、發展人格及維護尊嚴。」（釋字第 400 號參照）。行使公權力之良善動機，並不能證立其手段或程序必然正當。「一切都是爲人民好」的父權思維，如進而不當增加人民財產負擔，更與憲法保障人民財產權之原則不符，亦與家事事件法第 1 條所揭櫫之「維護人格尊嚴」之精神相悖。是再修法將法院依職權選任程序監理人之報酬一律由國家負擔，或廣設適任義務程序監理人之前，法院不宜制式認爲，爲保護受監理人利益，逕依法選任程序監理人，個案如確有需要，亦應將報酬負擔一併考量，以求妥適。（五）比較法上，德國家事事件程序法（FamFG）第 158 條第 7 項明定程序監理人（Verfahrensbeistand）「報酬應由國庫支付」；日本家事事件程序法有關程序監理人（原文爲程序代理人）報酬雖同我國爲程序費用之一部，依該國民事訴訟費用法第 28 條，原則上由未成年子女負擔，父母爲程序當事人時，亦可裁定由父母負擔，但對於受限制行爲能力當事人未聲請程序代理人時，僅規定「亦得」命其選任律師爲程序代理人，法院有個案審酌權（日本家事事件程序法第 23 條第 2 項）。

（六）個案是否需要選任程序監理人，在法院依職權選任情形下，當視個案有無因程序監理人之加入，達成「促進程序經濟、平衡保護關係人之實體利益及程序利益，並作為當事人或關係人與法院間溝通之橋樑，協助法院妥適、迅速處理家事事件」立法目的而定，如程序監理人之選任無助此一目的之達成，法院自不宜依職權選任，此所以審理細則第 22 條明定「法院認有必要時」始予選任，而其範圍包括監護宣告及兒少安置事件。（七）第 165 條雖規定：「於聲請監護宣告事件及撤銷監護宣告事件，應受監護宣告之人及受監護宣告之人有程序能力。如其無意思能力者，法院應依職權為其選任程序監理人」，並為兒童及少年安置事件所準用（第 184 條第 2 項參照），然法律用語為「應」或「不得」者，非即為效力規定，亦可能為訓示或取締規定，前者如民法第 1084 條第 1 項「子女『應』孝敬父母」、強制執行法第 84 條第 1 項「拍賣公告，『應』揭示於執行法院（下略）」（院字第 2176 號），後者如證券交易法第 60 條第 1 項第 1 款所載，證券商「不得」收受存款或辦理放款（最高法院 68 年度台上字第 879 號判決意旨參照）；或尚應於具體個案加以審查，例如刑事訴訟法第 379 條第 10 款所稱「依本法『應』於審判期日調查之證據」者。何況「應」字一語，在語意學上常作為提醒、訓示、注意之詞性使用，亦即類如中文之「須」而非「需」、英文之「should」而非「must」、德文之「sollen」而非「müssen」，方法論上不宜機械式遇「應」即解釋為強制效力規定，而忽略個案審酌之可能性[14]。

---

[14] 德國法之規定雖亦係規定「應」選任，而我國第15條為「得」選任，但由於均有要件，結果並無不同，只是應屬義務裁量而非自由裁量，參沈冠伶，家事事件之類型及統合處理（二），月旦法學教室，第119期，2012年9月，第71頁。法院未選定應於終局裁定中說明理由，於必要時之要件具備時，法院如未選任或未為適當說明理由，屬於程序重大違法，於抗告程序終將導致主要實體裁決被廢棄，參姜世明，前揭書（註8），第154頁。按德國FamFG第158條第1項原文為 Das Gericht hat dem minderjährigen Kind in Kindschaftssachen, die seine Person betreffen, einen geeigneten Verfahrensbeistand zu bestellen, soweit dies zur

何況對於監護宣告及兒少安置事件，係以相對人無意思能力爲要件，其等既然無意思能力，如何藉由程序監理人與法院「溝通」（立法目的之一），現行法律爲協助法院妥適審理此類事件，多有請求社福機關提出訪視報告，調取病歷或診斷證明，委由醫師專業鑑定，探詢相關家屬意見確認有無爭議，如客觀上從「實體與程序利益」觀察（立法目的之二），法院爲監護宣告或安置裁定乃屬對相對人之最佳利益，自無再依職權選任程序監理人必要，否則如另依職權選任，首需請當事人或關係人就人選表示意見，依法爲選任裁定，裁定送達，命預納報酬，本案裁定程序終結後，程序監理人聲請酬金，當事人表示意見，法院報酬核定後，如預納不足，再命補繳，縱先由法院代墊，如應負擔者未繳納，仍須依法強制執行，無謂增加訴訟成本，造成程序延宕，對於部分無資力之當事人更可能造成其難以承受之負擔，自與「促進訴訟經濟，協助法院妥適、迅速處理家事事件」（立法目的之三）之意旨背道而馳。（八）綜上，本件延長安置事件，參考下列所載理由，並本於如上法理，應無必要爲相對人選任程序監理人（下略）[15]。鑑此爭議，本法第一次修正於 105 年 1 月 15 日施行之第 165 條增列但書「但有事實足認無選任必要者，不在此限」，當由法院個案裁量選任與否。而 111 年 12 月 14 日修正公布之精神衛生法第 70 條第 2 項規定程序監理人之報酬，得由國庫支付，雖可減緩強命負擔報酬之疑義，但此乃特別法之規定（尚未施行）。

Wahrnehmung seiner Interessen erforderlich ist。德文之 hat…zu，相當於英文之 have to，中文解爲必須或應。

[15] 但最高法院103年度台簡抗字第201號裁定意旨，就第165條後段監護宣告事件，認爲即應依職權爲其選任程序監理人，法院並無審酌選任與否之餘地，否則難謂無適用法規之顯然錯誤。

肆、實務運作

一、法院選任情形不一

　　如前所述，程序監理人制度，在法律規範與實務執行面，都面臨解釋疑義與執行困境，且受城鄉資源差距，各類心理、諮商、社工等團體多寡及參與意願等因素影響，造成各法院選任程序監理人之次數不一，有多有少，或鮮少選任者[16]。

二、人選與訓練不足

　　本法施行以來，法院一直面臨無足夠且適當程序監理人之困境，尤其修法前，若將前開監護與安置事件解為「應選任」之強制規定，則依司法院所列名冊[17]，各地區的人選並不足以應付所需。實務上，縱使可以重複選任相同的人擔任之，但因案件負荷之故，常需費時2、3個月才能作成報告。由是，法院請求儘速增列程序監理人名冊以供選任，以免案件延宕，引發民怨，而要求司法院主管之少家廳應予重視並為積極之行政支援[18]。少家廳回應略以：我國程序監理人制度，在本法總則、分則及審理細則均有規定。法院於選任程序監理人時，除須審酌受監理人之程序能力（第 14 條、第 165 條）外，尚

---

[16]據統計，本法自101年6月施行至102年12月，各地方法院至少受理2,757件監護權相關訴訟，但只有216件引用程序監理人制度，婦女團體要求落實，並分析主要原因是當事人不瞭解此一制度，付不出酬金，國家無補助。見聯合晚報，103年4月3日，第A11版報導。

[17]支給辦法第3條第1項明定，司法院得定期函請掌理社會福利事項之內政部、直轄市及縣（市）主管機關、律師公會、社工師公會或其他相類似公會推薦適當人員，列冊供法院選任為程序監理人。而司法院已經彙整各界依上開規定推薦程序監理人名冊送各法院參考。

[18]見102年11月14日法官論壇討論，當時即有法官將苗栗地院上開102年度護字第66號裁定內容提供在論壇上供參考。

須考量符合必要性原則（第 15 條、第 62 條、第 109 條及審理細則第 22 條）及補充性原則（程序監理人非受監理人之法定代理人，選任乃爲補充法定代理人之不足或不能）等要件。實務上有許多應受監護宣告之人長期失智、癱瘓臥床，處於植物人狀態，早已完全喪失意思能力，不能以任何形式與外界溝通，其中不乏已受到家屬或機構長期妥善照護；也有若干經濟弱勢家庭，係由主管機關或社會福利團體介入協助承擔照護事務。對於該等情況之個案及家屬而言，若不考量有無必要性，一律爲其選任程序監理人，反而引來法院拖延程序、增加額外負擔及不當擾民等譏評。有鑑於此，本院於本法施行前即訂定審理細則第 22 條第 2 款：「涉及受監護或輔助宣告之事件，法院認爲有必要時，宜依本法第十五條第一項、第二項之規定選任程序監理人。」明白揭示法院受理監護宣告事件，於認爲有必要時，始應依職權選任程序監理人，對本法第 165 條作出目的性限縮解釋。另外，參酌德國法對成年監護事件之處理，規定法院於維護被監護人之利益有必要時，始應爲其選任程序照護人，亦提供了比較法方面之依據及支持[19]。另建議協調行政機關或委外機構配合擔任程序監理人，因涉及專業需求、機關預算及編制人力等問題均有待克服，此項建議將留供日後業務參考。少家廳此一回應意見，等於贊同類此監護宣告或安置事件，法院對於是否選任程序監理人有裁量空間[20]，同時也彰顯出難以建置足夠程序監理人供法院選任之行政困境。此外，監察院在一件調查報告中也指出，我國對於程序監理人未有完整訓練，僅舉辦多場次座談會，程序監理人之專業尚待建立，法院現行流於形式之運作，僅爲符合程序上合法性，建議司法院重新檢視家事事件法之相關規定；另倘係兒童少年保護事件，由主責社工擔任程序監理人，亦有

---

[19] 少家廳此一回函括弧引用鄧學仁，前揭文（註9），第71頁以下、姜世明，前揭書（註8），第104頁。

[20] 法官論壇根據少家廳這一回覆，質疑是否毋庸理會101年高院法律座談會民事類提案第21號應選任之結論。

其角色之矛盾與混淆。加上地方政府社工人員不足，欠缺法律專業訓練，擔任程序監理人一職，運作流於形式，難以發揮功能之批評意見[21]。惟如前述第165條修法增列但書後，應可減輕程序監理人需求之殷。

三、人選產生之程序及身分不明

實務上各法院選任之程序監理人，其究為福利機關（構）所屬人員，或經律師等公會推薦，有無具有性別平權意識、尊重多元文化，並有處理家事事件相關知識，未見清楚論述，以致難以判斷適法性如何[22]。例如：（一）新北市心悅全人教育協會推薦某位具有性別平權意識、尊重多元文化，並有處理家事事件相關知識之林姓女士為程序監理人。疑問處：新北市心悅全人教育協會究為社會福利機構，還是律師等公會，其如為前者，似無推薦權，後者才有推薦權[23]。（二）某社會工作師係苗栗縣社會工作師公會理事長，具有專業知識及實務經驗，業經苗栗縣政府推薦[24]。疑問處：縣府為社會福利主管機關，是否具有推薦非其所屬人選之權。（三）某社會工作師，東吳大學社工系畢業，經歷臺灣世界展望會兒少服務方案年資10年；某律師，國立臺灣大學法律系、社會工作學系畢業，具有專業訓練及實務經驗，選任為程序監理人[25]。疑問處：社會工作師、律師，有無經過公會推薦。（四）某諮商心理師、某法院調解委員，具有專業訓練及實務經

---

[21] 見監察委員沈美真、杜善良調查「家事事件法施行後，法院所需之社工服務需求遽增，卻無妥適之配套措施，而仰賴原已嚴重不足之地方政府社工人力，致排擠社工原有福利服務及保護工作，相關機關有無怠失乙案」報告，公布於監察院人權調查報告網站（輸入關鍵字「社工」即可查得）。

[22] 如下各例僅就裁判書表面文字解讀，實際上或符合規定，僅是未清楚完整表現於裁判文字者，先此敘明。

[23] 台北地院102年度監宣字第342號裁定。

[24] 苗栗地院101年度監宣字第57號裁定。

[25] 台北地院102年度婚字第76號裁定。

驗，選爲程序監理人[26]。疑問處：心理師是否不用推薦，調解委員得否擔任程序監理人。（五）選任趙某爲程序監理人[27]。疑問處：未見趙某之介紹，而不知其爲何許人。（六）黃某現服務於國軍臺中總醫院精神科社工室，具有處理家事事件相關知識之經驗，選任爲程序監理人[28]。疑問處：醫院是否爲福利機關（構），如不是，黃某是否應經公會推薦。（七）選任相對人之祖母、姑姑者[29]。疑問處：祖母、姑姑是何福利機關（構）所屬人員，或經類似公會推薦，具有性別平權意識、尊重多元文化，並有處理家事事件相關知識？如僅因親屬身分即可擔任，似已逸出法律規範。（八）兒少安置事件選任縣府社工爲程序監理人[30]。疑問處：縣府聲請安置之事件，由其所屬社工當程序監理人，有無角色衝突問題。

　　法院所選任之程序監理人，所以出現如上資格疑義，此或許對於法律文字之理解不夠精確所致，然回溯本法草案研擬過程，亦有一定脈絡可循。蓋原曾有得選任「受監理人三親等內血親」之提議，就律師公會、社會工作師工會或其他相類似公會所推薦之人，本亦認爲應限定於該公會所屬人員，惟現行法並無此用語。因此，理論上可以推薦非該公會之人，例如法學教授或其他之人，只要彼等具有「性別平權意識、尊重多元文化，並有處理家事事件相關知識」，均可能爲適當之程序監理人人選，其中自然可能包括「受監理人三親等內血親」，或其他具有「法律專業知識」之人[31]。實務之運作結果，竟

---

[26] 台北地院101年度婚字第146號裁定。

[27] 台北地院102年度監宣字第499號裁定。

[28] 彰化地院102年度家親聲字第132號、第133號裁定。

[29] 彰化地院101年度親字第62號、第76號裁定。

[30] 彰化地院102年度家他字第7號裁定。

[31] 見本書第一編第二章「重要立法原則之形成」。德國因未對專業資格作限制，因而法院得選任之對象較廣，不僅社工、兒童心理工作者，即係外行人，例如兒童之親戚亦可，對於無資格專業性之限制，在德國亦掀起論戰，實務上則成立訓練程序監理人之協會或組織，至於少年局或原委託之鑑定人，學者認爲不適宜充當之，見姜世明，前揭書（註8），第153頁。

與法案草擬時若干未被採納之意見相同，或屬巧合，然本法第 16 條既已對程序監理人之產生及資格有所規範，其產生，要不「所屬」人員，要不受「推薦」而來；其資格，須具有性別平權意識、尊重多元文化，並有處理家事事件相關知識，法院於選任時實應遵循以爲正確法律適用。

四、准駁標準

前述有關監護宣告及安置事件「應」、「得」爭議，如解釋爲個案裁量，則程序監理人之選任與否，就程序發動者而言，有依聲請，有依職權；就選任必要性，則以第 15 條及審理細則第 22 條爲據。法院實務選任否准因子，具體呈現則有：已無忠誠困擾、社工已專業評估、程序延宕、當事人有非訟能力，或延長安置不須重複選定等考慮，而駁回或未依職權選任者，例如：（一）未成年子女與母親相處之經驗已無記憶，關係疏離，應無陷入對於父母之忠誠困擾之疑慮，社工已爲專業評估，且母親於原審從未提出選任程序監理人之聲請，遲至抗告程序始爲此主張，復未能釋明有何選任程序監理人之必要[32]。（二）向法院聲請改定監護人後逾6個月之久，始提出選任聲請，然此期間已歷經調解、訊問期日數次，兩造主張及陳述已相當充分，且長久之審理過程，信已對未成年子女於開庭前後父母雙方之意見衝突中，造成莫大心理壓力，及與父母相處之摩擦，況有社工人員訪視子女，是於本件程序後階段，再聲請選任程序監理人，冀望該程序監理人「以與未成年子女親近方式，定期做訪談，站在客觀角度衡量，評估其最佳利益，施行期間由該程序監理人自行評估」等不確定之施行時間，求取維護未成年子女之利益，恐有致程序久延、過度介入相對人現在家庭生活之穩定性，或當事人間精神壓力之增添，而

---

[32] 士林地院102年度家聲抗字第30號裁定。

有違非訟程序妥速處理之原則[33]。（三）相對人雖有輕度智能障礙，然於法院應訊時對於詢問之內容大致皆能瞭解，惟表達能力稍嫌欠缺，精神狀況良好，並無不能爲意思表示或受意思表示，或辨識其意思表示之效果，或者其能力顯有不足之情形，可認其仍有非訟能力，自毋庸爲其選任程序監理人[34]。（四）延長安置聲請，有關程序監理人之選任，仍應由原程序監理人擔任受安置人之程序監理人，法院不再另爲裁定[35]。實務上，最高法院對於事實審法院之裁量權，多予尊重，認爲原法院個案審酌兩造所育之未成年子女在訪視過程中已爲意見之陳述，並無陷入對父母忠誠困擾之疑慮，且社工人員業爲充分之評估等情，認本件無選任程序監理人之必要，核無適用法規是否顯有錯誤之情形[36]。

五、倫理衝突

按程序監理人不得爲受監理人之法定代理人或其他利害關係人之代理人（含訴訟代理人、特別代理人），且應避免有使人疑其爲特定受監理人之法定代理人或其他利害關係人代理人之行爲（倫理規範第18點）。曾有某位擔任程序監理人之律師，事後以其與聲請人所委任之另位律師代理人爲同一事務所律師，不適宜執行本件程序監理人職務爲由，聲請法院變更程序監理人獲准之案例[37]。

六、報酬核定

程序監理人之報酬如何核定發給，在法院實務上，有俟程序監

---

[33] 桃園地院101年度家親聲字第35號裁定。
[34] 雲林地院101年度家親聲字第85號裁定。
[35] 彰化地院102年度家他字第9號裁定。
[36] 最高法院102年度台簡抗字第139號裁定。
[37] 苗栗地院101年度監宣字第57號裁定。

理人聲請後法院單獨裁定，類如遺產管理人請求報酬者[38]；有本案裁判時併為裁定者[39]；至於報酬額度，有於案件審理中即予預估，而非終結後依事件繁簡、勤勉程度等情形聲請再為核定[40]；而預納者，通常是選定程序監理人時，案件尚未終結前，但似也見在核定酬金時於主文諭知預納（按此時應是繳納才是）[41]。本一議題看似枝節，卻成為許多法院於選任程序監理人時所常碰到之困擾，甚至有程序監理人於接獲法院裁定選任時，即要求先預付報酬，否則拒絕擔任者；亦有法院於案件終結後，遲未收到程序監理人具狀聲請報酬，誤以為放棄聲請，事後再電請其擔任時被婉拒，私下探詢始知抱怨前案終結後法院未主動給與報酬者。此外，在依職權選任程序監理人時，如仍強命聲請人負擔，似有悖私法自治原則，縱先由法院代墊，如應負擔者未繳納，仍須依法強制執行，無謂浪費訴訟成本，造成程序延宕，對於部分無資力之當事人更可能增加其負擔等問題。

七、角色定位

　　程序監理人係以自己名義為程序行為，具備一定公益色彩與獨立性格，與法定代理人（含監護人）、特別代理人、訴訟代理人有別，但學理上有基於補充性原則，認為受監理人已有法定代理人（含監護人）、特別代理人、訴訟代理人為代理時，法院得不選任或隨時撤銷之[42]。實務發展，似也傾向於此，認為彼此可互相取代。例如，在一起遺產分割訴訟中，罹患精神分裂之原告，答非所問，訴訟能力明顯欠缺，兩造又均拒絕為原告聲請監護宣告或輔助宣告，最後由法院依

---

[38] 台灣高等法院102年度家上字第90號裁定。

[39] 台灣高等法院100年度家上字第144號判決。

[40] 新竹地院102年度司護字第108號裁定。

[41] 高雄高分院101年度家上字第62號裁定。

[42] 鄧學仁，前揭文（註9），第84頁。

職權選任某位律師爲原告之程序監理人[43]，此一例等同程序監理人在訴訟中可以取代監護人或輔助人之角色，或特別代理人之功用（民事訴訟法第51條）。另被告意識不清，法院爲使訴訟程序順利進行，應可認即有爲之選任特別代理人或程序監理人之必要，故法院命原告陳報被告精神狀況，併敘明是否須替其選任特別代理人或程序監理人，如未陳報，將逕行駁回，且告知如由本院選任程序監理人，選任所需費用約2萬餘元，因原告逾期仍未陳報，而以原告之訴顯不合法駁回之[44]。此例法院亦認爲特別代理人或程序監理人可互相取代。又有以已選任律師爲代理人，對於當事人權益有所保護，且本件事證已明，無再行選任程序監理人之必要[45]。此例則是程序監理人與訴訟（非訟）代理人可擇一互替。

　　對於程序監理人與訴訟特別代理人之競合問題，有認二者差異有三：（一）產生原因不同，程序監理人之產生原因廣於特別代理人，不僅是訴訟能力有無之代理，更及於爲保護受監理人利益而存在（第15條第1項第3款），且法院得依聲請或職權選任。而訴訟特別代理人之選任目的，重在避免程序久延而受損害，且法院僅得依聲請選任之。（二）選任資格不同，程序監理人如前所述，有一定身分、訓練要求。而訴訟特別代理人則無。（三）權限不同，程序監理人爲受監理人之利益有爲一切程序行爲之權，得獨立上訴、抗告或爲其他聲明不服，程序監理人之行爲與有程序能力人之受監理人或其法定代理人之程序行爲不一致，以法院認爲適當者爲準。而訴訟特別代理人則不得爲捨棄、認諾、撤回或和解，因此於家事事件中應優先選任程序

---

[43] 桃園地院100年家訴字第430號分割遺產等事件，此一案例程序監理人同時扮演監護人（輔助人）之法定代理人，或民事訴訟法第51條特別代理人，或其訴訟代理人之角色。

[44] 彰化地院102年度親字第35號裁定。

[45] 台南高分院101年度家抗字第13號裁定。

監理人，而非選任訴訟特別代理人，且二者無同時存在必要[46]。

八、程序監理人與社工角色

　　家事事件實施以來，民眾對於程序監理人制度不太瞭解，引來批評[47]。尤其同一事件若同時選任程序監理人及社工訪視，常有對當事人或兒童重複訪視或會談情事發生，不只造成其困擾，且無法發揮程序監理人功效，司法院特別製作分別通知程序監理人及社工之例稿，告知彼此已分別選任程序監理人及函請社工訪視在案，避免程序監理人及社工對受監理人及當事人分別進行會談及訪視調查，影響受監理人或其家庭之作息，請社工與程序監理人互相聯繫、交換基本資訊，事先溝通會談或訪視事項，如有可能並宜偕同至當事人及受監理人處進行會談或訪視[48]。

伍、外國法制

　　程序監理人制度乃習他國之長而來，各國規定不同，略加介

---

[46]鄧學仁，前揭文（註9），第89頁。

[47]婦女新知基金會於家事事件法施行滿一週年之檢討會上，提出六大問題，其中一項認為「程序監理人制度亂，司法院剝削專業」。有些民眾不知道程序監理人是誰，懷疑是詐騙集團，小朋友被重複詢問許多次，包括律師、社工、程序監理人等的各種專業資訊欠缺溝通平台；程序監理人被遺忘，法院於案件裁判後未及通知程序監理人，致程序監理人還在進行家庭訪視，許多社工迫於無奈擔任無償的程序監理人；許多諮商心理師掙扎於諮商倫理及強制的訪視及諮商等種種光怪陸離的情形。http://www.coolloud.org.tw/node/74476（2014年4月20日瀏覽）。

[48]司法院秘書長103年4月15日秘台廳少家二字第1030010614號函，例稿建置於第一、二審家事審判系統，並張貼於「審判資訊服務站／家事業務區／書記官例稿」。

紹，以爲參考。

一、德國法例

　　德國於 2009 年 9 月 1 日制定「家事事件及非訟事件程序法」取代原民事訴訟法中關於人事專編及舊非訟事件法之規定，原非訟事件法第 50 條所規定之 Verfahrenspfleger，新法中爲加強對於未成年人之程序權保障，乃改成 Verfahrensbeistand（有譯成程序監理人或程序輔助人），對於監護及留置程序則仍稱之爲 Verfahrenspfleger（有譯成程序照護人）。按德文 Verfahrens 指程序，beistand 站在旁邊，有幫助、助手之意，而 pfleger 則是照護、照顧之意。德國對於使用 Verfahrensbeistand 之新名稱，有謂更能表達此一制度之任務及功能，立法上對其任務更加明確化規定，也能落實聯合國兒童權公約第 12 條：合約國應確保兒童能自由形成意見及有權利在所有與其有關事件自由表示意見，並依其年齡與成熟度而適當審酌之。爲此目的，應特別給予兒童在與其相關法院或行政程序，直接或間接藉由代理人或合適機關依內國程序法規定充分獲得聽審[49]。然此一名稱改變之必要性及是否能因新名稱達到立法目的，在德國非毫無爭議[50]。

　　德國在「家事事件及非訟事件程序法」第 158 條規定，法院在親子事件中涉及未成年個人身分者，如爲維護其利益所必要，應選定 Verfahrensbeistand，內容類同本法第 15 條。此外，對於監護宣告（第 276 條）或安置事件（第 317 條），也規定應置程序照護人，法院若未選任，應於理由中說明。選定程序監理人或程序照護人之裁定不得單獨聲明不服，報酬或費用原則由國庫負擔，若有律師或其他適當之程序代理人代理時，得終止或被撤銷[51]。

---

[49] 姜世明，前揭書（註8），第148頁。

[50] 參沈冠伶，前揭文（註8），第70頁。

[51] 有關德國法例，詳參姜世明，前揭書（註8），第142頁以下；鄧學仁，前揭文（註9），第71頁以下；沈冠伶，前揭文（註8），第70至73頁。

二、美國法例

　　美國各州對於兒童事件是否應委任律師代表父母出庭有不同的規定，但小孩通常必須有代理人。有些州委任律師，有些州委任「監護代理人」（guardian ad litem）（不以具律師資格為必要，但通常由律師擔任），有些州要求法院委任未受法律訓練的「法院委任特別維護者」（court appointed special advocates），有些州則要求小孩之代表人須有二人以上[52]。在離婚父母請求監護及會面交往事件中，司法實務上，未成年子女之意見陳述，係透過 guardian ad litem 向法院表達，子女在此類案件中被視為「另」一方當事人，程序監理人則是該子女的「獨立」律師，得為子女的利益，進行任何「訴訟行為」（包括「對抗」另造當事人父、母親）。程序監理人與子女間關係密切並有保密義務（如同律師對客戶訊息負有保密義務般）。又程序監理人在程序中，通常負有調查或訪查未成年子女及相關事證後，向法院提出調查報告之責任，程序監理人為上開報告時，非如一般律師須忠於其委任人即子女（即與子女意願一致），而應以宏觀態度從子女「最佳利益」為獨立判斷，並代理未成年子女在法庭上陳述意見。程序監理人向法院提出調查報告時，雖應考慮該子女的意願，但該子女之意願，僅是報告中的部分事實，程序監理人仍須以子女最佳利益之角度，依調查結果提出對監護及會面交往的具體建議，不受子女意願拘束。又訴訟程序中，如經當事人聲請，程序監理人亦應以證人身分接受當事人（指離婚的父母親）之交互詰問，並無一般律師所具有對客戶之不作證特權。除律師外，在美國各州，醫師、兒童權益社會工作等專業人士，均可被指定為程序監理人，惟非律師被選定為程序監理人，則無法要求或檢視訟爭監護案件中其他證人證詞，亦不能就案件其他法律議題表示意見[53]。美國馬里蘭州之家事法第 1-202 節

---

[52] 紀欣，美國家事法，五南出版，2009年3月，第148頁。

[53] 洪遠亮，子女利益及監護理論之新趨勢——從北院98年度婚字第244號判決談

（Maryland Code, Family Law 1-202）規定：「(a) 於未成年子女監護權、探視權或扶養費之爭議案件中，法院得：(1)(i) 指定一位律師為子女之辯護代理人以代表未成年子女，且該律師不得代表任一造之其他當事人。或 (ii) 指定一位律師為最佳利益之代理人以代表未成年子女，且該律師不得代表任一造之其他當事人。(2) 由當事人任一造或兩造負擔律師費用。(b) 依本節之規定而被指定之律師應以通常之注意及勤勉代表未成年子女[54]。」至於程序監理人之職務內容及倫理規範，與我國法制有所差異，例如美國紐約州，程序監理人執行職務準則（Law Guardian Representation Standards）即規定程序監理人不應事前提交任何庭前報告給法院，不應事前與法院溝通等[55]。

三、加拿大法例

加拿大法制在子女監護及會面交往爭議案件中，亦設有前述程序監理人制度；或由獨立律師（independent lawyer）或由官方監護人（official Guardian）為未成年子女的獨立代理人，於父母親間監護或會面交往爭訟案件中，代理子女獨立表示意見，且功能及權責略同前述美國法例[56]。

四、英國法例

英國 1975 年兒童法（Guardian Act 1975）訂定程序監理人服務

起，法學叢刊，第222期，2011年4月，第133至134頁。

[54] 郭佳瑛，程序監理人在家事事件中職能之研究，收錄於司法院研究年報，第30輯，民事類第2篇，2013年12月，第13頁。

[55] 許翠玲，家事事件程序監理人職務之簡介——以美國紐約州準則為主。司法周刊，第1630期，2013年1月20日，第2至3版。有關美國法制之詳細介紹，請參許翠玲，家事事件中程序監理人之角色、地位及功能之研究——以介紹美國的相關制度為主，司法研究年報，第32輯，民事類第2篇，2015年12月。

[56] 洪遠亮，前揭文（註53），第134頁註27。

（Guardian ad Litem Service）的機制，但至 1984 年才開始全面施行。程序監理人須具有相當之學理背景及實務技巧，針對兒童案件其角色任務有：案件背景的調查、詳閱相關文件後的分析評估、依孩子年齡可理解的適當面談，同樣地，程序監理人也會與孩子的父母、親戚、照顧者及其他的專家為訪談，以取得完整的資訊；進行個案管理，以免程序延宕；向法院提出報告及建議，並在程序中強調父母親照顧子女的責任，應具備和解（negotiation）及調解（mediation）技巧。程序監理人須顧及孩子的文化、種族、宗教需求，而最重要的工作是對當地主管機關在孩子照顧的計畫，給與評估與意見，並向法院提出建議報告。英國並於 2001 年設立「子女及家庭法院諮商服務」（Children and Family Court Advisory Support Service），全國服務據點超過 100 個，是一公家設立之獨立機構，不隸屬於法庭或其他政府部門的編制，但經費完全來自於政府，中立性及專業性受到肯定，該機構主要工作是接受家事法庭之要求，協助的案件派任程序監理人，如父母或照顧者在分居或離婚時未能對孩童之安排達成協議，協助安置及收養等事務[57]。

五、日本法例

日本於 2011 年 5 月 19 日制定，並於 2013 年施行「家事事件手續法」（手續即程序，故有翻譯成家事事件程序法），取代過去之家事審判法。該法對於未成人或成年受監護人，因無法定代理人或法定代理人不能行使代理權，恐致家事事件程序久延而受損害者，審判長得依職權或依利害關係人之聲請，選任特別代理人（同法第 19 條第 1 項）。然而，在家事事件程序法之立法過程中，又基於未成年子女在程序上之人權保障，特別規定由家事法院因未成年子女之最佳利益

---

[57] 賴月蜜，小娃兒進衙門——談司法與社工在「兒童出庭」的保護，社區發展季刊，第128期，2009年12月，第94至95頁，轉引自郭佳瑛，前揭報告（註54），第15頁。

可選任「程序代理人」（日文原文用語），其重要規定如下：（一）
程序代理人之資格，除依法令得爲裁判上行爲之代理人外，非律師者
不得爲程序代理人。但經家事法院許可者，不在此限。前項之許可，
得隨時撤銷之（第22條）。（二）依職權選任，審判長依法於必要
時得依職權選任律師爲程序代理人，並裁定報酬（第23條），律師
之報酬及費用，爲日本民事訴訟費用法第2條第10款所規定之程序
費用，依該法第28條之規定，原則上應由未成年子女本身負擔之。
但父母爲程序當事人時，家事法院亦可裁定由父母負擔之。（三）代
理權限，有一般代理權與特別代理權（第24條）。（四）一般職務，
可與未成年子女直接對話、輔助心理學專家之調查、陪同到庭或在
場[58]。

陸、結論

　　家事事件法施行以來，程序監理人制度之適用，法解釋疑義，角
色定位認知，與社工之功能區別，報酬核定與預繳分擔等枝節問題，
均待實務運作一段時間，再爲檢討。而如何確保程序監理人之人才來
源，及提升程序監理人之法律專業與人性關懷，德國主要由從事維護
兒童與青少年利益之聯邦作業部會，定期舉行專門培訓班，並與許多
社會福利機構合作，展開各種專門教育與運用團隊工作方式，維持並
提升程序監理人之法律專業程度，及學習其他跨領域之知識與溝通技
巧。亦有其他由家事法官、家事法專門律師、社會工作師及教育學者
所組成之程序監理人培訓所，協助希望成爲程序監理人之法律學者、
教育學者、心理學者，於其學習結束後交付修畢證書，使其得以從事
程序監理人之工作[59]，或有值得參考之處。

---

[58] 有關日本法制，請參鄧學仁，前揭文（註9），第71頁以下。

[59] 鄧學仁，前揭文（註9），第78頁。

第十一章

家事調查官

壹、法律規定

家事事件法第 18 條規定：「審判長或法官得依聲請或依職權命家事調查官就特定事項調查事實（第 1 項）。家事調查官爲前項之調查，應提出報告（第 2 項）。審判長或法官命爲第一項調查前，應使當事人或利害關係人以言詞或書狀陳述意見。但認爲不必要者，不在此限（第 3 項）。審判長或法官斟酌第二項調查報告書爲裁判前，應使當事人或利害關係人有陳述意見或辯論之機會。但其內容涉及隱私或有不適當之情形者，不在此限（第 4 項）。審判長或法官認爲必要時，得命家事調查官於期日到場陳述意見（第 5 項）。」[1] 詳細規定，則見諸於家事事件審理細則（以下簡稱審理細則）第 33 條至 40 條。在執行階段，法院於必要時得命其調查及勸告（第 187 條第 3 項）。

貳、角色定位

家事調查官之法義務，在本法中已有明文，但其角色扮演，仍有不同期待[2]。礙於國家財政，現階段其人員編制，似無法類似少年事件之觀護人，於家事事件之調查階段協助調查，於審理中爲一定專業之家庭輔導、資源連結、個案研討，甚至於執行階段發揮主要功能。

---

[1] 此包括調解階段之調查與協助，參家事事件審理細則第58條。

[2] 少年及家事法院組織法第27條：「家事調查官應服從法官之監督，執行下列職務：一、調查、蒐集關於第二條第一項第二款至第九款事件之資料。二、其他法令所定之事務」。第31條：「司法事務官執行職務時，少年調查官、家事調查官應協助之」。草案研擬中，有將家事調查官與心理諮商制度一併爲討論，期待不僅調查事實且同時具調整改變行爲之功能，見司法院家事事件法研究制定資料彙編（三），92年12月，第411頁彭委員南元之發言。在日本，有關家事商談，是由家事調查官負責，雖無法律依據，但實務上有2/3在做家事商談，同上彙編，第418頁許委員士宦之發言。

研究日本家事審判制度者認為，該國主要特色即在於調查官制度，其起源於少年裁判所，在少年裁判所及家庭裁判所合併後，原本有區分的少年調查官及家事調查官改稱為「家庭裁判所調查官」。調查官制度主要有兩個功能，審前調查及審後確保履行[3]。日本家庭裁判所於受理家事事件以後，得命調查官調查事實，即就事件關係人之性格、經歷、生活狀況、財產情形及其他背景與其爭執的理由進行瞭解。裁判官認為有必要時，亦得命調查官於審判或調停（我國之調解）期日到場陳述意見；或命調查官協助調整當事人的情緒，幫忙聯絡社會福利機構；瞭解當事人不願到庭的原因，勸告當事人到庭或自動履行義務。此可在調停進行中施行，一般於次一調停期日前施行，但亦有不指定期日而以比較長的期間進行調整的場合。實務上須要心理調整的事件，有下列的情事：一、當事人的情緒激烈混亂，在調停席上無法冷靜的對談。二、當事人明顯地重複非常識的主張及行動。三、當事人未能充分表達其意向及感情。四、當事人雙方的感情及認識等差異顯著，對談極為困難時。此外，調查官還進行所謂環境調整，就是將當事人的生活狀況、家族關係等環境條件予以調整，或促其改善，以求當事人在某程度安定的狀態參加調停。因此，常會與兒童相談所、女性諮詢（相談）中心、福祉事務所、醫院、老人福祉設施、保育所、幼稚園及學校等關係機關聯繫合作，以圖社會資源的有效活用。調查官在日本家事事件中扮演極重要的角色，其職務對社會的重要性日益提高，不但獲得裁判所內外的高度評價，同時並被寄予很大的期待，日本法制與實務運作似可作為未來家事調查官到位後之參考[4]。

我國家事調查官到位後[5]，現行未成年子女監護權、收養、監護與

---

3 同註2彙編，第406至407頁曾委員習賢之發言。

4 見司法院九十三年度日本家事司法制度考察報告，93年8月，第21至22頁。詳細介紹，請參陳思帆，家事調查官相關制度，司法院選送進修報告，103年12月24日繳交。

5 因應家事調查官之設置，法院組織法第18條將觀護人室改為調查保護室，與少年調查官、少年保護官同列。

輔助宣告等事件委託機關訪視部分，會帶來如何影響，有待觀察。而第 18 條第 3 項規定，審判長或法官命爲第 1 項調查前，應使當事人或利害關係人以言詞或書狀陳述意見。立法理由謂：在於掌握事件要點、引導查明爭點，並應具體指示調查方向及重點，以免浪費時間。實務上如遇當事人一造不到庭，不知行蹤，難以事前請其表示意見，又當事人如認無必要，拒絕家事調查官之調查，似無一定法律效果[6]；另從審理細則第 37 條「家事調查官於所定調查事項範圍內，應實地訪視」觀之，家事調查官之從事調查，固不排除通知關係人到法院接受訪談，但應不得以開庭方式爲之。

---

[6] 庭長願景營討論編號18即有此疑問，認爲第18條第3項規定有可能被解釋成訓示規定，另實務上，如當事人書狀已表明爭點，有無於調查前踐行此一程序，亦有可疑，但畫是否會被擴大解釋，反成原則，有待觀察。

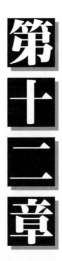

第十二章

子女利益保護

壹、概說

　　家事事件法第 1 條揭櫫之立法目的，其中之一，即為謀求未成年子女最佳利益。足見未成年子女利益之保護，成為家事事件法之重要政策。具體落實在後之相關章節，主要有：一、調解程序中利益保護。二、社工陪同。三、訪視調查。四、尊重表意權。五、程序監理人。六、特別代理人。

貳、法律規定

　　未成年子女利益保護，散見在各種法律中，例如兒童及少年福利與權益保障法、兒童及少年性剝削防制條例等規定，其有特別規定者，更為民法之特別法，應優先適用，例如兒童及少年福利與權益保障法第 18 條規定，父母對於兒童及少年出養之意見不一致，或一方所在不明時，父母之一方仍可向法院聲請認可。經法院調查認為收養乃符合兒童及少年之最佳利益時，應予認可，其為民法第 1076 條之 1 之特別規定，應予優先適用。最高法院認如未優先援用，為適用法規顯有錯誤，應以廢棄發回更審[1]。

　　家事事件法就未成年子女利益保護之規定，重要內容如下：

一、在調解方面

　　明定「關於未成年子女權利義務行使負擔之內容、方法及其身分地位之調解，不得危害未成年子女之利益」（第 24 條）。

---

[1] 最高法院101年度台簡抗字第49號裁定。

二、社工陪同方面

未成年人表達意願或陳述意見時，必要者，法院應通知直轄市、縣（市）主管機關指派社會工作人員或其他適當人員陪同在場，並得陳述意見（第 11 條第 1 項）；以直接強制方式將子女交付債權人時，請求社工人員協助（第 195 條）。

三、訪視調查方面

法院為審酌子女之最佳利益得徵詢主管機關或社會福利機構之意見、請其進行訪視或調查，並提出報告及建議（第 106 條第 1 項）[2]。

四、尊重表意權方面

法院就親子非訟事件為裁定前，應依子女之年齡及識別能力等身心狀況，於法庭內、外，以適當方式，曉諭裁判結果之影響，使其有表達意願或陳述意見之機會（第 108 條）[3]。此一表意，應依未成年子

---

[2] 未踐行此一訪視調查，個案可能構成違背法令，成為廢棄理由，最高法院101年度台抗字第857號裁定意旨參照。

[3] 未踐行此一程序，個案可能構成違背法令，成為廢棄理由，最高法院104年度台簡抗字第191號裁定意旨參照（非明示以違反「應」之強制規定為由廢棄，而係對於訪視報告建議未成年子女到庭說明，抗告人亦為此一聲請，未予審酌）。兒童表意權揭櫫於聯合國兒童權利公約第12條；日本家事事件程序法第152條第2項及第169條第2項規定該等親權事項之家事非訟程序，家庭裁判所「應」聽取十五歲以上子女之陳述。但於調解程序中，依第258條第1項準用第65條，僅規定裁判所須致力於以聽取未成年子女陳述、由家庭裁判所調查官為調查及其他適當之方法，把握未成年子女之意願，並須因應未成年子女年齡及發展程度考量其意思，而無上開「應」聽取子女意見條文之準用；我國家事事件法第108條規定親子非訟事件「應」聽取子女意見（然未特定年齡，此為其他家事非訟事件所準用，見第110條、第119條、第122條、第123條、第176條、第178條、第180條、第184條及第185條），但第24條之調解程序則僅規定「不得危害未成年子女利益」，與日本之立法精神相似，實務運作，詳本章參、之說明。

女年齡及識別能力等不同狀況，以適當方式爲之，非必於法庭內，親自聽取其意見爲必要[4]。大法官作成之111年憲判字第8號判決後，對於未成年子女表意權更加要求落實。

五、程序監理人方面

就有關未成年子女權利義務之行使或負擔事件，法院爲未成年子女之最佳利益，於必要時，依聲請或依職權爲未成年子女選任程序監理人（第109條）。

六、特別代理人方面

法院爲未成年子女選任特別代理人之裁定前，應徵詢被選任人之意見。選任之裁定，得記載特別代理人處理事項之種類及權限範圍。法院爲保護未成年子女之最佳利益，於必要時，得依聲請或依職權，改定特別代理人（第111條）。

參、實務運作

上述子女利益之保護規定，如何加以落實，成爲本法立法目的能否達成之觀察指標。首先就調解之規定，涉及未成年子女權益事項之調解，實務對於應否攜同該子女到場或一律事前作訪視報告，做法不同，此乃顧及子女上學、不宜出庭，或年齡尚稚無到場必要等因素，且考量調解基本上是本於當事人協議，此類事件如當事人自行庭外處理，本不以法院介入爲必要，縱在法院行調解，仍不改變當事人自主之本質。此外，在父母一方僅訴請離婚事件中，在調解中兩造當

---

[4] 最高法院107年度台簡抗字第235號裁定。

場同意追加有關未成年子女利益事件亦屬恆見（如親權行使、扶養費等），此類情形難以預知，不及考量是否應命其攜同子女到場或事先訪視。對於涉及未成年子女親權（監護）、身分事件之調解或審理，如何避免危及未成年子女利益，在具體做法上，法院於收案後，應注意前科或相關卷證內有無受暴紀錄，調解當日如雙方同意親權（監護）由施暴者一方行使，不宜輕率作成調解筆錄。子女未到場者，應向陪同到場之其他家人探詢瞭解未成年子女受照顧情形，如發現不宜依當事人所約定之方式行使者，亦應由法官審酌後妥為處理。子女到場者，得於適當時機，單獨探詢子女意見，瞭解生活照顧情形，針對不同年齡，以適當用語告知親權（監護）歸屬意義，必要時請社工陪同。子女如適宜到場者，宜請家人攜同到場，必要時宜先作訪視報告再為調解或審理。程序監理人或特別代理人制度，具體個案如有需要應斟酌選任，以協助其程序進行與利益主張。

　　社工陪同制度，近年來在若干社福團體努力下，透過訓練、講習及出庭手冊編撰[5]，各家事法院多能尊重社工角色，社工在法庭之功能已發揮一定效果。雖然實務上，如非屬地方政府服務個案，可能在毫無瞭解個案及其家庭狀況之下，難與個案建立專業及信任關係，而可能流於形式陪同出庭[6]，但若透過家事服務中心協助，事先對個案情況有一定瞭解，或請個案提早到院，簡單訪談，說明社工陪同意義，建立一定信賴關係，應可落實家事事件法社工陪同制度之立法精神。

　　未成年子女於法院調解或審理中，依規定函請社福單位進行訪視，但訪視之內容、方式能否呈現個案真實情況，協助法院作正確

---

[5] 例如由財團法人天主教善牧社會福利基金會、小羊之家——目睹暴力兒童服務中心出版之「當我的小孩要出庭」——目睹暴力兒童法庭親職手冊，內容詳細指引社工陪同應有之認識。

[6] 見監察委員沈美真與杜善良調查「家事事件法施行後，法院所需之社工服務需求遽增，卻無妥適之配套措施，而仰賴原已嚴重不足之地方政府社工人力，致排擠社工原有福利服務及保護工作，相關機關有無怠失乙案」報告，公布於監察院人權調查報告網站（輸入關鍵字「社工」即可查得）。

判斷，多年來不斷被檢討，司法院依據立法院之決議[7]，參酌民法第1055條之1立法精神、法務部所訂「法院依民法第1055條酌定或改定未成年子女之親權人之參考原則」，及103年2月26日「未成年子女親權（監護權）訪視報告統一指標之專家座談」會議，暨同年3月7日邀集學者專家、相關機關、團體出席「研商未成年子女親權（監護權）訪視報告之統一指標」會議後，綜整考量法院及社工人員處理關於未成年子女親權事件時之需求，研訂之「社工訪視（調查）報告之統一參考指標及格式」[8]，以為參考使用。

　　未成年子女表意權之行使，在兒童或少年安置事件中，對於欠缺表意能力之幼童，或客觀上對於安置對象無不利可能之被棄兒童，是否仍須踐履其表意權之行使，法院若皆須每案於法庭內、外，以適當方式，曉諭裁判結果之影響，對於法院、社政單位或被安置對象可能造成一定程度之困擾，法院為個案裁定時，應注意兼顧當事人權益與法制要求。

　　程序監理人制度之引進，固能強化未成年子女在親權或其他身分爭訟事件權益之保護，但因法制面與實務面尚欠完備，法院選任比例尚低。婦女團體要求落實，並分析主要原因是當事人不瞭解此一制度，付不出酬金，國家無補助[9]。

　　特別代理人制度，依現行規定，有實體與程序之別，實體法上程序代理人有二：一是父母之行為與未成年子女之利益相反，依法不得代理時，法院得依父母、未成年子女、主管機關、社會福利機構或其他利害關係人之聲請或依職權，為子女選任特別代理人（民法第

---

[7] 第8屆第4會期司法及法制委員會第12次全體委員會議臨時提案4之決議。

[8] 上開報告格式，已張貼於司法院院網站（網址http://www.judicial.govtw/常用連結/業務綜覽/06少年及家事/貳、家事事件）供下載使用。

[9] 據統計，本法自101年6月施行至102年12月，各地方法院至少受理2,757件監護權相關訴訟，但只有216件引用程序監理人制度，比例甚低，見聯合晚報，103年4月3日，A11版報導。另參本書第一編第十章「程序監理人」。

1086 條第 2 項）。二是監護人之行爲與受監護人之利益相反或依法不得代理時，法院得因監護人、受監護人、主管機關、社會福利機構或其他利害關係人之聲請或依職權，爲受監護人選任特別代理人（民法第 1098 條第 2 項）。程序法之特別代理人，指對於無訴訟能力人爲訴訟行爲，因其無法定代理人或其法定代理人不能行使代理權，恐致久延而受損害者，得聲請受訴法院之審判長，選任特別代理人。無訴訟能力人有爲訴訟之必要，而無法定代理人或法定代理人不能行使代理權者，其親屬或利害關係人，得聲請受訴法院之審判長，選任特別代理人（民事訴訟法第 51 條第 1 項、第 2 項）。實體法上之特別代理人，法律未詳細規定其代理之方式、範圍與改定，家事事件法特別規定法院爲未成年子女選任特別代理人之裁定前，應徵詢被選任人之意見；選任之裁定，得記載特別代理人處理事項之種類及權限範圍；於必要時，得改定特別代理人，避免特別代理人危及未成年子女之利益，並增訂特別代理人之報酬（第 112 條），爲較進步周全之立法。因此，在父母一方死亡，另一方爲與未成年子女協議分割遺產，聲請選任特別代理人，在本法施行前，法院裁定主文多僅書寫選任某某人爲特別代理人而未限定其權限，其結果，特別代理人代理協議分割之方案可能危及子女利益（例如放棄或減少其應繼分），法院無從介入，在本法施行後已加以限定其權限[10]。又如，父母一方死亡，另一方代未成年子女聲請法院拋棄繼承，法院應加以審查其拋棄是否有利於未成年子女[11]。

---

[10] 在主文中明確載明如附件遺產割協議書所示之特別代理人（苗栗地院102年度家聲抗字第18號裁定），或遺產之分割不得侵害相對人之法定應繼分（苗栗地院103年度家聲字第204號裁定）。惟仍有多數法院未注意及此，猶援舊例。

[11] 苗栗地院104年度家聲抗第2號裁定，此一案例對於拋棄繼承是否僅能爲形式審查，或應個案職權審查，以確實保護未成年子女之利益，有深入分析。

肆、結論

　　未成年子女之保護，不單是法律面之規範，實務執行有無困難，國家財政負擔之限度，網絡資源如何緊密連結，個案如何適切裁量，都須一併考量。本法施行後，各法院成立家事服務中心，有專責社工進駐，社工對於法院開庭，案件審理程序與進度，已漸能充分瞭解，目前法院也多有設置類似婦女兒童開庭前後之適當休息處所，多方面落實未成年子女利益之保護。此外，在上開「社工訪視（調查）報告之統一參考指標及格式」中，特別設計附件「未成年子女訪視調查內容保密及出庭意願書」，其中對於保密部分，詳細分項，詢問未成年子女是否同意公開、公開部分、是否僅提供法官參考、可否供兩造當事人閱卷。就參加調解或出庭表意部分，亦詳細分項，詢問是否願意出席、是否希望社工師、心理師或他人陪同、希望在法庭內或外陳述意見、選任程序監理人與否，提供更細緻之設計與規劃，以顧及未成年子女之需要與最佳利益。

第十三章

家事事件法之繳費 與退費[1]

---

[1] 本章曾發表於司法周刊，第1620及1621期，2012年11月16日、22日，第2、3版，略加修正納入本書。按裁判費之繳納與退費可謂實務中之實務問題，本少有以之爲論述主題者。惟新法施行，各法院對於看似理應一致之做法卻顯得分歧，雖云法律見解仁智不同，但不熟悉新法精神，因襲舊制良有以也。尤以退費與否，事涉當事人權益，各法院做法差異過大，恐遭物議，爲特略書心得，以就教高明。又少家廳在法官論壇上答覆提問，本屬意見交流，非正式行政函示，若干法律見解難爲的論，本不宜以之爲討論對象，惟新法施行，各法院遇具體實務問題，常就教該廳，雖答覆文末皆會提醒僅供參考，但恐習者不查，率而引用，故發現疑慮者，不得不稍加評釋，苟誤解原意解讀失真，自屬不察所致，惟提答問題皆是目前實務極需解決者，經由本文細部討論，對錯固尚難定說，問題呈現交互辯證，當有助概念釐清，法律正確適用。

學習重點

1. 繳費退費各法院做法不一
2. 依請求或依調解規定繳費
3. 和解、調解、撤回之退費計算基準
4. 訴訟與非訟退費應否一併看待
5. 一部和解、調解、撤回應否退費
6. 102年度高院座談會前後實務見解
7. 移付調解與聲請調解退費不同
8. 非訟調解費用高於非訟審理裁判費現象
9. 修法增訂非訟調解費用之計算標準
10. 訴訟事件非訟化之繳費影響
11. 附帶請求改為合併請求之繳費影響
12. 子女扶養費如何繳費
13. 贍養費與剩餘財產事件如何繳費
14. 代位分割遺產事件如何繳費
15. 暫時處分之聲請與執行應否繳費

壹、前言

家事事件法之訴訟費用，除關於報酬或程序負擔有零星規定外（第 16 條、第 17 條、第 20 條、第 104 條、第 127 條、第 148 條、第 152 條、第 154 條、第 164 條、第 181 條、第 188 條、第 189 條），對於裁判費之徵收唯第 187 條第 4 項：「第一項聲請，徵收費用新臺幣五百元，由聲請人負擔，並準用民事訴訟法第七十七條之二十三第四項規定。」退費僅第 30 條第 4 項：「調解成立者，原當事人得於調解成立之日起三個月內，聲請退還已繳裁判費三分之二。」[2] 是本法有關裁判費繳納或退費，應就訴訟事件或非訟事件，分別準用民事訴訟法或非訟事件法（第 51 條、第 97 條）。本法審理細則第 41 條：「家事訴訟事件準用民事訴訟法之規定繳納裁判費。家事非訟事件準用非訟事件法之規定繳納裁判費。家事事件經聲請調解者，應依民事訴訟法第七十七條之二十繳納裁判費。」即本此意；另司法院製作之「家事事件裁判費徵收核算對照表」、「家事各類事件徵收費用一覽表」逐一明列各項費用具體徵收數額，自可對照參之。

然具體事件究應繳納多少，調解成立及撤回退費若干，尤以後者，各法院做法未盡一致。依新法，除丁類事件為任意調解外，餘皆為強制調解事件；若干原屬訴訟事件改為非訟事件；數事件之一併請求，為事件之「合併」，民事訴訟法第 572 條之 1 附帶請求概念隨之變動；前開第 30 條第 4 項立法說明提到「應將調解聲請費扣除」語焉不詳[3]，皆對裁判費之繳納或退費帶來爭議，茲分別討論如下：

---

[2] 此條僅規定退還「裁判費」，但聲請調解是繳「聲請費」（民事訴訟法第77條之20），因此有認為此項退費規定不清楚，若聲請調解而調解成立之退費要依第32條第3項準用民事訴訟法第423條第2項再準用第84條第1項（按應是第2項），聲請退還聲請費，參許士宦，家事事件法，新學林出版，2020年2月1版1刷，第165頁。

[3] 草案討論期間，司法院少家廳幕僚單位研擬之條文說明欄本是「前開退費，自

貳、訴訟或非訟同等退費標準

一、甲、乙、丙、戊四類之家事事件，當事人逕向法院請求裁判，不論分案案號如何，事件一繫屬，即處於依法「視爲調解之聲請」（第23條第2項本文）之狀態，此時當事人所應繳納之裁判費，究應先依起訴或請求時之標準繳納（民事訴訟法第77條之13以下、非訟事件法第13條以下），或依視爲「聲請調解」標準繳納（民事訴訟法第77條之20以下，非訟事件法無調解專章）？當事人因係起訴（或聲請），多於遞狀時即依前者繳納，遇有未依規定繳費者，法院爲免將來調解不成立進入訴訟或非訟審理，仍須命其補繳，造成困擾，亦多採前者做法（但亦有少數視調解結果再定）。事件如調解成立，本法第30條第4項規定退費2/3，看似清楚，但因認知不同，到底應退還多少數額，另在撤回場合，又如何退費，是否應分別訴訟或非訟事件而異，法院做法不一。本文以爲，法院既未審理，法律又明定「視爲調解聲請」，則應以聲請調解之應繳費用（民事訴訟法第77條之20以下）爲據，憑以辦理退費，而非以其當初之已繳費用爲基準。簡言之，調解成立（撤回），視訴訟事件或非訟事件聲請調解時應繳之費用，再據以核算應納及應退費用。舉例一：離婚請求（訴訟事件），當事人如繳納新台幣（下同）3,000元（民事訴訟法第77條之14，非因財產權而起訴），因「視爲調解聲請」，免徵聲請費（同法第77條之20，非因財產權而聲請調解），既然免徵，自應將3,000元全退，而非退2,000元。舉例二：父母一方請求改定未成年子女親權行使與負擔（非訟事

不包括調解聲請費在內」，吳委員明軒建議修正爲「前開退費應將調解聲請費扣除」，後者即成爲現行條文第30條說明欄四之用語，見司法院家事事件法研究制定資料彙編（四），93年12月，第388、390頁。惟無論用語爲何，皆有本文所論疑慮。

件），已繳 1,000 元（非訟事件法第 14 條第 1 項，非因財產關係爲聲請者），因「視爲調解聲請」，免徵聲請費（民事訴訟法第 77 條之 20，非因財產權而聲請調解）既然免徵，自應將 1,000 元全退，而非退 2/3[4]。如是，在此二例，立法說明之「應將調解聲請費扣除」一語，將不知何所指。舉例三：分割遺產請求（訴訟事件），標的價額 100 萬元，如繳 10,000 元（民事訴訟法第 77 條之 13，實際應繳 10,900 元，爲便於說明，暫以整數 10,000 元計），因「視爲調解聲請」，應徵收 2,000 元（民事訴訟法第 77 條之 20），則應僅收約 666 元（2,000 元之 1/3，小數點下捨去「下同」），逾此金額全退共 9,334 元，而不是退 6,666 元（10,000 元之 2/3）[5]。於此案例，所謂「應將調解聲請費扣除」，如係指先扣 2,000 元，再就 8,000 元退還 2/3，法律依據，似嫌薄弱。最高法院 109 年度台抗字第 1082 號裁定認此爲前置程序私權紛爭解決，未利用審判程序，當事人預納之裁判費用，應退還予預納人，結論與本書見解同。

二、或有以爲本法第 23 條第 2 項之「視爲調解之聲請」，僅是調解先行，並非等同聲請調解。依此說，則應以繫屬時之起訴或聲請應繳費用，作爲退費標準。前舉例一：離婚請求，當事人繳納之 3,000 元，應退費 2,000 元，例二應退 666 元，例三應退 6,666 元。果此，既不考量視爲聲請調解，則豈有立法說明「應將調解聲請費扣除」之適用餘地？難道例三要先扣除 2,000 元，再退還 8,000 元之 2/3（例一及例二因聲請調解費是免徵，無可扣除）；或先退 10,000 元之 2/3，再扣除 2,000 元；抑或，是指要扣除法院給付調解委員之報酬及交通費（若此，則一般事件可能無分文可退，因所繳之裁判費常低於該報酬及交通費）？均難以理解所

---

4 台灣高等法院暨所屬法院107年法律座談會第28號提案，引用本書之見解，結論採此，亦認應全額退費。

5 台灣高等法院暨所屬法院107年法律座談會第29號提案，結論同本書見解。

據爲何，立法說明此一用語實增無謂困擾。

三、實務上竟尚有認如當事人係直接聲請調解（非前述請求後視爲調解），調解成立不退費，理由係本乎「應將調解聲請費扣除」一語？當事人聲請較簡便之調解，調解成立不退費；請求較繁複之法院審理，因調解先行並成立反可退費，令人費解。

四、新法施行前，調解成立之退費係依民事訴訟法第 423 條第 2 項準用第 84 條和解成立而來；撤回，係依第 425 條第 2 項準用第 83 條第 1 項撤回起訴而致，均退費 2/3。但如係非訟事件之調解成立或撤回，因非訟事件法並無準用民事訴訟法上開相關規定，往昔實務上根據 95 年法律座談會第 45 號討論結果均不退費，此乃機械性引用法條結果，而異其標準，雖不敢認同，亦難斷其對錯，然本法施行後，如仍堅持此一見解恐與法有違，至少就調解成立部分，本法第二編之調解程序係涵蓋訴訟與非訟事件，因此第 30 條第 4 項之調解成立退費規定，自然包括非訟事件，不應再受非訟事件法之影響。至於撤回部分，應依新法如上調解成立退費之意旨，與訴訟事件爲相同處理爲宜，本法施行後，台灣高等法院 102 年法律座談會第 40 號及第 41 號提案即採此結論[6]。

五、有認爲無論係家事訴訟或家事非訟事件之撤回，如係因調解成立而撤回起訴，得視同調解成立而退費（少家廳在答覆法官論壇時似有此意，諒係受第 30 條第 4 項「調解成立」才有退費問題文字所拘），此一見解似乎隱含未經調解之撤回，因無從視同「調解成立」而不退費（然似又認爲應退全額，後述）？果爾，從調解委員介入之花費考量（法院給與報酬及交通費），反而是前者不應退費，後者才應退費，較符成本；再一般所謂調解成立係指

---

[6] 撤回退費與否，不同法院因不同做法，實務上曾發生如下困擾，甲法院不准退費，乙法院准退費，甲法院將事件移轉至乙法院，當事人在乙法院撤回，乙法院告以得聲請退費，當事人聲請後記明筆錄，書記官詢問甲法院，獲告該法院不退費，而難以處理（因費用是在甲法院繳納），經電話聯繫後，甲法院承辦法官同意退費。爾後實務似應依台灣高等法院此座談會結論辦理。

作成調解筆錄，記載一定約定條款而言，而撤回雖可能是經調解委員之努力促成，但概念上，調解成立與撤回截然不同。僅聲請調解之事件，調解成立後該事件自然結束，因無他事件尚繫屬中，本無另向法院撤回起訴問題，即便是起訴或請求視同聲請調解事件，因調解與訴訟上和解有同一之效力，而訴訟上和解與確定判決有同一效力，是調解成立如同判決，訴訟繫屬隨之消滅，豈有再撤回之理；此從移付調解，原程序停止進行，調解成立，程序終結之法律明文（第 29 條第 2 項），亦知，調解一成立即無撤回問題。少家廳答覆時為求慎重，創設所謂「調解成立而撤回起訴」一語，誠不知何所指；單從要不要退費一節言之，不管事後當事人有無撤回，前提既曰調解成立，本可退費，何必再去審究有無撤回，難不成如去撤回再退費一次，實感困惑。又少家廳在答覆法官論壇時，對於當事人向法院提出訴狀後，未經調解程序即撤回起訴者，認當事人未利用調解程序以抒解爭端，認應退費，雖與本文見解相同，然所稱以全額退費為宜，則未見引法為據，參考前揭說明，除非原本是免徵，才有退全額餘地，否則最多也僅能退 2/3。

六、部分調解成立、撤回，實務上有引最高法院 97 年度台抗字第 232 號皆不退費做法，亦值得檢討。按該裁判內容係原告與部分共同被告成立訴訟上和解，法院認全部繫屬未因此消滅終結而不退費。此因屬同一事件，且在法院審理中，固可贊同，然本法施行後，如係客觀合併事件，不論是同時或先後請求，既係個別繳納裁判費，如和解或撤回一部，何不得退費？何況如尚在調解階段，與法院審理有別，似無限制必要。要之，凡可獨立計費，且可分別請求者，和解、調解成立或撤回，皆以得退費為宜[7]。

---

[7] 草案討論期間，司法院少家廳幕僚單位研擬之條文說明欄本有「又當事人如僅成立部分調解，並未止息訟爭，尚不能聲請退還裁判費」，但現行條文第30條說明欄並無該段文字，見同上資料彙編（四），第388頁。

七、移付調解事件（第 29 條第 1 項），並非視為調解之聲請，且已
　　先行審理程序，是移付調解成立，依第 30 條第 4 項，按其起訴
　　或聲請所應繳費用退 2/3 可也；撤回亦同，參考前之說明，不論
　　訴訟或非訟事件亦均同退 2/3 為是。

八、當事人依第 33 條或第 36 條規定，合意聲請法院裁定而終結時，
　　並無第 30 條第 4 項之適用。

參、和解退費不分訴訟與非訟

　　家事事件法無論就家事訴訟或家事非訟事件皆有和解規定，和
解筆錄與確定裁判有同一效力（第 45 條、第 101 條參照），但對和
解成立退費乙節並無規定，前者自應準用民事訴訟法第 84 條第 2 項
退費 2/3。非訟事件法中無和解規定，卻有性質類似之協議筆錄，如
第 129 條：「第一百二十七條事件處理中，夫妻雙方對該事件達成
協議，而其協議符合子女最佳利益時，法院應將其協議內容記載於筆
錄。前項記載於筆錄之協議，應於十日內將正本送達於當事人及利害
關係人。第一項記載於筆錄之協議得為執行名義。」（非訟事件法第
108 條以下家事非訟事件相關條文已於 102 年 5 月 8 日修正公布刪除）
然本法第 110 條規定就「協議達成之事項」，規定記載於「和解筆
錄」，是新法施行後，應改以和解筆錄，而不宜再寫成協議筆錄[8]。非
訟事件之和解應與前述撤回之說明一樣，不宜受限於非訟事件法無退
費規定，而應與訴訟事件同視，一併退費 2/3。

---

[8] 實務仍見之，參最高法院104年度台簡抗字第62號裁定之原審裁定。

肆、訴訟、非訟與調解費用計算

　　家事事件法施行前，非訟事件雙方當事人達成協議，係作成「協議筆錄」（非訟事件法第 129 條參照），而非調解筆錄，依 95 年座談會第 45 號結論，並無退費適用。新法施行後，家事訴訟及非訟事件，於調解程序中達成調解，均改以「調解筆錄」為之，且皆有退費問題，因非訟事件法並無調解費用專章，自須適用民事訴訟法之規定。就事件繁簡、訴訟成本，法律規定之繳費多寡，大抵以最高之訴訟事件（以 A 代之）、次高之調解事件（以 B 代之）、較低之非訟事件（以 C 代之）分之。家事新法施行後相關條文未及配合修正，可能造成當事人直接聲請法院裁判之家事非訟事件，本應以較低之 C 繳費，但因依法被視為調解之聲請，卻要以次高之 B 繳費之失衡現象。例如某一家事非訟事件之標的金額為 3,000 萬元，當事人「聲請法院裁判」只要繳納 3,000 元（非訟事件法第 13 條第 4 款），「視為調解之聲請」，反應繳納 5,000 元（民事訴訟法第 77 條之 20 第 1 項），法官論壇即見此疑。援上，當事人如係直接「聲請調解」，此時究應繳納 3,000 元或 5,000 元，即有所疑，應多應少，當從聲請者最有利之方向解釋為宜。少家廳隨後在法官論壇上答覆提到：「調解程序中，法官除得遴選具備社工師、心理師、律師等專業背景人士擔任調解委員外，並得依聲請或依職權選任程序監理人，為受監理人之利益為一切程序行為。所以家事專業調解程序徵費標準，若與家事非訟事件或訴訟事件徵費標準分別處理，從成本效益角度來說亦屬合理。」似乎暗示調解成本較高，果此，則訴訟事件之「調解」應繳費用，理應高於法院「裁判」（即前述代號之 B 應高於 A），但從民事訴訟法第 77 條之 13 與第 77 條之 20，似乎反是（即 A 仍高於 B），此就非訟事件而言，自應同準，調解費用亦不應高於法院裁判成本（即 B 高於 C）。果爾，修法新增費用最低之非訟事件聲請調解費用（以 D 代之），似有必要，以使 A「判決」大於 B「調解」（家事

訴訟事件）；C「裁定」大於 D「調解」（家事非訟事件）。再法政
策如是鼓勵調解，借用經濟學家於 1968 年後開始大量使用之「誘因
化」一詞，「藉由提供（通常是金錢上的）誘因去驅動或鼓勵（一個
人，尤其是員工或顧客）」，則不論是家事訴訟或非訟事件，聲請調
解應繳費用自應低於法院裁判成本。矧調解之目的，不是著眼於案件
快速終結，減輕法院負擔，而是追求家庭紛爭解決、維護人格尊嚴，
健全社會共同生活之更高目的（家事事件法第 1 條立法意旨參照），
因此，調解中聘請之專業委員及協助人力，是法政策企圖創造更多附
加價值，謀求最大功利化，果能成功，國家社會因之得利，當事人固
同蒙其利，究非可轉嫁要求聲請者擔負較高之調解成本矣[9]。

伍、訴訟事件非訟化後之影響

一、家事事件法將原本屬於訴訟事件改為非訟事件，施行前依訴訟事
　　件繳費，施行後以非訟事件終結，如前者多於後者，應否退費，
　　亦見疑義。參考第 197 條第 2 項：「本法施行前已繫屬尚未終結
　　之家事事件，依其進行程度，由繫屬之法院依本法所定程序終結
　　之，已依法定程序進行之行為，效力不受影響。」所繳費用為已
　　依法定程序進行之行為，效力不受影響，自不得退費。惟最高法
　　院 101 年度台抗字第 520 號民事裁定採不同見解，認為：訴訟
　　費用分為裁判費及裁判費以外之費用，裁判費以外之費用，原則
　　上依實支數計算。至裁判費之徵收，則依法院進行程序之種類分

---

[9] 台灣高等法院102年法律座談會第46號提案就請求600萬元扶養費之家事非訟事
　　件，依審理細則第41條第3項準用民事訴訟法第77條之20第1項之規定，調解應
　　繳3,000元，調解不成立之聲請裁判，依本法第97條準用非訟事件法第13條第3款
　　之規定，卻僅應繳2,000元，二者顯有輕重失衡之虞，建請司法院研究修正之。
　　所採意見即引用本書之見解。

別定其標準。當事人為訴訟行為所預納之費用，法院有溢收情事者，自應返還。法律所定程序種類因法律修正而變更，按新程序應繳納之裁判費較諸原繳費用額低者亦同。因此，家事事件法施行前已繫屬尚未終結之家事訴訟事件，如經該法將之改列為家事非訟事件者，家事事件法第 197 條第 2 項既規定應由法院依非訟程序終結之，原來適用訴訟程序之事件，因家事事件法之施行，而改規定為適用非訟程序，則法院徵收裁判費之標準，即不得仍按原訴訟程序標準徵收，應改按非訟程序標準徵收，並依聲請或依職權以裁定返還該差額（台灣高等法院 101 年度家上字第 325 號民事裁定見解同此）。如依上開最高法院見解，則原屬家事非訟事件，經法院裁定改用（第 103 條第 2 項）或當事人合意改為家事訴訟事件（第 121 條、第 176 條第 5 項、第 180 條第 5 項），如費用有短收情形，似應補繳。

二、家事事件法將原本屬於訴訟事件改為非訟事件後，施行後新繫屬事件，當依非訟事件法規定繳納裁判費，例如債權銀行訴請代位宣告夫妻分別財產制，到底應如何繳費，新法施行前一直有爭議，100 年法律座談會民事提案第 43 號，審核意見採較折衷看法，認為債權額超過 165 萬元僅以 165 萬元計，小於 165 萬元，則以其債權額為其訴訟標的價額徵收裁判費，是最多繳交 17,335 元，但新法施行後，已改為非訟事件，依非訟事件法第 13 條規定，最多繳 5,000 元（標的價額 1 億元以上），宜予注意。然 101 年 12 月 26 日親屬法修正第 1030 條之 1 增加第 3 項：「第一項請求權，不得讓與或繼承。但亦已依契約承諾，或已起訴者，不在此限。」是債權人已不得代位提起此類事件。

三、續上，如係夫妻一方請求法院宣告夫妻分別財產制（民法第 1010 條），因其並無如上例銀行有一定債權額，本法施行後雖改為非訟事件，仍有如何核定其價額問題。在舊法時代，甲說認為應以夫妻於起訴時因分別財產所受利益之客觀價額為準（最高法院 99 年度台抗字第 396 號裁定參照）；乙說認為其訴訟標的

價額不能核定，依民事訴訟法第 77 條之 12 規定，訴訟標的價額不能核定者，以第 466 條所定不得上訴第三審之最高利益數額加徵 1/10 定之。依司法院（91）院台廳民一字第 03075 號函文所示，民事訴訟法第 466 條第 1 項所定上訴第三審之利益額數，提高為 150 萬元，並自 91 年 2 月 8 日起實施，因此，宣告改用分別財產制之訴訟標的價額應核定為 165 萬元（台灣高等法院 99 年度家上字第 55 號裁定參照）。丙說認為屬非財產權訴訟而起訴，應依民事訴訟法第 77 條之 14 徵收裁判費 3,000 元。本法施行後仍可能存有如此爭議，不過乙說最高以 165 萬元計應徵之 17,335 元，不宜沿用，蓋非訟事件法第 13 條最高上限為 5,000 元，自不得徵收超過 5,000 元者。如採丙說，亦應修正為 1,000 元（非訟事件法第 14 條第 1 項）。司法院內網「家事各類事件徵收費用一覽表」，就宣告夫妻分別財產制，未區分代位或夫妻提起，並註明：「依非訟事件法第 13 條規定徵收費用（訴訟標的大於 165 萬元時，以 165 萬元作為其訴訟標的價額，小於 165 萬元時，依其請求金額徵收）」[10]。括弧內以 165 萬元為參考值，恐係參考債權銀行訴請代位宣告夫妻分別財產制爭議所生之結論（如上二之說明），該類事件聲請時（舊法為起訴，新法為非訟，故宜用聲請），已有確定債權額可資認定是否逾 165 萬元，而夫妻一方之提起，並無債權額問題，能否逕予援用，仍有疑慮。進而言之，若夫妻於聲請或審理中已計算出夫妻財產分別後可得多少財產，自可據此核定進而命其繳納，又豈可以 165 萬元為上限？

四、合併請求取代附帶請求？

舊民事訴訟法第 572 條之 1 之附帶請求事件，依最高法院 88 年第 8 次民事庭會議決議不必繳費，本法施行後，是否應另行繳

---

[10] 參司法院內部網站—審判資訊服務站—家事事件法專區—家事事件訴訟費用表之簡要版（2019年4月29日瀏覽）。

費？少家廳在本法施行之初答覆法官論壇提問時，認應區別如下：「當事人如合併請求離婚、定對於未成年子女權利義務之行使負擔等事件，應分別繳納離婚事件部分 3,000 元及定對於未成年子女權利義務之行使負擔事件部分 1,000 元，計 4,000 元裁判費；如係法院認有依民法第 1055 條至第 1055 條之 2 規定，依職權為酌定、改定或選定子女監護人並定子女權利義務行使負擔之內容及方法必要時，自仍得依法為之，亦無命當事人繳納裁判費之問題。」其後台灣高等法院於 101 年 11 月間舉行之法律座談會所提問題第 27 號提案審查意見，則參考上開決議，認酌定未成年子女親權與子女扶養費為附帶請求不必繳費。惟因上開決議所本之舊民事訴訟法第 572 條之 1 已於 102 年刪除，最高法院爰於 104 年第 4 次民事庭會議決議：「本則決議不再供參考。」故或有認為，法已無附帶請求事件，亦無決議之拘束，自應依合併規定，每一事件均應分別繳費。但主張仍不必另繳費者，認為舊決議所以廢除，乃該決議所本之法條刪除之故，並不改變附帶請求事件之本質，蓋家事事件法施行後，立法政策雖將民事訴訟法第九編全部刪除，但此類附帶請求事件之法理根源是現存之民法第 1055 條第 1 項，本質上為職權事件，不待當事人聲請，考量未成年子女之利益，法院應有主動依職權審酌之義務，何況家事事件法仍有附帶請求之規定（第 36 條第 1 項第 2、3 款），有別於一般合併事件。見解不同，以致各法院自本法施行以來，仍存差異。

陸、各類事件繳費舉例與說明

一、司法院網站舉例

請求離婚、贍養費 100 萬元、未成年子女監護權及子女扶養費

300 萬元。離婚之訴（非因財產權起訴之訴訟事件）3,000 元＋贍養費（因財產權關係爲聲請之非訟事件）2,000 元＋酌定未成年子女監護權（非因財產權關係爲聲請之非訟事件）1,000 元＋子女扶養費（因非財產權關係而爲聲請，並爲財產上之請求之非訟事件）0 元＝ 6,000 元（此爲司法院內網「家事事件裁判費徵收核算對照表」之舉例，現已刪除）。

二、子女扶養費應如何繳費

子女扶養費應如何繳費，涉及如上是否仍有附帶請求事件存在，而有不同面向：（一）依舊民事訴訟法第 572 條之 1 附帶請求（不論是法院依職權或當事人聲請），及最高法院舊決議不另繳費用。民事訴訟法第九編人事訴訟程序雖已修法刪除，有認爲得改引實體規範之民法第 1055 條第 1 項，作爲程序裁判與繳費規範。（二）有認本法施行後，已無附帶請求事件，應依合併規定繳費。但如何繳費，又有不同看法。甲說：子女扶養費請求爲第 3 條第 5 項第 8 款之「定對於未成年子女權利義務之行使負擔事件」之一部（宜同時參考第 104 條第 1 項第 1 款「關於未成年子女扶養請求、其他權利義務之行使負擔」始能明白），如當事人已請求親權事件，雖同時有扶養費之請求，亦不另繳費（僅繳親權事件費用）。乙說：子女扶養事件雖爲「定對於未成年子女權利義務之行使負擔事件」之一部，但可分離請求（即單請求扶養費），又具財產權性質，當應另繳費。如採乙說，又應如何繳納？又視其單獨或合併請求而異：（一）單獨請求，因其爲家事非訟事件，依非訟事件法第 13 條（財產關係請求）繳費。（二）合併請求，合併家事訴訟事件請求者，分別繳費，例如同時請求剩餘財產分配與子女扶養費；合併家事非訟事件請求者，倘符合非訟事件法第 14 條第 2 項「因非財產關係而爲聲請，並爲財產上之請求者，關於財產上之請求，不另徵收費用」，法文雖無二請求間應有

一定牽連關係為條件，但解釋上應採肯定說為是[11]。例如，請求定親權事件，同時請求子女扶養費，後者不必另繳費；倘不符合該條項，例如聲請更改子女姓氏，同時請求子女扶養費，則應分別繳費[12]。至若聲請家庭生活費用（婚姻關係中所生），同時請求子女扶養費（離婚後所生），則更應分別繳費，蓋二者均是財產上請求事件。根據如上說明，在同時請求離婚、贍養費、未成年子女親權及子女扶養費之事件中，就扶養費部分，到底是合併離婚事件而來，或合併未成年子女親權而生，決定繳費與否及法律之不同依據。換言之，當被認為是隨合併離婚事件而來，續採附帶請求說者，不另繳費；不續採附帶請求說者，須另繳費。如被認為是隨親權事件而來，則視其是否解釋為親權之一部而異，一部說者不必另繳費；非一部說者，須另繳費。惟此處所稱子女扶養費係指父母一方向他方請求而言，反之如係子女以自己名義請求，則本為另一獨立事件，應依規定繳納裁判費，無附帶與否，或與親權事件是否同一問題。如前述，本法施行後，台灣高等法院於 101 年 11 月間舉行之法律座談會所提問題第 27 號提案審查意見認為，酌定未成年子女親權與子女扶養費為附帶請求，不必另繳費用。然而在司法院內部網站，就扶養費部分，僅規定「依非訟事件法第 13 條規定徵收費用」；於合併情形，則簡略規定依各該家事訴訟或家事非訟事件規定繳費，均未詳細提及未成年子女扶養費是否為附帶請求或親權一部之問題[13]。目前各法院就此做法不一。至主張代墊子女扶養費之不當得利返還請求權，近解雖已多認屬家事非訟事件，但或有仍認其本質為家事財產訴訟，而應按一般財產訴訟繳費者（依

---

[11] 法理可參考民事訴訟法第77條之2第2項「以一訴附帶請求」者，係指附帶請求與主位請求間有主從、依附或牽連關係者而言。即其附帶請求當否之判斷，得於主請求有無理由之審理程序中附隨進行，毋需額外增加必要之勞費者，始屬之（最高法院109年度台抗字第44號裁定）。

[12] 台灣高等法院暨所屬法院111年法律座談會民事類提案第20號多數意見同本書見解。

[13] 同註10，詳細版與簡要版。

民事訴訟法第 77 條之 13，而非依非訟事件法第 13 條之規定繳費），
即採程序行非訟，繳費依訴訟之法理交錯論。

三、請求離婚及剩餘財產分配

　　離婚事件部分，應徵收裁判費 3,000 元，夫妻剩餘財產分配請求
部分，少家廳於本法施行之初曾答覆法官論壇提問，認爲因屬民事訴
訟法第 77 條之 2 第 2 項所定，以離婚一訴附帶請求損害賠償之性質，
因不併算其價額，故無徵收裁判費問題。惟此一見解法理不明，亦與
事後 101 年法律座談會第 26 號提案認爲剩餘財產請求部分應另繳費
用之結論不同。此屬合併請求之事件（舊民事訴訟法第 572 條），實
務上向認爲應另行繳費。再假如夫妻剩餘財產分配請求部分，可以被
認定屬於民事訴訟法第 77 條之 2 第 2 項所定以離婚一訴附帶請求損
害賠償之性質，則性質類似之贍養費，何不能一併看待，但當時「家
事事件裁判費徵收核算對照表」，卻認贍養費部分應另行繳費，豈不
矛盾[14]。其實，離婚與贍養費，反而是類似非訟事件法第 14 條：「因
非財產權關係而爲聲請，並爲財產上之請求者，關於財產上之請求，
不另徵收裁判費」之情形，然因離婚請求爲訴訟事件，自無適用該條
機會。弔詭的是，例一、離婚及贍養費乃家事訴訟事件＋家事非訟事
件；例二、離婚及剩餘財產分配乃家事訴訟事件＋家事訴訟事件，前
者合併之非訟事件贍養費要繳費，後者合併之訴訟事件剩餘財產分配
反不必繳費，可見家事事件定性爲訴訟或非訟，不僅關乎後續程序處
理，前端之繳費與否也深受影響。本文發表後不久，司法院現行「家
事事件裁判費徵收核算對照表」已無上開舉例。

---

[14] 本文於 101 年 7 月間投稿後，審查委員認爲應考慮家事事件法將離婚列爲訴訟事
件，贍養費列爲非訟事件，二者雖得依該法第 41 條合併審理，但裁判費仍應分
別計收，似不能再適用民事訴訟法第 77 條之 2 第 2 項有關附帶請求之規定。

四、代位請求分割遺產事件[15]

　　債權銀行訴請代位宣告夫妻分別財產制應繳費用已如上述，但債權人代位請求分割遺產事件應繳納之裁判費，則與之略有不同。蓋分割遺產後被代位者得按其應繼分計算所得金額，當債權額大於應繼額，應以應繼額為核課標準，蓋債權人所得客觀利益僅該應繼額而已，且縱使繼承人自行訴請分割遺產，亦本以其應繼額為準；反之，如債權額小於應繼額，應以何為準，諒有不同看法，一說認應以債權額為準，因債權人所得客觀利益僅該債權額；另說則認為，如係繼承人自行請求分割遺產，其繳納之裁判費本該以較高之應繼額為核課標準，今由債權人代位卻反而以較低之債權額計算，有所失衡，此在鉅額遺產分割事件中，可能帶來投機（由債權額甚少之債權人代位請求，藉以減省繼承人本該繳納較高之裁判費）。此實涉代位權訴訟標的之定性爭議，最高法院 93 年度台抗字第 696 號裁定認為：查債權人代位債務人對於第三債務人起訴，代位權僅為債權人對於債務人與第三債務人間之權利義務關係，非構成訴訟標的之事項，代位人代位受領之數額，應非訴訟標的。計算其訴訟標的之價額，應就債務人與第三債務人間之權利義務關係定之。如依此說，無論是代位訴請分割遺產，或代位訴請第三債務人清償債務，似皆應以被代位者可得分配之應繼額（分割遺產）或受償金額（一般債務清償）為訴訟標的價額之

---

[15] 不過代位請求分割遺產及其他代位事件，如依司法院秘書長101年5月31日秘台廳少家二字第1010015417號函示：避免家事法庭財產法院化，不應將債權人銀行代位行使夫妻間剩餘財產分配請求權或因配偶外遇所生對第三人請求損害賠償等財產事件，納入家事事件中，至於非親屬編、繼承編或其特別法所規定之事件，例如親屬間之借款等糾紛，或依民法第242條代位行使債務人之權利，或依強制執行法第14條或第15條所提起之異議之訴，性質上主要為普通財產紛爭等事件，多無以家事程序法審理此類事件之必要，應認非屬家事事件意旨（節錄後文字），認應由民事庭審理，就不在本文「家事事件」所應予論列，附此敘明。

核定，然若細酌上開裁定事實，乃原審法院將代位人代位受領之數額（1,003,797 元），加計債務人向第三人請求之 400 萬元，作為訴訟標的核定價額，最高法院就超過 400 萬元部分廢棄。假設原審法院僅以 400 萬元核定，抗告人主張應選擇較低之 1,003,797 元為其所得客觀利益，則上開爭議仍可能發生；換言之，即被代位者之訴訟標的價額與代位者所得客觀利益如有不同，是否單以前者為準，如是，毋庸審酌二者高低；反之，則要[16]。

五、暫時處分

依本法第 85 條所為之聲請暫時處分，是否應繳費，有認為準用非訟事件法第 16 條「非訟事件繫屬於法院後，處理終結前，繼續為聲請或聲明異議者，免徵費用」[17]；有認為應繳費。按本法施行前之家事非訟事件，依當時有效之非訟事件法規定，必要之「保全處分」如下：如未成年子女親權及住居所事項事件（第 124 條）、婚姻無效等事件涉子女照護義務歸屬事件（第 130 條）、收養事件（第 137 條第 1 項）、未成年監護事件（第 138 條第 2 項、第 138 條之 2 規定）、監護宣告事件（第 138 條之 5 第 2 項）、輔助宣告事件（第 139 條之 3）、扶養費給付事件（第 140 條之 1 第 3 項）、親屬會議酌定扶養方法事件（第 169 條）、兒童少年保護安置事件（第 169 條之 1 第 2 項）及身心障礙者停止緊急安置事件（第 169 條之 2 第 2 項）（該法第 108 條以下家事非訟事件相關條文已於 102 年 5 月 10 日修正公布刪除）。本法施行後，暫時處分涵蓋所有家事非訟事件，範圍甚廣，種類繁多，是否仍一律不繳費，似有檢討必要；又裁定後之執行，如應移民事執行處執行，是否應另依強制執行法繳費，如為肯

---

[16] 就此代位訴訟，實務目前仍採計算訴訟標的價額，應就債務人與第三債務人間之權利義務關係定之（最高法院109年度台抗字第1337號裁定）。

[17] 同註10。

定，則聲請時不必繳費，執行階段卻要繳費，有無為德不卒之感；另暫時處分如係由法院依職權裁定而非當事人所聲請，執行階段宜否命當事人繳費，亦有疑義。少家廳前答覆法官論壇提問略以：「所詢關於依家事事件法第87條第3項規定依職權執行暫時處分時，是否須命債權人繳納執行費乙節。按依強制執行法第5條、第28條之2、第28條之3及『臺灣高等法院民事訴訟、強制執行費用提高徵收數額標準』第4條等規定，強制執行事務，原則上由債權人向地方法院民事執行處提出聲請，並依法繳納執行費為之。惟如係法院審酌個案情狀，認有依本法第87條第3項規定，依職權執行暫時處分，如禁止相對人攜未成年子女出境之暫時處分時，既非出於債權人之聲請，自無依前開規定命債權人繳納執行費之餘地。」然對於未移民事執行處執行且係基於當事人聲請而為之暫時處分裁定，由「暫時處分裁定之法院」（例如家事法庭）為執行時應否繳費，並未提及；再本應由民事執行處執行之暫時處分，而由家事法庭代為執行，是否也應依強制執行法繳費，均有待解決。本法第186條規定：「家事事件之強制執行，除法律別有規定外，準用強制執行法之規定」，及就執行費部分，第189條規定扶養請求權之執行，暫免徵執行費，由執行所得扣還之，核屬法律別有之規定。由此可知，家事事件之執行，基本上是仍應依強制執行法繳費的，此不論是由民事執行處或家事法庭執行皆然。據此推之，除非非訟事件法第16條之免徵費用，可以包括執行階段，否則基於當事人聲請而為之暫時處分裁定，不論法院係依職權或聲請而發動之執行，如依法律有相關繳費規定，似仍有繳費義務，例如參考強制執行法第28條之2，按執行標的之金額或價額徵收，非財產則徵收3,000元。本文投稿後，刊登前，少家廳答覆法官論壇曾表示：「暫時處分為具有附隨性及中間裁定之性質，於聲請時免徵裁判費；而暫時處分之裁定，除法律別有規定外，僅對准許本案請求之裁定有抗告權之人始得為抗告；駁回暫時處分聲請之裁定，僅聲請人得為抗告。若命抗告人繳納抗告費，即會發生抗告人於聲請時免徵裁判費，遭駁回後提起抗告卻要繳納抗告費現象，此與暫時處分之

本質不合。故本廳認為對於暫時處分之裁定提起抗告時，允宜免徵抗告費。」然暫時處分得為抗告，乃法之明文（第 90 條第 1 項），是其非一般之中間裁定，蓋一般中間裁定依法不得抗告（民事訴訟法第483 條、非訟事件法第 46 條）。少家廳上開見解，為了說明暫時處分何以免徵聲請費與抗告費，雖認暫時處分有中間裁定之性質，但暫時處分是否具有中間裁定性質，學理上本有不同看法，縱肯認之，本法例外允為抗告，而抗告應徵抗告費，乃非訟事件法第 17 條所明定（本法第 97 條準用之），在無類似家庭暴力防治法第 10 條第 3 項之免徵明文前，若逕以排除適用，似乏依據。目前各法院對暫時處分之聲請及抗告，多認為應命其繳費。

柒、結論

以上所論，不過犖犖大者，具體個案如何核定其訴訟標的價額，定仍有隱而未顯難以解決者；新法施行後，合併事件如有多數，須一一定性為何種事件，據以命其繳費；調解成立與撤回應否退費，雖與調解成功率難有一定因果關係，然關乎當事人財產，對於相同事項，似宜同一處理；家事事件應納金額雖多不高，退費與否當事人或不在意，亦不宜輕忽以對；寬鬆退費，或憂濫訴，浪費資源，惟家醜不外揚，好訟之徒，不敢曰無，畢竟少數，法政策收費多寡容有討論空間，退費與否，一國數制，究非所宜。而本文如上所舉實務不同做法，確有其情，並非為文強說，憑空自想，因未敢遽斷，且基於尊重獨立審判精神，乃偶設題自答自辯，以為推理論說，架構本文。

第二編

調解程序

學習重點

1. 家事調解之專業性
2. 家事調解試辦到立法
3. 調解前置與法典編排
4. 調解新制各項措施
5. 調解範圍擴大所生爭議
6. 法官與調解委員角色
7. 法官與司法事務官權限
8. 調解委員來源與訓練
9. 未成年子女利益維護
10. 程序轉換當事人自主
11. 合意與適當裁定新制
12. 調解筆錄應注意事項
13. 調解之救濟

壹、概說

　　家事紛爭具有私密性，又包含家庭成員及親屬間「非理性」感情糾葛在內，性質上與財產關係之爭訟不盡相同，為盡可能解決家庭成員間之紛爭，法院處理家事事件時，應讓當事人先經由調解程序確實瞭解紛爭所在，進而自主解決紛爭，重建或調整和諧的身分及財產關係，建構裁判方式所不能達到的替代性解決訟爭功能，因此家事事件之審理，特別重視調解功能。司法院於 94 年 3 月 25 日頒訂「地方法院實施家事事件調解試行要點」，將家事調解從傳統民事調解程序中獨立出來[1]，擴大敦聘心理師、社工師、心理諮商師等專業人士協助家事事件之調解工作，初由幾個法院試辦，97 年 3 月 27 日繼而訂定「地方法院辦理家事調解事件實施要點」，同年 4 月 1 日起，全國各法院正式實施家事專業調解制度。

　　調解制度之法規範面，在本法施行前，主要以民事訴訟法第二編第二章調解程序為據，非訟事件法則無調解規定。此外，依鄉鎮市調解條例之規定，也得進行調解[2]。家事調解，如前所述，自 94 年起以要點試辦，繼而於 97 年全國實施。本法於第二編定有「調解程序」專編，不足處，則準用民事訴訟法調解程序之規定（第 32 條第 3 項）。

---

[1] 現行「法院設置調解委員辦法」僅適用於民事調解；家事調解則另訂有「法院設置家事調解委員辦法」。

[2] 依 98 年增訂民法第 1052 條之 1：「離婚經法院調解或法院和解成立者，婚姻關係消滅。法院應依職權通知該管戶政機關」之規定，以法院調解或和解日為婚姻關係消滅日，戶政機關之登記僅為報告性質。倘鄉鎮市調解委員會受理離婚調解，縱經法院核定，僅屬兩願離婚性質，當事人仍應向戶政機關為離婚之登記，並以離婚登記日為婚姻消滅日，內政部台內戶字第 0990188011 號函參照。本法施行後，仍有離婚經鄉鎮調解送請家事法庭核定者。惟在司法院秘書長 110 年 5 月 17 日秘台廳少家二字第 1100005174 號函示「家事事件基於其特殊性，不宜經鄉鎮市區公所調解委員會調解」後，此類核定事件或將減少或消失。

貳、法典編排

　　相較於民事訴訟法調解程序專章，置於通常訴訟程序之後，家事事件法則採「調解前置」原則，於第一編總則之後，隨於第二編規定「調解程序」，在家事訴訟及家事非訟程序之前，除符合「調解先，審理後」之立法邏輯外（除丁類事件為任意調解外，餘各類事件均應先經調解），亦顯見調解在整個家事事件處理程序中之重要性。此一法典編排，在法制上具有重要意義，以德國為例，2009 年制定之新家事事件及非訟事件法（FamFG），雖也強調調解功能，裁判應居後位，然因受其傳統法制因素影響，調解制度在德國向來較不發達，直到 2011 年 12 月 15 日才新通過「調解法」。而日本雖也重視調解部分，但在法典體系、體例上，仍是把它規定在裁判之後[3]。我國家事事件法不僅在法典體例編排上有上開特殊意義，在整體規範內容上亦有新的改變與突破。

參、調解新制

一、擴大調解

　　家事事件有甲、乙、丙、丁、戊五大類，共 40 項事件，此外，尚有概括之其他家事事件（第 3 條），除丁類事件外，於請求法院裁判前，應經法院調解，然丁類事件，除性質上不宜調解，例如監護宣

---

[3] 沈冠伶等，家事程序法制之新變革及程序原則——家事事件法之評析及展望——民事訴訟法研討會第114次研討紀錄，法學叢刊，第226期，2012年4月，第206頁（沈冠伶書面論文）。按日本家事事件手續法第一編總則，第二編家事審判相關之程序，第三編家事調解相關之程序，第四編履行之確保，第五編罰則，最後為附則。

告，或民事保護令事件，法律別有規定外（家庭暴力防治法第13條第7項），當事人亦得於請求法院裁判前，聲請法院調解（第23條第1項、第3項）。此有別於過往認為調解事件，應從當事人之處分權有無，能否達成調解合意，作成筆錄為限，也就是重視「調解結果」，例如離婚，因當事人本得兩願離婚，有處分權，故案件繫屬法院後應先調解；而否認婚生子女事件，當事人無合意處分餘地，故無調解必要。但本法之調解，不僅著眼於調解之結果，更重視「調解過程」，對於不得處分事項，達成一定調解程度時，當事人可以聲請法院為合意裁定；對於得處分事項，雖未能達成調解，但已甚接近，當事人可以聲請法院適當裁定，減省原本可能冗長之訴訟程序，並解決當事人未能於訴訟中被關照舒緩之情感因素[4]。

至於本法一併規定相牽連之數宗家事事件，法院得依聲請或依職權合併調解。兩造得合意聲請將相牽連之民事事件合併於家事事件調解，並視為就該民事事件已有民事調解之聲請。合併調解之民事事件，如已繫屬於法院者，原民事程序停止進行，調解成立時，程序終結，調解不成立時，程序繼續進行。合併調解之民事事件，如原未繫屬於法院者，調解不成立時，依當事人之意願，移付民事裁判程序或其他程序；其不願移付者，程序終結（第26條）。此一合併，在本法施行前，即為實務之做法，本法僅就程序效果加以明文，以為遵循耳。

應經調解之事件，法院未進行調解，當事人或關係人於第一審程序終結前未抗辯者，上級審法院不得以之為廢棄發回之理由（審理細則第55條）。

---

[4] 論者或未能體察此一新制度之立法精神，而認為將無處分權事項列入調解，有斟酌必要，如郭振恭，評析家事事件法甲類及乙類家事訴訟事件，台灣本土法學雜誌，第208期，2012年9月，第151頁註1。對於將不得處分事件列入調解（有可能促使撤回者），有識之為「調撤不調成」，欠缺法社會事實基礎，見姜世明，家事事件法論，元照出版，2013年8月2版1刷，第422頁。

二、法官調解

按本法施行前，若干法院之家事調解，是由司法事務官負責（包括調解筆錄之作成與核定），本法第 27 條：「家事事件之調解程序，由法官行之，並得商請其他機構或團體志願協助之。」法文「由法官行之」一語是否意指司法事務官不得再核定調解筆錄，而應改由法官為之，引起爭議。「庭長願景營」共有 47 號提案，其中 5 則與此相關[5]，而且討論激烈。所以如此，不單是法律解釋問題，而是牽動整個家事庭法官、司法事務官人力分配、庭期安排等事務。討論結果有認為依現制，司法事務官仍可辦理家事調解業務，有認家事調解由法官行之，司法事務官僅為調解團隊成員之一。家事事件審理細則（以下簡稱審理細則）第 54 條明定：「調解成立者，應由書記官將解決爭端之條款詳細記明調解筆錄，送請法官簽名。」由是，多數認為家事調解成立筆錄應由法官簽名（僅少數法院仍由司法事務官簽名）。至一般民事調解，現行「司法事務官辦理調解事件規範要點」並未改變，仍可由司法事務官為之。

本法立法過程中，曾有建議應明定同一事件擔任調解之法官不宜擔任後續事件之審判法官，避免當事人「有後顧之憂」，致於家事調解程序中，不敢暢所欲言，阻斷利用家事調解制度解決紛爭的機會。司法院以資源偏遠地區人力不足為由，未予採納。其實，現行大多數家事法庭之調解多以調解委員為主體，調解成立後始請法官於調解筆錄上簽名，由法官親自調解之事件雖有之但不常見，故此疑慮，應可稍減。至於當事人在調解中的陳述或讓步，本法第 31 條第 5 項、第 6 項已明定：「調解程序中，當事人所為之陳述或讓步，於調解不成立後之本案裁判程序，不得採為裁判之基礎。前項陳述或讓步，係就程序標的、事實、證據或其他事項成立書面協議者，如為得處分之事

5　「庭長願景營」之議題討論收錄於家事事件法法官辦案手冊，101年5月，第105頁以下。

項，當事人應受其拘束。但經兩造同意變更，或因不可歸責於當事人之事由或依其他情形協議顯失公平者，不在此限。」亦可解決資料使用問題。

三、調解委員

　　家事調解，應聘任具有性別平權意識、尊重多元文化，並有法律、醫療、心理、社會工作或其他相關專業，或社會經驗者爲調解委員。關於家事調解委員之資格、聘任、考核、訓練、解任及報酬等事項，由司法院定之（第 32 條第 1 項、第 2 項）[6]。依「法院設置家事調解委員辦法」（以下簡稱調委辦法）第 4 條規定：「家事調解委員應具有性別平權意識、尊重多元文化觀念及下列資格之一：一、曾任法官。二、律師。三、醫師。四、心理師。五、社會工作師。六、具有法律、醫療、心理、社會工作、教育或其他進行家事調解所需相關專業之學經歷。七、具有家事調解專業經驗。八、具有豐富社會知識經驗。家事調解委員具有前項資格且有下列情形之一者，得優先遴聘之：一、品行端正，著有信譽。二、對調解工作富有熱忱。三、生活安定且有充裕時間。四、身心健康有說服能力。」

　　新聘調解委員應接受司法院所舉辦之專業訓練課程時數 30 小時，續聘則爲 12 小時。訓練課程包括家事相關法令、家庭動力與衝突處理、社會正義與弱勢保護（含兒童少年保護、性別平權、新移民與多元文化等）、家庭暴力處理、家事調解倫理及案例演練等核心能力專業訓練課程。而關於調委報酬，除每次調解期日到場日費 500 元及交通費外，對於調解成立及不成立事件，依調解事件之性質，原應

---

[6] 日本除了有家事調解委員（原文爲家事調停委員）外，另設有家事調解官（原文爲家事調停官），後者由最高裁判所從擔任律師職務 5 年以上之人當中任命之，兼任職，任期爲 2 年，得連任，家事調解官關於家事調解事件之處理，得行使家庭裁判所、法官或審判長有關家事調解事件處理之權限，見日本家事事件程序法第 249 條至第 251 條。

適用訴訟程序者，每件以 800 元為限；其他調解事件，每件以 500 元
為限。但法院得視事件之繁簡、次數等，於新台幣 800 元、500 元至
5,000 元範圍內增減之（調委辦法第 24 條）。

目前各法院之家事庭皆聘有家事調解委員，調解委員之素質、能
力決定調解成效，然各地法院城鄉資源不同，覓得優良調解委員難易
有間。

四、庭外調解

調解處所構成當事人或關係人自主解決紛爭之重要場域，原則上
應於法院內行之，以確保程序之安全完整進行。但有維護未成年人、
受監護或輔助宣告人、被安置人之利益，且經法官許可者，得於其他
適當處所為之（審理細則第 47 條、民事訴訟法第 410 條第 1 項亦有
類似規定）。

五、不著法袍

調解不以開庭之形式進行時，法官與書記官得不著制服（審理
細則第 48 條）。何謂「不以開庭之形式進行」，解釋上存有空間，
如指場所而言，似指法庭外之調解，但此一法庭是否包括前述新設之
「溝通式家事法庭」[7]，不無疑義；反之，如「開庭」係指附隨於一般
事件開庭審理所為之調解，則單純之審前調解，應不論其是否於法庭
內外，似皆可不著法袍，較為允當。蓋調解時既應本和平懇切之態
度，對當事人兩造為適當之勸導，就調解事件酌擬平允方案，力謀雙
方之和諧。參與調解程序之人員，應以具性別平權意識，尊重多元文
化之語氣進行調解（審理細則第 52 條），似無法袍加身必要，只要
揭示調解者為法官即可，例如桌上置放法官名牌或告知身分。

---

[7] 參本書第一編第三章「行政法令與變革」。

六、家事調查官協助

　　法院為協助當事人或關係人瞭解問題，於必要時，得命家事調查官先就特定事項為調查，經由家事調查官之分析建議報告，甚或建議採取其他有效措施解決當事人或關係人之紛爭癥結，能有助於當事人及關係人紛爭之自主解決（審理細則第46條）[8]。法官得命家事調查官先行調查、協調、聯繫社會福利機構團體或個人提供免費商談或輔導服務之報告，依其報告命當事人或關係人分別或共同於指定之社會福利機構、團體、專業人士進行免付費的諮商、輔導、治療或其他相關協助，以利調解程序之進行。但當事人或關係人不願自願前往時，應尊重其意願，不得強制執行（審理細則第58條）。

七、程序監理人協助

　　調解程序中，關於未成年子女權利義務行使負擔事件之調解、監護或輔助宣告事件，聲請合意或適當裁定，法院宜選任程序監理人（審理細則第46條第3項）。如有選任程序監理人、或有陪同之社工、或已先命家事調查官為調查者，應於定調解期日時一併通知，俾利程序之進行（審理細則第49條第2項）。調解程序中，若有危及未成年人、受監護或輔助宣告人或被安置人之利益，而有置之不顧強行調解之情形時，家事調查官及程序監理人應陳報法院，俾使法院得以迅速介入，以確保其權益（審理細則第53條）。然程序監理人之權限如何，如受監理人不同意，得否獨立同意調解結果，於調解成立筆錄上簽名，解釋上存疑[9]。

---

[8] 參本書第一編第十一章「家事調查官」。
[9] 參本書第一編第十章「程序監理人」。

八、子女利益保護

　　為保護未成年子女，調解程序中特為規定，關於涉及未成年子女身分地位、其權利義務行使負擔事件，當事人雖可經由調解程序，自主解決紛爭，但不得危害未成年子女之利益（第 24 條）。然實務如何貫徹此一規定，有其侷限性 [10]。

九、暫時處分

　　家事非訟事件，經關係人聲請調解，該事件於程序終結前，法院認為有命為暫時處分之必要時，宜曉諭關係人為暫時處分之聲請。關係人為家事非訟事件本案之聲請，經法院行調解程序，於程序終結前，法院認有必要時，得依聲請或依職權命為適當之暫時處分。但如屬得處分之事項，非依其聲請，不得為之。調解委員於調解程序中，認為有為暫時處分之必要者，應即報明審判長或法官（審理細則第 56 條）。

十、程序轉換

　　法院處理家事事件，期待經調解程序，使紛爭當事人調整家庭成員間利害關係，或提供諮詢服務，使當事人考慮除裁判外，有無其他更符合家庭成員利益之解決方案，以重新建立生活關係。如有不能調解、或顯無調解成立之可能、或已經其他調解機關調解不成立、或無法通知當事人、或以不當目的濫行聲請調解者，為免司法資源濫用，並尊重當事人程序選擇權，故規定處理調解事件之法官如認為該事件進行調解無實益時，應向聲請人發問或曉諭，若確定聲請人有意願將調解程序轉換為請求裁判程序或其他程序，即依其意願裁定轉換程序，如不願改用者，則以裁定駁回其聲請。又法院於此情形，亦不須

---

[10] 參本書第一編第十二章「子女利益保護」。

通知兩造進行調解程序，僅詢明聲請人意見即足，不必再詢問相對人之意見，以利程序經濟（第28條）。

十一、移付調解

　　為擴大調解功能，法院於裁判程序開始後，經由整理爭點或調查證據，徹底瞭解當事人間爭議之所在後，勸導成立調解之機會提高，即有必要移付調解，此時得依職權移付調解。移付調解除兩造合意或法律別有規定，原則上僅限一次。移付調解，原程序停止進行，調解成立或合意裁定、適當裁定之裁定確定者，程序終結；調解不成立或未合意裁定、適當裁定或該裁定失其效力者，程序繼續進行（第29條）。實務上，法官於審理中移付調解者，恆屬常見，且不論該事件於審理前是否已經過調解皆可移付。

十二、合意裁定

　　調解事件如屬當事人不得任意處分之事項，倘當事人對於解決事件之意思已甚接近，或對原因事實之有無並不爭執，當事人得合意聲請法院以裁定方式進行本案審理程序（第33條），俾使當事人之紛爭迅速解決，維護其實體與程序利益，法院及當事人亦不須耗費勞力、時間、費用進行其他程序。例如，在否認婚生子女之事件中，當事人於調解程序中對於非婚生事實無爭議，且提出之親子血緣鑑定報告也證明確實非婚生，則可經此合意聲請法院改以裁定為之，而毋庸再開庭審理，或傳喚當事人到庭進行言詞辯論再為宣判等較冗長之訴訟程序。本條之立法顯係參考日本法制而來，見日本舊家事審判法第23條及現行家事事件手續法第277條之「合意に相當する審判」（譯為「相當於合意之審判」）[11]。

---

[11] 日本該制與我國法之差異，參許士宦，家事特別非訟程序（上）、（下），月旦法學教室，第164及165期，2016年6月、7月，第41及45頁以下。

　　惟此類事件，所涉者多屬公益，即使當事人未爭執原因事實，法院仍應依職權爲必要之調查，不受當事人意思之拘束，須經調查結果認爲正當者，始基於公正、客觀之立場，作成裁定。且如有選任調解委員或家事調查官者，裁定前尚應聽取彼等之意見或報告，或是參酌彼等所提書面資料。又爲充分保障當事人及利害關係人之權益，法院爲裁定前，應就調查之結果使當事人及法院已知悉之利害關係人有表示意見之機會。再者，爲保障當事人之辯論權，如當事人聲請辯論，法院即應予准許。另就調解事件具有法律上利害關係之第三人，應容許其爲保護自身權利而參與該事件裁定程序之進行，期能一次裁判解決多數人之紛爭，以符合程序權保障及程序經濟原則，並可避免裁判之矛盾，是明文準用民事訴訟法關於訴訟參加之規定，且因此類裁定諸多具有對世效力，爲使利害關係人能知悉調解事件而有及時參與之機會，避免嗣後再事爭執，以維持確定裁定之安定，法院宜適時主動將本事件及進行程度通知已知悉之利害關係人，該利害關係人受通知後，得視其情形自行斟酌是否依法定程序行使或請求保護其權利。法院爲裁定前，如發現結果與當事人之合意內容相牴觸，不宜逕爲駁回裁定，而應予當事人有到庭說明、變更聲明或辯論之機會。例如戶籍登記爲母子，但實無血緣關係（領養卻虛僞登記爲婚生子），欲去除此一不實身分登記，本應訴請確認親子關係不存在，卻誤爲提起否認子女之訴，調解中兩造就否認子女之訴合意聲請法院爲裁定，受理法官以母知悉已逾 2 年除斥期間爲由駁回聲請，似有欠當[12]。

　　此一裁定確定者與確定裁判有同一效力，準用民事訴訟法第五編之規定聲請再審[13]。所謂「與確定裁判有同一效力」，立法理由謂：

---

[12] 苗栗地院108年度家調裁第6號裁定。

[13] 在102年非訟事件法增訂第46條之1前，實務上向不承認就非訟裁定得聲請再審，最高法院97年度台聲字第786號、98年度台聲字第964號裁定，本法家事裁定承認有既判力情形，如第35條第1項、第36條第3項準用、第90條第4項，爰規定得準用民事訴訟法之再審規定。

「至其效力之內容，須視各該事件之性質依具體情況加以認定，有些情形亦可能效力及於第三人」。蓋合意裁定之原本事件可能是家事非訟事件也可能是家事訴訟事件，而各該事件之種類不一，自當視各該事件性質定之，並在一定情形下承認具既判力者[14]。確定裁定效力所及之第三人，得準用民事訴訟法第五編之一之規定，聲請撤銷原裁定（第35條）[15]。

　　本條之適用，以所調解之事件為家事訴訟事件，本應以判決行之，經合意聲請法院改以裁定為之，因之減省冗長程序，較具實益；反之，若是家事非訟事件，其本應以裁定為之，再改以合意聲請法院裁定，程序利益並不明顯。合意裁定顛覆傳統調解以得處分事項為限，故本法公布之初，多有質疑，不知其意，至今之批評意見仍多[16]。但施行以來，各法院依此所為之裁定漸漸增多，立法目的已見實效。

十三、適當裁定

　　就得處分之事項調解不成立，如當事人合意聲請法院為裁定，或

---

[14] 例如否認子女事件，經合意裁定，基於身分關係及法律關係安定性之要求，此一裁定應具有終局性，在滿足聽審權之保障之情形下，當事人如要求行言詞辯論，法院依法應行辯論，無裁量餘地，但如當事人捨棄言詞辯論，選擇受簡速裁判之程序保障，則雖未行言詞辯論，仍具終局之既判力，德國關於民事訴訟事件，於兩造當事人同意下，法院得不行言詞辯論，該判決仍有既判力（德國民事訴訟法第128條第2項），參沈冠伶，家事非訟裁定之效力（二）：既判力之有無，月旦法學教室，第136期，2014年2月，第48至49頁。

[15] 關於第三人撤銷訴訟，為92年民事訴訟所增訂，本法予以準用，如第35條第3項、第36條第3項準用、第45條第4項、第48條第2項、第101條第5項。但第35條第3項係聲請撤銷該裁定，而非提起第三人撤銷訴訟，因本案裁判是用「裁定」，故其撤銷亦係循裁定程序，參許士宦，家事事件法，新學林出版，2020年2月初版1刷，第423頁。

[16] 呂太郎，不得處分事項之合意裁定，台灣法學雜誌，第222期，2013年4月，第41至54頁；姜世明，前揭書（註4），第443至第445頁。

聲請法院與不得處分之牽連、合併或附帶請求事項合併為裁定，或當事人解決事件之意思已甚接近，而僅就其他牽連、合併或附帶之請求事項有爭執，法院認有統合處理之必要，在徵詢兩造當事人同意後，法院應參酌調解委員之意見，平衡當事人之權益，並審酌其主要意思及其他一切情形，就本案為適當之裁定。此一適當裁定，準用合意裁定相關規定（第36條）。本條之立法顯係參考日本法制而來，見日本舊家事審判法第24條及現行家事事件手續法第284條之「調停に代わる審判」（譯為「代替調解之審判」）[17]。

　　不同於前述之合意裁定，適當裁定為實務少見，其原因乃當事人鮮有此一聲請，縱有此聲請，法院為求慎重，寧進行原所應進行之訴訟程序，為必要之證據調查，或傳喚關係人開庭審理，再為裁判，免生爭議。調解實務上，亦少勸諭當事人為此一聲請。此一現象，說明法政策與法實踐，存在相當差距。

　　合併提起之數家事事件，如有不得處分之事項，與得處分之事項，經過調解後，可能同時有第33條之合意裁定與第36條之適當裁定之適用[18]。又是否為「不得處分」或「得處分」之事項，個案定性不同，自然影響第33條或第36條之不同適用[19]。

　　當事人對合意或適當裁定不服，或裁定效力所及之第三人，分別依同法第35條第2項、第3項之規定，準用民事訴訟法第五編、第五編之一之規定，向法院聲請再審、撤銷原裁定，管轄法院均為地方法院合議庭而非高等法院，縱其原事件為家事訴訟事件（例如否認婚

---

[17]參許士宦，前揭文（註11）。

[18]確認無繼承權事件（不得處分事項），與繼承登記應予塗銷事件（得處分事項），併引第33條與第36條，參新竹地院101年度家訴字第51號。然在確認婚姻關係不存在事件（不得處分事項），與合併審理之酌定未成年人親權事件（得處分事項），共同聲請合意裁定為之，裁判理由未援引法律依據，而於附錄條文併引第33條及第36條，參同院105年度家調裁字第2號裁定。

[19]繼承權喪失事件是否為「得處分事項」，認知不同，裁判自異，參宜蘭地院105年度家聲抗字第13號裁定。

生子女事件）亦然[20]。

肆、調解程序

一、調解管轄

　　家事調解事件，除別有規定外，由管轄家事事件之法院管轄（第25條）。調解能否成立，既本於當事人自主，民事管轄法院，除專屬管轄外，可以由當事人明示或默示合意選擇（民事訴訟法第24條至第26條），家事事件之調解得否違背專屬管轄，在家事事件法施行前即有不同看法，並無定論。但參考第6條第1項、第5項及立法說明，新法施行後，應認為當事人之合意不受專屬管轄之限制[21]。

二、調解聲請

　　聲請調解事件，法官認為依事件性質調解無實益時，應向聲請人發問或曉諭，依聲請人之意願，裁定改用應行之裁判程序或其他程序；其不願改用者，以裁定駁回之。前項裁定，不得聲明不服。法官依聲請人之意願，改用裁判程序者，視為自聲請調解時，已請求法院裁判（第28條）。

　　當事人逕向法院請求裁判者，除丁類事件外，視為調解之聲請。但當事人應為公示送達或於外國為送達者，不在此限（第23條第2項參照）。因此，實務做法為，案件繫屬後，先分案調解（家事訴訟事件分「家調」字號，家事非訟事件分「家非調」字號），調解不成，另改分案送請法官審理。

---

[20] 台灣高等法院暨所屬法院104年法律座談會民事類提案第45號、第46號結論。

[21] 另參本書第一編第八章「法院管轄與權限」與第三編第六章「家事事件之合併」有關管轄之規定。

三、調解結果

（一）調解成立

　　家事事件之調解，就離婚、終止收養關係、分割遺產或其他得處分之事項，經當事人合意，並記載於調解筆錄時成立。但離婚及終止收養關係之調解，須經當事人本人表明合意，始得成立。調解成立者，與確定裁判有同一之效力。調解成立固與確定裁判有同一之效力，但應係依法得成立者爲限，以免執行困難，或戶政登記產生疑義，例如應經法院認可之未成年子女被收養事件、養父母死亡之許可終止收養事件，應經法院宣告終止收養事件（民法第 1081 條），因皆非當事人得處分事項，不宜製作調解成立筆錄[22]。最高法院 58 年台上字第 1502 號判例意旨謂：「調解成立者，依民事訴訟法第四百十六條第一項及第三百八十條第一項規定，與確定判決有同一之效力。惟判決爲法院對於訴訟事件所爲之公法的意思表示，調解或和解，爲當事人就訴訟上之爭執互相讓步而形成之合意，其本質並非同。故形成判決所生之形成力，無由當事人以調解或和解方式代之」即明示斯旨。

　　因調解成立有關身分之事項，依法應辦理登記者，法院應依職權通知該管戶政機關。調解成立者，原當事人得於調解成立之日起 3 個月內，聲請退還已繳裁判費 2/3（第 30 條）[23]。

---

[22] 司法院送請審議之第25條第1項原規定：「調解經當事人合意而成立；調解成立者，與確定裁判有同一之效力。但關於身分關係是否存在，或依事件、法律關係之性質不得調解或法律別有規定者，不在此限。」

[23] 此條僅規定退還「裁判費」，但聲請調解是繳「聲請費」（民事訴訟法第77條之20），因此有認此項退費規定不清楚，若聲請調解而調解成立之退費要依第32條第3項準用民事訴訟法第423條第2項再準用第84條第1項（按應是第2項），聲請退還聲請費，參許士宦，前揭書（註15），第165頁。有關退費問題，另參本書第一編第十三章「家事事件法之繳費與退費」。

（二）調解不成立

當事人兩造於調解期日到場而調解不成立者，法院得依一造當事人之聲請，按該事件應適用之程序，命即進行裁判程序，並視為自聲請調解時已請求裁判。但他造聲請延展期日者，應許可之。當事人聲請調解而不成立，如聲請人於調解不成立證明書送達後 10 日之不變期間內請求裁判者，視為自聲請調解時已請求裁判；其於送達前請求裁判者亦同。以裁判之請求視為調解之聲請者，如調解不成立，除當事人聲請延展期日外，法院應按該事件應適用之程序，命即進行裁判程序，並仍自原請求裁判時，發生程序繫屬之效力。當然，如調解結果係依第 33 條或第 36 條為合意或適當裁定之聲請或裁定者，因已轉換到該裁定程序，即由法院依法處理（第 31 條）。實務上，於核給調解委員報酬時，如某一事件之調解結果為當事人聲請合意或適當裁定，多認為視作調解成立而核給報酬[24]。

伍、調解之救濟

調解如有無效或得撤銷之原因，其救濟方式，如為家事訴訟事件，視起訴前之調解，或繫屬中移付之調解而有不同。起訴前之調解（解釋上應包括起訴視為聲請及一開始聲請調解者），當事人得向原法院提起宣告調解無效或撤銷調解之訴（第 32 條第 3 項及第 51 條準用民事訴訟法第二編第二章調解程序之規定），並得就原調解事件合併起訴或提起反訴，請求法院於宣告調解無效或撤銷調解時合併裁判之；移付調解，依新修正之民事訴訟法第 420 條之 1 第 4 項規定，準用第 380 條第 2 項規定請求法院繼續審判，而無須提起宣告調解無效或撤銷調解之訴，併為合併或反訴，免增添當事人及法院之勞時費

---

[24] 按調解委員之給酬，係依調委辦法第24條辦理，各法院做法容有不同。

用，以保護當事人之程序利益及維護程序經濟[25]。如為家事非訟事件（解釋上應包括非訟化審理的真正訟爭事件），同如上說明，視聲請前（解釋上應包括聲請視為調解及一開始聲請調解者）或繫屬中移付調解而有不同，但就宣告調解無效或撤銷調解部分，應係「聲請」而非「起訴」，行非訟程序；在移付調解之情形，則當係請求繼續原來之家事非訟程序[26]。

　　此外，家事非訟事件所成立之調解，其內容如有不當，或內容尚未實現，因情事變更，依原調解內容顯失公平時，法院亦得依職權或聲請變更之（第84條）。而家事訴訟事件之調解，如有情事變更情形，則準用民事訴訟法第397條之規定。

　　調解結果，法院為合意裁定（第33條）或適當裁定（第36條），當事人不服得為抗告，然對於抗告法院之裁定，非以其「違背法令」為由，不得再為抗告（第34條第4項），此與一般家事非訟事件之「適用法規顯有錯誤」（第94條第2項）不同，前寬後嚴之不同設計，有謂乃為使當事人較容易從第二審之違法裁定獲得救濟[27]。但此一理由未見於立法說明，且無論其本為家事訴訟或家事非訟事件，既已因合意或適當裁定，予以非訟化，對此裁定之再抗告，較之一般家事非訟裁定，為較寬鬆之條件限制，是否必要，不無疑義。矧「適用法規顯有錯誤」之「顯有」一詞難以具體量化，最高法院雖認「適用法規顯有錯誤」係指原法院就其取捨證據所確定之事實適用法規顯有錯誤而言，不包括認定事實不當或理由不備之情形在內[28]，但具體個案，或不盡然均能嚴守此立場，實務運作結果或無太大差異。

---

[25] 102年5月8日修正增列。

[26] 許士宦，前揭書（註15），第167頁。

[27] 參許士宦，前揭文（註11），家事特別非訟程序（下），月旦法學教室，第165期，2016年7月，第49至50頁。實務上有本應以第94條第2項之「適用法規顯有錯誤」為再抗告理由，卻誤引用本條項之「違背法令」而被駁回之案例（最高法院111年度台抗字第566號民事裁定）。

[28] 最高法院104年度台簡抗字第185號裁定。

陸、結論

家事事件強化調解，不是單從減輕後端法官審理案件之負擔與訴訟成本考量，而是家事事件之本質特色，迥異於財產訴訟，單一家事個案可能是背後整個家庭間夫妻、親子、家屬之情感糾葛，亦可能為經濟社會、心理精神疾病等須待救助、醫治問題。健全之調解制度，優良的專業調解委員，相關資源如法院家事服務中心，或院外專業團體之協助，方能有效解決家事紛爭。在「調解前置」原則下，當事人初到法院，大都先經過調解階段，因此調解制度運作之成效，無疑是家事事件法立法目的能否達成之重要關鍵。

第三編

家事訴訟程序

第一章

甲類家事事件研析

學習重點

1. 婚姻不成立、無效、不存在之紛擾
2. 親子關係不存在訴訟之涵攝範圍
3. 親子關係不存在與否認子女訴訟關係
4. 收養關係不存在包括收養無效

壹、法律規定

第 3 條第 1 項

下列事件為甲類事件：

一、確認婚姻無效、婚姻關係存在或不存在事件。

二、確定母再婚後所生子女生父事件。

三、確認親子關係存在或不存在事件。

四、確認收養關係存在或不存在事件。

貳、原則說明

　　甲類為家事訴訟事件，涉及身分關係，為確認之訴，具有訟爭性，當事人對於程序標的無處分權。本類在舊民事訴訟法第九編人事訴訟程序中可找到相同訴訟類型，但有增刪調整，本類新增存在不存在之訴，取代舊法之成立不成立之訴。

參、逐款研析

一、確認婚姻無效、婚姻關係存在或不存在事件

　　婚姻無效事件，法律明定者為民法第 988 條所定，結婚有下列情形之一者，無效：（一）不具備第 982 條之書面、二人以上證人之簽名，向戶政機關登記之方式。（二）違反第 983 條近親結婚規定。（三）違反第 985 條重婚及一人同時與二人結婚規定（本款但書重婚有例外情形）。學理上，有認為欠缺結婚意思亦為無效事由，民法第

988 條僅爲無效之例示規定[1]。

　　確認婚姻無效事件之訴訟類型，舊民事訴訟法第 568 條本即存在。而婚姻關係存在或不存在事件，雖爲本法新增，然早爲本法施行前實務所承認[2]。相對於第 4 款僅有確認收養關係存在或不存在，將收養關係無效涵蓋在內，但本款則保留婚姻無效之訴，與婚姻關係存在或不存在事件並列[3]，而後者含以往理論與實務上有爭議之婚姻成立或不成立之事件（立法理由參照）。此一併列立法，對於傳統婚姻不成立、婚姻無效、婚姻不存在之區別爭議，恐將延續下去。蓋有認爲，往昔實務上，訴請確認婚姻關係不成立，類多以婚姻無效爲其起訴原因事實，提起婚姻不成立之訴，鮮有請求法院宣告婚姻無效之事例，因此有認「婚姻無效之訴」實係贅文者[4]。然實務上訴請確認婚姻無效，法院爲無效確認判決者，仍所常見。本法施行前，婚姻無效與不成立二種訴訟並存，區別困難（舊民事訴訟法第 568 條），本款認爲婚姻關係存在或不存在，可以涵蓋婚姻成立或不成立，則婚姻不成立與婚姻無效仍須區別[5]，因爲判斷爲婚姻不成立，應提起本款後段婚姻關係不存在之訴。但本法施行後，實務仍有以假結婚爲由，或以於 96 年民法修正前之結婚，未舉行公開儀式，而爲婚姻不成立之判決者，應非正確[6]。而認爲婚姻無效者，則應提起本款前段婚姻無效之

---

[1] 陳棋炎、黃宗樂、郭振恭合著，民法親屬新論，三民書局出版，2010年9月修訂9版1刷，第122至123頁。

[2] 如台灣高等法院95年度家上字第67號判決。

[3] 二者立法理由未加說明，難以理解，但第二階段研究制定小組第4次會議中就此有熱烈討論。另參郭振恭，評析家事事件甲類及乙類家事訴訟事件，月旦法學雜誌，第208期，2012年9月，第166頁。

[4] 吳明軒，民事訴訟法（下冊），自版，2009年10月8版，第1753頁。

[5] 最高法院86年度台上字第483號民事裁判認爲，民事訴訟法第568條第1項所定婚姻無效之訴與確認婚姻成立或不成立之訴，二者不同。所謂確認婚姻不成立之訴，係主張無結婚之事實，而有婚姻之形式；至於婚姻無效之訴，則係主張有結婚之事實，而其行爲無效而言。

[6] 前者如台北地院105年度婚字第147號判決、後者如該院103年度婚字第302號判決。

訴[7]。職故，有建議，未來修法時，應刪除確認婚姻無效事件[8]。至婚姻無效以外之婚姻不存在事由，除過往被解釋爲婚姻不成立之情形外，應可包括：（一）並非夫妻，但戶籍上登記爲夫妻。（二）兩願離婚已生效，而雙方對效力仍有爭執[9]。

二、確定母再婚後所生子女生父事件

　　確定母再婚後所生子女生父事件，學理上有確認訴訟與形成訴訟之爭，本法將之規定於甲類，定性爲確認之訴（立法理由參照）。確定生母再婚所生子女之生父事件，是因應實體法中規定，當生母於婚姻解消後 6 個月內再婚，依民法第 1062 條受胎期間之推定，會造成於此期間受胎之子女，受有雙重婚生推定之可能，而不知該子女之生父爲前婚或後婚之配偶。實體法上並未對於此種情形明文規定救濟管道，惟訴訟法上（舊民事訴訟法第 591 條，本法第 65 條）則明定此種訴訟類型，並認前後婚配偶或是生母與子女皆可提起本訴。學理上另有認爲可透過婚生否認之訴加以救濟，並無創造此一新訴訟類型之必要。惟婚生否認之訴，有除斥期間規定，逾期未提，或當事人皆

至今仍見主文「婚姻關係不成立」之判決，或理由欄認請求確認婚姻關係不成立，但主文卻書寫「婚姻關係不存在」，均非正確。

[7] 關於婚姻不成立與婚姻無效之差異，請參郭振恭，前揭文（註3），第153頁註8。成立與無效之爭議，其實是近代民法以來多將法律行爲之成立與生效分爲二階段，法律行爲成立後，始進而論其生效與否。不成立與無效雖有別，然同爲不生法律上效力，理論上所以有此分別，另有其歷史原因，始自羅馬法考察，至拿破崙法典訂立後，有法律行爲不成立概念，法律明定婚姻無效原因外，如有事實上應不予法律上效力情形，例如無結婚意思、同性婚，應如何補救其缺漏，乃有婚姻不成立之學說產生，而謂無效爲法律上不予以效力，不成立爲其本質自然的不存在（Inexiste），詳參王伯琦，法律行爲之無效與不成立，收錄於王伯琦法學論著集，三民書局出版，1999年1月初版，第243至250頁。

[8] 郭振恭，前揭文（註3），第167頁。

[9] 郭振恭，前揭文（註3），第153頁。

不願提起，該子女法律上究竟爲何人婚生子女疑義，並未解決，故有認爲應於實體法中明定，即使於受胎期間重疊之情形，亦使該子女僅就前婚或後婚配偶中之一人，發生婚生推定之效力，而一般情形下，子女之生父爲後婚配偶之機率顯然較大，並可使該子女於生母與後婚配偶所建立之家庭中成長，對子女之利益保障顯然較爲充分，德國民法第 1593 條第 3 項、第 4 項規定，即推定後婚配偶爲子女生父，如後婚配偶提起婚生否認之訴，獲勝訴確定，則推定前婚配偶爲子女生父，可爲參考 [10]。

三、確認親子關係存在或不存在事件

確認親子關係存在或不存在事件，本款涵攝範圍較廣，包含舊民事訴訟法第 589 條中之「認領無效、撤銷認領之訴」（立法理由僅提及認領無效部分）。其中之認領無效之訴，爲程序法所承認類型，但認領無效之原因，實體法並無明文，一般認爲認領無效原因，有：無意思能力或欠缺意識狀態下所爲之認領；對非眞實血緣之人所爲之認領；對受婚生推定之子女所爲之認領；以遺囑爲認領而違背遺囑法定方式者。本法已無認領無效之訴，因而上開事件，未來均由本款之確認親子關係存在不存在之訴代替之。而撤銷認領之訴，因對於認領得否撤銷之見解不同，舊法此一訴訟類型有無存在必要，本有爭議。採肯定說者之理由亦不盡相同，有認爲民法第 1066 條明定：「非婚生子女或其生母，對於生父之認領，得否認之」，是如以訴行使其否認權者，即屬撤銷認領之訴，爲形成之訴；有認爲，認領不以眞實血緣存在爲必要，民法第 1070 條：「生父認領非婚生子女後，不得撤銷其認領。但有事實足認其非生父者，不在此限」，所謂不得撤銷其認領，指不得任意撤銷其認領意思表示言，而非排除因認領意思表示

10戴瑀如，從實體法的觀點論家事事件法中之親生子女關係事件程序，月旦法學雜誌，第219期，2013年8月，第37至38頁。

有瑕疵（被詐欺、被脅迫）而生之撤銷權，此即撤銷認領之訴，民法上開條文僅係注意規定。採否定說者，認為在客觀主義下，民法第1070條已明定生父認領非婚生子女後，不得撤銷其認領，舊法撤銷認領之訴乃錯誤規定。新法取消此類型訴訟，可資贊同[11]。縱承認撤銷認領訴訟類型，其可否歸類為本款事件，不無爭議。蓋一般認為僅形成訴訟之形成判決始得直接使法律關係發生得、喪、變更之效果，確認訴訟僅得確認既存之法律關係，並無直接變動或消滅法律關係之效力，而撤銷認領訴訟為形成訴訟，能否由屬確認性質之本款確認親子關係存否訴訟以資解決，不無疑義[12]。

　　提起確認親子關係存在或不存在之訴，應注意本有類型化之訴訟是否依法已不得提起，例如除斥期間已過不得提起否認子女之訴，以免架空法律原有規範。往昔實務就此意見相當分歧，肯定說認為，民國96年5月23日公布施行之民法第1063條，條文之規定否認子女之訴除父母外，子女本身亦可提起，其除斥期間為「子女自知悉其非為婚生子女之時起二年內為之。但子女於未成年時知悉者，仍得於成年後二年內為之」。然此並不因而排除當事人於民法第1063條規定之除斥期間經過後，提起確認親子關係不存在之訴。蓋親子關係之存否，非但於當事人間之精神上有絕對利益存在，並因而衍生繼承及扶養等法律效果，是親子關係之存否，對父母子女而言自有即受確認判決之法律上利益。又民事訴訟法第247條於修正時，已擴大其適

---

[11] 魏大喨，家事事件之範圍及類屬——以裁量及對審為中心，台灣法學雜誌，第224期，2013年5月，第124頁。

[12] 有認為在家事事件法本為不周全之瑕疵立法下，是否可將乙類第3款之認領事件擴大解釋，使及於無效及撤銷之訴，或將之視為第3條第6項規定之其他事件，而類推乙類事件第3款規定或法理，若透過實體法修法轉向確認親子關係存否之訴，亦無不可。參姜世明，確認親子關係存否事件，軍法專刊，第60卷第2期，2014年5月，第3頁。另參本書第三編第二章乙類第3款之說明。台灣高等法院暨所屬法院106年法律座談會民事類提案第10號提案，研討結果採得提起確認親子關係不存在之訴。

用之範圍，即法律關係基礎事實存否亦得提起確認之訴，而就現今醫學科技足以鑑定親子間之血緣關係、確定身分關係之重要性，應有准許確認親子關係存否之訴之必要，以解決任何不明確之親子關係，並杜絕爭執，進而維持家庭間之信賴與和諧及親子關係之真實性。否定說認為，依民法第 1063 條第 1 項規定，妻之受胎係在婚姻關係存續中者，夫縱在受胎期間內未與其妻同居，妻所生子女亦推定為夫之婚生子女，在夫妻之一方依同條第 2 項規定提起否認之訴，得有勝訴之確定判決以前，無論何人皆不得為反對之主張，又確認親子關係存否之訴，須與民事訴訟法第九編第二章（舊法）所定之各種訴訟不相牴觸者為限，始有其存在之意義，因此在提起否認子女之訴之情形，不得提起確認親子關係不存在之訴取代之，若已逾婚生否認之起訴期間後，可藉由確認親子關係不存在之訴，以推翻婚生推定，則將架空民法第 1063 條之婚生否認之訴之規定。由大法官釋字第 587 號解釋可知，若於婚生否認之訴起訴期間過後，仍得提起確認親子關係不存在之訴者，則其不必大費周章宣告最高法院判例之部分見解違背憲法保障子女人格權及訴訟權之意旨，更不必冒侵害立法權之虞，而創造出當時民事訴訟法所未明定之否認推定生父之訴。民法第 1063 條第 1 項之推定，含有父姓推定與婚生推定之雙重意義，若著重在婚生推定上，則所謂婚生否認，乃在使具有婚生子女地位之人，成為非婚生子女，此種身分之變動，除形成判決外，別無他法。否定說結論為最高法院之最新見解，認為：「按依民法第一千零六十三條第一項規定，推定為婚生子女者，於未經夫妻之一方或子女本人依同法條第二、三項規定期間內提起否認之訴，並得勝訴確定判決前，尚不得允許任何人為相反之主張。立法者就此推定制度設計之旨，在謀子女地位安定與真實血緣關係間之平衡，法律上之親子關係因而不必然與血緣、生物學上之親子關係完全一致；司法院釋字第五八七號解釋亦謂：為他人家庭和諧、婚姻安定、子女教養考量，法律上不許親生之父對受推定為他人子女者提起否認之訴，並不違憲等詞。益徵不能以生物學上、實際上血緣關係為追求個案裁判妥當性之唯一標準或以之翻覆立

法者於實體法秩序上所建立之婚生推定之規範結構。又確認親子關係存否之訴係就認領之訴、否認之訴、收養關係存否之訴類型以外親子關係訴訟，須與上開類型之訴訟不相牴觸者，或非可推定爲婚生子女者，始有提起確認親子關係存否之訴訟利益，否則無異於翻異民法第一千零六十三條規定提起否認之訴除斥期間之目的或認領之訴、收養訴訟等身分訴訟制度之設計，有礙身分關係之排他性」[13]。故若仍依本法第 67 條第 1 項提起確認親子關係存在或不存在之訴，雖非欠缺確認利益，但仍應以實體法上無理由駁回。蓋該條立法理由載明：「有無上開法律上利益，應依具體個案情形判斷之，而與本案請求在實體法上有無理由之問題有別」，因此第三人雖得提起確認訴訟，並不當然即可獲得勝訴判決。所謂「應依具體個案情形判斷之」，例如上述逾民法第 1063 條第 2 項之除斥期間，或繼承權被侵害之人，逾第 64 條之除斥期間，應以實體上無理由駁回，而非認爲欠缺確認利益[14]。

　　然尚待解決者，乃在第三人如爲眞正血緣上生父，因其無提起否認子女之訴之權，是否一律否准其提起確認親子關係不存在（以其子與法律上生父爲被告），進而確認親子關係存在（以其子爲被告），仍有不明之處，特別是個案情形如不准其提起，有害未成年子女之最佳利益時，不無討論空間。德國之學說雖有認爲，親子關係存否之確認訴訟係在不涉及必須以否認子女之訴予以主張之情形，但德國法有血緣確認制度（Isolierte Abstammungsfeststellung）[15]，即使法

---

[13] 參最高法院103年度台上字第223號判決，其後判決見解多同此，如107年度台上字第1961號判決。此一問題討論，早見於台灣高等法院暨所屬法院99年法律座談會民事類提案第8號之討論，當時贊成與否定見解人數相同，其後102年法律座談會第44號提案多數改採否定見解（13票比1票）。

[14] 最高法院104年度台上字第138號判決。

[15] 就此而言，有認我國民事訴訟法第247條已經承認得就「法律關係基礎事實」請求法院予以確認，因此，無如德國法就血緣之確認另設特別規定之必要（本法第51條準用民事訴訟法第247條）。但血緣是否相符，此僅爲事實之確認，尚非法律關係，因此，子女可能同時存在有法律上父親與血緣上父親。參沈冠伶，

律上生父關係已不能變動，亦能藉此確認血緣關係。且當血緣生父對子女現擔負或曾擔負事實上責任，而存有社會之家庭關係時（通常係因該人與子女長期共同生活），其縱非法律上生父，仍享有對子女會面交往權及資訊取得權，我國因無此法制，當法律生父知道子女非其婚生不願扶養，母親不知去向或無意提起否認之訴，未成年子女雖知悉其非婚生身分，然已逾 2 年除斥期間，成年後 2 年雖可再提起，但尚須多年，對長期與子女共居實際負責扶養之血緣生父，如不給予確認訴權，而由法院為適當之實體裁判，恐有礙未成年子女利益保護之虞[16]。故而，有認為如於具體個案中立法者本欲保護之利益，即原來家庭生活之完整和平性及身分安定性已不存在，而不循確認訴訟之途徑，反將致未成年子女受到嚴重不利益，違反子女最佳利益保護原則時，確認親子關係存否之訴即成為法院保護未成年子女之血緣認知權及家庭權之最後手段。於此情形，應得例外承認，由司法者採取適當之法續造解釋論而對於身分關係之存否作出適當裁判，以保護未成年人之最佳利益，使其得以受到適當之保護照顧（參見聯合國兒童權利公約第 3 條第 1 項、第 7 條第 1 項）[17]。甚有批評實體法之規定過於保守，此一法律利益，雖未承認到權利階段，程序法也應加以保護，在一定條件下，可藉此類訴訟推翻第 1063 條第 2 項之婚生推定[18]。實務目前就受婚生推定子女，仍否認血緣生父有訴請確認親子關係存在之權利。

　　關於血緣生父（或稱事實生父）之訴訟權，93 年司法院釋字第587 號解釋文第 3 項即提到：「至於將來立法者應否衡量社會觀念之

2012年民事程序法發展回顧：家事事件法施行後之實務裁判回顧與展望，臺大法學論叢，第42卷特刊，2013年11月，第1029頁。

[16] 沈冠伶，家事訴訟事件之當事人適格與第三人之訴訟參與（二），月旦法學教室，第129期，2013年7月，第57至59頁。

[17] 沈冠伶，前揭文（註15），第1022頁。

[18] 許士宦，家事事件法，新學林出版，2020年2月初版1刷，第316至323頁。

變遷，以及應否考慮在特定條件下，諸如夫妻已無同居共同生活之事實、子女與親生父事實上已有同居撫養之關係等而有限度放寬此類訴訟之提起，則屬立法形成之自由。」所稱「立法形成之自由」，至今仍未立法規範，代表尚無一定共識。

四、確認收養關係存在或不存在事件

確認收養關係存在或不存在事件，為本法新增，舊民事訴訟法第 583 條本定有收養無效、終止收養無效、撤銷收養、確認收養關係成立或不成立、終止收養、撤銷終止收養之訴六種。本法將之拆散為三類，其中收養無效、終止收養無效、確認收養關係成立或不成立三種，由本款「確認收養關係存在或不存在」涵蓋之；撤銷收養及撤銷終止收養二種，改列為乙類第 4 款；終止收養一種改列為戊類第 13款之「宣告終止收養」。

本款確認收養關係存在或不存在，含實務上確認收養行為或合意終止收養行為是否有效事件（立法理由參照），解釋上自也包括收養關係成立或不成立事件[19]。收養無效者，指違反收養年齡規定、近親收養、除夫妻收養外為二人共同收養、除有法定事由外未得父母同意、被收養者未滿七歲未由法定代理人代為或代受意思表示、收養未以書面為之並向法院聲請認可（民法第 1079 條之 4）。終止收養無效者，指在合意終止收養時，未以書面為之；養子女為未成年人者，未經法院認可；養子女未滿七歲者，終止收養之意思表示未由終止收養後為其法定代理人之人為之；養父母死亡後，養子女未滿七歲者，未由終止收養後為其法定代理人之人向法院聲請許可（民法第 1080條之 2）。在養子女為未成年人之情形，養父母尚存之合意終止須經

---

[19] 有認民法有收養及終止收養無效規定，本法卻以存在或不存在之訴取代舊民訴法無效之訴，實矯枉過正，參林秀雄，家事事件法中收養訴訟事件──從實體法的觀點，司法周刊，第1818期，2016年9月30日，第2、3版。

法院認可，養父母已死亡之終止須向法院聲請許可，法院為認可及許可裁定時，仍應注意是否具備上開「書面」、「應由終止收養後為其法定代理人之人為終止意思表示或向法院聲請」之法定要件，避免因違背法律規定而生裁定效力爭議。

乙類家事事件研析

壹、法律規定

第 3 條第 2 項
　　下列事件為乙類事件：
一、撤銷婚姻事件。
二、離婚事件。
三、否認子女、認領子女事件。
四、撤銷收養、撤銷終止收養事件。

貳、原則說明

　　乙類為家事訴訟事件，涉及身分關係，為形成之訴，具訟爭性，當事人對於程序標的具有某程度之處分權。本類在舊民事訴訟法第九編人事訴訟程序中可找到相同訴訟類型，但有增刪調整，特別是在收養關係部分。

參、逐款研析

一、撤銷婚姻事件

　　撤銷婚姻事件，指違反：結婚年齡（民法第 989 條）、監護人與受監護人結婚（民法第 991 條）、當事人一方不能人道（民法第 995 條）、當事人一方結婚時精神錯亂（民法第 996 條）、被詐欺或脅迫結婚（民法第 997 條），而訴請法院撤銷婚姻者。

二、離婚事件

離婚事件，夫妻之離婚方式有：（一）兩願離婚，「夫妻兩願離婚者，得自行離婚。但未成年人，應得法定代理人之同意」（民法第1049條），「兩願離婚，應以書面為之，有二人以上證人之簽名並應向戶政機關為離婚之登記」（民法第1050條）。實務常見，以證人未曾親聞當事人確有離婚之真意，被法院認為協議離婚不具備法定要件而無效[1]。兩願離婚，須具備書面，二人以上證人之簽名及辦理離婚戶籍登記三項要件，始生效力，為民法第1050條所特別規定。因此，當事人雖簽訂離婚協議書並有二人以上證人之簽名，卻因一方拒不向戶政機關為離婚之登記，其離婚契約尚未有效成立，他方並無提起請求協同辦理離婚戶籍登記之訴之法律依據[2]。（二）裁判離婚，即請求法院裁判為之，此應具備民法第1052條第1項共10款之離婚事由，或有第2項難以維持婚姻之重大事由。請求法院裁判離婚，除得以判決為之外，經法院調解或法院和解成立者，婚姻關係消滅（民法第1052條之1）。

兩願離婚如有無效或得撤銷原因，應提起何種訴訟，法無明文，就有效或無效之爭執，應得類推甲類第1款提起確認婚姻關係存在或不存在之訴解決；就有撤銷原因，有主張應類推適用本項第1款撤銷婚姻事件之規定，因法院判決而除去其離婚效力，亦有主張經為撤銷意思表示後，視為自始無效，如有爭執，得提起確認婚姻關係不存在之訴[3]。然仍見實務有確認離婚無效之判決者。

---

[1] 最高法院68年台上字第3792號民事判例。

[2] 最高法院75年度第9次民事庭會議決議。

[3] 前一見解，參郭振恭，評析家事事件甲類及乙類家事訴訟事件，月旦法學雜誌，第208期，2012年9月，第168頁，後一見解，為該文同頁註26引楊建華，民事訴訟法問題研究（三），三民書局出版，1989年5月，第464頁以下之論述。實務上似乎採後者，參考台灣高等法院102年度家上字第68號、第89號民事判決意旨，認可根據民法第92條撤銷其意思表示。

三、否認子女、認領子女事件

　　否認子女事件，指夫妻一方或子女能證明受婚生推定之子女非爲婚生子女者，得提起否認之訴（民法第 1063 條第 2 項）。此外，人工生殖法第 23 條與第 24 條，亦有提起本訴之規定（家事事件審理細則第 74 條第 8 款），該法提起本訴之人爲能證明其同意係受詐欺或脅迫之夫或妻，除斥期間不同，適用上宜注意。否認子女事件，學理上有確認訴訟與形成訴訟之爭，本法將之定於乙類，定性爲形成之訴（立法理由參照）。

　　本款前段之「否認子女」，解釋上包括「子女否認推定生父」，蓋本法分則第 63 條有關此類事件當事人適格之規定，第 1 項規定否認子女之訴，第 2 項爲「子女否認推定生父之訴」。前者，應以未起訴之夫、妻及子女爲被告。後者，以法律推定之生父爲被告。前 2 項情形，應爲被告中之一人死亡者，以生存者爲被告；應爲被告人均已死亡者，以檢察官爲被告（第 3 項規定）。

　　「否認子女」與「子女否認推定生父」此一規定，雖於舊民事訴訟法第 589 條之 1 即存在，但仍有如下爭議：（一）第 1 項「否認子女之訴」與第 2 項「子女否認推定生父之訴」是否屬不同訴訟類型。（二）子女提起否認推定生父之訴，究應依第 1 項以「未起訴之夫、妻」爲共同被告，或依第 2 項以「法律推定之生父」爲被告。如應以「未起訴之夫、妻」爲共同被告，設被告中之一人死亡時，僅以生存者爲被告爲已足，抑或死亡被告部分，應另以檢察官爲被告；如以「法律推定之生父」爲被告，則推定之生父死亡時，依第 3 項規定，即難想像有「應爲被告中之一人死亡」之情形，此時是否即屬「應爲被告之人均已死亡」而應以檢察官爲被告，抑或可改以生母爲被告。分述如下：

　　（一）民法第 1063 條第 2 項規定，夫妻之一方或子女均得提起否認子女之訴，並無子女否認推定生父之訴之名稱，因此，子女以法律上推定之生父爲被告提起之否認子女之訴，當然包含否認推定生父

之意在內，二者實無區分必要[4]。程序法將二者分開，由是區分被告適格問題，如「子女否認推定生父之訴」僅以生父為被告，似有剝奪生母應訴權之虞[5]。

（二）93年12月30日大法官釋字第587號解釋重點在於賦予子女提起否認生父之訴之權，似無於否認子女之訴外，另創設否認推定生父之訴之意。立法者或受解釋文提及「以法律推定之生父為被告，提起否認生父之訴」之影響，而於98年7月8日增訂之舊民事訴訟法第598條之1第3項「子女否認推定生父之訴，以法律推定之生父為被告」，並於本法續為相同規定。

（三）按子女必由父母受胎而生，是無論由夫妻一方，或子女提起之否認婚生，都會涉及子女及夫妻二人，我國實務上對於子女提起此類否認之訴，裁判主文有二：一是「確認原告○○非被告○○（法律推定之生父）之婚生子女」（未提及生母），二是「確認原告○○非其母○○自被告○○（法律推定之生父）受胎之婚生子女」（提及生母），可見仍有不同認知。

（四）本法施行後，對於子女提起此類否認之訴，從實務上之案由及主文觀察，均見分歧，舉例如下：案由有「否認子女事件」[6]、有

---

[4] 吳明軒，論家事事件法之得失（上），月旦法學雜誌，第205期，2012年7月，第114頁；戴瑀如，從實體法的觀點論家事事件法中之親生子女關係事件程序，月旦法學雜誌，第219期，2013年8月，第36至37頁；沈冠伶，家事訴訟事件之當事人適格與第三人之訴訟參與（一），月旦法學教室，第128期，2013年6月，第52頁，見解均同此。

[5] 有認應將生母同列為被告，法官應從法之續造，以貫徹夫妻與子女必須合一確定之基本精神，吳明軒，前揭文（註4），及氏著，2007年民法親屬修正後之否認子女之訴，台灣法學雜誌，第152期，2012年5月，第89頁。然沈冠伶，前揭文（註4），同頁，雖認第1項、第2項無區別必要，但是否一定要列母為共同被告，從程序延滯及子女利益觀點，有不同觀點，並提及本法第一階段委員研修制定本法時，曾設例外規定：「如妻行方不明者，不在此限」，但送立法院審議時被刪除。

[6] 雲林地院101年度親字第31號判決。

「否認婚生子女事件」[7]、有「否認推定生父事件」[8]；而當推定之生父死亡時，有單以「檢察官爲被告」[9]、有以「檢察官及生母爲共同被告」[10]，均有待進一步釐清，以爲法律正確適用。

（五）第2項「子女否認推定生父之訴，以法律推定之生父爲被告」。原爲第一階段制定委員會研擬之草案所無，而係於第二階段研究小組研擬時所增加，第3項前段爰配合修正爲「第一項情形，應爲被告之人中之一人死亡者」[11]，但現行通過條文卻爲「前二項情形，應爲被告之人中之一人死亡者」，而有如上解釋爭議[12]。

（六）法律用語上，否認子女是從父母角度觀之，否認推定生父是從子女立場著眼，其實二者訴求目的皆是在「婚生否認」，因此立法政策如可合併爲「婚生否認」之訴，再就被告當事人適格部分爲一致規定，或能消此爭議[13]。

認領子女事件者，指有事實足認其爲非婚生子女之生父者，非婚生子女或其生母或其他法定代理人，得向生父提起認領之訴，於生父死亡後，得向生父之繼承人爲之，生父無繼承人者，得向社會福

---

[7] 花蓮地院101年度親字第17號判決。

[8] 台中地院101年度家調裁字第17號裁定。

[9] 台中地院上開裁定。

[10] 花蓮地院上開判決。

[11] 見第二階段研究制定小組第10次會議紀錄（司法院少家廳提供之電子檔，未出版），第394頁。

[12] 比較法上，有關否認子女之訴（包括夫妻一方或子女提起），被告方是否爲必要共同訴訟，瑞士民法第256條第2項規定：夫起訴，以子女及妻爲被告；子女起訴以夫及妻爲被告（必要共同訴訟）。德國民法第1600條e規定：由夫起訴時，以子女爲被告；由妻起訴時，以夫爲被告；由子女起訴時，以夫爲被告（非必要共同訴訟）。我國舊民事訴訟法第589條之1似採折衷立法（夫妻一方提起爲必要共同訴訟，子女提起，則僅以推定生父爲被告。請參吳從周，子女提起婚生否認之訴的被告適格，月旦法學教室，第71期，2008年9月，第28頁以下。

[13] 參第二階段研究制定小組第4次會議之討論。

利主管機關（民法第 1067 條）或檢察官（本法第 66 條第 1 項）爲之。生父本可任意認領（爲認領之意思表示或撫育，民法第 1065 條第 1 項參照），認領之意思表示，性質爲形成權，其行使並非要式行爲，僅以意思表示對外行之，即生效力，無須向被認領人或其生母本人爲之，亦無須經被認領人或其生母同意[14]。當生父無意認領，始有訴請法院強制認領必要。認領之訴之性質，學理多有歧異，有認爲是請求生父爲認領之意思表示，爲給付之訴；有認爲透過訴訟確認生父與非婚子女血緣關係，爲確認之訴；有認爲將非婚生子女變成婚生子女，爲形成之訴。本法將之定於乙類，定性爲形成之訴（立法理由參照）。

　　本款認領子女事件，不包括舊民事訴訟法第 589 條原有之認領無效與撤銷認領，因此，當有該無效或撤銷事由，而生親子關係存否爭議時，當屬甲類第 3 款之「確認親子關係存在或不存在事件」（該款立法理由提及包括「以認領或否認認領之意思表示有效或無效」在內）。

　　其中，爭議較大者，即反於眞實血緣關係之任意認領，效力如何，如何救濟。有認爲生父有撤銷認領之權（以民法第 1070 條但書爲據）；有認爲生母及非婚生子女有否認之權[15]；有認爲 96 年修正增

---

[14] 最高法院107年度台上字第1261號判決意旨參照。辦理認領登記之證明文件爲生父、母協同出具認領書辦理認領登記，如生母行方不明或婚姻狀況證明取得困難等特殊案件，由生父提出親緣鑑定證明文件憑辦，嗣後如有爭議，再循司法途徑辦理，內政部台內戶字第10102860672號函參照。倘生父無法提出血緣證明，母亦反對認領，生父得以曾撫育之事實或當庭爲認領之表示，訴請確認親子關係存在，訴訟中，通常法院會要求作親子血緣鑑定，他造如拒絕鑑定，法院依證據判斷有血緣關係時，自得爲確認親子關係存在之判決，戶政機關就會配合登記。

[15] 但此否認權如何行使，有不同看法，有認爲提起認領無效、有認爲提起撤銷認領、有認爲應有承認否認認領之訴訟類型必要，民法主管機關法務部卻認爲，民法第1065條第1項生父以意思表示認領子女，爲單獨行爲，既不用以訴訟爲之，亦無須得生母或非婚生子女之同意，於其意思表示到達後即發生效力，具

加民法第 1070 條但書規定，使得無效變成得撤銷，而此撤銷權之行使又無除斥期間規定，應儘速刪除[16]，實務見解認為應屬認領無效[17]。此一爭議，在本法施行後，當屬甲類第 3 款之「確認親子關係存在或不存在事件」，訴請法院確認之[18]。但有主張，司法機關應勇於「法官造法」，仍應許可「撤銷認領之訴」[19]；或立法上應於乙類中增加撤銷認領與認領否認之訴，縱然以甲類第 3 款處理之，亦應對確認利益加以限縮，不得以繼承利益為由，允許第三人推翻已經法律推定所保障的親子關係者[20]。

反於真實血緣關係之認領，依上開實務見解固為無效之認領，但因身分法係以人倫秩序之事實為規範對象，如將無效之身分行為，解釋為自始、當然、絕對之無效，將使已建立之人倫秩序，因無法回復原狀而陷於混亂。為彌補此缺失，實務有依民法第 112 條規定，於無效之身分行為具備其他法律行為之要件，並因其情形，可認當事人若知其無效，即欲為他身分行為者，該他身分行為仍為有效。且認為民

有形成權之性質，認領既不以訴訟為之，則認領之否認亦無明文以訴為之，自應以意思表示為已足，該意思表示於認領人瞭解或到達認領人時發生效力，此時原本因認領而發生之親子關係及婚生子女身分關係復歸於消滅，法務部101年3月7日法律字第10100016170號函說明，引自戴瑀如，前揭文（註4），第41頁。

[16] 鄧學仁，無效認領得否轉換為有效收養——臺灣高等法院民事判決100年度上字第168號，裁判時報，第20期，2013年4月，第36頁。郭振恭，前揭文（註3），第169頁見解同此。

[17] 最高法院86年台上字第1908號判例，因認領而發生婚生子女之效力，須被認領人與認領人間具有真實之血緣關係，否則其認領為無效，此時利害關係人均得提起認領無效之訴。又由第三人提起認領無效之訴者，如認領當事人之一方死亡時，僅以其他一方為被告即為已足。

[18] 參台灣高等法院暨所屬法院106年法律座談會民事類提案第10號結論。

[19] 劉昭辰，王瑪莉小姐的煩惱——認領不須以血緣關係為必要，月旦法學教室，第134期，2013年12月，第15至17頁。

[20] 戴瑀如，前揭文（註4），第45頁。另參本書第三編第一章甲類事件第3款之說明。

法上之親子關係未必貫徹血統主義，因此，在無真實血統聯絡，而將他人子女登記為親生子女，固不發生親生子女關係，然其登記為親生子女，如其目的仍以親子一般感情，而擬經營親子的共同生活，且事後又有社會所公認之親子的共同生活關係事實存在達一定期間，為尊重該事實存在狀態，實務上有認為在74年6月5日民法第1079條修正生效前，可依當事人意思，轉而認已成立擬制之養親子關係[21]。

因準正而取得婚生子女身分之非婚生子女，嗣後發現與生父間並無血緣關係，應循何種訴訟程序，除去其不實之親子關係？此涉及準正之性質，有認為準正仍應具備生父認領之要件，既仍須生父之認領行為，故準正本質上即屬認領之一種。如事後發現並無親子血緣關係，則生父或非婚生子女自得本於民法第1086條之否認權，提起舊民事訴訟法第589條認領無效之訴，以謀解決。有認為民法所定之否認權，實係對於已生效之認領，除去其效果，應屬撤銷權之性質，非婚生子女或生母應提起舊民事訴訟法第589條撤銷認領之訴，以除去其不實之準正效果，而非認領無效之訴。有認為準正而為婚生子女者，乃依法律規定當然取得婚生子女身分，無須生父之認領，準正既非認領，即無認領是否有效或撤銷認領之可言，自不能提起各該訴訟，而應認依民事訴訟法第247條提起確認親子關係不存在之訴，以除去其不實之婚生子女身分[22]。亦有認為，準正制度乃作為婚生制度之瑕疵補正，因此應類推適用婚生否認之訴[23]。實務認應提起確認親

[21] 最高法院102年度台上字第2301號判決（為已故台塑創辦人王永慶子女訴請認祖歸宗事件），該案因係發生於民國50年間，該時民法第1079條收養子女之規定並不需要經法院認可，才有可能因自幼撫養為子女而有成立擬制養親關係，但該條於74年6月5日修正生效後，收養子女應經法院認可，自無擬制成立收養關係之可能。有關無效認領可否改為有效收養，請另參，鄧學仁，前揭文（註16）。

[22] 司法院第一期司法業務研究會法律問題審查意見採最後說。

[23] 戴東雄，生父與非婚生子女之血緣關係，收錄於民法親屬編修正後之法律問題，元照出版，2000年3月，第423、424頁，引自戴瑀如，前揭文（註4），第34頁。

子關係不存在之訴，而屬甲類第 3 款之「確認親子關係存在或不存在事件」[24]。

　　本款否認子女與認領子女事件併列，二者關係恰成排斥關係。有婚生推定始有否認子女之訴發生可能，既有婚生推定，在未提起否認子女之訴前，血緣生父無從認領之。蓋妻之受胎，係在婚姻關係存續中者，推定其所生子女為婚生子女，民法第 1063 條第 1 項定有明文。而依法推定之婚生子女，在夫妻之一方或子女依同條第 2 項規定提起否認之訴，得有勝訴確定判決之前，既不屬「非婚生子女」，其血緣生父自無從依同法第 1065 條第 1 項規定，為認領或視為認領之行為。故血緣生父在其所生子女尚具有他人（法律生父）婚生子女之身分時，苟為認領或視為認領之行為，解釋上應不生認領之效力，始能兼顧婚姻、家庭之和諧、身分之安定及子女之利益[25]。當事人如一併對法律之父提起否認子女之訴，對血緣之父提起認領之訴，法院宜適度行使闡明權，曉諭對於後者先行撤回，待前者勝訴確定，可持確定判決書自行至戶政機關辦理任意認領；在血緣生父不願認領之強制認領情形，如否認子女之訴原告勝訴機會大（例如已有 DNA 鑑定），仍宜分別先後審理，即待否認子女勝訴判決確定，再行審理認領之訴，否則如一併判決，在二者皆勝訴情形，除非是同時確定，否則易生前者尚未確定，後者卻先確定（因送達先後），而生上開法理疑義[26]。實務上雖見同時裁判，裁判主文亦宜避免先判決應予認領，

---

[24] 司法院（72）廳民一字第0841號函謂，無第1064條準正之適用，即使向戶政機關申報戶籍登記為婚生子，亦不發生親子關係，應無準用同法第1063條第2項提起否認之訴之可言。最高法院103年度台上字第51號判決所涉之第一審判決即採確認親子關係不存在之見解。

[25] 最高法院99年度台上字第367號判決。最高法院75年台上字第2071號判例意旨：否認之訴，得有勝訴之確定判決以前，無論何人皆不得為反對之主張，自無許與妻通姦之男子出而認領之餘地。

[26] 如否認子女之訴敗訴被告提起上訴，則依第44條第4項：「對於家事訴訟事件之終局判決聲明不服者，以該判決所認定之法律關係為據之其他事件之裁判，

後為婚生否認，以免邏輯缺失（蓋尚未婚生否認，如何得以先強制認
領）。

本款否認子女之訴，與甲類第 3 款「確認親子關係存在或不存在
事件」亦成排斥關係，即依法已不得提起否認子女之訴者，無論原得
提起否認子女之訴之當事人或第三人，皆不得改以「確認親子關係不
存在」訴請確認之，前已敘明（見甲類第 3 款之說明）。再參照本法
第 64 條，對繼承權被侵害者提起本訴，亦限制於一定期間之內，足
見不得隨意改以「確認親子關係不存在」訴請確認之。

甲類第 3 款「確認親子關係存在或不存在事件」與本款認領子女
之訴，訴訟實務常為先後位之請求。蓋非婚生子女經生父認領者，視
為婚生子女。經生父撫育者，視為認領（民法第 1065 條第 1 項）。
認領或撫育，親子關係已發生，如有爭議，當是確認親子關係存在或
不存在之問題。然就撫育而言，須生父有以該子女為自己子女之意思
而為照撫、養育或負擔生活費用，對親子的血統關係存在的事實，
為一沉默的確認行為。倘生父所給付生母之金錢係為補償生母，或其
他債權債務關係，非為撫育一己子女之意思，並無視為認領規定之適
用。故當事人為避免無法單從生父曾給付生活費、共同出遊等事證，
證明生父有撫育之事實，常以認領之訴為備位之請求[27]。

四、撤銷收養、撤銷終止收養事件

撤銷收養事件，其法定原因，指夫妻未共同收養、夫妻一方被收
養未得他方同意、滿七歲以上未成年人被收養未得其法定代理人同意

視為提起上訴」之規定，認領之訴視為提起上訴（法理上認領之訴無從先確
定）；反之如僅認領之訴敗訴被告提起上訴，則否認子女之訴得先行確定，而
無視為提起上訴之適用。

[27] 最高法院103年度台上字第51號判決、台灣高等法院108年度家上字第338號判
決。

（民法第 1079 條之 5）[28]。學理上，有認收養或被收養係因被詐欺或被脅迫，得類推適用民法第 997 條予以撤銷，此無論其本人、代理人或有同意權人被詐欺或被脅迫均然[29]。

撤銷終止收養事件，其法定原因，指夫妻終止收養子女未共同為之、滿七歲以上未成年人與養父母合意終止收養，未得終止收養後為其法定代理人同意、養父母死亡後，滿七歲以上未成年人向法院為終止收養之聲請，未得終止收養後為其法定代理人同意（民法第 1080 條之 3）。

舊民事訴訟法第 583 條本定有收養無效、終止收養無效、撤銷收養、確認收養關係成立或不成立、終止收養、撤銷終止收養之訴六種。本法將之拆散為三類，其中收養無效、終止收養無效、確認收養關係成立或不成立三種，由甲類第 4 款之「確認收養關係存在或不存在」涵蓋之；撤銷收養及撤銷終止收養二種，改列為乙類本款；終止收養一種改列為戊類第 13 款之「宣告終止收養」（批評意見，請見本書第四編第二章該類款之說明）。

---

[28] 子女被收養，除有法定原因外，未得父母同意者，為收養無效（民法第1079條之4），而非得撤銷，故此處之法定代理人是指父母以外者而言。對收養效力事件有所爭議，屬於甲類第4款之確認收養關係存在或不存在事件。

[29] 陳祺炎、黃宗樂、郭振恭合著，民法親屬新論，三民書局出版，2010年9月修訂9版1刷，第361至362頁。

第三章

丙類家事事件研析

壹、法律規定

第 3 條第 3 項
　　下列事件為丙類事件：
一、因婚約無效、解除、撤銷、違反婚約之損害賠償、返還婚約贈與
　　物事件。
二、因婚姻無效、撤銷婚姻、離婚、婚姻消滅之損害賠償事件。
三、夫妻財產之補償、分配、分割、取回、返還及其他因夫妻財產關
　　係所生請求事件。
四、因判決終止收養關係給與相當金額事件。
五、因監護所生損害賠償事件。
六、因繼承回復、遺產分割、特留分、遺贈、確認遺囑真偽或其他繼
　　承關係所生請求事件。

貳、原則說明

　　　　丙類為家事訴訟事件，涉及與家事事件密切關係之財產權事
項，具有訟爭性，且當事人對於程序標的有處分權。本類在舊民事
訴訟法第 572 條第 3 項可以找到部分類型（例如夫妻財產之分配或
分割），加上原屬民事訴訟法上之一般財產訴訟（例如遺產分割）。
本類各款爭議較大者有下：一是第 1 款「因婚約無效、解除、撤銷、
違反婚約之損害賠償、返還婚約贈與物事件」，第三編之家事訴訟程
序似無相對應之規定，則其程序是否應適用民事訴訟法之一般財產訴
訟。二是第 2 款「因婚姻無效、撤銷婚姻、離婚、婚姻消滅之損害事
件」，與戊類第 1 款「因婚姻無效、撤銷婚姻或離婚之給與贍養費事
件」，二者共同處，皆因婚姻無效、撤銷婚姻、離婚而生，有無分類
必要。三是第 5 款「因監護所生損害賠償事件」，似應包括「因輔助

所生損害賠償」，又此既爲家事訴訟事件，但於第三編之家事訴訟事件卻無相對應類型以爲規範，反是在第四編家事非訟事件之第 120 條第 1 項第 9 款（未成年子女監護事件）、第 164 條第 1 項第 10 款（監護宣告事件）、第 177 條第 1 項第 9 款（輔助宣告事件）中出現「監護」與「輔助」字樣，則應適用何種程序以爲請求與進行。

參、逐款研析

一、因婚約無效、解除、撤銷、違反婚約之損害賠償、返還婚約贈與物事件

　　民法雖規定，婚約應由男女當事人自行訂定（第 972 條）、男女未滿十七歲不得訂定婚約（第 973 條）、未成年人訂定婚約，應得法定代理人之同意（第 974 條），然對違反效果，或如有其他瑕疵，其婚約效力如何，缺乏明文，此與婚姻規定之違反，明定何者無效，何者得撤銷不同。就此，有主張類推民法總則之一般法理，而定其效力；有認此屬身分行爲，應類推婚姻之規定。另婚約除有「解除」事由（第 976 條），類如離婚事由（第 1052 條）外，另有「違反婚約」之規定，後者指無婚約解除事由而違反婚約者（第 978 條）。

　　以上婚約無效、解除、撤銷、違反婚約四事由所生之「損害賠償」，民法僅規定婚約解除（民法第 977 條）、違反婚約（第 978 條）二者，而不及婚約無效及撤銷，後者如有實體法上之損害賠償請求權，自爲本款之事件。

　　以上婚約無效、解除、撤銷、違反婚約四事由所生之「返還婚約贈與物」，民法僅規定婚約無效、解除或撤銷時，當事人之一方，得請求他方返還贈與物（民法第 979 條之 1）[1]，而不及「違反婚約」者，

---

[1] 須因訂定婚約而爲贈與，才有返還問題，一般論述甚少討論其贈與物之範圍。

如遇後者，應如何請求返還，解決之道有三：（一）如所違反者同時符合婚約解除事由，可依第976條解除後再爲請求。（二）類推適用第979條之1。（三）依第179條不當得利之規定請求返還[2]。此外，當事人一方死亡，他方不得請求返還贈與物[3]。

舊民事訴訟法第九編人事訴訟程序僅有婚姻訴訟類型，而無婚約訴訟種類[4]，本款新增之以爲規範。但本法第三編第二章以下家事訴訟程序分則，並無專章規範，是關於管轄之規定，則依第5條準用非訟事件法第7條之規定，以最具密切關聯性法院爲其管轄法院[5]。訂婚男

美國法上，則視贈與爲絕對贈與（absolute，即單純贈與）或附條件贈與而定，如係前者，不可請求返還，後者才可以，訂婚戒指一般被認爲是附條件贈與，見楊崇森，美國家事法理論與實務運作（上），月旦法學雜誌，第213期，2013年2月，第4頁。

2　但因對聘禮之贈與性質認知不同，學說上有認爲係以婚姻不成立爲其解除條件，有認係以婚姻成立爲目的，因違反而不成立，目的未達成，給付欠缺原因。陳祺炎、黃宗樂、郭振恭合著，民法親屬新論，三民書局出版，2010年9月修訂9版1刷，第90至91頁。實務上，最高法院47年台上字第1469號判例認爲：「婚約之聘金，係負有負擔之贈與，上訴人既不願履行婚約，則依民法第四百十二條第一項，第四百十九條第二項，被上訴人自得撤銷贈與，請求返還原贈與物」，然47年台上字第917號判例卻認爲：「凡訂立婚約而授受聘金禮物，固爲一種贈與，惟此種贈與，並非單純以無償移轉財物爲目的，實係預想他日婚約之履行，而以婚約解除或違反爲解除條件之贈與，嗣後婚約經解除或違反時，當然失其效力，受贈人依民法第一百七十九條，自應將其所受利益返還於贈與人」二者見解顯然不同，然本二則判例於民法親屬編修正增訂第979條之1後已不再援用。

3　司法院21年院字第838號：「男女定婚後未及成婚而有一方死亡者。依從前律例。固有不追財禮之明文。若依現行民法親屬編之規定。訂定婚約。無須聘財。縱使事實上付有財禮。亦祇爲一種贈與。不得因贈與人或受贈人死亡而撤銷贈與請求返還贈與物。」

4　司法院32年院字第2537號：「民事訴訟法第五百六十六條（按指舊法）所謂夫或妻不包含未婚夫或未婚妻在內。所謂婚姻無效或確認婚姻不成立之訴。亦不包含確認婚約無效之訴在內。」

5　最高法院103年度台抗字第79號裁定。

女一方因婚約解除請求他方返還贈與物，故屬本款之範圍，但以收受聘金之女方父母爲被告（非婚約當事人），是否屬之，容有爭議[6]。

二、因婚姻無效、撤銷婚姻、離婚、婚姻消滅之損害賠償事件

「婚姻無效」事件，指不具備婚姻形式要件（書面、二位證人簽名、戶政登記）、近親結婚、重婚（民法第 988 條），或學理上其他無效事由。「撤銷婚姻」事件，指有：違反結婚年齡（民法第 989 條）、監護人與受監護人結婚（民法第 991 條）、當事人一方結婚時不能人道（民法第 995 條）、當事人一方結婚時精神錯亂（民法第 996 條）、被詐欺或脅迫結婚（民法第 997 條），或有學理上之其他撤銷事由。「離婚」事件，可由夫妻兩願爲之（民法第 1049 條），如請求裁判離婚，應具備民法第 1052 條第 1 項共 10 款之離婚事由，或有第 2 項之難以維持婚姻之重大事由。離婚事件，除得以判決爲之外，經法院調解或法院和解成立者，婚姻關係消滅（民法第 1052 條之 1）。「婚姻消滅」事件，指重婚之雙方當事人因善意且無過失信賴一方前婚姻消滅之兩願離婚登記或離婚確定判決而結婚者，前婚姻自後婚姻成立之日起視爲消滅（民法第 988 條之 1 第 1 項）。

以上事由所生財產或非財產之損害賠償事件，規定於民法第 999 條（婚姻無效或撤銷）、第 1056 條（裁判離婚）、第 988 條之 1（婚姻視爲消滅）。

我國學理上就離婚所生損害賠償，區分爲「離因損害」（例如因他方通姦所生民法第 184 條之侵權行爲損害）及「離婚損害」（即民法第 1056 條之規定）[7]。本款所稱離婚所生損害賠償，立法理由中

---

[6] 參苗栗地院102年度苗家簡字第6號判決，及本書第一編第六章捌、其他家事事件之說明。

[7] 離婚損害與離因損害爲不同訴訟標的，台灣高等法院92年度家上字第320號判決略謂：「民法第一百八十四條係規定侵權行爲之損害賠償，而民法第一千零五十六條則規定離婚之損害賠償，前者爲因構成離婚原因之侵權行爲所構成之

舉例，包含因離婚原因、事實所生損害賠償事件[8]。故夫妻一方以他方通姦爲由訴請離婚，並向他方請求因通姦所生之損害賠償（離因損害），雖爲民法第184條之侵權行爲損害賠償，而非親屬編民法第1056條所規定之「離婚損害」，亦屬本款所規定之損害賠償，而爲家事事件。

然「離因損害」，本爲民事事件，其於離婚事件中合併請求，始被定性爲家事事件而得合併審理，故如係離婚前或兩願離婚後之單獨請求（例如通姦所生之損害賠償），則非本款事件，蓋前者與本款限於「婚姻無效、撤銷婚姻、離婚、婚姻消滅之損害賠償」之規定不符；後者，則與離婚事件脫離，無合併審理必要。惟如係法院之調解或和解離婚，當事人曾併爲離因損害之請求，本於後述離婚損害之說明，亦應由家事法庭續爲審理，不宜定性爲民事事件，而將之改移送民事庭審理。至於與婚姻關係無涉之夫妻間侵占、竊盜所生侵權行爲之財物返還請求權，則爲民事事件，應循民事訴訟途徑解決。

「離婚損害」，本爲家事事件，可於離婚訴訟中合併或離婚判決後另爲請求。如係兩願、調解或和解離婚，當時未就損害賠償爲約定，則事後不可再行主張[9]。惟離婚損害如與離婚合併請求，離婚部分

損害，後者爲因判決離婚所生之損害，此二損害賠償請求權之性質、構成要件、所生之損害內容、賠償範圍均不相同。故因配偶與人通姦而受之精神上損害，屬於因侵權行爲所生之損害，於婚姻關係存續中即可請求賠償，亦不因判決離婚而被吸收於離婚損害之中」。有關民法第1056條之離婚損害，特別是該條第2項非財產上之損害，請參呂麗慧，論離婚損害——慰撫金存在價值之探討，法學新論，第3期，2008年10月，第1至26頁。又該條第1項之財產上損害，並不包括結婚所支付之宴客費、訂婚所給付之聘金；至於家庭費用、一旦離婚自然消滅；扶養費用，則依第1057條請求贍養費；夫妻財產，則依夫妻財產制規定加以請求，因此所謂因離婚所生之財產上損害，幾乎不存在，若勉強言之，僅侷限於因請求離婚支付之離婚訴訟費用，見林秀雄，親屬法講義，自版，元照總經銷，2013年2月，3版1刷，第212至213頁。

8 家事事件審理細則第70條第3款亦明定之。

9 最高法院70年度台上字第2068號判決謂：「兩造於訴訟上互爲讓步而成立離婚

先行調解或和解成立，離婚損害部分是否失其所附不得主張，而應曉
諭當事人變更改以民事侵權請求損害賠償[10]？本書以為，離婚損害既
與離婚合併請求，不應受離婚先行調解（包括審前調解、訴訟中移
付調解）或和解成立之影響，仍應由家事法庭繼續審理，蓋此與單純
請求離婚而成立調解或和解，或當事人兩願協議離婚未約定離婚損害
賠償之給付，事後不得另行請求尚有不同，自不得拘泥於未經「判
決」，而駁回原離婚損害賠償之請求[11]。惜目前法院多數裁判，或仍
拘泥於應經「判決」之文義，或受最高法院28年上字第487號判例
與70年度台上字第2068號判決拘束，而未詳予辨析該裁判先例之
文義僅限於未合併請求之情形；或認為如准先調解或和解離婚，則嗣
後為離婚損害之判決，仍須判斷離婚原因之過失有無，而採否定之說
者。惟本書以為，方法論上，因判決離婚而受有損害，得請求賠償，
並不排斥非判決離婚而受損之賠償請求（邏輯上若 P 則 Q，無法導出
非 P 則非 Q，即判決為充分條件，而非必要條件）；程序法論中，實
體法未規定之權利，並不當然否定其程序法之訴權（涉及兩願離婚後

之和解與判決離婚之情形有所不同，上訴人於當時既未提出賠償及給付贍養費
之條件，參照最高法院二十八年上字第四八七號判例意旨，自不得依民法第
一千零五十六條，第一千零五十七條之規定，請求被上訴人為給付。」就此，
有加以批評者，見陳棋炎、黃宗樂、郭振恭合著，民法親屬新論，三民書局出
版，2010年9月修訂9版1刷，第261頁註214。

[10] 實際案例：「本件被上訴人原審起訴以上訴人有通姦行為請求裁判離婚，並請
求法院酌定未成年子女權利義務之行使負擔及上訴人應給付之扶養費用；另請
求上訴人給付離婚之非財產上損害賠償，嗣因兩造於訴訟中另成立離婚調解，
故被上訴人變更依侵權行為法律關係請求上訴人給付非財產上之損害賠償。本
院審酌被上訴人起訴主張之前揭請求，顯屬基於上訴人通姦行為之基礎事實所
生之離婚訴訟事件、對未成年子女親權行使（含扶養費用給付方式）之非訟事
件及侵權行為損害賠償訴訟事件，依前揭法律規定及說明，自得合併審判，
並應各自適用應有的程序法理」（台中高分院102年度家上字第104號判決參
照）。惟有疑問者，變更為侵權行為法律關係之請求是否仍為家事事件，而得
合併於家事非訟事件審理？

[11] 同此結論者，如台中地院100年度家訴字第321號判決。

是否能另行請求離婚損害問題）；立法論上，民法於民國 19 年公布時，僅有兩願離婚及判決離婚，98 年始增訂第 1052 條之 1 規定離婚經法院調解或法院和解成立，婚姻關係消滅。就兩願離婚而言，除離婚時達成損害賠償之給付約定，當事人得依協議契約另行請求外，目前實務多認不得另行訴請，此雖受限於因「離婚判決」而受有損害之文義解釋，但學理上，何以離婚時未協議給付，即不得另行請求，法政策及理論上並不當然[12]；而法律既增訂離婚得經法院調解或和解成立，其效力與「確定判決有同一效力」（民訴法第 380 條第 1 項及第 460 條），應已滿足「判決」之要件，否則實有害於調解或和解功能，亦不利於當事人程序利益（當事人皆不願就離婚部分再費心爭訟）與實體利益（當事人恢復單身或再婚權利）；雖然，後端損害賠償或贍養費請求之勝敗與否，法院仍須就離婚原因過失有無為判斷，但並無違反爭點效之問題（調解或和解與判決不同，並無爭點效問題）；參考重婚而視為消滅之前婚姻，乃當然視為消滅，本非經法院判決，無過失之前配偶亦得請求損害賠償（民法第 988 條之 1 第 4、5 項），同理，婚姻關係雖經法院調解或和解而消滅，亦非經法院之判決，似無駁回合併請求且已繫屬之離婚損害事件之理[13]；最後，如認宜修法以杜爭議，或可參考舊民法第 1082 條原本規定：收養關係「經判決終止」時，「無過失之一方」因而陷於生活困難者，得請求他方給與相當之金額。嗣於 96 年修法時，認為養父母與養子女間互負生活保持義務，故如一方因收養關係終止而生活陷於困難時，他方應予扶助，不應因判決終止或合意終止而有所不同，而將「經判決」三字刪除，又合意終止收養關係時，原則上並無「無過失」之問題，亦併予刪除之立法過程，考量刪除民法第 1056 條第 1 項及第 1057 條之「判決」二字，以解決上開爭議。

---

[12]參陳祺炎、黃宗樂、郭振恭合著，民法親屬新論，前揭文（同註9）。

[13]法院調解實務通常會在調解筆錄或程序筆錄載明就離婚損害賠償部分由法院另行審理。

　　夫妻兩願離婚約定一方應定期給付未成年子女「扶養費」，及另一方之「贍養費」，並約定若干期未履行，應一次給付一定數額之「違約金」。就扶養費而言，屬戊類第 8 款之家事非訟事件，就贍養費而言，屬戊類第 1 款之家事非訟事件，但違約金部分，有認為應屬本類款之因離婚之損害賠償事件，而為家事訴訟事件者[14]。惟如將違約金性質解釋為類如本法第 100 條第 4 項之「酌定加給之金額」，則其事件本質仍為「扶養費與贍養費」之家事非訟事件，有無必要將之切割改定性為本款之家事訴訟事件，不無疑問；縱有訟爭性，非不得以訴訟法理交錯解決之（即仍將之定性為家事非訟事件，但參照契約違約金之訴訟法理）。

三、夫妻財產之補償、分配、分割、取回、返還及其他因夫妻財產關係所生請求事件

　　夫妻財產之「補償」事件，指共同財產之債務，而以特有財產清償，或特有財產之債務，而以共同財產清償者，所生之補償請求權，此雖於婚姻關係存續中，亦得請求（民法第 1038 條）。「分配」事件，指夫妻離婚時，除採用分別財產制者外，各自取回其結婚或變更夫妻財產制時之財產。如有剩餘，各依其夫妻財產制之規定分配之（民法第 1058 條、第 1030 條之 1 剩餘財產分配）。「分割」事件，已因民法第1030條之刪除而無此類型[15]。「取回」事件，指夫妻離婚時，除採用分別財產制者外，各自「取回」其結婚或變更夫妻財產制時之財產（民法第 1058 條）。「返還」事件，指剩餘財產分配權利

---

[14]最高法院102年度台上字第1337號判決參照。因本案原審判決日期是在本法施行前，該時以判決（訴訟事件）為之，最高法院有無遷就而定性為家事訴訟事件，不無可能。

[15]舊民法第1030條，「聯合財產之分割，除另有規定外，妻取回其原有財產，如有短少，由夫或其繼承人負擔。但其短少，係由可歸責於妻之事由而生者，不在此限。」

人於義務人不足清償其應得之分配額時,得就其不足額,對受領之第三人於其所受利益內請求「返還」(民法第 1030 條之 3 第 2 項)[16]。「其他因夫妻財產關係所生請求」事件,例如夫妻之一方以自己財產清償他方之債務時,雖於婚姻關係存續中,亦得請求償還(民法第 1023 條第 2 項)(家事事件審理細則「以下簡稱審理細則」第 70 條第 6 款)。「其他因夫妻財產關係所生請求」之範圍不甚明確,易生爭議。例如,以一訴狀請求離婚,並請求因侵占財產所生之侵權行為損害賠償(依民法第 184 條提起),後者如屬一般民事事件[17],在探民事事件不得併入家事事件之見解下,將被移轉至民事法院(庭)處理,除非符合民法第 1030 條之 1 至第 1030 條之 4、第 1020 條之 1 有關夫妻財產分配事件之規定,而當事人以之為請求權基礎者,始可能屬本款之事件,而由家事法院(庭)審理[18]。

夫妻彼此為本款之請求固無問題,但如涉及夫妻以外之第三人,得否以之為共同被告,即主觀之合併,因立法時有關「與家事

---

[16]此之返還,立法理由說明欄及審理細則並未列舉相對應法條,惟應與補償、分配、取回均受該款最後文句「因夫妻財產關所生請求事件」之拘束,是若僅是夫妻間之借款,為一般財產訴訟,非家事事件,此從司法院101年5月31日秘台廳少家二字第1010015417號函示:「至於非親屬編、繼承編或其特別法所規定之事件,例如親屬間之借款等糾紛(中略),性質上主要為普通財產紛爭等事件,多無以家事程序法理審理此類事件之必要,應認非屬家事事件」。雖然實務上可能於夫妻財產訴訟中一併審酌,此或便宜行事,或未清楚定性為家事事件或民事事件,或採取民事事件可於家事事件中合併審理之見解,或為該訴訟類型本所應審理(例如剩餘財產分配之計算,應扣除婚後財產之債務)。

[17]但應注意丙類第2款之損害賠償,立法理由舉例包括離婚原因之損害賠償(例如通姦所生侵權行為損害賠償),則屬該款之家事事件。

[18]最高法院102年度台抗字第802號裁定,就所涉及之民事事件可否併入家事事件審理,可否以非夫妻關係之第三人為共同被告,本諸共同侵權行為之損害賠償,合併於離婚事件中請求,及家事事件審理細則第4條之規定有無違反母法,甚具討論價值。請參本書第三編第六章「家事事件之合併」伍、之論述,及拙著,民事事件可否併入家事事件統合處理——以最高法院一〇二年度台抗字第八〇二號民事裁定為例,裁判時報,第28期,2014年8月,第18頁以下。

訴訟事件相牽連而有對第三人或為第三人請求之必要者，亦同」之規定，於立法時被刪除，故一般採否定見解。但在解釋上，可能會有例外情形，例如，夫或妻於婚姻關係存續中，就其婚後財產為處分而移轉於第三人，如影響剩餘財產之分配額時，得就其不足額，對於受領之第三人於其所受利益內請求返還（民法第 1030 條之 3 第 3 項）。

又為減輕夫妻聲請假扣押時提供擔保金之負擔，行使夫妻剩餘財產差額分配請求權而為假扣押聲請者，法院所命供擔保之金額不得高於請求金額之 1/10。至於第三人依民法第 1030 條之 1 第 3 項但書規定行使夫妻剩餘財產差額分配請求權而為假扣押聲請，並無此適用，民事訴訟法於 102 年 5 月 8 日修正公布第 526 條第 4 項予以明定。

至於本款立法理由及審理細則第 70 條第 4 款，引述民法第 999 條之 1，惟該條之準用內容，應排除所準用之第 1057 條之贍養費，因贍養費屬於戊類第 1 款事件。

四、因判決終止收養關係給與相當金額事件

判決終止收養關係給與相當金額事件，指因收養關係終止而生活陷於困難者，得請求他方給與相當之金額。但其請求顯失公平者，得減輕或免除之（民法第 1082 條）[19]。因「判決」終止收養關係，本指依民法第 1081 條之 1、兒童及少年福利與權益保障法第 20 條、第 71 條、兒童及少年性交易防制條例第 20 條，請求法院宣告終止收養

---

[19] 民法第1082條原規定：收養關係「經判決終止」時，無過失之一方，因而陷於生活困難者，得請求他方給與相當之金額。96年修法時，將「經判決」三字刪除；又於合意終止收養關係之情形，原則上並無「無過失」之問題，併予刪除。因此「合意終止」之請求給與相當金額事件，是否仍屬本款之事件，抑或應列為第6項之其他家事事件；又撤銷收養準用本條之規定（民法第1079條之5第3項），其所生請求給與相當金額事件，同有仍屬本款或為第6項之其他家事事件之疑。參林秀雄，家事事件法中收養訴訟事件——從實體法的觀點，司法周刊，第1818期，2016年9月30日，第2、3版。

關係，爲舊民事訴訟法之訴訟事件，以判決爲之，但本法將之非訟化，定於戊類第 13 款，以「裁定」爲之，因此被認爲前後規定矛盾者。詳見本書第四編第二章該款之說明。

五、因監護所生損害賠償事件

因監護所生損害賠償事件，指監護人於執行監護職務時，因故意或過失，致生損害於受監護人，應負賠償之責（民法第 1109 條）。此類事件列爲本款家事訴訟事件，但其審理程序卻非訟化，規定於第四編家事非訟程序以下（參第 120 條第 1 項第 9 款、第 164 條第 1 項第 10 款），究應如何正確解讀與程序適用，引發極大爭議，歸納之大致有三種見解：第一，自相矛盾說。認此一規定前後矛盾，且依第 121 條規定，其程序標的之金額或價額逾得上訴第三審利益額者，聲請人與相對人得於第一審程序終結前，合意向法院陳明改用家事訴訟程序，由原法官繼續審理。前項損害賠償事件，案情繁雜者，聲請人或相對人得於第一審程序終結前，聲請法院裁定改用家事訴訟程序，由原法官繼續審理，似亦無必要[20]。第二，程序轉換說。認此類事件本具有訟爭性，且當事人對於程序標的亦有處分權限，向來係以一般財產權事件處理，惟由於該類財產權事件與身分關係密切，且所應適用之程序法理亦與一般財產權事件未盡相同，爲因應其事件類型之特殊需求，並利於家事事件程序中統合加以解決，本法明文將其列爲家事訴訟事件，但同時採取非訟化審理，使依家事非訟程序裁判。於此情形，該等事件雖經非訟化，然因不改其訴訟之性質，法院應依個別事件之特性，交錯適用訴訟法理而爲審理，不過爲保障當事人之程序選擇權，賦予其平衡追求實體利益與程序利益之機會，而有第 121 條之規定（即轉換成家事訴訟程序）。如當事人仍選擇依家事非訟程序

---

[20] 吳明軒，家事訴訟程序值得檢討之事項，月旦法學雜誌，第219期，2013年8月，第18至19頁。

為審判，法院於裁定前應使當事人有辯論機會，在實質程序保障權之下，法院對該事件所為本案裁定確定時，亦有與確定判決有同一之既判力[21]。第三，擇一適用說。認此屬精心設計之制度，同時列為家事訴訟事件，又列在家事非訟程序內，係為保障請求人有優先平衡追求程序利益（經由家事非訟程序循簡易主義為審判時所可得之勞費節省），或實體利益（經由家事訴訟程序為更慎重而正確之審判時所能使實體權內容增值者）之機會，不宜將此同一事件於家事訴訟及家事非訟程序均設規定一事指為相矛盾；更稱家事事件法就受監護人權利受害之救濟程序特設計此一精緻化之制度，既借重訴訟程序所具達成慎重裁判以優先保護實體利益之機能，亦借重非訟程序所採簡易主義發揮其所具達成簡速裁判之機能，而承認當事人可以擇一適用家事訴訟或家事非訟程序以為請求，此項立法巧妙處理繼受法史上須面對如何為真正訟爭事件建構第三程序之課題，而非如往昔般抄襲繼受自德、日立法例，所以具相當獨特性，尚非僅片面追隨外國法上論說或執意墨守30年前既存之陳舊思維者所能予以解說清楚[22]。採第二及第三種見解者均參與本法第一階段研擬工作，學理相傳，看法似仍有些微不同，故此一規定，究是精妙法理下之特意安排，抑或匆忙立法過程中之落單產物，實免存疑，若能於立法理由中清楚說明[23]，或能避

---

[21] 許士宦，家事非訟之程序保障，月旦法學雜誌，第210期，2012年11月，第139頁。

[22] 民事訴訟法研究會第119次研討紀錄，主席邱聯恭之發言，法學叢刊，第232期，2013年10月，第219至221頁。此外參與討論之王甲乙雖認為有待澄清，但似亦認為可以選擇家事訴訟或家事非訟程序來請求，第190至191頁。其後報告人許士宦回應時，仍認為應該還是先行家事非訟程序，如有第121條情形始轉換為家事訴訟程序，第210頁。

[23] 第3條丙類第5款立法理由僅引民法第1109條，未隻字說明適用其後非訟程序；第120條立法理由一、後段雖提及損害賠償事件在性質上雖有訟爭性等語，但未清楚說明何以規定於第3條丙類第5款；第121條立法理由一、提及因監護所生損害賠償事件，雖經「非訟化」，然因不改其訴訟之性質，法院應依個別事件之特性，交錯適用訴訟法理而為審理（下略）。既然「非訟化」，何不同贍養費（本為訴訟事件而予非訟化）一樣，直接規定為戊類之家事非訟事件。

免互相矛盾之批評，且尚須進而詳加說明，何以本法獨鍾於「監護所生損害賠償事件」，而有此特殊設計，而不及其他事件，蓋同屬丙類家事訴訟事件之婚約無效、解除、撤銷、違反婚約之損害賠償、返還婚約贈與物事件（第1款），本法分則第三編家事訴訟程序與第四編家事非訟程序，均未加以規範，又如何定其訴訟或非訟程序，是否同賦予當事人程序選擇權？或尚須就個別事件逐一審究，如是，則本法之程序安定與經濟效能，如何達成，似有待釐清或進一步修法，以求明確。本款事件之歸類引發立法技術與學理之熱烈討論，但實務少見之爭訟於法院[24]。

本款是監護所生損害賠償事件，其他監護所生之事件，如民法第1107條第2項規定之受監護之原因消滅時，請求原監護人將受監護人之財產交還於受監護人事件，有認屬第3條第6項之其他家事事件。

六、因繼承回復、遺產分割、特留分、遺贈、確認遺囑真偽或其他繼承關係所生請求事件

「繼承回復」事件，指繼承權被侵害者，被害人或其法定代理人得請求回復之（民法第1146條）。「遺產分割」事件，指繼承人得隨時請求分割遺產。但法律另有規定或契約另有訂定者，不在此限（民法第1164條）。上開二事件，不包括民法第823條所定之共有物分割訴訟（審理細則第79條第2項）。「特留分」事件，指應得特留分之人，如因被繼承人所爲之遺贈，致其應得之數不足者，得按其不足之數由遺贈財產扣減之。受遺贈人有數人時，應按其所得遺贈價額比例扣減（民法第1225條）。「遺贈」事件，指遺囑人以一定財產爲遺贈（民法第1200條至第1208條）。「確認遺囑眞僞」事

---

[24] 鍵入「監護所生損害賠償」查詢，定性爲訴訟事件者，如台北地院109年度家聲抗字第45號裁定（廢棄原審誤以家事非訟程序審理）。

件，指遺囑法定方式有自書遺囑、公證遺囑、密封遺囑、代筆遺囑及口授遺囑五種（民法第 1189 條），實務上常因遺囑要式欠缺，或爭執立遺囑人是否具備正常意思能力，而提起確認遺囑眞僞之訴。

「其他繼承關係所生請求」事件，立法理由之舉例爲民法第 1149 條，即被繼承人生前繼續扶養之人，應由親屬會議依其所受扶養之程度及其他關係，酌給遺產，審理細則第 79 條第 1 項第 6 款亦同爲規定（繼承訴訟事件）。惟此一酌給遺產如無法向親屬會議請求，應向被繼承人住所地之法院聲請，爲舊非訟法第 166 條所定之非訟事件，本法於第 181 條第 5 項第 1 款亦將之列爲親屬會議之家事非訟事件，前後不一，致其事件定性不明。實從本法立法政策朝非訟化方向之設計觀之，應無將此類非訟事件改爲訴訟事件之意[25]，因此，該款立法理由所舉及審理細則第 79 條第 1 項第 6 款，似宜於未來修法時予以刪除[26]。最高法院多數見解本多認屬家事非訟事件，但 102 年度台簡聲字第 17 號裁定卻以本法將此類事件改成訴訟事件爲由，將其自身前駁回再抗告之裁定，自我否定予以廢棄，發交台灣高等法院[27]。

雖有從實體法之觀點，認爲請求酌給遺產有二種不同意義：第

---

[25] 基於家事非訟化之政策走向，本法僅將部分原屬家事訴訟事件改爲家事非訟事件，並無將原屬家事非訟事件改爲家事訴訟事件者。

[26] 本法施行後，參與第一階段法案制定之某委員於一次研討會中，亦認爲本款之立法理由之舉例爲誤繕，應予更正。

[27] 該案係本法施行前受理，因該時爲非訟事件，地院第一審及抗告審以裁定爲之，本法施行後再抗告，最高法院駁回再抗告確定，當事人再次聲明再抗告，最高法院視其爲聲請再審，發現新法已改爲訴訟事件而廢棄地院合議庭抗告裁定及最高法院本身之上開再抗告裁定，發交台灣高等法院。最高法院就此事件之定性似未見統一，以家事非訟程序視之者，如101年度台簡抗字第64號、102年度台簡抗字第54號、104年度台簡抗字第24號裁定；以家事訴訟程序視之者，如104年度台上字第1610號、104年度台上字第1185號（一、二審以判決爲之，未加糾正而駁回上訴）、105年度台抗字第241號（依民訴法聲請保全程序，而非依本法聲請暫時處分）。

一階段，先向親屬會議請求酌給，如無法由親屬會議決議，向法院聲請處理（民法1132條之情形）。第二階段，依親屬會議酌給或法院酌定之數額請求繼承人或遺產管理人給付，如遭拒，再請求法院裁判。認為第一階段聲請法院酌給為家事非訟事件，第二階段請求法院裁判給付為家事訴訟事件，而主張本法上開訴訟事件與非訟事件分別而列，並無不當，進而認為最高法院上開再審裁定錯誤[28]。然本書以為，親屬會議決議非執行名義，無法據以聲請執行，繼承人或遺產管理人如拒絕給付，當需請求法院裁判給付，分二階段進行，固所當然，惟在此情形，第一階段之向親屬會議請求酌給部分，與法院無涉，無關事件定性問題。如無法由親屬會議決議酌給，直接向法院聲請處理（民法第1132條之情形），法院應得一次酌定並命給付，無分二階段進行之必要。持法院僅能先酌定數額（先非訟），如未獲給付，再依法院該酌給裁定另訴請給付（後訴訟），而非根據法院前之酌給裁定聲請執行，法理欠明，為現行實務所不採[29]。而依親屬會議決議請求酌給遺產遭拒，訴請法院裁判給付之第二階段事件，或未經親屬會議決議直接向法院請求酌定並命給付之事件（一次解決，不分二階段），均定性為家事非訟事件並無不可。因從本法非訟化之政策走向，及酌給遺產請求事件本身，如兩造對於應否酌給或數額有所爭議，仍有賴法院依職權審酌被繼承人及請求人間之身分關係、遺產狀況等等，自宜定性為家事非訟事件。況依訴訟與非訟法理交錯論，為個案妥適裁判，並無法理衝突或難解之處。目前實務多行訴訟程序而為判決，此或受如上立法理由舉例及審理細則第79條第1項第6款之影響；或認為訴訟程序之保障優於非訟程序，法既有疑，自以行家事訴訟程序為當；或認對親屬會議遺產酌給請求之決議不服，依民法

---

[28] 參林秀雄，家事事件所定酌給遺產事件——兼評最高法院102年度台簡聲字第17號民事裁定，裁判時報，第31期，2015年1月，第12至17頁。

[29] 主文命相對人（繼承人或遺產管理人）給付金額若干，參102年度台簡聲字第17號裁定之原第一審台北地院100年度家聲字第45號裁定。

第1137條規定應向法院「聲訴」，本法施行前之判例認爲此一聲訴，應依民訴法所定判決程序辦理，不得以裁定行之[30]。本法施行後，此類聲訴（決議無效或撤銷）事件之定性，學說有認屬非訟化之眞正訟爭事件，即以家事非訟審理，但應注意法理交錯[31]，實務見解則未見一致[32]。倘仍採「聲訴」應行家事訴訟程序之見解，當決議涉及遺產酌給時，即可能一併以訴訟程序行之（同時訴請決議無效或撤銷，並請求酌給遺產），影響所及，可能連帶將未經親屬會議決議，逕行聲請法院處理之酌給遺產事件或親屬會議之決議並沒有無效或應撤銷之情形，但繼承人或遺產管理人不依決議給付，另請求法院裁判給付之情形，也同適用家事訴訟程序以判決行之[33]，實宜於未來修法時一併檢討。惟透過上述政策論或解釋論，在修法前均適用家事非訟程序以裁定行之，應無不可。由於酌給遺產事件定性不明，致影響管轄法院之判斷，實務即有定性爲家事訴訟事件，但以原告非繼承人，故無第70條之家事訴訟事件之管轄適用（因該條明定爲繼承人間），也無第127條第1項第7款之家事非訟事件管轄之適用，而準用民事訴訟法第1條第1項前段之規定，由被告之住所地法院管轄[34]。

---

[30] 最高法院29年抗字第10號判例。

[31] 邱聯恭，家事事件法相關規定之解釋論上問題探討，收錄於民事訴訟法研究基金彙編「民事訴訟法之研討」（十九），2013年，第233頁。論者另謂：「聲訴」非必解爲「起訴」請求判決，原亦可解爲兼含有「聲請」爲非訟裁定，本法已將此類事件非訟化，該條規定應爲限縮解釋，不得再據以起訴請求判決，參許士宦，家事審判之請求（上），月旦法學教室，第130期，2013年8月，第67頁。另參林秀雄，論家事件法中之親屬會議事件──從實體法之觀點，軍法專刊，第62卷第6期，2016年12月，第12至15頁。

[32] 台南高分院101年度家聲字第13號裁定明確定性爲家事非訟事件，然同院103年度重家上字第6號判決則以訴訟終結之（未清楚定性）；台灣高等法院103年度家上字第83號判決定性爲家事非訟事件，並以此爲由廢棄原判決發回重行審理；最高法院108年度台抗字第1040號裁定認屬丁類第8款親屬會議事件。

[33] 台北地院101年度家聲字第522號裁定即採此說。

[34] 台南地院107年度家繼訴字第4號裁定。

　　此之爭訟當事人，限於「繼承人間」因繼承關係所生請求事件（第70條明文），是繼承人因繼承取得之遺產遭部分繼承人無權占用，本於不當得利之公同共有債權而為請求之事件，即屬本款之事件[35]。

---

[35] 台中高分院101年度重上字第179號判決。

第四章

家事訴訟程序通則

學習重點

1. 14種訴訟事件被涵蓋在三章分則中
2. 親子關係事件包括養子女事件
3. 婚約事件之管轄及程序
4. 身分關係事件起訴時之當事人適格
5. 身分關係事件訴訟中之當事人死亡
6. 合併審判之救濟樣態與爭議
7. 和解筆錄應注意事項
8. 審理計畫與案件審理單

壹、概說

　　家事事件法第一編總則、第二編調解程序，於第三編規範「家事訴訟程序」，家事訴訟程序編再分第一章通則、第二章婚姻事件程序、第三章親子關係事件程序、第四章繼承訴訟程序。立法體例上，第二章至第四章等於家事訴訟程序之分則。通則就家事訴訟事件之程序為一般性規定；分則，則以婚姻、親子、繼承三大類涵蓋之。從整體觀察，家事訴訟事件共有 14 種事件（第 3 條甲、乙、丙三類，不含第 6 項其他家事訴訟事件），包括婚姻、親子、收養、婚約、監護、繼承等項目，其中親子與收養為不同項目，但分則卻將之合併為親子關係事件，相對於第四編之家事非訟程序，分別規定於第三章之親子非訟事件與第四章之收養事件，二者不同之體例設計，容易造成理解困難。簡言之，家事訴訟程序之收養事件，被包含在親子關係事件中，而家事非訟程序中之收養事件，則單獨一章規範之。另分則其餘二章之婚姻與繼承，似未能涵蓋婚約（丙類第 1 款）、監護（丙類第 5 款），以致該二類事件，並無對應之分則規定，其程序如何進行，在家事事件法中並無可循機制。就婚約事件，方法論上僅能適用民事訴訟法，或類推本法其他章節，以為法律適用。就管轄而言，除家事事件法別有規定外，準用非訟事件法有關管轄之規定；非訟事件，除本法或其他法律有規定外，依其處理事項之性質，由關係人住所地、事務所或營業所所在地、財產所在地、履行地或行為地之法院管轄（本法第 5 條前段、非訟事件法第 7 條）[1]。就因監護所生損害賠償事件，竟在其後家事非訟程序中始能覓得對應程序，引來爭議（見本書本編第三章、參、該款之說明）。

---

[1] 最高法院103年度台抗字第79號裁定意旨參照，該裁定內容乃涉及解除婚約或違反婚約，請求賠償結婚支出及精神慰撫金。

貳、通則規定

一、事件之範圍

　　第 3 條所定甲類、乙類、丙類及其他家事訴訟事件，除別有規定外，適用本編之規定（第 37 條）。甲類共 4 項，爲涉及身分關係之確認訴訟；乙類共 4 項，爲涉及身分關係之形成訴訟；丙類共 6 項，爲與家事事件具有密切關係之財產權事件，其中多爲給付訴訟，但也有形成與確認訴訟（例如丙類第 6 項有關繼承事件）。還有其他概括之家事訴訟事件。個別說明，詳本編第一章至第三章。

二、起訴之程式

　　起訴，「應」將所必要之事項以書狀表明並提出於法院，始生起訴效力。就書狀內容而言，須載明兩造當事人，如有法定代理人，亦應記載之。又爲提示法院審判對象、預告判決效力之範圍及對他造提示攻擊防禦之目標，防止突襲性裁判，訴狀亦應揭明訴訟標的及其原因事實。此外，應受判決事項之聲明，攸關訴訟審判之範圍，若有欠缺，則難以確定訴訟審理之方向及界限範圍，故亦應表明之，參照民事訴訟法第 244 條第 1 項規定明定起訴應備之程式（第 38 條第 1 項）。

　　其次，訴狀「宜」記載之事項，尚有：其一爲定法院管轄及其適用程序所必要之事項，前者爲據以定普通審判籍、特別審判籍或合意管轄事項，後者據以定事件可否適用家事程序。其二爲準備言詞辯論之事項，即原告因準備言詞辯論之必要，將本應以準備書狀記載其所用之攻擊防禦方法，在訴狀內一併記載，以促進訴訟。其三爲當事人間是否有共同之未成年子女，因婚姻事件常涉及子女權益保護事項，如當事人併於訴狀中表明，法院即得審酌有無依職權介入統合處理之必要。其四爲當事人間是否另有其他相關家事事件繫屬於法院，此有助於法院瞭解當事人訟爭情形，並審酌是否需要統合審理，以便利程

序之進行。惟法定宜記載事項，並非起訴必備程式，原告遵守與否不影響其起訴效力。

三、被告適格

家事事件種類繁多，爲免各家事事件分則中所定當事人適格之條文（如第 54 條婚姻事件之當事人、第 63 條否認子女之訴之當事人、第 65 條確認母再婚後生父之當事人）規定範圍不完備，而於通則中規定被告適格之一般性規定，除有特別規定外（第 63 條至第 66 條及審理細則第 75 條、第 77 條之規定），甲類或乙類家事訴訟事件，如由訟爭身分關係當事人之一方提起時，應由訟爭身分關係之他方爲被告（第 39 條第 1 項）。如由訟爭身分關係以外之第三人提起者，除有特別規定外，應由訟爭身分關係當事人之雙方爲共同被告；倘有一方已死亡，則僅以生存之他方爲被告（第 2 項）。例如甲、乙是父母，丙是子女，如第三人丁欲起訴請求確認甲、丙間之父子關係不存在時，須將甲、丙列爲共同被告，如於起訴時甲已經死亡，則僅以丙爲被告即可。

第 39 條第 1 項雖未將舊民事訴訟法第 569 條第 3 項：「以一人同時與二人以上結婚爲理由之婚姻無效之訴，由結婚人起訴者，以其餘結婚人爲被告；由第三人起訴者，以結婚人全體爲共同被告」納入，惟透過解釋論，於此情形，「其餘結婚人」不論其人數多寡，應可包括在第 1 項之「他方」範圍內，或依第 54 條通知「其餘結婚人」參加訴訟。第 2 項後段：「其中一方已死亡者，以生存之他方爲被告」包括甲、乙類事件，而舊民事訴訟法第 569 條第 2 項但書僅限撤銷婚姻之訴。本法施行後，如認爲第三人得以生存之夫或妻爲被告，提起確認婚姻關係存否之訴，或以生存之養父母或養子女爲被告提起確認收養關係存否之訴，論者有謂可能發生不良後果[2]；又最高法院

---

[2] 吳明軒，試論家事事件法之得失（上）——逐條評釋，月旦法學雜誌，第205

50年台上字第1314號判例本認爲：「確認婚姻無效之訴，由第三人提起者，須以夫妻爲共同被告，此即所謂必要之共同訴訟，如夫或妻死亡，則第三人不得提起此種訴訟」[3]，因家事事件法本條之規定已不再援用（101年8月14日民事庭會議決議參照）[4]。本條規定之立法理由，在於如對生存者不能提起確認身分關係存在或不存在之訴，則原告僅能以身分關係爲前提之其他派生權利義務關係一一提起訴訟，例如在甲、乙間有關乙是否爲丙之養子而具有繼承人地位，丙已死亡，如不許甲僅以乙爲被告提起確認收養關係不存在之訴，則甲須以乙爲被告提起確認乙就丙之遺產繼承權不存在，或確認乙就某一繼承財產非公同共有人，法院判決時仍須先判斷前提事實收養關係之存否，判決理由之認定縱然有爭點效，然對於第三人不當然有拘束力，因此不如承認得就作爲前提基礎事實身分關係之生存一方爲被告起訴，而能徹底解決紛爭[5]。

　　被告一方已死亡（第1項情形），或當事人雙方均已死亡（第2項情形），是否仍得提起，如可，應以何人爲被告，本法除第63條及第64條（否認子女事件）、第65條（確認母再婚後生父事件）、第66條（認領事件）[6]有所規範外，並無一般性之規定。例如在確認

期，2012年6月，第102頁。

[3] 最高法院96年第1次民事庭會議，沿襲上開判例見解，在收養無效事件上亦認爲不得僅以生存者爲被告；但86年台上字第1908號判例，在認領無效事件上，卻認爲得僅以生存者被告。新法施行後，依第39條規定，自應得以生存者爲被告才是。

[4] 吳明軒，家事訴訟程序值得檢討之事項，月旦法學雜誌，第219期，2013年8月，第24頁，提及該次決議內容有「家事事件法施行後，依家事事件法第三十九條第二項之規定辦理，並視個案具體情形爲適當處理」。並加以評論謂：至實務上如何視個案具體情形爲適當處理？語焉不詳，將來可能爭議不斷（按：上網查詢該次決議內容，並無「視個案具體情形爲適當處理」字樣）。

[5] 沈冠伶，家事訴訟事件之當事人適格與第三人之訴訟參與，月旦法學教室，第128期，2013年6月，第46頁。

[6] 生父死亡之認領事件被告爲生父之繼承人、無繼承人時爲社會福利主管機關

事件（第 67 條），認領者死亡後，被認領子女以無眞實血緣關係主張認領無效，請求確認親子關係不存在（由有身分關係之生存方爲原告，但身分被告已死亡，以 A 事件稱之）；或其他繼承人以被繼承人（先死）及同爲繼承人之某一養子（後死）收養無效爲由訴請確認收養關係不存在（由第三人爲原告，但身分關係之當事人雙方皆已死亡，以 B 事件稱之），得否以其他繼承人或檢察官爲被告，並無明文。就 A 事件，法院實務認爲得以繼承人爲被告[7]。故夫妻離婚後一方死亡，生存配偶以離婚無效爲由提起確認婚姻存在之訴，似應准許，但法院實務有與此相反之見解者[8]。就 B 事件，有建議應於第 50 條增訂第 4 項爲「依第三十九條規定提起之訴，除別有規定外，應爲被告之人均已死亡者，以檢察官爲被告」[9]。但本書以爲，第 50 條是訴訟繫屬後之當事人死亡問題，如有增訂必要，似應增訂於第 39 條第 3 項才是[10]。學理上，在被告均死亡之情形，有認爲因欠缺對立之當事人存在，在民事訴訟之架構下，則可能發生訴訟進行之障礙，此亦爲

（民法第1067條第2項）或檢察官（本法第66條第1項）。但非婚生子女死亡，生父是否仍得爲認領，民法無規定，學理有爭議，如採肯定，涉及以何人爲被告，提起何類訴訟問題，參鄧學仁，對於已死亡非婚生子女之認領，月旦法學教室，第171期，2017年1月，第15頁以下。

[7] 台北地院98年度親字第53號、最高法院102年度台上字第2301號判決（王永慶子女訴請認祖歸宗事件）。

[8] 參桃園地院105年度婚字第108號判決，程序上該案原告以戶政機關爲被告，雖非正確，但實體上，法院似乎認爲夫妻一方死亡即不得提起此一確認訴訟，該案嗣經上訴，高院106年度家上字第246號判決維持地院見解駁回上訴，原告雖提起第三審上訴，卻因未委任律師代理被駁回確定，未能經由最高法院就此爲實體裁判，殊爲可惜。

[9] 鄧學仁，無效認領得否轉換爲有效收養——臺灣高等法院民事判決100年度上字第168號，裁判時報，第20期，2013年4月，第37頁。

[10] 日本人事訴訟法第12條第3項即規定應爲訴訟被告之人均死亡者，以檢察官爲被告。查本法研修草案擬定之第27條之1規定：「依前二項規定，應爲被告之人已死亡，而無應爲被告之人者，以檢察官爲被告。」但現行通過之第39條並無該第3項。參最高法院109年度台上字第1940號判決之論述。

德國將家事事件全面予以非訟化之理由之一，亦即在確認父母子女關係存在或不存在事件，可使程序更具有彈性，只有所謂的聲請人及其他關係人，以更能通權達變的妥當處理各種情形，而毋庸相應於各種情形另訂有關當事人適格之特別規定，而在對於已死亡之人有所請求時，僅有聲請人即可[11]。

就身分關係他方或雙方均已死亡後，訴請確認收養關係或親子關係存在事件，應以何人為被告，實務見解不一，有認應類推適用第63條第3項以檢察官為被告，有認應以有利害關係而爭執該身分關係之人為被告[12]。學說有謂以檢察官為被告，以繼承人為被告，實務皆有之。如從公正程序請求權論之，應由原告選擇決定之；如以事件類型分，財產事件以繼承人為被告，身分事件以檢察官為被告。縱以檢察官為被告，繼承人最具利害關係，應通知其參與訴訟。類此事件，如法院與原告就被告適格之見解不同時，應闡明之，命其補正，不宜逕以當事人不適格駁回[13]。最高法院最新見解認為：第三人之身分地位、財產權，同受憲法保障，本於有權利斯有救濟之訴訟權保障意旨，雖法無明文，但有立法計畫不完善情事，形成法律漏洞時，審判者自應為法之續造填補，資以維護該第三人之身分地位或法律上之權益。養親子關係存否，身分上有統一確定必要，本質上具公益性，有提出此訴訟利益之第三人，符合最後手段原則，因相關法規範缺乏以何人為此類型適格被告之規定，可認係立法計畫之不圓滿，形成法律漏洞，自應填補。而檢察官立於職務上關係，或需擔任公益代表人功能，否認子女之訴、母再婚後所生子女確定生父之訴，應為被告之

---

[11] 參沈冠伶，2012年民事程序法發展回顧：家事事件法施行後之實務裁判回顧與展望，臺大法學論叢，第42卷特刊，2013年11月，第1017頁。

[12] 台灣高等法院暨所屬法院107年法律座談會第30號、第31號提案。早期實務，就非婚生子女曾經其生父撫育，如其取得婚生子女之身分為生父之繼承人所否認，即採得對於該繼承人提起，不因生父已死亡而受影響之見解（最高法院70年度台上字第4778號判決）。

[13] 許士宦，家事事件法，新學林出版，2020年2月初版1刷，第323頁。

人均死亡時，以檢察官為被告，本法第 63 條第 3 項、第 65 條第 3 項已有明文。確認養親子關係存否之訴，同有統一確定之公益需求，此類情形，自得予類推適用。但如該養親子均已死亡而有其他繼承人，因訴訟結果或有影響其身分關係或繼承關係者，宜允通知其參與訴訟，令其有陳述意見之機會外，於選擇適格之被告時，是否不應以之為被告，尤應視具體個案之不同以定之 [14]。

　　第 39 條係指起訴前被告之適格，如係訴訟進行中，原告或被告死亡，乃訴訟應否終結及續行之問題，分別於第 50 條為一般規定，而於第 59 條離婚與夫妻提起之撤銷婚姻之訴、第 60 條第三人提起之撤銷婚姻之訴、第 69 條第 3 項撤銷收養、終止收養、撤銷終止收養之訴（準用第 59 條），分別為特別之規定，適用上應注意之。且本條僅規定被告之適格，至於第 2 項之由「第三人」提起者，如何之第三人得為提起之原告適格，並無規定。乙類之形成訴訟，當以法律有該形成權者為限，例如關於撤銷收養、撤銷終止收養之原告適格，民法分別於第 1079 條之 5、第 1080 條之 3 有所規定 [15]。至於身分關係以外之第三人提起甲類確認身分關係（例如婚姻關係、親子關係或收養關係）存在或不存在之訴，由於其非系爭身分關係之當事人，是否具有原告適格，應視其有無以確認判決以解決身分關係爭執之必要性與實效性，而可結合於確認利益之判斷中，以避免任一第三人濫行提起確認訴訟。第三人必須就他人間身分關係存否之確認具有法律上利益，換言之，原告之權利或法律上地位因他人身分關係存否之爭執而產生不確定危險，且適合以確認判決排除該危險。此法律上利益有涉及身分關係，例如原告係被告（被收養者）之本生父母，以收養有無

---

[14] 最高法院109年度台上字第120號、第1940號判決。個案有以遺產管理人為被告者，參台中地院102年度親字第16號及台中高分院103年度家上字第81號判決。

[15] 舊審理細則第75條至第78條之規定與此似相牴觸或不周延之處，批評意見，參林秀雄，家事事件法中收養訴訟事件——從實體法的觀點，司法周刊，第1818期，2016年9月30日，第2、3版。嗣106年1月17日該細則相關條文已修正。

效事由，提起確認收養關係不存在之訴，可使原告與被告間之身分關係是否因收養而停止一事予以確定。有涉及財產關係者，例如原告係被告（被收養者）之養親所生子女，提起確認收養關係不存在，可使被告是否為該養親之繼承人，決定原告繼承權之遺產分配範圍（即是否應與被告共同繼承）[16]。

　　家事非訟事件關於當事人適格規定，聲請人部分，本法僅見之於認可收養事件（第 115 條第 1 項），其餘均規定在審理細則（第 103 條、第 112 條、第 118 條至第 120 條、第 125 條、第 156 條之 1）；相對人部分，本法毫無規定，審理細則僅見之於停止親權及撤銷停止親權事件（第 103 條及第 105 條），並無類似聲請前，相對人死亡時，應以何人為相對之一般規定。至於事件繫屬後，聲請人或相對人因死亡、喪失資格或其他事由致不能續行，在通則有承受及續行之一般規定（第 80 條及立法理由參照）。分則另有：受宣告死亡人於撤銷宣告死亡裁定之裁定確定前死亡者（第 162 條）、受監護宣告之人於監護宣告程序進行中死亡者（第 171 條），法院應裁定本案程序終結。審理細則另規定：家事非訟事件因聲請人或相對人死亡、喪失資格或其他事由致不能續行程序，無人承受程序，經法院認為無續行之必要而公告者，視為終結（第 86 條）、被收養人為未滿十八歲之兒童或少年，於法院裁定前死亡者，程序終結。收養人於法院裁定前死亡，如經調查，法院認收養有利於未滿十八歲之兒童或少年時，仍得為認可收養之裁定（第 117 條）、死亡宣告之聲請權人得為共同聲請人，加入程序或代聲請人續行程序（第 134 條）。

四、通知利害關係人參加訴訟

　　由於甲類及乙類事件，均與身分有關，事涉公益，法院就此事件所為確定終局判決具對世效力，非僅發生參加效力。因此，為使有法

16　沈冠伶，前揭文（註5），同頁。

律上利害關係之第三人能獲知訴訟而有及時參與訴訟之機會，以保護
第三人程序參與權及實體權益，維持確定裁判之安定性，並貫徹一次
訴訟解決紛爭原則，法院應依職權於事實審言詞辯論終結前，適時將
訴訟事件及進行程度以書面通知審理中所知悉之該第三人，且無論該
第三人有無參與訴訟，均應於判決後對其送達判決書，俾利其決定是
否參與上訴程序，以保障其程序權及聽審請求權。至丙類家事事件，
法院認為必要時，亦得準用民事訴訟法第67條之1規定[17]，通知有法
律上利害關係之第三人，自屬當然之理。

　　為提高法律上有利害關係之第三人參與訴訟之機會，避免該第三
人將來提起第三人撤銷訴訟，法院宜盡可能調查該第三人之有無，以
便踐行訴訟通知程序，故法院於必要時，得依職權命當事人提出戶籍
登記資料等或逕為向有關機關查詢等必要之處分。

　　受通知之第三人，得視其情形自行斟酌是否參與訴訟及參與方
式，例如依民事訴訟法第54條規定起訴[18]、依同法第58條規定參加
訴訟[19]，或為當事人之追加，或依其他法定程序行使或防衛其權利。
該第三人如依民事訴訟法第58條規定參加訴訟者，因甲類或乙類事
件係涉身分關係，其訴訟標的對當事人或參加人應合一確定，與民事

---

[17] 第67條之1：「訴訟之結果，於第三人有法律上利害關係者，法院得於第一審
　　或第二審言詞辯論終結前相當時期，將訴訟事件及進行程度以書面通知該第三
　　人。前項受通知人得於通知送達後五日內，為第二百四十二條第一項之請求。
　　第一項受通知人得依第五十八條規定參加訴訟者，準用前條之規定。」
[18] 第54條：「就他人間之訴訟，有下列情形之一者，得於第一審或第二審本訴訟
　　繫屬中，以其當事人兩造為共同被告，向本訴訟繫屬之法院起訴：一、對其訴
　　訟標的全部或一部，為自己有所請求者。二、主張因其訴訟之結果，自己之權
　　利將被侵害者。依前項規定起訴者，準用第五十六條各款之規定。」
[19] 第58條：「就兩造之訴訟有法律上利害關係之第三人，為輔助一造起見，於該
　　訴訟繫屬中，得為參加。參加，得與上訴、抗告或其他訴訟行為，合併為之。
　　就兩造之確定判決有法律上利害關係之第三人，於前訴訟程序中已為參加者，
　　亦得輔助一造提起再審之訴。」

訴訟法第 62 條規定之情形相若[20]，應準用同法第 56 條之規定，以保護全體當事人及參加人之利益，並統一解決該等人間之紛爭。

　　為貫徹對當事人程序選擇權之保障，使當事人得以衡量實體及程序上之利害關係，並盡可能謀求統一解決多數人間紛爭，法律審法院如認有試行和解之必要，亦得依民事訴訟法第 377 條第 2 項規定[21]，通知有利害關係之第三人於指定試行和解期日或言詞辯論期日參加和解，以促進當事人和諧自主解決身分糾紛（第 40 條）。

五、合併審判

　　為維持家庭之平和安寧，避免當事人間因家事紛爭迭次興訟，並符合程序經濟原則，免生裁判之牴觸，本法第 1 條揭櫫統合審理之政策，即事件之合併（第 41 條至第 44 條），有關合併問題牽涉甚多，詳參本編第六章「家事事件之合併」。

六、救濟程序

　　家事訴訟事件與家事非訟事件，若無合併情形，前者適用上訴程序，後者適用抗告程序。對於第一審就家事非訟事件所為裁定之抗告，由少年及家事法院以合議裁定之[22]。對於合議裁定，僅得以其適

---

[20] 第62條：「訴訟標的，對於參加人及其所輔助之當事人必須合一確定者，準用第五十六條之規定。」

[21] 第377條：「法院不問訴訟程度如何，得隨時試行和解。受命法官或受託法官亦得為之。第三人經法院之許可，得參加和解。法院認為必要時，亦得通知第三人參加。」

[22] 應注意者，若家事訴訟事件因程序不合法經裁定駁回，因非此之非訟裁定，當事人聲明不服之抗告法院為高等法院，而非地方法院合議庭。因此，若地方法院分別就家事訴訟事件為程序不合法之程序駁回裁定，就家事非訟事件為駁回裁定（不論其為實體或程序），其不服程序，前者固應送交高等法院，後者則應由地方法院合議庭受理，不可一併將之送交高等法院。參考高等法院就家事事件之上訴分案備忘錄，引自姜世明，家事事件法論，元照出版，2013年8月2

用法規顯有錯誤爲理由，逕向最高法院提起抗告（第94條第1項、第2項）。

家事訴訟事件與家事非訟事件如有合併情形，當事人對於家事訴訟事件與家事非訟事件合併之終局判決，如全部聲明不服者，應適用上訴程序。當事人若僅就家事訴訟事件之終局判決全部或一部聲明不服者，應以上訴程序爲其第二審應適用之救濟程序。同理，當事人或利害關係人若僅就家事非訟事件之第一審終局裁定全部或一部聲明不服者，則應以抗告程序救濟之。當事人僅對於家事訴訟事件之終局判決聲明不服者，若其他事件係以該判決所認定之法律關係爲依據，其裁判亦應視爲一併提起上訴（第44條）[23]，方能貫徹家事事件統合處理之目的，並避免發生裁判兩歧之情形。例如離婚合併請求剩餘財產差額分配，法院認原告之訴均有理由，爲全部勝訴判決，被告雖僅就離婚部分聲明不服，其上訴之效力亦及於剩餘財產差額分配部分[24]。但倘法院認原告之訴均無理由，爲全部敗訴判決，原告僅就離婚部分聲明不服，其上訴之效力是否及於剩餘財產差額分配部分，則有爭議。有採否定，認爲如視爲上訴，涉及剩餘財產差額分配部分裁判費之補繳，且此二事件，原告本可選擇不合併，縱剩餘財產差額分配部分敗訴判決先行確定，其既判力遮斷效僅及於該審級言詞辯論終結時點，如後來法院准許離婚請求判決確定，原告仍可另爲剩餘財產差

版1刷，第539頁。

[23] 舊民事訴訟法第582條之1第1項、第2項有類似規定。

[24] 就剩餘財產差額分配部分，有認仍須繳納上訴裁判費，如拒繳，該部分上訴不合法，應駁回；有認既係依法律之強制規定，視爲提起上訴，自無須繳納上訴裁判費，否則如拒繳，認該部分上訴不合法予以駁回，自與貫徹統合處理，避免發生裁判兩歧之精神，背道而馳，台灣高等法院暨所屬法院101年法律座談會民事類提案第26號結論僅達成仍須繳納上訴裁判費之多數見解，但對於如拒不繳納，如何處理，座談會未作出結論，解釋上應全部上訴駁回，否則如離婚部分廢棄確定，會發生離婚請求敗訴，剩餘財產差額分配請求勝訴之矛盾現象，除非可參考德國法例，於前請求有理由時，始徵收後請求之裁判費，方得先就離婚部分爲審理。

額分配之請求，並不生裁判矛盾問題[25]。有採肯定，認爲仍應視爲上訴，以利統合審理，至若考慮原告須因此補繳剩餘財產差額分配部分之上訴費用問題，或許可參考德國法例，於前請求有理由時，始徵收後請求之裁判費[26]。

　　有疑義者，第一審法院如將合併審理之家事訴訟事件（以 A 事件稱之）及家事非訟事件（以 B 事件稱之）分別裁判，設若同時爲之，而當事人就 A 及 B 事件之裁判均聲明不服者，地方法院固可將之一併送交高等法院合併審理、合併裁判，並適用上訴程序（立法理由參照）。若先送交 A 事件，後送交 B 事件，高等法院就後送交之 B 事件，另分抗告案，並分歸屬繫屬在先之 A 事件上訴案同一股合併審理裁判。若先送交 B 事件，高等法院無管轄權，應移由地方法院合議庭受理[27]。然若地方法院先就 B 事件裁判，當事人聲明不服，此時應係由地方法院合議庭審理之；後就 A 事件裁判，當事人聲明不服，應將之送請高等法院審理。則 B 事件是否仍應併送高等法院審理，自應視有無合併審理之必要而定（即第41條第3項之規定）。故而立法理由認爲「聲明不服可同時或先後爲之，若先後爲之而同時繫屬於第二審法院，仍適用上訴程序」一語，若指地方法院將 B 事件移送高等法院審理，此時之第二審法院爲高等法院，適用上訴程序，爲法所當然，然若 B 事件仍留在地方法院合議庭審理，此時之第二審法院，並非高等法院，自應適用抗告程序處理，是立法理由「仍適用上訴程序」之用語，稍欠精確。

---

[25] 參最高法院105年度台抗字第55號裁定。

[26] 許士宦，前揭書（註13），第373至376頁。但德國法所謂於前請求有理由時，始徵收後請求之裁判費，涉及透露官司勝敗心證問題，如何操作，似待商榷。

[27] 參考高等法院就家事事件之上訴分案備忘錄，引自姜世明，前揭書（註22），同頁。但若B事件函送地方法院合議庭前，A事件隨後送交高等法院，是否仍須將B事件送出，該備忘錄未進一步說明。

七、和解

　　爲貫徹統合處理家事事件，圓融解決當事人紛爭，謀求家庭成員全體利益之立法意旨，對家事事件性質上屬於准許當事人合意處分或形成之法律關係者，如請求離婚、終止收養關係、分割遺產或其他得處分之事項，應允許當事人於訴訟上和解。惟此之終止收養關係，應指成年人雙方之合意而言，如應經法院認可（養子女未成年人，民法第 1080 條第 2 項）、或許可（養父母死亡，養子女聲請，民法第 1080 條之 1 第 1 項）或應經法院裁判宣告者（民法第 1081 條），因非屬得處分之事項，自不允許當事人於訴訟上和解，宜予注意。

　　成立和解，須製作和解筆錄，並於筆錄作成時發生與確定判決相同之效力（第 45 條第 2 項）。所謂「與確定判決有同一效力」意義爲何並不明確。例如和解離婚是否等同判決離婚，當事人得否依民法第 1056 條、第 1057 條規定，請求損害賠償、贍養費[28]？又如夫妻現存之婚後財產，其價值計算以法定財產制關係消滅時爲準，但夫妻因判決而離婚者，以起訴時爲準（民法第 1030 條之 4 第 1 項），則和解離婚之夫妻剩餘財產之價值計算，應以和解時（法定財產制關係消滅），或起訴時（同判決離婚效力）爲準，即有歧見[29]。

　　就身分事項成立和解時，因自和解筆錄作成時即生效力，倘有依法應辦理戶政登記之情形，法院應於和解成立後，通知戶政機關，俾利戶政機關依相關法令規定辦理登記，以生公示作用。例如和解離婚，於作成和解筆錄時，即生與離婚確定判決相同之形成效力與既判力，法院依職權通知戶政機關辦理離婚登記，僅屬報告性質，而非創設性登記。

---

[28]請參本書第三編第三章丙類第2款及第四編第二章戊類第1款之說明。

[29]有認爲應以和解時作爲計算基準，參姜世明，離婚訴訟之研究，軍法專刊，第60卷第3期，2014年6月，第27頁。實務上，台灣高等法院103年度座談會第8號提案結論採以起訴時爲準。

和解筆錄如具有對世效力，第三人之固有權益恐有因該和解致受損害，而民事訴訟法第 380 條第 2 項有關繼續審判之請求，又限於和解之當事人始得提起，第三人則無適用餘地，爲保障其固有權益及程序權，規定得準用民事訴訟法第五編之一規定，於和解筆錄作成後，提起撤銷訴訟，以爲救濟（第 45 條）。

八、捨棄、認諾

當事人既可依第 45 條第 1 項規定就得處分事項爲訴訟上和解，應亦得爲捨棄、認諾，以充分保障其程序選擇權，參酌民事訴訟法第 384 條規定，明定當事人於言詞辯論期日就上開得處分之事項，爲捨棄或認諾者，法院應本此逕爲該當事人敗訴之判決，不得再行調查證據或認定事實。惟於離婚或終止收養關係事件，因屬重大身分行爲，其捨棄或認諾應由當事人自行向法院表明眞意，不許他人代理[30]；或因合併提起其他請求，而當事人僅就離婚或終止收養關係爲捨棄或認諾，法院對於合併提起之其他請求又無法爲合併裁判或不相矛盾之處理者；或法院認爲依當事人捨棄或認諾所爲裁判結果，有危害其等未成年子女之利益之虞，而未能就子女之利益保護事項依聲請或依職權合併裁判者，即有必要適度限制當事人之處分權，故法院並不依當事人之捨棄、認諾逕爲其敗訴之判決，以求愼重，避免發生同程序裁判歧異，並符合謀求子女利益之立法目的。法院依捨棄、認諾爲敗訴判決前，審判長應對當事人就該判決所及之利害關係予以闡明，當事人始能權衡得失，謹愼爲程序選擇。

當事人就其不得處分之事項，如本法第 3 條所定之甲類事件，表示捨棄，法院雖不得逕爲敗訴判決，惟實際上欲調查證據亦恐將不易，就此情形明定視爲撤回其請求，俾符合程序經濟原則。惟當事人

---

[30]是否以本人到場爲必要，參本書第一編第九章總論之特別規定、陸「本人到場」之說明。

有合併提起其他請求，而捨棄之請求是否成立爲其他請求之前提者，
學理之舉例，例如當事人提起確認親子關係之訴，並請求給付扶養費
用，而僅撤回確認親子關係部分，因法院判斷是否給付扶養費用，仍
須先予認定親子關係存否，即不宜視爲撤回[31]。惟實務上或非如此，
蓋倘對造事後亦不爭執親子關係之存在（例如承認戶籍認領登記之效
力），而僅就扶養費多寡爲爭執，基於身分安定性，自無不許撤回之
理。視爲撤回之效力及程序，應與民事訴訟法訴之撤回相同，故明定
準用民事訴訟法第262條至第264條之規定[32]，以資適用（第46條）。

　　舊民事訴訟法第574條第1項規定：「關於認諾效力之規定，
於婚姻事件不適用之。關於捨棄效力之規定，於婚姻無效、婚姻成立
或不成立之訴不適用之。」此項規定，於終止收養關係之訴有其適用
（舊民事訴訟法第588條），本法與之爲不同規定，批評意見認爲：
離婚或終止收養關係之訴，如許當事人就訴訟標的爲捨棄或認諾，
因而受敗訴判決，將不知犧牲多少家庭之幸福[33]。惟就捨棄而言，無
論是離婚或終止收養，原告應受敗訴判決，新法與舊法之規定並無
不同；於認諾，離婚或成年人之終止收養，本得由當事人雙方合意爲
之，爲當事人得處分事項，其在訴訟上得爲和解，實無不得認諾之
理，且本法第46條第1項並有但書爲適當限制。其實，在訴訟實務
上，此二類事件，原告如欲捨棄常改以聲明撤回，被告如願認諾常被

---

[31] 許士宦，前揭書（註13），第358頁。

[32] 第262條：「原告於判決確定前，得撤回訴之全部或一部。但被告已爲本案之
言詞辯論者，應得其同意。訴之撤回應以書狀爲之。但於期日，得以言詞向法
院或受命法官爲之。以言詞所爲訴之撤回，應記載於筆錄，如他造不在場，應
將筆錄送達。訴之撤回，被告於期日到場，未爲同意與否之表示者，自該期日
起；其未於期日到場或係以書狀撤回者，自前項筆錄或撤回書狀送達之日起，
十日內未提出異議者，視爲同意撤回。」第263條：「訴經撤回者，視同未起
訴。但反訴不因本訴撤回而失效力。於本案經終局判決後將訴撤回者，不得
復提起同一之訴。」第264條：「本訴撤回後，反訴之撤回，不須得原告之同
意。」

[33] 吳明軒，前揭文（註4），第20頁。

和解代替，鮮有依據捨棄或認諾而為敗訴判決者。

九、審理計畫與攻擊防禦方法提出

　　為保障當事人請求適時審判及程序公正之權利，並期節省司法資源，法院應事先規劃家事審判程序如何進行，故於收受原告訴狀後，審判長即應依職權視個案之類型及性質，或與當事人協議，擬定審理計畫[34]，此計畫可能包括宜如何進行調解程序或試行和解之評估、如何闡明事實證據之提出與調查、如何定審理之先後順序、如何整理並協議簡化爭點或指定現場履勘等期日。

　　家事事件，不論係得處分或不得處分之事項，當事人均應在適當時期提出攻擊或防禦方法，此為其促進訴訟義務，以防止程序延滯及浪費司法資源，故明定除另有法律或有權機關依法律所定命令外，當事人應依事件進行之程度，於言詞辯論終結適當時期提出攻擊防禦方法[35]。又所謂「事件進行之程度」係考量事件有無行爭點整理程序、有無成立簡化爭點之協議、法院審理計畫是否曉諭當事人，以判斷其是否已於適當時期提出攻擊防禦方法。惟如因當事人故意或重大過失，逾適當時期始行提出攻擊或防禦方法，有礙事件之終結者，雖不發生失權效果，法院仍得於裁判時依經驗法則等斟酌其逾時提出之原因而形成心證。

　　至於離婚、終止收養關係、分割遺產或其他當事人得處分之事項，除有第 10 條第 2 項但書所定情形外，如有逾時提出攻擊或防禦方法情形，自應準用民事訴訟法之相關規定[36]，由法院斟酌情形使生

---

[34] 審理計畫，法院實務做法有以審理單代之，由法官視案件進行進度與需要而為批示。

[35] 即當事人負有協力義務，德國家事及非訟事件法第27條（Mitwirkung der Beteiligten）規定要求關係人應於事實之調查時予以協力，並就事實為完全及符合事實之陳述。

[36] 準用第196條第2項、第268條之2第2項、第276條、第441條之1及第447條。

失權之效果。

　　法院得斟酌逾時提出之理由，或賦予失權之效果，因事涉當事人之利害關係，故法院裁判前，應使有辯論之機會，以保障程序權。

　　依當事人陳述之內容，如認得為合併請求、變更、追加或反請求者，法院自應向當事人行使闡明權，確定其真意，以期統合處理家事紛爭，兼顧程序之迅速及經濟（第47條）。

十、判決對世效力

　　甲類及乙類家事訴訟事件，因與身分有關，事涉公益，法院就此類事件所為確定之終局判決，對於第三人亦有效力（即具有對世效力）。惟為使第三人權益明確獲得保障，如特定利害關係人或非婚生子女有下列各款情形之一者，判決效力則不及於該第三人：（一）因確認婚姻無效、婚姻關係存在或不存在訴訟判決之結果，婚姻關係受影響之人，非因可歸責於己之事由，於該訴訟之事實審言詞辯論終結前未參加訴訟。（二）因確認親子關係存在或不存在訴訟判決之結果，主張自己與該子女有親子關係之人，非因可歸責於己之事由，於該訴訟之事實審言詞辯論終結前未參加訴訟。（三）因認領子女訴訟判決之結果，主張受其判決影響之非婚生子女，非因可歸責於己之事由，於該訴訟之事實審言詞辯論終結前未參加訴訟。前開特定利害關係人或非婚生子女或其他與家事訴訟事件有法律上利害關係之第三人，非因可歸責於己之事由而未參加訴訟，就其不利部分之確定終局判決，得準用民事訴訟法第五編之一第三人撤銷訴訟之規定，使其程序選擇權得以獲得充分保障，並徹底解決紛爭（第48條）。至於丙類及其他家事事件之判決效力，則準用民事訴訟法第401條之規定[37]。第48條第1項本文與但書規定，有將前者以「絕對的對世效」

---

[37] 第401條：「確定判決，除當事人外，對於訴訟繫屬後為當事人之繼受人者，及為當事人或其繼受人占有請求之標的物者，亦有效力。對於為他人而為原告或

稱之，後者則爲「相對的對世效」[38]。後者之人因判決效力所不及，除另提起同一訴訟標的之訴訟外，也可提第三人撤銷訴訟。第三人撤銷訴訟之原告適格，不限於受判決效力所及，藉由撤銷訴訟，可避免同一事件有不同確定判決之情形[39]；反之，前者之人，因受判決效力所及，不能提起同一訴訟標的之訴訟，如其爲法律上有利害關係之人，非因可歸責於己事由，而未參加訴訟者，僅可依第 2 項提第三人撤銷訴訟。第 1 項但書之人，即第 1 款之「婚姻關係受影響」、第 2 款之「主張有親子關係」、第 3 款之「非婚生子女」，其與第 2 項「有法律上利害關係之第三人」，難以一言區分，宜以個案說明，以第 3 款爲例，甲女主張丙子爲其與乙男所生，甲以乙爲被告，提起認領之訴，受敗訴判決確定，如丙非因可歸責於己事由，而未參加訴訟，丙不受該判效力所及，得對乙另提起認領之訴，無牴觸一事不再理之原則，如獲勝訴判決確定，會出現二前後矛盾之確定判決，雖然解釋上，應以後判決爲是，但丙其實可同時提起第三人撤銷訴訟，將前判決予以撤銷。此處之丙，就是第 3 款之「非婚生子女」；續援此例，倘乙另有一子丁（與他女婚生或認領而來），丙所提認領之訴獲勝訴判決，則丙、丁成爲兄弟（同父異母），將來乙之遺產，由丙、丁共同繼承，丁應受丙認領之訴勝訴確定判決效力所及，倘其有非因可歸責於己事由，而未參加訴訟者，僅能依第 2 項提起第三人撤銷訴訟。此處之丁，就是第 2 項之「有法律上利害關係之第三人」，受第 1 項絕對對世效力所及。

　　本條之對世效，包括甲類及乙類全部家事訴訟事件，相對於舊民事訴訟法，僅有「就婚姻無效、撤銷婚姻或確認婚姻成立或不成立之

　　被告者之確定判決，對於該他人亦有效力。前二項之規定，於假執行之宣告準用之。」

[38] 許士宦，前揭書（註13），第430至444頁，對於本條有詳細說明與舉例。

[39] 就此有認該第三人既可另訴，其有無提第三人撤銷訴訟之必要存疑，參姜世明，確認親子關係存否事件，軍法專刊，第60卷第2期，2014年5月，第17頁。

訴所爲之判決，對第三人亦有效力」（第582條第1項）、「就收養無效、撤銷收養、確認收養關係成立或不成立，或撤銷終止收養之訴所爲之判決，對於第三人亦有效力」（第588條準用第582條第1項）、「就認領無效及就母再婚後所生子女確定其父之訴所爲之判決，對於第三人亦有效力」（第596條準用第582條第1項）。有認爲本條之對世效範圍過廣，而但書之例外規定又無法涵蓋全部，厚此薄彼，殊難爲理論上之說明者[40]。

十一、訴訟程序之停止

　　對於當事人間有可能自主解決紛爭，或解決事件之意思已甚接近時，法院得斟酌具體情形，依職權定6個月以下之期間停止訴訟程序，或爲其他必要之處分，使當事人能充分試以訴訟外方式徹底解決紛爭（第49條）。

十二、訴訟終結之擬制

　　確認身分關係存在不存在訴訟之確認利益爲身分利益，且具一身專屬性，故原則上爲原告訟爭身分關係之當事人或第三人死亡時不使其續行訴訟；至於撤銷訴訟等關於身分關係之形成訴訟，因亦具有一身專屬性，故除別有規定須續行訴訟者外，原則上該訴訟亦應告終結（參酌日本人事訴訟法第27條第1項及我國舊民事訴訟法第580條）。所謂別有規定，如第60條撤銷婚姻訴訟，他人得承受訴訟。

　　本法第3條所定甲類或乙類家事訴訟事件，其身分關係牽連甚廣，具有一定之公益性，即使被告死亡，亦仍有使其身分關係明確之必要，故由第三人提起者，若判決確定前，共同被告中之一方死亡時明定由生存之他方續行訴訟。由訟爭身分關係當事人之一方或由第

---

[40] 吳明軒，前揭文（註2），第107至108頁。

三人提起者，若被告均於判決確定前死亡者，因我國現行法體系在涉及公益之民事事件如無當事人時，係規定由檢察官作為職務上之當事人，故明定除別有規定外，由檢察官續行該訴訟（第 50 條）。所謂別有規定，如第 59 條離婚與撤銷婚姻本案視為訴訟終結。但實務上有由利害關係人（如繼承人）承受訴訟，而非由檢察官續行訴訟者[41]。

十三、民事訴訟法之準用

為免本法規定不備，家事訴訟程序準用民事訴訟法之相關規定（第 51 條）。

---

[41] 參桃園地院102年度親字第1號判決，但該判決係直接引用家事事件法第51條準用民事訴訟法第168條、第175條而來，忽略本法第50條之規定，第二審台灣高等法院102年度家上字第269號判決未注意及此。但也有引用本法第50條之規定，認應由檢察官續行訴訟，而駁回繼承人承受訴訟之聲明者，參台灣高等法院103年度家上字第211號裁定。該二裁判均在本法甫實施後不久作成，對法律正確適用尚不熟悉，現今若認得由繼承人承受訴訟，不當然由檢察官續行訴訟者，似可參考最高法院109年台上字第120號、第1940號判決之意旨，加以適度法理之說明（參本章貳、三、被告適格之相關說明）。

第五章

家事訴訟程序分則

學習重點

1. 夫妻住所地是否限於共同住所地
2. 受暴婦女離去住所之離婚管轄
3. 離婚訴訟與未成年子女親權事件之管轄
4. 國際審判管轄權之學理
5. 應訴顯有不便為抗辯事由或職權調查事項
6. 限制入境是否等同應訴顯有不便
7. 婚姻事件不同事件別請求禁止
8. 婚姻事件確定判決失權效
9. 離婚敗訴確定後可否聲請履行同居
10. 親子訴訟拒絕DNA鑑定法律效果

壹、概說

家事訴訟程序之分則規定共三章，即第二章婚姻事件程序、第三章親子關係事件程序、第四章繼承訴訟程序。其中第二章之親子關係事件，包括收養事件，故以親子「關係」涵蓋之，相對親子非訟，因不含收養事件，故該章名為「親子非訟事件」（本法第四編第三章），而無「關係」二字（餘詳如上一章概說之說明）。

貳、分則規定

一、婚姻事件

為明確婚姻訴訟事件之種類及程序進行之重要內容，以利法院適用，並方便當事人瞭解，本法第三編第二章配合規定法院處理此類事件應遵循之程序。

（一）國內管轄

確認婚姻無效、撤銷婚姻、離婚、確認婚姻關係存在或不存在事件之管轄，有下列幾種情形：

1. 專屬管轄

由夫妻之住所地法院、夫妻經常共同居所地法院、訴之原因事實發生之夫或妻居所地法院專屬管轄（第 52 條第 1 項第 1 款至第 3 款）。如夫或妻死亡者，專屬於夫或妻死亡時住所地之法院管轄（第 2 項）。夫妻住所地之認定，由雙方協議，協議不成聲請法院定之，法院裁定前，以共同戶籍地推定為其住所（民法第 1002 條）。聲請法院定住所地為本法第 3 條戊類第 3 款之家事非訟事件。第 52 條第 1 項第 1 款之「夫妻之住所地法院」，從字面解釋似可包括夫妻之共同住所地法院、夫或妻之分別住所地，惟歷來實務多數見解認為，所

稱「專屬夫妻之住所地」法院，指專屬夫妻「共同」住所地之法院而言，認觀諸75年間民法第20條第2項之修正立法理由[1]，並參照同法第1002條：「夫妻之住所，由雙方共同協議之；未為協議或協議不成時，得聲請法院定之。法院為前項裁定前，以夫妻共同『戶籍地』推定為其住所」之規定，暨司法院釋字第452號解釋之意旨自明（最高法院102年度台抗字第407號民事裁定參照），因此不包含夫或妻之分別住所地[2]。然此一見解，與其說是對文義為限縮，毋寧是受民法第20條第2項「一人不得同時有兩住所」之規定影響。換言之，如夫妻已有共同住所，自不生夫或妻各自住所之可能；反面言之，如夫妻婚後並無共同住所，即不排除有各自住所之可能[3]，縱然夫妻戶籍共設一處，因僅有推定效力，亦非即可認定為共同住所。第52條第1項第2款之「夫妻經常共同居所地法院」，為新設規定，為舊民事訴訟法第568條所無，此乃夫妻或經常居住於共同戶籍地以外之處所，或無共同戶籍地，或無法達成協議，亦未聲請法院定住所地，或常已各自分離居住，以因應時代變遷及婚姻態樣多元化的現象。至何為夫妻經常共同居所地法院，當依事證認定之。而訴之原因事實發生地，亦應依個案具體情形認定。長期分居致有難以維持婚姻重大事由，應視破綻之原因事實於何時地發生而定。如夫妻於分居前其婚姻並無裂痕，嗣因長期分居漸行漸遠而生破綻，可認一方離去夫妻共同住居所後遷居之地，為離婚之原因事實發生地。如夫妻於分居前婚姻已有裂痕，嗣又因長期分居少有互動裂痕加深致生破綻，則夫妻原共同住居

---

[1] 應係民事訴訟法第568條於75年修正之誤，蓋民法第20條第2項並無於75年修正。民事訴訟法第568條於75年修正時，揭櫫依民法第20條第2項「一人不得同時有兩住所」之規定（最高法院95年度台抗字第595號裁定）。

[2] 台灣高等法院101年度家抗字第81號、台中高分院101年度家抗字第27號、花蓮高分院102年度家抗字第2裁定。

[3] 台灣高等法院101年度家抗字第81號、第121號。88年12月台灣高等法院暨所屬法院法律座談會多數結論亦認為，當無共同住所時，夫妻之各自住所均有管轄權，並不以聲請法院指定共同住所為必要。

所地，及一方遷出後別居之地，均爲離婚之原因事實發生地[4]。

2. 合意管轄

由當事人以書面合意定管轄法院，不受前項專屬管轄之限制。合意管轄可以排除專屬管轄，不同於民事訴訟法第 26 條之規定。職故，本法之專屬管轄僅具相對性。又此之合意管轄乃指定第一審法院而言（民事訴訟法第 24 條第 1 項參照）。故除當事人以書面合意管轄法院外，舉凡夫妻之住所地法院、夫妻經常共同居所地法院、訴之原因事實發生之夫或妻居所地法院，均有競合專屬管轄之權，原告如就該事件向各該款其中任一法院起訴，自不生無管轄權而有準用民事訴訟法第 28 條第 1 項所定移送訴訟之問題[5]。

3. 中央政府所在地之法院管轄

不能依前規定定法院管轄者，由被告住、居所地之法院管轄。被告之住、居所不明者，由中央政府所在地之法院管轄。

實務上，婚姻事件之管轄爭議頻見，主要爲夫妻一方離去共同住所地，而於新居住地提起離婚訴訟，若經證據調查結果，夫妻確有共同住所地（不論是約定或因久住成爲住所），因違背專屬管轄，而不許之（除有前合意管轄）。但如訴之原因事實發生在新居所地，則該地亦有管轄權，例如受暴婦女離去共同之住所甲地，移居至乙地居住，夫持續對之爲精神騷擾，或至乙地對之爲肢體暴力行爲，如構成不堪同居虐待，或構成婚姻破綻無法維持，則乙地即有管轄權[6]。然如受暴婦女移居至乙地後，夫並無續爲家暴行爲，則乙地無管轄權[7]。後例，如妻攜未成年子女離去，於乙地提起離婚訴訟同時主張監護權，未成年子女之親子非訟事件，固專屬於未成年子女住所或居所地管轄

---

[4] 參台灣高等法院暨所屬法院109年度法律座談會第32號提案結論。

[5] 最高法院102年度台抗字第407號裁定。

[6] 台灣高等法院101年度家抗字第182號裁定。

[7] 台灣高等法院101年度家抗字第124號裁定。然若妻移居乙地長達數年，夫妻二人均未見面聯絡，妻以民法第1052條第2項婚姻破綻主義提起離婚訴訟，可能會被認爲乙地爲離婚原因事實之發生地，而有管轄權。

（第 104 條第 1 項第 1 款），然親子非訟事件須合併於離婚訴訟事件審理（第 105 條第 1 項），因此仍應以離婚事件之甲地管轄法院爲合併提起之法院[8]。

（二）國際管轄

　　跨國婚姻事件，我國法院取得審判管轄權之情形：1. 夫妻之一方爲中華民國國民。2. 夫妻均非中華民國人而於中華民國境內有住所或持續 1 年以上有共同居所。3. 夫妻之一方爲無國籍人而於中華民國境內有經常居所。4. 夫妻之一方於中華民國境內持續 1 年以上有經常居所。但中華民國法院之裁判顯不爲夫或妻所屬國之法律承認者，不在此限（第 53 條第 1 項，108 年修正）。被告在中華民國應訴顯有不便者，不適用前項之規定（同條第 2 項）。

　　本條是決定我國有國際審判管轄權，至於應歸我國何法院管轄該事件，則應另依第 52 條土地管轄之規定判斷之。換言之，法院受理涉外民事事件時，有關管轄權之問題，須分爲二階段加以處理，第一階段先確認我國法院對此涉外事件是否具有「國際（審判）管轄權」，如有，進入第二階段，即依我國民事訴訟程序法之規定，決定應由我國國內何一法院管轄[9]。就第一階段之國際管轄權問題，在本法第 53 條之規定前，本無一般性之規定，學說上有：1. 逆推知說，即

---

[8] 台灣高等法院102年度家抗字第4號裁定。

[9] 例如我國甲男留學日本期間，與日本籍女子乙結婚，婚後二人回台灣板橋定居，並生下子丙，乙因生活文化因素，一日回日本後未再返回，音訊全無，甲向新北地方法院起訴請求離婚，並由其擔任丙之監護權人。就第一階段言，甲爲中華民國國民，依第53條第1項第1款，我國法院有國際管轄權，就第二階段，板橋爲訴之原因事實發生之夫或妻居所地，依第52條第1項第3款，新北地方法院有內國管轄權，並以我國法律爲離婚與子女監護事件之準據法（準據法應乃依涉外民事法律適用法而定），參何佳芳，涉外離婚事件之國際審判管轄權及其準據法之適用範圍，月旦法學教室，第119期，2012年9月，第36頁以下。

逆推我國民事訴訟法之管轄規定，如依我國法有管轄權，則本國具有國際管轄權。2. 修正類推適用說，透過法理補充，類推適用。3. 利益衡量說，保護弱者與內國案件之關聯性，例如訴訟當事人便利、公平、預見性；裁判迅速、效率、公平性；調查證據、詢問證人容易性；裁判實效性，如裁判國有無財產可供執行，被外國承認可能性；訴訟地與案件關聯強弱性；與準據法之關聯性等[10]。

第 1 項第 4 款之適用，乃指不符合前 3 款之情形，才有但書除外規定，以尊重對造所屬國。

第 2 項之除外規定，乃參酌民事訴訟法第 182 條之 2 立法例而來，所謂「應訴顯有不便」，雖有認為審判權及管轄權之有無，係訴訟要件之一，屬依職權調查之事項，不待被告抗辯，但實務認為此非法院所得知悉，非經被告提出抗辯，法院毋庸審酌有無該一情形。而被告是否有「應訴顯有不便」之情，應依客觀具體事證認定之，不得僅以其不在我國境內為由抗辯其應訴顯有不便，但如其申請入境應訊，為移民單位所否准，多數認為此可構成應訴顯有不便之情。惟也有認為被告雖受本國移民單位限制入境，至本國應訴顯有不便，法院仍應審酌如原告至外國訴訟，是否會對原告之訴訟權行使產生不便情形。如是，則兩造間之程序權，即產生衝突，此時國家基於保障本國人之訴訟權益，應列為優先考量，認本國法院享有國際審判管轄權；反之，如原告至外國訴訟並無不便，自無保障其訴訟權益之必要，始認本國法院屬不便利法院，而未取得國際審判管轄權[11]。

本條國際管轄權之規定為親子關係訴訟事件所準用（第 69 條），但親子非訟事件則無準用於此之明文，因此倘我國人民與外

---

[10] 參伍偉華，涉陸婚姻事件之區域管轄與法律適用，法學叢刊，第232期，2013年10月，第104頁。我國實務見解認為：「關於涉外事件之國際管轄權誰屬，涉外民事法律適用法固未明文規定，惟受訴法院尚非不得就具體情事，類推適用國內法之相關規定，以定其訴訟之管轄」（最高法院95年度台抗字第2號裁定）。

[11] 參台灣高等法院101年座談會第23號提案結論。

國人結婚生子，在國外居住多年後，我國人民私自將該未成年子女攜帶回國，其後提起之親權行使事件，即生我國法院有無審判權之疑慮[12]。本法草擬期間，曾討論是否以未成年子女國籍或住居所地爲標準，定該類事件之國際審判管轄權[13]，司法院函請審議之草案第103條第3項亦規定：「父母子女或關係人之一方爲外國人或無國籍人，準用第四十二條規定。」所指第42條規定，於草案中即爲國際管轄權之規定，即現行之第53條。惟經召開多次公聽會後，最後通過之現行法並無此準用條文，此一立法過程之變動，是否爲漏洞，應予類推；或有意省略，不可類推第53條或第104條第1項之國內土地管轄規定，爰留下爭議。

（三）確認婚姻關係訴訟之職權通知

依第39條提起確認婚姻無效、婚姻關係存在或不存在之訴者，法院應依職權通知未被列爲當事人之其餘結婚人參加訴訟，並適用第40條之規定通知利害關係人參加訴訟（第54條）。

（四）受監護宣告人之訴訟代理

婚姻事件之夫或妻爲受監護宣告之人者，除依第14條第3項證明有意思能力而有程序能力之情形外，由其監護人代爲訴訟行爲，並適用第15條及第16條選任程序監理人之規定。監護人違反受監護宣告人之利益而起訴者，法院應以裁定駁回之（第55條）。至於受輔助宣告之人，若未經輔助人之同意，得否自行向法院訴請離婚，舊民事訴訟法第571條之1第1項原規定，受輔助宣告之人於婚姻事件有訴訟能力，爲訴訟行爲時無須經輔助人同意。本法就此並無特別規定，應依本法第14條第2項與滿七歲之未成年人同視，蓋未成年人

---

[12]參台灣高等法院暨所屬法院107年法律座談會第33號提案之討論。
[13]參司法院家事事件法研究制定資料彙編（十），第198次會議討論，第608至611頁。

之法律行爲亦同應經法定代理人允許或承認也，或依第 3 項能證明其有意思能力，關於其身分及人身自由之事件，有程序能力，惟法院應注意有無依第 15 條第 1 項第 3 款選任程序監理人之必要[14]。

（五）婚姻事件不同事件別請求禁止

爲統合處理家事事件並兼顧程序之迅速及經濟之必要，採別請求禁止主義，就確認婚姻無效、撤銷婚姻、離婚或確認婚姻關係存在或不存在事件，規定得依第 41 條第 2 項規定爲請求之變更、追加或反請求者，不得另行請求。如審理中，其另行請求者，法院應以裁定移送於訴訟繫屬中之第一審或第二審法院合併裁判，並適用第 6 條第 2 項至第 5 項移送裁定之規定（第 56 條）。

（六）婚姻確定判決失權效

爲全面解決有關同一婚姻關係之紛爭，以儘早使婚姻關係趨於安定，避免因訴訟反覆提起而造成程序上之不經濟，參酌日本人事訴訟法第 25 條第 1 項及擴大我國舊民事訴訟法第 573 條規定，就有關婚姻關係之訴訟，如經判決確定後，不論該判決結果有無理由，當事人均不得援以前訴訟程序，依請求之合併、變更、追加或反請求所得主張之事實，就同一婚姻關係提起獨立之訴，使其發生失權效，有稱爲「全面解決主義」[15]。但爲保障當事人之程序權，如有因法院未依法行使闡明權致未爲主張；或是雖經法院闡明，但因不可歸責於當事人之事由而未爲主張之情形，則爲發生失權效之例外，而允許當事人得援以前依請求之合併、變更、追加或反請求所得主張之事實者，提起獨立之訴（第 57 條）。

所謂同一婚姻關係之禁止提起獨立之訴，包括不同婚姻訴訟類

---

[14] 台灣高等法院102年法座談會第47號提案結論認依第2項規定，有程序能力。此一結論，未提及應否「證明其有意思能力」，似當然認有程序能力。

[15] 許士宦，家事事件法，新學林出版，2020年2月初版1刷，第388頁。

型，與同一婚姻訴訟類型。前者，例如，乙妻提起離婚訴訟，甲夫本得主張提起確認婚姻無效之訴，但未提起，離婚訴訟法院為敗訴判決確定，則甲不得提起確認婚姻無效；或乙妻被詐欺而結婚，婚後被不堪同居之虐待，妻本得合併提起撤銷離婚或離婚之請求，但僅提起離婚訴訟，敗訴判決確定後，不得另提起撤銷婚姻訴訟（除非有第57條但書例外規定）。後者，例如乙妻婚後被不堪同居虐待，且夫有通姦行為，妻本得根據該二事由請求離婚，但僅以不堪同居為由，敗訴判決確定後，不得改以通姦事由請求離婚。

又本條之失權效，其範圍當僅指確認婚姻無效、撤銷婚姻、離婚及確認婚姻關係存在或不存在之家事訴訟事件而言，尚難包括家事非訟事件之夫妻同居事件（第3條戊類第2款）。此不僅從體系解釋論所得結論，性質上，夫妻同居是維持婚姻之正常狀態，與上述各類婚姻訴訟事件性質有別[16]。同理，駁回離婚請求判決確定，當不影響請求給付家庭生活費用[17]。

本條實務上易引起爭議者，恐是但書之闡明問題，特別是第1款「因法院未闡明致未為主張」，所謂「法院未闡明」究何所指，也就是法院之闡明，是否應以從當事人之主張或陳述，發現有得追加、變更、反請求之事實為限，否則法院並無闡明義務，參考第47條第6項之闡明義務乃本於「依當事人陳述」，似應採此見解，故若無從依當事人之陳述為闡明，即生失權效，不得提起獨立之訴[18]；抑或法

---

[16] 民事訴訟法研究會第119次研討紀錄，主席邱聯恭之研討會後補註資料，認為後請求「同居履行請求」與前訴訟「婚姻請求」之程序標的不同，後訴法院不能適用第57條有關失權效之規定處理，法學叢刊，第232期，2013年10月，第218頁。

[17] 沈冠伶等，家事程序法制之新變革及程序原則──家事事件法之評析及展望──民事訴訟法研討第114次研討紀錄，法學叢刊，第226期，2012年4月，第245頁。

[18] 台灣高等法院93年度家上更（一）字第3號判決謂：上訴人於撤回案件後，復於本件訴訟程序中主張依民法第1052條第2項規定，請求判決離婚，然上訴人此部

院仍應主動闡明（詢問有無其他得一併主張之事實，此涉及闡明之範圍），否則無失權效力[19]；甚或雖無從闡明，但亦無失權效適用[20]，見解多有歧異。對此，有認為法院闡明義務如此無止盡的強化，是否造成法院負擔過重以及判決動輒廢棄之風險增加，反而造成程序的不安定，似仍值得觀察[21]。

本條規定，有認得斟酌之處有：1. 是否對被告過苛？按訴訟是由原告發動，為對於原告濫行起訴之制裁，並維持婚姻關係之穩定，故擴大禁止原告另行起訴之範圍，情理尚可。但原告就離婚訴訟本得為捨棄，而受敗訴判決（第46條），如謂原告之捨棄，竟可剝奪被告另行提起婚姻訴訟權利，並不合理。何況本法並未採律師強制代理制度，被告未必能因法院之闡明而知悉應提起反訴，如因此未提起，即生巨大不利，豈符事理之平？2. 忽略婚姻訴訟中之公益色彩，蓋婚姻效力乃是否符合法律要件之問題，事關國家婚姻制度之建置，不許當事人為自認、不爭執、捨棄及認諾，法院且得依職權斟酌當事人未提出之事實，卻僅因被告未及時提起反請求，即因而承認婚姻關係存

分之訴訟標的，雖未於前訴訟程序中主張，然觀諸上訴人所陳該當不能維持婚姻之重大事由情節，其發生時期，仍係在原法院離婚事件判決以前，參諸前開民事訴訟法第573條第1項規定，上訴人應於前揭訴訟程序以訴之變更或追加方式而為主張，詎其不為，反於該事件因無理由受敗訴判決後，始獨立提起本件之訴，顯與法不合（本法施行前之裁判）。似接近於此見解。

[19] 高雄高分院102年度家上字第51號判決卻認為：前案離婚事件審理中亦僅就上訴人之主張是否符合民法第1052條第2項之離婚事由予以審理辯論，並未另為闡明上訴人是否併其他離婚事由之法律上主張，是以，上訴人本件就兩造同一婚姻關係，再以民法第1052條第1項第3款及第4款訴請離婚，應予准許，此部分亦非前案既判力效力所及（本法施行後之裁判）。均未明確說明得否依當事人陳述內容而得闡明。似接近於此見解。

[20] 沈冠伶等，前揭文（註17），第244頁，如訴訟或陳述未出現相關事實時，因法院無從闡明，仍得另行起訴。

[21] 參姜世明，確認親子關係存否事件，軍法專刊，第60卷第2期，2014年5月，第18頁。

在，豈不前後矛盾？3.立法意旨強調婚姻關係之安定，然如當事人已無維持婚姻之意思，即使以失權效限制再起訴，對於維繫婚姻之事實，亦無何助益。但書規定，排除一定失權效，較爲合理，足見維持婚姻安定，非法律所追求之唯一價值[22]。

　　若違反第 57 條之規定而另行起訴，受訴法院應依同法第 51 條準用民事訴訟法第 249 條第 1 項第 7 款之規定，予以駁回。相較於舊民事訴訟法第 573 條規定，新法刪除「前訴訟因無理由被駁回」之要件，故無論前訴訟有無理由均有適用。其次，若係「未曾於前訴訟中提起反訴之被告」，於舊法不受失權效拘束，但在現行法下則已無區分。此外，失權效之規定可能產生的疑問在於，除前訴訟之當事人外，第三人是否亦受拘束？此問題於舊法時期即存有爭議，而在家事事件法第 57 條增訂後，就文義解釋而言，該條似仍僅規範當事人應受拘束，第三人則未提及[23]。

　　本條之婚姻確認判決失權效爲親子關係訴訟所準用（第 69 條第 1 項）。所謂「確認判決失權效」（法條標題爲「提起獨立之訴之限制」）與「既判力失權效」及「爭點效」意義不同，涉及民事訴訟法訴訟標的之基礎理論，應一併比較，始能正確解讀本條規範要義。又本條之適用範圍、要件，與我國舊民事訴訟法、德、日法之比較，雖均有其特殊性[24]，但未來實務如何發展，有待觀察。

（七）自認及不爭執事實之效力

　　爲維持婚姻制度，並兼公益之維護，關於訴訟上自認及不爭執事實之效力之規定，於構成撤銷婚姻之原因事實，及確認婚姻無效或確認婚姻不存在之原因事實，均無適用之餘地。亦即雖當事人一方於上

---

[22]呂太郎，家事事件法若干解釋上問題，民事訴訟研討會第115次報告，問題壹拾壹。

[23]參姜世明，前揭文（註21），同頁。

[24]許士宦，前揭書（註15），第381至409頁。

揭情形主張此等原因事實,而經他造對之於訴訟中為自認或不爭執,然主張原因事實之該造仍不能引民事訴訟法第 279 條或第 280 條等規定,而得卸免就其主張事實所應負擔之舉證責任。至於當事人所主張前述各該原因事實以外之事實,例如離婚原因事實,如經他造為訴訟上自認或不爭執者,則仍當有訴訟上自認及不爭執事實之效力規定之適用(第 58 條)[25]。蓋以離婚請求之原因事實(如不堪同居虐待之事實),多涉及當事人之隱私,為保護當事人之隱私權,如當事人寧願自認使法院不予查明,避免就此調查證據致危害其隱私,而造成精神上痛苦,應許當事人對該事實為處分而為自認或不爭執,賦予其有機會追求該項程序利益(不為虐待事實上查明以免因此受害時所可獲得之利益)[26]。

(八)離婚、撤銷婚姻訴訟終結之擬制

婚姻關係之一方死亡時,婚姻關係即解消而無從繼續,故離婚之訴,如當事人之一方於判決確定前死亡,該訴訟無再為續行之必要。又撤銷婚姻之法律效果係使身分關係向後解消,與離婚並無不同,故撤銷婚姻之訴係由夫或妻提起者,若夫或妻於判決確定前死亡時,關於本案亦視為訴訟終結(第 59 條)。

婚姻事件如合併有其他附帶事件,是否亦因本案程序之終結而終

---

[25] 舊民事訴訟法第574條第2項、第3項規定:「關於訴訟上自認及不爭執事實之效力之規定,在撤銷婚姻、離婚或夫妻同居之訴,於撤銷婚姻、離婚或拒絕同居之原因、事實,不適用之;在婚姻無效或確認婚姻成立或不成立之訴,於婚姻無效或不成立及婚姻有效或成立之原因、事實,不適用之。關於認諾、捨棄、訴訟上自認及不爭執事實之效力之規定,於第五百七十二條之一之事件,不適用之。」是依舊法之規定,離婚之原因事實,本亦無自認或不爭執效力之適用。相關爭議,另參本書第一編第九章「總論之特別規定」、肆「辯論主義之限制」。

[26] 許士宦,2013年民事程序法發展回顧:家事及民事裁判之新發展,臺大法學論叢,第43卷特刊,2014年11月,第1192頁。

結，自應依附帶事件之性質，而爲不同之決定，此部分留待日後實務及學說之發展而定（立法理由參照）。

離婚判決確定後，離婚之夫或妻一方死亡，生存之他方以該確定判決具有再審事由，得否提起再審之訴？應以何者爲適格被告？最高法院 105 年度台抗字第 802 號裁定認爲：現有法律並無得適用再審程序之明文規定，復無其他足以有效救濟之途徑，使其不能享有糾正該錯誤裁判之機會，自係立法之不足所造成之法律漏洞，有爲法之續造以爲填補之必要，應由死亡者繼承人承受該離婚再審訴訟之再審被告地位。但有認爲：依本法第 51 條準用民事訴訟法再審相關規定，並無法律規定缺漏，得以死亡當事人之全體繼承人爲被告，提起再審之訴[27]。

（九）撤銷婚姻之訴之續行訴訟

按撤銷婚姻之訴，往往涉及有法律上利害關係之第三人，且其撤銷原因常有法律上之特別理由，而賦予該人撤銷權，即使已行使撤銷權之原告死亡，仍有必要使其他撤銷權人得利用同一訴訟程序爲之，以明確身分關係，故原告於判決確定前死亡時，除應依本法第 40 條之規定，由法院依職權通知有法律上利害關係之撤銷權人外，參酌舊民事訴訟法第 581 條規定，有權提起同一訴訟之撤銷權人，得於知悉原告死亡時起 3 個月內聲明承受訴訟。但於原告死亡後已逾 1 年者，不得爲之，以求法律關係之安定，及程序上之經濟（105 年 1 月 15 日修正施行第 60 條）。

二、親子關係事件

爲明確親子關係訴訟事件之種類，並規範訴訟程序上之重要事

---

[27] 許士宦，家事事件法實務運用，月旦法學雜誌，第298期，2020年3月，第16至20頁。

項，本法第三編第三章配合規定法院處理此類事件應遵循之程序。又此之親子關係包括收養事件。

（一）管轄

親子關係事件之專屬管轄法院有其優先順序：即如有未成年子女或養子女爲被告時，由其住所地之法院專屬管轄爲第一優先。如無未成年子女或養子女爲被告，則子女或養子女住所地之法院，或父、母、養父或養母住所地之法院均有管轄權（第61條）。

（二）養子女與養父母間之訴訟

養父母與養子女間之訴訟，如養子女無程序能力，而養父母爲其法定代理人者，應由本生父母代爲訴訟行爲，法院並得選任程序監理人。如法院已依民法第1086條選任特別代理人，就無再由本身父母代爲訴訟行爲。無本生父母或本生父母不適任者，也可以爲其選任程序監理人（第62條）。

（三）否認子女之訴當事人適格

否認子女之訴，應以未起訴之夫、妻及子女爲被告（第63條第1項）。子女否認推定生父之訴，以法律推定之生父爲被告（第2項）。前二項情形，應爲被告中之一人死亡者，以生存者爲被告；應爲被告之人均已死亡者，以檢察官爲被告（第3項）。

本條第1項、第2項分別規定「否認子女之訴」與「子女否認推定生父之訴」二者是否屬不同訴訟類型，由是產生之爭議，詳見本編第二章、參、該款之說明。

另以子女爲被告之情形，是否包括胎兒，見解不同。肯定說認爲，未必均將使胎兒成爲非婚子女，故胎兒仍有可享受之利益存在，惟於胎兒出生前，法院不得爲胎兒敗訴判決；否定說認爲，對胎兒應屬不利益，無法以胎兒爲被告。另有認爲，如調查結果，原告應受敗訴判決（經DNA鑑定有血緣關係），對胎兒有利，似可提起；反之，

如原告應受勝訴判決（經 DNA 鑑定無血緣關係），對胎兒不利，違反民法第 7 條關於胎兒利益之保護，視為既已出生之規定，似應以當事人能力欠缺為由駁回原告之訴。但此取決後續證據調查之結果，無法於起訴之初即加以判定。

　　得提起本訴訟之原告，為夫妻之一方或子女，相較於德國法，我國法上具有原告適格者較為限縮，而不包括可能血緣之父，依德國法，經宣誓於母受胎期間與母同居之第三人亦具有原告適格[28]。

（四）否認子女之訴由繼承權被侵害之人提起

　　否認子女之訴，夫妻之一方或子女於法定期間內或期間開始前死亡者，繼承權被侵害之人得提起之。依前項規定起訴者，應自被繼承人死亡時起，於 1 年內（105 年修法前為 6 個月）為之。夫妻之一方或子女於其提起否認子女之訴後死亡者，繼承權被侵害之人得於知悉原告死亡時起 10 日內聲明承受訴訟。但於原告死亡後已逾 2 年者（105 年修法前為 30 日），不得為之（第 64 條）。舉例言之，甲夫、乙妻於婚姻關係中生一獨子丙，甲知悉丙非其婚生子女 2 年內死亡（法定期間內死亡）或未知悉即死亡（期間開始前死亡）[29]，如丙非甲之子女，甲之父丁即有繼承權，而得於甲死亡時起 1 年內提起否認子女之訴。事實生父雖非民法第 1063 條之適格原告，但有認為，在一定條件下，得以繼承權被侵害為由，依本條提起[30]。惟該見解能否被

---

[28] 沈冠伶，家事訴訟事件之當事人適格與第三人之訴訟參與，月旦法學教室，第128期，2013年6月，第47至48頁。另參本書第三編第一章甲類第3款之說明。

[29] 如甲死亡前即知悉並已逾法定期間，自無本條之適用，同參林秀雄，否認子女之訴與確認親子關係不存在之訴，裁判時報，第61期，2017年7月，第5至12頁。

[30] 例如某子A於20歲死亡，法律推定之父甲生存，則A血緣親生父乙，得以甲為被告，取得勝訴判決後，對A為死後認領（在承認得對死後子女為認領之見解下），而得繼承A之財產，參林秀雄，親生父得否提起婚生否認之訴，月旦法學教室，第89期，2010年3月，第20至21頁。

接受，尚待檢驗。又主張繼承權被侵害之人，如已不得依本條提起否認子女之訴，而改以第67條提起確認親子關係不存在之訴，縱有確認利益，亦無理由，應予駁回，此為最高法院最新多數見解[31]。本條僅規定否認子女之訴，有認應包括否認推定生父之訴[32]。

（五）母再婚後所生子女確定其生父之當事人

確定母再婚後所生子女生父之訴，得由子女、母、母之配偶或前配偶提起之。由母之配偶提起者，以前配偶為被告；由前配偶提起者，以母之配偶為被告；由子女或母提起者，以母之配偶及前配偶為共同被告；母之配偶或前配偶死亡者，以生存者為被告；應為被告之人均已死亡者，以檢察官為被告（第65條）。

（六）認領子女事件之當事人

認領之訴，生父無繼承人，民法第1067條第2項後段本僅規定得以社會福利主管機關為被告，本法增加檢察官。由子女、生母或其他法定代理人提起之認領之訴，原告於判決確定前死亡者，有權提起同一訴訟之他人，得於知悉原告死亡時起10日內聲明承受訴訟。但於原告死亡後已逾30日者，不得為之。被指為生父之被告於判決確定前死亡者，由其繼承人承受訴訟；無繼承人或被告之繼承人於判決確定前均已死亡者，由檢察官續受訴訟。被指為生父之被告於判決確定前死亡者，由其繼承人承受訴訟；無繼承人或被告之繼承人於判決確定前均已死亡者，由檢察官續受訴訟（第66條）。

關於起訴前非婚生子女死亡，生父或生母是否仍得提起本訴？有認為已死亡之非婚生子女可否成為認領之對象，我國民法並未規定，而民法第1067條第1項雖規定非婚生子女之生母得以己身名義對生

---

[31] 參該院104年度台上字第138號、105年度台上字第700號判決，是95年度台上字第1815號判決應不再援用才是。

[32] 許士宦，前揭書（註15），第304頁。

父提起認領子女之訴，惟其立法意旨係為保障生存子女之繼承權益及血統真實，倘未經認領之非婚生子女先於生父死亡，權利主體已然不存在，自無權益保障可言。然有參考日本第 783 條第 2 項及韓國民法第 857 條規定，如已死亡子女有直系血親卑親屬時得認領之[33]。實務有認為法無明文排除生父得認領已死亡之非婚生子女，且依家事事件法第 66 條第 2 項規定，非婚生子女提起認領之訴後死亡者，生母得於一定期間內聲明承受訴訟，亦不因子女死亡而使訴訟當然消滅，可知非婚生子女死亡後，生母仍有受本案判決之利益。是非婚生子女死亡後，其生母或其他法定代理人，仍得向生父提起認領之訴[34]。

（七）確認親子或收養關係存在或不存在之訴

　　就法律所定親子或收養關係有爭執，而有即受確認判決之法律上利益者，得提起確認親子或收養關係存在或不存在之訴。確認親子關係不存在之訴，如法院就原告或被告為生父之事實存在已得心證，而認為得駁回原告之訴者，應闡明當事人得為確認親子關係存在之請求。法院就前項請求為判決前，應通知有法律上利害關係之第三人，並使當事人或該第三人就親子關係存在之事實，有辯論或陳述意見之機會。依第 39 條規定，由二人以上或對二人以上提起第 1 項之訴者，法院應合併審理、合併裁判（第 67 條）。確認親子或收養關係之相關問題，另參本編第一章甲類第 3 款、第 4 款之說明。本條之「確認判決之法律上利益」，是否應限縮於身分關係，排除單純財產關係，學理上有不同意見；而外國法例，為防止對於身分關係之權利濫用或欠缺權利保護利益之濫訴，設有針對親子關係訴訟之提訴權時

---

[33] 鄧學仁，對於已死亡非婚生子女之認領，月旦法學教室，第171期，2017年1月，第15至17頁。

[34] 最高法院110年度台上字第1587號判決採肯定說。然起訴後原告死亡，承受訴訟期間為10日或30日（第66條第2項），此之原告當包括非婚生子女，倘非婚生子女於起訴前死亡，則無論是准許生父、生母或法定代理人提起本訴，法律是否也應有一定之期間限制？

效限制，以作爲調和身分關係的眞實性與安定性之機制，例如德國民法第 1598 條第 2 項規定，自登入德國戶籍簿時已過 5 年者，即使認領不具備上述規定之要件時，其仍爲有效。我國在無類似立法之前，似可考量：1. 原告長期未提訴是否有值得受保護之正當理由。2. 長時間形成之法律關係是否已構成信賴保護。3. 他造當事人之不利益是否超過提訴權被否定之原告的不利益。於符合前述要件時，或有得認爲原告之訴爲無理由或不合法之餘地[35]。日本人事訴訟法對此亦無明確之規範，實務雖肯認法律上得以提起確認親子關係訴訟解決紛爭，但強調子女利益以及長期以來所形成社會秩序之重要性，不以生物關係上之親子血緣有無作爲確認親子關係存否勝敗之唯一依據，而應綜合考量子女利益、長期以來所形成之社會秩序以及原告是否構成權利濫用[36]。該國曾有甲、乙父母將 A 子女登記爲戶籍上之婚生子女（但實際非甲、乙所生），生活持續 50 年，甲、乙之養子 B 知道此事但長期未提起確認親子關係不存在之訴，嗣甲死亡，B 始提起確認親子關係不存在之訴，法院認確保戶籍眞實性爲第一優先，該訴未構成權利濫用。但援同上案例，A 死亡後，甲、乙爲協助戶籍上其他子女獨占繼承財產，而提起確認親子關係不存在之訴，法院認此一訴訟導致社會一般不予認同的不當結果發生，屬權利濫用不應准許[37]。本法施行後，我國實務亦有以權利濫用爲由，而爲確認之訴之准駁者[38]。提起

---

[35] 此外，瑞士民法第260條e、法國民法第321條、第333條第2項亦有類似規定，參鄧學仁，無效認領得否轉換爲有效收養——臺灣高等法院民事判決100年度上字第168號，裁判時報，第20期，2013年4月，第41至42頁。

[36] 參宜蘭地院109年度親字第9號判決所引日本實務見解。

[37] 參松本博之著、郭美松譯，日本人事訴訟法，廈門大學出版社出版，2012年8月初版，第332頁。

[38] 參台北地院105年度親字第37號判決。案例事實爲：收養人（85年死亡）之子女以被收養人爲被告，於105年訴請確認收養關係不存在，法院以已逾第64條否認子女之訴除斥期間，雖仍可認爲有確認利益，然基於身分關係安定性原則，逾此期間提起，應係權利濫用且欠缺權利保護必要，而應爲其敗訴之實體判決。但上訴後，高院改從實體認定，認無法證明當事人間無收養合意駁回上訴。另

確認親子關係存在或不存在之訴，應注意本有類型化之訴訟是否依法已不得提起，例如已逾法定期間不得提起否認子女之訴後改提本訴，雖有確認利益，也應以無理由駁回，以免架空法律原有規範[39]。往昔理論與實務就此甚爲分歧，但今已爲主流共識。行政法上之「確認訴訟之補充性」，即同此理，可資參考[40]。

（八）醫學檢驗

　　未成年子女爲當事人之親子關係事件，就血緣關係存否有爭執，法院認有必要時，得依聲請或依職權命當事人或關係人限期接受血型、去氧核醣核酸或其他醫學上之檢驗。但爲聲請之當事人應釋明有事實足以懷疑血緣關係存否者，始得爲之。命爲前項之檢驗，應依醫學上認可之程序及方法行之，並應注意受檢驗人之身體、健康及名譽。法院爲裁定前，應使當事人或關係人有陳述意見之機會（第68條）。

　　對當事人無正當理由拒絕接受醫學檢驗之法效如何，法案制定過程中，本研擬法院得審酌該檢驗應證之事實爲眞正，或處以罰鍰、拘提、管收，但最終未被接受（見本書第一編第二章、拾之說明）。法院實務上，認親子關係訴訟係採職權探知主義，親子關係存否之證

可參台中地院108年度親字第77號判決、新北地院106年度婚字第884號、第940號判決、宜蘭地院109年度親字第9號判決。

[39]參本書第三編第一章、參、三及本章貳、二、（四）之說明。

[40]行政訴訟法第6條第3項：「確認訴訟，於原告得提起或可得提起撤銷訴訟、課予義務訴訟或一般給付訴訟者，不得提起之。但確認行政處分無效之訴訟，不在此限。」析言之，法律關係因行政處分發生者，若當事人對於行政處分之適法性存有爭議，本得提起撤銷訴訟請求救濟而怠於提起，聽任行政處分確定，再以無起訴期間限制之確認訴訟，主張因行政處分而生之法律關係成立或不成立（包括存在或不存在），將使行政處分之效力永遠處於不確定之狀態，不爲訴願及撤銷訴訟成爲多餘，且有害法律秩序之安定，故當事人得提起或可得提起撤銷訴訟而不提起，卻提起確認之訴者，即非合法（最高行政法院103年度裁字第667號裁定意旨參照）。

據（如配合抽血或採取身體組織）存在於對造，而使負有舉證責任一方當事人之舉證在客觀上期待不能時，握有證據（或證據處於其支配範圍）之他造當事人應協力解明事實。若原告業已提出相當事證，足認其與被告間可能無親子關係存在，此時被告即有協力解明事實之義務，倘仍拒絕配合鑑定，自可間接強制認原告之主張為真實。若一造拒絕提出時，雖法院不得強令為之，惟依民事訴訟法第 367 條準用同法第 343 條、第 345 條第 1 項規定，法院得以裁定命其提出該應受勘驗之標的物，若無正當理由不從提出之命者，法院得審酌情形認關於該勘驗標的物之主張或依該勘驗標的物應證之事實為真實，即受訴法院得依此對該阻撓勘驗之當事人課以不利益[41]。

　　如前述本條研擬過程，對無正當理由拒絕接受檢驗者，曾訂有法院得審酌為真正及間接處罰之規定，但為免過度干預人民權利，故適用範圍，僅限制於未成年子女為當事人之親子關係事件，但最終通過之現行條文，並無該審酌與制裁規定，而回歸民事訴訟法之證據法則，與過去法律狀態並無差異。因此向來實務對於血緣鑑定協力命令並未限於親子關係事件，且對於成年子女為當事人之親子關係事件，仍一體適用本條法理，得以裁定命其接受檢驗[42]。

---

[41] 最高法院102年度台上字第1517號判決、台灣高等法院101年度家上字第285號裁定參照。比較法之研究，請參陳風易，親子關係訴訟中的血緣鑑定之強制性，現代法學，第32卷第1期，2010年1月，第86頁以下。應注意須先裁定命其提出鑑定物方可為此判斷，參最高法院105年度台上字第1774號判決。此一裁定為訴訟程序進行中所為之裁定，依法不得抗告，參最高法院108年度台抗字第122號裁定。

[42] 台中高分院105年度家上更（二）字第4號判決採此，上訴後最高法院駁回確定。台灣高等法院100年度家上字第202號判決雖認成年間親子關係事件無第68條之適用，但該案乃當事人所提出之證據，不足以釋明有事實足以懷疑有血緣關係存在，因此難以拒絕接受血緣鑑定，即認無正當理由而課以不利益之判斷。

（九）準用規定

婚姻事件之國內管轄（第 52 條第 2 項至第 4 項）、國際管轄（第 53 條）、婚姻事件不同事件別請求禁止（第 56 條）、婚姻確定判決失權效（第 57 條）及撤銷婚姻之訴之續行訴訟（第 60 條）規定，於本章之事件準用之。確認婚姻關係訴訟之職權通知（第 54 條）及受監護宣告人之訴訟代理（第 55 條）之規定，於本章第 62 條養子女與養父母間之訴訟準用之。離婚、撤銷婚姻訴訟終結之擬制之規定（第 59 條），於本章撤銷收養、終止收養關係、撤銷終止收養之訴準用之（第 69 條）。

三、繼承訴訟事件

為規範繼承訴訟事件之程序進行事項，並促使當事人協力訴訟程序之進行，本法第三編第四章配合規定法院處理此類事件應遵循之程序。

（一）管轄

因繼承回復、遺產分割、特留分、遺贈、確認遺囑真偽或繼承人間因繼承關係所生請求事件（即第 3 條丙類事件第 6 款）之管轄法院，為繼承開始時被繼承人住所地之法院；被繼承人於國內無住所者，其在國內居所地之法院；或主要遺產所在地之法院（第 70 條）。所稱之「主要遺產所在地」，係以各所在地之遺產為分子，全部遺產為分母，該所在地遺產價值占全體遺產之比例最高者，始為主要遺產所在地，而非以遺產筆數作為認定標準[43]。第 70 條管轄僅規定「得」，而非「應」，屬特別審判籍，而非專屬管轄，自不排除民事訴訟法第 1 條第 1 項「以原就被」之一般審判籍之適用，故原告得擇被繼承人前開住所或居所地、主要遺產所在地或被告住所地為起訴

---

[43] 最高法院103年度台抗字第771號裁定參照。

法院[44]。家事事件之管轄，是先準用非訟事件法，再準用民事訴訟法（第5條），自宜注意。

（二）遺產分割事件起訴狀

請求遺產分割之訴狀，除應記載第38條規定之事項外，並宜附具繼承系統表及遺產清冊（第71條）。

（三）關於繼承權及應繼範圍爭執之審理

於遺產分割訴訟中，關於繼承權有爭執者，例如確認繼承權是否存在，法院應曉諭當事人得於同一訴訟中為請求之追加或提起反請求（第72條）。

遺產分割為家事訴訟實務常見之財產訴訟，所涉訴訟法理及實體問題甚多，例如，剩餘財產分配請求權及遺產分割請求權為不同事件，得否合併提起，合併提起應以誰為被告；遺產固以整體分割為原則，但於是否為遺產有所爭議之情形，經兩造合意不列入分割標的，是否准許；被繼承人債務是否為遺產分割標的，不一而足，無法於本書盡述。

（四）遺產分割協議及裁判

當事人全體就遺產分割方法達成協議者，除有適用第45條和解之情形外，法院應斟酌其協議為裁判。法院為裁判前，應曉諭當事人為辯論或為請求。蓋遺產分割，本得由當事人協議分割，必是無法達成協議，或因部分當事人不在國內、失蹤等無法協議，才有訴請分割為必要（第73條）。

---

[44] 高雄高分院101年度家抗字第28號裁定。

第六章

家事事件之合併

壹、前言

　　爲維持家庭之平和安寧、避免當事人間因家事紛爭迭次興訟，並符合程序經濟原則，免生裁判之牴觸，家事事件特重統合處理，也就是合併審理，進而合併裁判[1]，遂與民事訴訟法既有限制（第53條主觀合併、第248條客觀合併）明顯不同。合併類型，樣態繁多，程序自異，進而涉及之法理、管轄及救濟各面，交錯影響。

貳、24種合併類型與舉例

一、院內合併與院際合併

　　院內合併指不同事件同時或先後繫屬同一法院（家事事件法「下同」第41條第3項「移由」）；院際合併指不同事件繫屬在不同法院（第6條、第41條第3項「移送」）。此一區別實益在於是否以裁定爲之及得否抗告不同。第41條第3項「移由」與「移送」並列，前者指同一法院先後繫屬之不同請求，而由不同法官（股別）審理，將後繫屬之請求移併給先繫屬之法官一併審理，屬於法院內部事務分配，毋庸以裁定行之（參立法理由）。本項末句雖準用第6條第3項「對於前項移送之裁定，得爲抗告」，但解釋上應不包括院內合併之「移由」部分，蓋第6條第3項是「移送」，而此爲「移由」，性質不同，且既無須裁定，法院內部移送之行政公文，並非抗告之對象，

---

[1] 「統合」一語爲本法所新創，「合併」通常指數事件於起訴時一併提出或移併而來，與事後訴之追加、反訴（反請求）有所不同，但就有無「數事件」同時繫屬法院之觀點而言，無論是起訴時一併提出或移併而來，或事後追加、反訴（反請求），如其結果有「數事件」同時繫屬合併審理之情形，即生合併之結果。

又因不涉他造應訴地改變之利益問題，亦無賦予抗告權必要[2]。

二、民事及家事事件合併與數家事事件合併

前者指民事事件與家事事件合併；後者指數家事事件合併。此一區別實益在於民事與家事事件合併，法律明文僅在調解階段為之（第26條第2項），審理階段可否允許二者合併，留有爭議（詳後述）。

三、調解合併與審理合併

前者指調解階段之合併（第26條）；後者指審理階段之合併（第41條、第79條）。此一區別實益在於合併之條件有無受限，民事與家事事件得否合併，及可能因事件部分調解成立，部分續調或不成立而分開處理，不再合併。

四、無條件合併與有條件合併

前者指數事件彼此間無須一定「牽連」關係，即可合併，諸如數家事訴訟事件（第41條第1項第1句「逗點前」）、數家事非訟事件（第79條準用後第41條第1項第1句「逗點前」）[3]；後者指數事

---

[2] 魏大喨，家事事件之合併分離——程序裁量與統合處理，台灣法學雜誌，第201期，2012年6月1日，第110頁。

[3] 第41條第1項規定：「數家事訴訟事件，或家事訴訟事件及家事非訟事件請求之基礎事實相牽連者」，在文義上可能會有不同解讀，甲說或認為，不論是逗點前之數家事訴訟事件，或逗點後之家事訴訟事件及家事非訟事件，均同受「基礎事實相牽連」之限制。乙說或認為，逗點前之數家事訴訟事件，並無「基礎事實相牽連」之限制。本書以為，從以逗點分開之文法結構，及統合處理立法目的，又均同以「訴訟」程序審理，並非「訴訟」與「非訟」法理交錯，而從乙說。魏大喨，前揭文（註2），第106頁；沈冠伶等，家事程序法制之新變革及程序原則——家事事件法之評析及展望——民事訴訟法研究會第114次研討紀錄，法學叢刊，第226期，2012年4月，第222頁（沈冠伶書面論文）；姜世

件彼此間須有一定「牽連」關係始可合併，諸如同一法院認有統合必要（第 6 條第 1 項後段）、合併調解（第 26 條）、家事訴訟與家事非訟事件之合併（第 41 條第 1 項第 2 句）。此一區別實益在於合併之條件有無。第 26 條第 1 項規定之合併調解，法文「相牽連之數宗家事事件」，未區別家事訴訟與家事非訟事件，似認為均須有所「牽連」始可；相對於審理階段，數家事訴訟事件與數家事非訟事件（參前述法條用語及註解 3 之說明）並不以「牽連」關係為必要，何以調解有此一規定，立法意旨不明[4]。實務上，很少會去遵守或注意此一規定，畢竟調解成立與否乃基於當事人之自主，設當事人願意將不相牽

明，家事事件法論，元照出版，2013年8月2版1刷，第402頁，似均採乙說；另許士宦，家事事件合併之新進展（下）——最高法院有關裁判之檢討，月旦法學教室，第178期，2107年8月，第50頁，亦採乙說。有關數家事訴訟事件之合併是否應有基礎事實相牽連之要件，在法案研擬過程中即多次討論，提及如認為應有此要件，似乎應在請求前面加上「，」，但較之民事訴訟法第248條並無此限制，故多數傾向不以此為要件，見司法院家事事件法研究制定資料彙編（五），94年11月，第147、195頁。然從實務統合效能之觀點，不可能毫無限制，例如兄弟二人，同時對其各自之配偶以一訴狀同時請求離婚，為獨立之二宗家事訴訟事件，承辦法官願意同時判決，並無不可，尤其是證據資料有所共通時，例如妯娌二人共同虐待兄弟二人之直系血親尊親屬。立法政策，合併限制，有無必要，有待討論，實務上，若程序不生困擾，對當事人訴訟權益亦有保障，由法院本於家事事件法第1條為妥適、迅速、統合處理之，差堪足矣，何況本法第42條尚有分別裁判之規定，亦可援之應變。現行條文雖與司法院送請審議之條文：「家事訴訟事件，為避免裁判矛盾，得合併提起，或與本於同一原因事實所生之家事訴訟事件或家事非訟事件合併請求。但本法設有專屬管轄之規定者，應向該專屬管轄法院提起」、「數家事非訟事件之請求係本於同一原因事實所生者，得向就其中一事件有管轄權之家事法院合併請求」不同，惟證之法院實務，無論是何種合併，似多認為應有基礎事實相牽連之條件，合併數家事訴訟事件之例，如台南高分院101年度家上字第14號；合併數家事非訟事件之例，如台南地院102年度家親聲字第313號、第356號。

4 本於此條規定，或有認為調解階段不論何種家事事件都以「相牽連」為要件，舉輕以明重，審理階段當然須要有所「牽連」始可合併，而贊同上開註解3之甲說。

連之數宗家事事件，聲請法院調解，基於避免爾後訴訟成本，法院多樂意爲之，盡可能爲其調解。

五、同質合併與異質合併

前者指同屬家事訴訟事件或同屬家事非訟事件之合併；後者指家事訴訟事件與家事非訟事件之合併。此一區別實益在於合併之條件有無受限及是否准許，另裁判方式以判決或裁定爲之，而異其事後救濟程序。

六、職權合併與聲請合併

前者指法院依職權合併（第 6 條第 1 項後段）；後者指經當事人之合意或聲請之合併（第 6 條第 1 項前段、第 2 項、第 41 條第 1 項）。此一區別實益在於合併之發動者不同。

七、任意合併與強制合併

前者指「得」合併（強制合併以外事件均屬此）；後者指依法「應」合併。此一區別實益在於違背強制合併之法律效果。任意合併，法院審酌有無統合處理實益，但在婚姻、親子訴訟事件，則採別請求（訴）禁止主義，其另行請求者，採強制合併，法院應將之移送於最先繫屬之法院合併裁判（第 56 條之婚姻事件、第 69 條第 1 項之收養事件），以避免裁判矛盾，俾統一解決。在婚姻或親子訴訟事件與其基礎事實相牽連之親子非訟事件、未成年人監護事件、親屬間扶養事件，已分別繫屬於法院者，亦採強制合併，家事非訟事件繫屬法院應依職權將該等事件移送於該等訴訟事件所繫屬之法院合併審理，以免裁判歧異（第 105 條、第 120 條第 2 項、第 125 條第 2 項）；另由二人以上或對二人以上就同一子女提起確認親子或收養關係存不

存在之請求時，法院亦應合併審理、合併裁判（第 67 條第 4 項）[5]。

八、同審級合併與異審級合併

前者指不同事件在同一審級同時或先後繫屬之合併；後者指不同事件同時或先後繫屬不同審級，因裁定移送或追加、反請求之合併。此一區別實益在於不服裁判之救濟程序不同。此類合併因涉及獨任與合議、審級利益及救濟程序，論者多有質疑。例如，對家事非訟事件（履行同居之 A 事件）裁定提起抗告（為第二審由地方法院合議庭審理），對造反請求 B 離婚事件（設提起 A 事件之一造請求變更為 B 事件，因無數宗事件，不生合併問題），若准許之，為同審級合併；如對造不是反請求，而是另向同一法院請求 B 事件，由獨任法官審理，得否、如何合併，至為困擾。蓋此時，究係將 B 事件移由該法院第二審合議庭將之與 A 事件合併審理，抑或將 A 事件移由該法院第一審獨任法官將之與 B 事件合併審理，效果截然不同（向其他法院另行請求，亦有同樣問題）[6]。

如採前者，將 B 事件合併於 A 事件中，其結果等於允許在家事非訟之 A 事件中反請求家事訴訟之 B 事件，此時，A、B 事件究一體繼續適用家事非訟事件之抗告程序，須適用法規顯有錯誤，始得再抗告至最高法院？抑或一體改成家事訴訟程序，以判決為之，不服上訴至二審及三審？此因另涉及家事非訟事件審理中可否合併家事訴訟事件問題，於此暫略，留待本文肆「訴訟併入非訟爭議」再為詳細說明[7]。

---

[5] 違反強制合併規定，被認屬違法而廢棄者，參最高法院110年度台簡抗字第156號裁定。

[6] 由地方法院獨任法官審理，有認與法體系不合，不贊同合併，參姜世明，家事事件之救濟審，月旦法學雜誌，第207期，2012年8月，第107頁。

[7] 本法將夫妻履行同居事件改為非訟事件，則可否於該事件中合併請求離婚事件，法案研擬期間曾有討論，見司法院家事事件法研究制定資料彙編（七），

如採後者，將 A 事件合併於 B 事件中，法乏明文，因 B 家事訴訟事件之繫屬「後」於 A 家事非訟事件，與家事事件法第 41 條第 3 項，移由或裁定移送家事訴訟事件繫屬在「先」之第一審或第二審之規定不同。縱透過解釋認仍可行，將使 A 事件重新回到第一審狀態，設將來案件上訴至高院、最高法院，A 事件將經過三級四審（二個第一審、一個第二審、一個第三審），甚至四個「半」審（因為地方法院第二審合議庭可能已為相當之調查，故以半審稱之），另係繼續由三位合議庭法官審理（因此時係 A 事件抗告審狀態），或改由獨任法官審理（因改成第一審判決），亦可能出現爭議。或有認為，A 事件可暫停審理，俟 B 事件判決結果再為審理，此說固能避免上開疑義，但失去統合處理機會，且既無合併，也就不在本文討論的範圍。異審級合併會發生上開難解議題，僅在先繫屬之家事非訟事件經過第一審程序後，才有此況；反之，若是家事訴訟事件已上訴至第二審（高等法院），合併請求之家事非訟事件，自可在高等法院審理中合併為之，並不生困擾。此外，同審級之合併，例如家事訴訟 A 事件與家事非訟 B 事件經一審合併判決後，上訴於高等法院之第二審，當事人撤回 A 家事訴訟事件，留下之 B 家事非訟事件，依目前實務做法，由高等法院自行審理 B 事件，並不發回地方法院合議庭審理[8]，避免原為同審級合併變成異審級各自審理之脫離現象。

九、專屬管轄合併與普通管轄合併

前者指合併法院中有專屬管轄法院者；後者指非專屬管轄法院間之合併。此一區別實益，在得否將原為專屬法院管轄之事件合併到無專屬管轄之法院審理。從第 6 條第 5 項「受移送之法院不得以違背專

96年12月，第488頁以下。雖多數認應採肯定見解，以為紛爭一次解決，但現行法條規定卻留有爭議。

[8] 例如台中高分院101年度家上字第79號裁定、最高法院101年度台抗字第1072號裁定、台南高分院101年度家抗字第16號裁定。

屬管轄爲理由，移送於他法院」之規定觀之，家事事件法之統合處理要求，似乎大於專屬管轄之規定，因此將專屬管轄事件合併到無專屬管轄法院審理，應無不可。

十、同時繫屬合併與脫離繫屬合併

同時繫屬合併指合併之數事件皆繫屬中；脫離繫屬合併指受移送法院於移送確定時，就先繫屬事件縱已爲終局裁判，仍應就移送之事件自行處理（第41條第4項）[9]。此一區別實益在於後者從形式上觀察已從合併變爲非合併（當然如果移送之事件爲數個事件，則仍有合併之情形）。

十一、客觀合併與主觀合併

客觀合併指同一當事人間數家事事件之合併，例如甲、乙離婚訴訟中，一併或追加贍養費事件；主觀合併指對一定身分關係之不同當事人一併或追加提起，例如甲、乙離婚訴訟中，一併或追加對丙（甲、乙之子女）提起否認子女之訴，並對丁提起確認丁爲丙之生父或請求丁認領之。在主觀合併中，如係對身分關係以外之第三人爲合併請求，家事事件法未予明文[10]。本來在第一階段委員會所提出來的草案補足版中，曾於第42條第1項後段規定有「與家事訴訟事件相

---

[9] 此在同一審級較無問題，但如涉及審級利益則有爭議，例如A離婚事件上訴二審中，在一審或二審追加B子女監護權事件，A事件撤回而確定，因乏統合實益，則應否將B事件發回一審，法條未明確規定，除非經當事人明白表示放棄審級利益，否則或有認爲應發回第一審者，特別是由第一審裁定移送而來者尤然。草案研擬時對此有討論擬予規範，但現行法條文字則無，見司法院家事事件法研究制定資料彙編（五）委員會第76次委員會會議紀錄，第347頁以下。

[10] 主觀合併部分，法案討論期間，有提出限於同一家庭成員間，但如何界定成爲問題，且可能將應列入之相姦第三人排除在外，見司法院家事事件法研究制定資料彙編（五）委員會第70次委員會會議紀錄，第149至153頁。

牽連而有對第三人或爲第三人請求之必要者，亦同」，但立法時被刪除[11]。因此，在夫或妻以通姦爲理由訴請離婚事件（以 A 事件稱之）中，可否對相姦者合併請求侵權行爲損害賠償（以 B 事件稱之），即留下爭議[12]。簡言之，當 B 事件被解釋爲一般民事事件而非家事事件時，有無可能依第 41 條合併請求，或應另循民事訴訟程序解決，仍有不同看法。

　　長期以來，實務上對民事訴訟法第 572 條第 3 項（已刪除）規定之「合併提起」予以嚴格解釋，限於相同當事人（即離婚訴訟之夫與妻）間之客觀合併，而不包含主觀合併之情形[13]。因此，如上舉例，對身分關係外之第三人相姦者不得合併提起，即便第 572 條之 1（已刪除）附帶之子女親權行使，亦以父母爲訴訟擔當主體，子女亦不得以自己名義請求扶養費。對此，有引日本裁判先例承認得於離婚訴訟中對於相姦者併同請求損害賠償，且爲學理通說爲例，批評最高法院上開實務見解者，並認爲家事事件法施行後，應可透過解釋論將之解釋爲家事事件，允許此類事件合併請求，以達統合之效。並認爲家事事件法第 3 條所列之家事事件，並未明定限於具有一定身分關係者之間所生事件，例如：（一）因離婚原因、事實所生損害賠償事件，解釋上應包括相姦者。（二）關於夫妻財產之補償、分配、取回、返還及其他因夫妻財產關係所生請求權所爲之無償或有償行

---

[11] 沈冠伶，家事事件之類型及統合處理（一），月旦法學教室，第118期，2012年8月，第81頁註49。得否一併對第三人或爲第三人請求之主觀合併，在草案研擬過程經過多次討論，意見不一，此段文字出現在第一階段委員會第71次會議結論，見司法院家事事件法研究制定資料彙編（五），第203頁。

[12] 主張得一併對第三人請求之最常舉例，除對相姦者外，尚有分割遺產事件，第三人主張某一財產爲其所有，繼承人以該第三人爲被告訴請確認爲遺產，或夫妻離婚剩餘財產分配請求權，主張夫或妻一方脫產予第三人，一併以該第三人爲被告訴請撤銷財產之移轉行爲。

[13] 例如最高法院22年上字第1349號、29年上字第883號、31年上字第2014號判例、94年度台上字第267號判決。

為請求法院予以撤銷（民法第 1020 條之 1），亦應包含對受益人乙（第三人）為撤銷（與夫妻一方為必要共同被告）；或對於第三人就不足清償應得之剩餘財產分配額請求返還（民法第 1030 條之 3）。該等第三人雖非婚姻關係之人，但由於所涉事件為丙類事件，應得依第 41 條第 1 項列為共同被告。參考德國「大家事法院」立法政策，將因婚姻或家庭之社會結合體所生事物上相關之法律紛爭（alle durch den sozialen Verbund von Ehe und Familie sachlich verbundenen Rechtsstreitigkeiten）均歸由同一管轄法院（即家事法院）予以處理，我國家事事件法應為同一解釋[14]。惟如上述，家事事件法立法過程將「與家事訴訟事件相牽連而有對第三人或為第三人請求之必要者，亦同」一語刪除，實務上就刪除前民事訴訟法第 572 條第 3 項、第 572 條之 1 之主觀合併又採限縮解釋，此類事件是否允許合併於家事事件一併審理判決，至今似仍未有確論。

十二、同時合併與異時合併

同時合併指將數家事事件同時向法院請求審理之合併；異時合併指於先請求事件繫屬中另為追加或反請求之合併。此一區別實益在於合併之條件有無及是否應受到民事訴訟法相關規定之限制。同時合併依第 41 條之規定為「數家事訴訟事件、家事訴訟事件與相牽連之家事非訟事件」、或第 79 條「數家事非訟事件」，此外並無其他限制；異時合併涉及有無民事訴訟法第 255 條、第 260 條（第一審），第 446 條（第二審）之追加與反請求之準用，從本法之統合法理及第

---

[14] 沈冠伶，前揭文（註3），第225頁；沈冠伶，前揭文（註11），第81至82頁。德國家事法院（庭）管轄事件，隨著FamFG之施行，法院組織法第23條有關家事法院（庭）之管轄範圍配合修正，而所謂大家事法院（庭）得以實現（das "Große Familiengericht" wurde Realität），Bruns, Die Zuständigkeiten des Familiengerichts nach dem FamFG, FamFR 2009, S. 105.

41條之規定觀之，應優先於民事訴訟法訴之合併相關規定之適用[15]。但許多法院判決書起首論據仍常慣引民事訴訟法上開條文[16]。

參、合併之程序階段

一、調解階段（參第26條）

（一）家事事件與家事事件合併

此一合併之條件是二者間須「相牽連」，何謂「相牽連」，立法說明：「例如基於相同事實關係、或其中一主張之結果為他事件之前提」，由「當事人合意」或依「職權」發動。

（二）家事事件與民事事件合併

條件同上，二者「相牽連」，但僅得由「當事人合意」（無「依職權」）。實務上調解能否成立，繫於兩造之意思決定，因此「相牽連」與否，當事人合意或職權發動，意義並非顯著。例如在「離婚」調解程序中，就夫妻婚前之借款請求返還，也一併聲請調解，二者有無「牽連」關係？調解實務上，如當事人願意一併達成調解，甚少審酌有無牽連關係，甚至將刑事條款亦列入調解筆錄者，例如在達成離婚調解中，約定一方同意撤回對他方之傷害告訴，這樣的約定如果事後一方沒有去撤回，到底會發生什麼樣的法律效果，是另外一問題（避免爭議，當場命其書寫撤回告訴狀，交由他方去遞狀），但亦可見調解既係基於當事人自由意願，除非有違背法律規定，否則實務上大多從寬處理，甚至還會約定一些道德或法律本應如此之條款，例如在達成同意分居調解中，約定兩造於分居期間不可另交異性朋友（道

---

[15] 台灣高等法院101年度家上字第285號裁定。
[16] 台灣高等法院101年度家上字第267號判決。

德條款），不可騷擾對方（法律本應如此）。

二、審理階段（參第41條、第79條）

在審理階段，僅有家事事件與家事事件合併，似不包括家事事件與民事事件之合併（前已於相關節段略提，另詳後述），與調解程序不同。家事事件有「家事訴訟事件」與「家事非訟事件」，排列組合後，此階段之合併型態有：（一）家事訴訟事件與家事訴訟事件之合併（第41條第1項第1句）。（二）家事訴訟事件與家事非訟事件之合併（第41條第1項第2句）。（三）家事非訟事件與家事非訟事件之合併（第79條準用第41條）。（四）家事非訟事件與家事訴訟事件之合併（原則不許，例外許可，詳後述）。

第（一）種及第（三）種，其事件彼此間法律並未要求具備牽連性，例如：甲乙夫妻離婚（A家事訴訟事件），與甲丙兄弟間之遺產分割（B家事訴訟事件），可以一併請求（第（一）種情形）；甲乙夫妻爭取對未成年子女丙之親權行使（A家事非訟事件），與甲對其失智父親請求法院為監護宣告（B家事非訟事件）可以一併請求，而不以A、B間具牽連關係為必要（第（三）種情形）[17]。話雖如此，如果A、B是不同家族，彼此並無家族（家人）關係，因無「統合」處理必要，是否合併審理，當由法院具體判斷，因此第（一）種及第（三）種事件間，法律雖無明文之牽連性要求，亦非可隨心所欲請求合併。第（二）種情形，法律明定合併之事件間應有「請求之基礎事實相牽連」，何謂「請求之基礎事實相牽連」立法理由未說明。而民事訴訟法關於基礎事實與原因事實乃屬二不同之概念。例如第244條第1項第2款起訴狀應記載「原因事實」，第247條第2項確認之訴為法律關係發生之「基礎事實」，而第255條規定「基礎事實」同一者，得任意為訴之變更追加。基礎事實與原因事實意義不同，基礎事

---

[17]請參前貳、四、「無條件合併與有條件合併」之說明。

實泛稱爲社會紛爭事實，係法評價對象事實，原因事實則係經法評價
而可以生一定法律效果之社會紛爭事實，兩者基本差異在於：前者，
具有連續不確定性及擴展性，有難以控制範圍之特性；後者，係按法
規範要件事實被切割之事實，其範圍既經法評價而得以被控制，具有
安定性與確定性。家事事件法第 41 條第 1 項第 2 句以基礎事實相牽
連，作爲家事訴訟事件與家事非訟事件合併請求之要件，則得以合併
請求之事件範圍，當然較諸以原因事實同一爲合併請求者爲廣。然因
基礎事實之不具特定性，因此於未來實務解釋時，有認應將「基礎事
實相牽連」，限縮至「主要基礎事實相牽連」，如無牽連關係，或爲
次要事實相牽連者，則予排除，否則合併或變更追加請求範圍，將難
以控制。例如妻因制止夫濫用其對未成年子女之親權一事，多次遭夫
毆打，妻以不堪同居虐待爲由請求離婚（甲類事件），因離婚之主要
基礎事實爲多次毆打之事實，雖係因制止親權濫用一事而生，但宣告
停止親權之非訟事件（戊類事件）之主要基礎事實爲親權濫用事實，
與離婚之主要基礎事實並不牽連，不能合於本條合併請求之要件[18]。
又有認爲基礎事實應包括同一原因事實、法律關係前提事實、請求之
效果事實，及同一目的之他紛爭事實，但不包括動機之事實，例如甲
夫、乙妻因是否將甲父丁監護宣告問題發生衝突，甲毆打乙，乙乃提
起離婚訴訟，則：1. 傷害行爲乃原因之紛爭事實。2. 婚姻是否有效、
成立，有無撤銷原因爲前提事實。3. 子女監護、扶養爲效果事實。
4. 有否其他辱罵、通姦之離婚事由之事實係同一目的之事實。但對丁監
護宣告爲動機事實，則不屬之[19]。惟未來之實務發展，是否會如此限
縮，有待觀察。實務上，對於民事訴訟法第 255 條第 1 項第 2 款所稱
之「請求之基礎事實同一」者，係指變更或追加之訴與原訴之主要爭
點有其共同性，各請求利益之主張在社會生活上可認爲同一或關聯，
而就原請求之訴訟及證據資料，於審理繼續進行在相當程度範圍內具

[18] 魏大喨，前揭文（註2），第107頁。
[19] 姜世明，前揭書（註3），第400至401頁。

有同一性或一體性，得期待於後請求之審理予以利用，俾先後兩請求在同一程序得加以解決，避免重複審理，進而爲統一解決紛爭者即屬之；或可爲參考[20]。

肆、訴訟併入非訟爭議

在家事非訟事件審理程序中，得否追加或反請求家事訴訟事件，存有爭議。採否定說者認爲[21]，第 42 條第 2 項「法院就前項合併審理之家事訴訟事件與家事非訟事件合併裁判者，除別有規定外，應以判決爲之」未爲第 79 條所準用，且家事事件審理細則第 85 條亦規定：「除法律別有規定外，得依本法第七十九條爲合併、變更、追加或反聲請者，以家事非訟事件爲限。」故除法律別有規定之例外，例如請求家庭生活費用、扶養費或贍養費等家事非訟事件程序，關係人就請求所依據之法律關係有爭執者，法院應曉諭其得合併請求裁判，該法律關係爲家事訴訟事件者，固得合併（第 103 條第 1 項、第 107 條第 2 項、第 126 條），乃法之特設，不可擴及其他[22]；亦有以第 41 條第 2 項文義係「言詞辯論終結前」，因而應不包括家事訴訟事件併於家事非訟程序中，若有反對見解，似係過度擴大此一條文之規範效力射程[23]。採肯定說者認爲，舊非訟事件法第 131 條本已規定：「有

---

[20] 最高法院100年度台抗字第716號裁定參照。然應注意本法之「牽連」與該法之「同一」或仍有差距。

[21] 此說爲作者自擬。姜世明，前揭書（註3），第409至410頁亦採否定說。

[22] 有認爲，本項僅限於上開家庭生活費用、扶養費或贍養費三種事件，至於夫妻同居事件，如夫妻一方有拒絕履行同居事由者，或爭執其爲夫妻關係者，法官並無裁量空間，此時，應類推適用相同法理，改依訴訟程序法理解決，見魏大喨，關於依不當得利請求代墊扶養費之定性問題分享，法官論壇，2014年3月。然此是否爲法律漏洞，或立法者本有意排除，恐待商榷。

[23] 姜世明，前揭書（註3），第401頁。

關婚姻或親子關係之訴訟，已繫屬於法院者，法院應將未成年子女親權酌定事件移送於訴訟繫屬中之第一審或第二審法院」，家事事件法第 105 條亦有相類規定。換言之，係將非訟事件合併於訴訟事件之程序，而不論訴訟事件究竟為先繫屬或後繫屬，家事訴訟事件雖後繫屬，但法院仍應將家事非訟事件移送於家事訴訟事件之繫屬法院，此亦為家事事件法第 41 條第 3 項所明定：「家事訴訟事件繫屬最先之第一審或第二審法院合併審理。」當事人另行起訴，既得基於法院之權限而將家事非訟事件移送於家事訴訟事件之繫屬法院為合併審理；則當事人逕於家事非訟程序中為家事訴訟事件之追加或反請求，似無不可之理，而得準用同法第 41 條第 2 項規定[24]。以上二說，實涉家事事件法統合處理論之涵攝範圍如何界定，立法論與解釋論都有不同解讀空間[25]，且准許此類合併，尚涉審級利益，法院組織與體系問題（請參前述貳、八「同審級合併與異審級合併」之說明）。

　　如上爭議，在夫妻同居事件審理中准否反請求離婚事件，為實務常見。肯定說者認為二者均係出於兩造婚姻關係所生之家事紛爭，其等基礎事實為相牽連，且有合併審理、合併裁判之必要，審理細則第 85 條上開規定有逾越母法之虞[26]。有主張為免此爭議，應將同居事件改回本法施行前之訴訟事件，而得以合併。但本書以為，在個別事件修法前，尚難忽視本法第 79 條特意省略準用第 42 條第 2 項之規範意旨，遽認審理細則第 85 條逾越母法。蓋家事非訟事件樣態多，特別是針對簡速裁判追求型者，倘一律准予得於審理中反請求家事訴訟事件，程序改以判決為之，除須分別為法理之交錯適用外，上訴救濟程序，亦恐延遲該類事件之確定。

---

[24] 沈冠伶，前揭文（註11），第75至77頁。

[25] 魏大喨，前揭文（註2），第105頁。

[26] 參台中地院111年度婚字第333號、111年度家婚聲字第4號判決。採不得合併說者，參苗栗地院103年度家婚聲字第3號裁定駁回相對人離婚之反請求。

伍、民事併入家事爭議

在家事事件審理程序中，得否追加或反請求民事事件，或二者合併起訴，亦見爭議。從擴大統合處理機制、當事人程序利益等觀之，在國家資源適當分配，家事法院核心角色定位明確之下，固可資贊同，但家事事件法立法後，家事事件與民事事件已各據一方，我國區分民、刑、家事、行政、智財不同事務管轄，與司法一元化之國家法官統籌審理各類案件不同，因此刑事案件之附帶民事訴訟通常移由民事庭審理，鮮少自為裁判者，此涉法官專業及資源分配，尚難高舉統合處理論所得解決[27]。至少從下述法條之體系解釋觀之，很難認為得將已繫屬於民事庭之民事事件移送家事法院（庭）合併審理。首先，我國家事事件法並無如日、韓等國及司法院原送請審議草案，規定家事法院得審理家事事件以外之其他事件之明文[28]，且第1條明文：「為妥適、迅速、統合處理家事事件」、第26條第3項、第4項：「合併調解之民事事件，如已繫屬於法院者，原民事程序停止進行。調解成立時，程序終結；調解不成立時，程序繼續進行。合併調解之民事事件，如原未繫屬於法院者，調解不成立時，依當事人之意願，移付

---

[27] 法案草擬期間，雖曾有主張相牽連之民事事件亦可合併審理，但最終未明文於法條上，見司法院家事事件法研究制定資料彙編（五）委員會第70次委員會會議紀錄，第163頁。比較法上，法國法院處理家事事件時，允許當事人於離婚事件中合併提起贍養費、扶養費及親權等同屬家事法庭管轄處理之事件，但是家事法庭並不合併處理一般民事庭管轄處理之侵害行為損害賠償事件等。見王聰明、胡方新、洪遠亮、黃曼莉，司法院92年度法國、德國司法業務考察報告，92年8月（出國），第38頁。

[28] 韓國家事訴訟法第2條第2項規定：家事法院得依其他法律或大法院（最高法院）規則之授權，審理、裁判其他事件。日本舊家事審判法第9條第2項規定：除本法所規定者外，其他法律所定之特別屬於家庭裁判所權限之事項，家庭裁判所亦有審判權（現行家事事件程序法則無類似規定）。司法院送請審議草案第2條原規定，下列事件係家事事件：（四）其他法律規定事件，經司法院指定由少年及家事法院處理者。

民事裁判程序或其他程序；其不願移付者，程序終結」，及第 41 條之合併審理僅限於「數家事訴訟事件，或家事訴訟事件及家事非訟事件」。因此，民事事件得合併於家事事件者，僅限於調解程序，如調解不成立，不得以依家事程序審理。是以，本於體系解釋論，相關之第 103 條第 1 項所「依據之法律關係」、第 6 條之管轄移送事件自均應限於「家事事件」。至有認為第 26 條第 4 項「其他程序」或可包含家事程序，而贊同得將民事事件併入家事事件中審理，以貫徹統合之要求[29]。然明知法案討論期間及立法過程中，與此相關之條文被刪除，且忽視本法是家事事件法，家事事件程序是主幹，將之解釋為次要、不明之「其他程序」，不無牽強。又有依第 4 條：「少年及家事法院就其受理事件之權限，與非少年及家事法院確定裁判之見解有異時，如當事人合意由少年及家事法院處理者，依其合意」，並不排除屬普通民事庭權限之民事事件，可因當事人合意由家事法院審理，而有合併於家事法院已受理之家事事件中之可能性[30]。本書以為，第 4 條之爭議前提，乃事件究為家事或民事事件不明，不論是「消極權限」或「積極權限」之爭皆然，縱依該條之規定而由家事法庭審理，並不代表那是一椿民事事件移到家事法庭審理。簡言之，衡其情僅屬「民事或家事定性不明之事件」與「家事事件」之合併審理矣！因此，引用該條作為民事事件與家事事件合併審理之可能性，似待商榷[31]。又有認可依第 7 條授權司法院決定，然該條立法說明謂：

---

[29] 許士宦，家事事件法，新學林出版，2020年2月初版1刷，第340頁。

[30] 魏大喨，前揭文（註2），第105頁。另邱聯恭，則認為在有統合必要時，相關民事事件由家事法院併為審理，乃家事事件法之立法目的所在，參邱聯恭，民事普通法院與家事法院之審判權劃分、牽連及衝突——闡釋其相關規定之法理依據及適用方針，月旦法學雜誌，第212期，2013年1月，第139至143頁。姜世明，前揭書（註3），第402頁。

[31] 有認為第41條之合併不包括家事事件與民事事件之合併，此乃立法之缺漏。應類推本法第4條第1項，由當事人合意由家事法院處理，見魏大喨，前揭文（註2）。然此是否為法律漏洞，或立法者本有意排除，恐待商榷。同頁。邱聯恭，

「某類民事事件究屬家事事件或一般民事事件仍有難以明確劃分之情形」，係爲定性民事或家事事件而設，司法院可否定性某一事件爲民事事件後，再以行政命令規定應由家事法院（庭）合併審理，參考前述第1條、第26條、第41條等規定，實不無疑問。何況在遺產分割事件中，家事事件審理細則第79條第2項特別規定：「前項第一款、第二款之訴，不包含民法第八百二十三條所定之共有物分割訴訟。」明確區隔民事與家事之分際[32]。

　　然依本法審理細則第4條之規定，似乎認爲對於非屬家事事件之民事事件，可以直接由當事人合意、或有統合必要、或當事人已就本案爲陳述而裁定自行審理，即可合併由家事法院審理，其未注意母法第4條之當事人合意，以「消極之爭未決」爲前提，似有商榷餘地（但細則第3條第3項又與母法第4條之規定相同）。雖其文義似僅規範「設有少年及家事法院之地區」，而不及其他普通法院內之家事庭，立法理由以：「一、（前略）而該區域內既另設有管轄民事事件之普通法院，則就該地區內，事件之管轄發生積極或消極衝突，自應規定權限衝突處理之機制。二、事件應由普通法院或少家法院管轄，僅屬法院間事務管轄分配之問題，本法第六條第一項前段既允許當事人合意管轄，自應明定之。」爲說明，顯然欠妥。蓋就理由一、而言，本法第4條須有民事法院與家事法院發生管轄權衝突爲前提，但細則第4條之文義，卻不以衝突爲要，當事人可自由合意由家事法院受理；理由二、引本法第6條爲當事人得合意將民事事件由家事法院管轄，似乎未注意該條是某一法院欠缺全部或一部「家事事件」之管

則認爲根據第4條，家事法院應尊重當事人選由家事法院審判該事件之合意，不可拒絕行使審判權，前揭文（註30），第141至143頁。

[32] 此一規定之正確理解應是，在請求遺產分割事件中，法院選擇之分割方法，或將公同共有變爲分別共有，或進而爲民法第823條之分割裁判（原物或變賣），固無不可，但若法院以分別共有爲分割方法，裁判確定後，繼承人另訴請依民法第823條爲分割，則爲一般共有物之分割，而屬民事事件。參高雄高分院103年度家抗字第17號裁定。

轄權，而與民事事件無關。細則逾越母法為擴充，效力存疑，又何以僅限地區專業法院，亦難理解，細則訂頒時，未能將本文如上整體觀察與體系解釋，納入思考，造成民事事件可併入家事事件合併審理之實定法可能解釋[33]，將繼續紛擾民事事件可否併入家事事件之議題。

　　本法除於調解階段明文得將相牽連之民事事件一併調解外，民事事件原則上應不得併入家事事件為合併審理（最高法院102年度台抗字第802號民事裁定意旨），但細究本法之相關規定，尚有隱性之民事事件，被准許併入家事事件者，其一，如上本法第4條之定性不明事件，經合意由家事法院審理者。其二，本法特別列入者。例如，夫毆打傷妻，妻如依民法第184條之規定請求侵權行為損害賠償，其本為民事事件，不得併入家事事件審理，但如此一侵權行為，成為離婚之原因（例如構成不堪同居虐待），本法第3條丙類第2款因離婚之損害賠償事件，立法理由特別明定包括離婚原因所生之損害賠償。其三，因實體法規定列入者，家事事件原則上固以夫妻或家屬間之訴訟為限，但如因法律規定，可對第三人請求者，則例外可對該第三人一併提起。例如，民法第1030條之3第2項有關剩餘財產分配對第三人之請求情形。其四，透過解釋，把疑為民事事件定性為家事事件，以避開得否合併審理民事事件之爭議者。例如戶籍登記乙、丙為被繼承人甲之子，甲死後之被繼承土地登記為乙、丙二人公同共有，事後乙發現丙為非婚生子，提起確認親子關係不存在及繼承權不存在

---

[33] 最高法院102年度台抗字第802號民事裁定結果，雖仍認定民事事件原則上不得併入家事事件，但提及「當事人以一訴狀向少家法院合併提起家事訴訟事件與非屬家事訴訟事件之財產權訴訟，少家法院可否合併審判？家事事件法並未明確規定，惟參酌同法第六條、第七條及司法院依同法第一百九十九條規定所訂定之家事事件審理細則第四條第一項規定之意旨」，顯然受細則第4條影響，而有合併審理可能。關於最高法院上開民事裁定評釋，請參拙著，民事事件可否併入家事事件統合處理——以最高法院一〇二年度台抗字第八〇二號民事裁定為例，裁判時報，第28期，2014年8月，第37頁以下。最高法院最新見解也採否定看法，參該院103年度台抗字第947號裁定（裁判日期103年10月30日）。

之訴，並同時請求塗銷地政機關之登記，法院有一併裁准，認為請求塗銷地政機關之登記，為第 3 條丙類之家事訴訟事件者[34]。其五，抵銷抗辯。家事事件與民事事件之合併請求雖被排除，但於家事財產訴訟（或非訟事件）程序中，主張以民事事件所生之損害賠償之債權為抵銷，因主張抵銷有既判力，復不能禁止其於家事事件中為抵銷之主張，抵銷後如有餘額，而有反訴提出必要者，應例外予以准許[35]。實務上也傾向得以民事事件之金錢債權為抵銷之主張[36]。

民事事件可否併入家事事件審理，如上述，涉及法政策與法解釋，由於家事本為民事一環，切割不易，在訴訟經濟考量上，如何准其例外而為合併，本屬不易，因此，最高法院於 104 年 9 月 22 日召開第 15 次民事庭會議，討論意見數說紛陳，最後決議內容為：「家事法院受理家事事件法第三條所定丙類事件，與一般民事訴訟事件基礎事實相牽連者，如經當事人合意或法院認有統合處理之必要時，應許當事人合併提起或為請求之追加、反請求，至所謂『有統合處理之必要』，則由法院斟酌個案具體情形定之。」此一決議內容，應屬法官造法，非解釋論所得導出，且只有結論，省略何說為採，足見理由建構困難，而細究決議文字，仍有諸多疑義。首先「基礎事實相牽連」之界定問題，以實務本准抵銷抗辯合併為例，當二請求權不相牽連時，是否仍准之，例如妻對夫主張離婚損害賠償，夫以對妻有借款返還請求權為抵銷抗辯，此一「離婚損害」與「借款返還」有何基礎事實相牽連？其次「當事人」之合意是否僅限於家庭成員而不及其他，如是，則對相姦第三人之民事求償可否合併審理？末則決議是否擴及家庭成員間之純民事財產請求，例如夫妻一方請求他方傷害之侵權行為損害賠償，如仍定性為民事事件，是否會因本決議而改由家事法庭審理，猶留不同解讀空間。實務上受此決議拘束，對於此類民

---

[34] 例如新竹地院101年度家訴字第51號裁定參照。

[35] 姜世明，前揭書（註3），第402頁。

[36] 參台灣高等法院103年法律座談會第38號提案問題（一）之結論。

事事件之追加，若未審酌是否應予合併，率而駁回者，常為最高法院所廢棄[37]。非丙類事件之家事非訟事件，固不在此決議範圍，但扶養費、贍養費等具財產性質之家事非訟事件，恐亦有得否併入民事事件之爭議[38]。採「大家事法院」說，貫徹統合處理之立場者，似均認為只要當事人有合意，或有統合處理必要，均可合併，縱然是在甲類、乙類或家事非訟事件審理中亦然，且不限家庭成員間，非家庭成員之第三人（如相姦者）亦不予限制[39]。

日本家庭裁判所一直以來專注於家庭和家事事件之專業功能，本不處理訴訟事件，關於地方裁判所管轄之人事訴訟事件是否應移轉家庭裁判所之「移管論」，直到 2003 年裁判所法修正時，才告一段落，將之移轉至家庭事裁判所管轄。然對於遺產分割前提之遺產確認之訴，仍由地方裁判所管轄，雖然學界有應考慮由家庭裁判所管轄之論。從日本這樣謹慎專注家庭裁判所之核心功能觀察，或可作為我國家事法庭擴張或減縮合併受理一般民事財產事件討論之參考。

陸、家事併入民事爭議

民事法院可否依職權或經當事人合意，合併或單獨審理家事事件，似無相關條文可參。進而，假設民事法院就某一定性為家事事件之案件予以判決，其法效若何？或認為民事法院與家事法院僅是法院審判事務之分工，而非分隸，參考行政法院與普通法院權限爭議之大

---

[37] 如最高法院104年度台抗字第1051號裁定。

[38] 台灣高等法院107年度家上字第188號判決採否定。

[39] 第一階段委員會討論中本有僅須民事事件與家事事件有牽連關係即可合併之規定，縱被刪除未入法，但仍維持此一主張者，參許士宦，前揭書（註29），第342至346頁。

法官解釋及法律規定[40]，對於人民之訴訟權並無影響，自無否認或質疑其判決效力之必要。但亦有認為，家事事件法明定家事事件由家事法院審判，屬於強行規範，民事法院不得本於當事人之合意或依職權審理家事事件，否則有「法院於權限之有無辨別不當」之法令違背情事（家事事件法第51條準用民事訴訟法第469條第3款）[41]。有關民事庭法官可否審理家事事件問題，縱無合併情形，單一事件也會發生，例如銀行代位遺產分割事件，雖依司法院秘書長秘台廳少家二字第1010015417號函分配由民事庭審理，是否因此即定性為民事事件，若解釋上仍屬家事事件，民事庭依家事事件法規定審理（包括審理不公開），第二審法院是否得以其程序為重大瑕疵而為廢棄發回，引發討論，正反意見皆有[42]。此實涉及司法院依據本法第7條所發函示，究具有事件定性之效力，抑或僅是事物分配而已。採前者，既然定性為民事事件，民事庭法官當依民事訴訟法審理之，不再適用家事事件法；採後者，則民事庭法官仍應本於法律確信，加以事件定性，如認定為家事事件，自當依家事事件法審理之。蓋家事事件法不是家事庭法官之專屬法律，自不僅限於家事庭法官才能適用。但如考量法官專業性，就會發生前述有無違背法令之疑義。又倘某一事件被定性為家事事件，或依最高法院第15次民事庭會議應合併未合併，卻由民事庭法官逕依民事訴訟法之通常訴訟程序審結，實務認為顯有重大

---

[40] 釋字第269號解釋：「至關於勞動基準法第八十四條之爭執，究應提起行政訴訟，或提起民事訴訟，與上開判例無涉，不在本件解釋範圍內；其當事人如已提起民事訴訟經判決確定者，自無訴訟權受侵害之可言。」及舊民事訴訟法第182條之1：「普通法院就其受理訴訟之權限，如與行政法院確定裁判之見解有異時，應以裁定停止訴訟程序，並聲請司法院大法官解釋。但當事人合意願由普通法院為裁判者，由普通法院裁判之。」但後者因111年1月4日施行的憲法訴訟新制，大法官不再受理法院就審判權爭議聲請統一解釋之案件，有關普通法院與行政法院間之審判權爭議，改由終審法院作終局判斷。

[41] 邱聯恭，前揭文（註30），第141頁。

[42] 參台灣高等法院106年法律座談會民事類第10號提案。研討結果是為使家事事件回歸家事法庭處理，俾符合家事事件法立法目的，建請司法院檢討該函。

瑕疵，足使兩造於該審級應受法院依本法相關規定與程序公平審判之訴訟權受有侵害，為維持審級制度，並保障當事人之訴訟權，應予廢棄發回原審[43]。

　　家事事件有如上之合併調解與審理，對於非習法律之訴訟當事人來說，難以分辨知曉其意義，不論其訴訟或非訟，家事或民事，所有問題請求法院一併解決，固能理解，但就法院而言，事件性質不同，訴訟法理相異，另基於程序經濟考量，在傳統民事訴訟中將不相干之數被告或數件事件一起審理，多有所限制，家事事件雖有統合需要，但仍須考量合併之目的能否達成統合之立法目的，方不致反有害家事事件紛爭之解決，從司法院少家廳函示或答覆法官論壇有關民事或家事事件之定性時，不斷重申斯旨，可見法政策所在。

柒、合併之管轄階段

一、就合併調解階段

　　家事調解事件，除別有規定外，由管轄家事事件之法院管轄（第25條），而家事事件之管轄，除本法別有規定外，準用非訟事件法有關管轄規定；非訟事件法未規定者，準用民事訴訟法有關管轄之規定。調解能否成立，既本於當事人自主，民事管轄法院，除專屬管轄外，可以由當事人明示或默示合意選擇（民事訴訟法第24條至第26條），家事事件之調解得否違背專屬管轄，在家事事件法施行前即有不同看法，並無定論[44]。參考第6條第1項、第5項及立法說明，新

---

[43] 參台灣高等法院104年度重上字第867號判決及其後之最高法院106年度台上字第2542號判決、107年度台上字第1268號裁定。詳細討論，李太正，關於民事庭審理家事事件引發之爭議──評最高法院109年度台上字第882號民事裁定，月旦裁判時報，第120期，2022年6月，第38頁以下。

[44] 參66年台灣高等法院暨所屬法院法律座談會民事類第31號。

法施行後，應認為當事人之合意不受專屬管轄之限制。又家事調解，如係由專人（例如庭長）辦理，則審前調解事件皆統籌辦理，如先後繫屬事件有合併調解必要，自可合併之，例如先提起離婚請求，後請求子女親權事項；如係個別法官審理中事件之移付調解（第29條），或民事庭審理中之民事事件經當事人合意移併於家事法庭調解（第26條第2項），亦會發生合併調解情形，此類合併調解幾乎是發生在院內（同一法院），理論上，雖然也可能發生在院際間（不同法院），但實務上很少在調解階段直接移送他法院併案調解。新法施行後，調解不成立事件，在分案審理後，得依合併審理方式（第6條或第41條）移送他法院合併審理，於此，若受移送法院適巧有相牽連之事件調解中，自得將之合併調解，形式上雖係院際移送而來，實則仍為院內合併調解，蓋斯時已是院內受理之事件（該院審理中自行移付調解事件），而不是由他法院直接移來之調解事件。

二、就合併審理階段

　　數家事訴訟事件之合併，可由其中一管轄法院合併審理；家事訴訟事件與家事非訟事件之合併管轄法院不同時，第41條第1項第3句明定由家事訴訟事件法院管轄，因此不得向家事非訟事件繫屬法院為合併請求，本條雖係規定於第三編家事訴訟程序，但依第79條準用第41條結果，在家事非訟事件程序中，亦得請求合併另一家事非訟事件；然如前說明，在家事非訟事件中不得請求追加或反請求家事訴訟事件，如有請求，又屬他法院管轄者，法院應曉諭其向有管轄權法院起訴，如逕行請求，應依第6條第1項本文：「法院受理家事事件之全部或一部不屬其管轄者，除當事人有管轄之合意外，應依聲請或依職權以裁定移送於其管轄法院。」之規定處理。又數家事事件中有專屬管轄者，得否一併向非專屬管轄法院請求合併，從本條第3項準用第6條第5項：「移送之裁定確定後，受移送之法院不得以違背專屬管轄為理由，移送他法院」規定觀之，家事事件法之統合處

理價值高於專屬管轄立法目的，亦如前述。以上所述，均係發生在院際間（不同法院）之不同管轄情形；反之，如受理法院對於繫屬事件均有管轄權，僅因欠缺合併條件而不得合併請求者，自應分別審理，然因是同一法院內不同法官之事務分配，不論是適巧分由同一法官審理，或不同法官受理後依第41條第3項移由同一法官審理，該同一法官如認合併裁判可達妥適、迅速、統合之目的，自無限制其合併裁判之理（透過移由同一位法官審理方式，其結果就可能是合併審理判決，贊成家事非訟程序中得追加或反請求家事訴訟事件者因此認為，何必限制其合併之提起，要求當事人另行遞狀請求，分案後再合併，而多此一舉）。另應注意者，如有第103條：「第九十九條所定事件程序，關係人就請求所依據之法律關係有爭執者，法院應曉諭其得合併請求裁判。關係人為前項合併請求時，除關係人合意適用家事非訟程序外，法院應裁定改用家事訴訟程序，由原法官繼續審理。前項裁定，不得聲明不服。」情形，乃於家事非訟事件中得合併請求家事訴訟事件之例外，且法律明定由原法官繼續審理，不生有無管轄權問題。

捌、合併審理與管轄移送

合併審理時，「依前項情形得為請求之變更、追加或反請求者，如另行請求時，法院為統合處理事件認有必要或經當事人合意者，得依聲請或依職權，移由或以裁定移送家事訴訟事件繫屬最先之第一審或第二審法院合併審理，並準用第六條第三項至第五項之規定」（第41條第3項），係「後」繫屬法院移送到「先」繫屬法院；在管轄移送時，「法院受理家事事件之全部或一部不屬其管轄者，除當事人有管轄之合意外，應依聲請或依職權以裁定移送於其管轄法院。但法院為統合處理事件認有必要，或當事人已就本案為陳述者，得裁定自行處理」、「法院受理有管轄權之事件，為統合處理事件之

必要，經當事人合意者，得依聲請以裁定移送於相關家事事件繫屬中之其他法院」（第 6 條第 1 項、第 2 項），則沒有「先後之分」，換言之，只要符合該條要件，不論其繫屬先後，均可對之移送。後者情形有：一、無管轄權法院移送到有管轄權法院（第 1 項之規定）。二、有管轄權法院移送到相關家事事件繫屬中之其他法院（第 2 項之規定）。此外，第 41 條第 3 項是法院為統合處理事件之必要「或」經當事人合意，而第 6 條第 2 項有管轄權法院移送到相關家事事件繫屬中之其他法院之條件，則「須」（法文無此字，但解釋上應係如此）經當事人合意；第 41 條第 3 項得依「聲請」或依「職權」，第 6 條第 1 項得依「聲請」或依「職權」，第 2 項則係依「聲請」，二者就合併之發動及應否經當事人合意，並不全同，適用上宜注意之。簡言之，有管轄權法院依第 41 條第 3 項之裁定移送至其他法院之第一審，或第二審（不論係同一地方法院之第二審合議庭，或高等法院）時，均應注意第 6 條第 2 項之規定，須經當事人合意，依聲請為之，以顧及管轄法院當事人之就審權或其審級利益。但屬法律規定應強制合併者，不在此限，例如父母離婚訴訟事件繫屬於有管轄權之甲地法院，未成年子女監護之親子非訟事件繫屬於有管轄權之乙地法院，乙地法院應將該親子非訟事件，裁定移送至甲地法院合併裁判（第 105 條第 1 項），而無須經當事人合意，受其聲請與否之拘束。

玖、合併裁判之方式

「法院就前項合併審理之家事訴訟事件與家事非訟事件合併裁判者，除別有規定外，應以判決為之」（第 42 條第 2 項）。論者有謂，若合併之請求，係以預備關係合併者，如何裁判？例如：一、原告合併請求履行同居（先位）及離婚（備位），第一審法院認為先位有理由時，應以裁定或判決命為履行同居？就此裁判不服，應依上訴或抗告程序？二、原告於第一審請求履行同居，法院裁定准許，被告

抗告，原告於第二審追加請求離婚，第二審認為請求履行同居有理由，抗告無理由，追加之離婚部分仍不必審判者，應以裁定或判決駁回被告之抗告？三、原告於第一審請求履行同居，法院裁定准許，被告抗告，原告於第二審追加請求離婚，第二審認為被告就履行同居之抗告有理由，將第一審裁判廢棄，並就離婚為裁判者，應以裁定或判決為之？[45]

　　本書以為，在第一例，備位離婚部分，被告如對先位部分聲明不服，效力及於備位部分[46]，自應以判決為之，並循上訴程序救濟。第二例及第三例，則涉及前述，家事非訟事件抗告審中可否合併請求家事訴訟事件之問題，設採否定說，自應以裁定駁回離婚之請求；反之，如採肯定說，則宜以判決為之，循上訴程序救濟。本案當事人如係請求選擇之合併，即請求法院就履行同居之家事非訟事件與離婚之家事訴訟事件擇一裁判，縱然法院係選擇履行同居而為勝訴裁判，當被告不服提起救濟，該未經裁判部分發生移審效力[47]，因此，仍應以判決為之，而非裁定，此不僅是從移審效力之法效觀點出發，依家事事件法第42條第2項：「法院就前項合併審理之家事訴訟事件與家事非訟事件合併裁判者，除別有規定外，應以判決為之。」之明文，亦應如此解釋。該條所規定之「除別有規定外」，立法理由舉例，例如因程序不合法應裁定駁回，或合併審理之事件中，法院必須先為適當之裁定者，如離婚事件請求核發保護令，該保護令之核發有時效性之考量，即須先為裁定。惟本書以為，上開立法說明之舉例似非本條所稱「除別有規定外」之真意，蓋不合法之程序駁回，以裁定為之，

---

[45] 呂太郎，民訴研討會第115次報告之「家事事件法若干解釋上問題」題目第28題至第30題。

[46] 最高法院94年度台上字第283號判決：先位之訴有理由，為備位之訴之解除條件，其解除條件應以先位之訴判決確定時，始為其解除條件成就之時。是該備位原告之訴，縱未經第一審裁判，亦應解為隨同先位之訴繫屬於第二審而生移審之效力，上訴審若認先位之訴無理由時，即應就備位原告之訴加以裁判。

[47] 最高法院87年度台上字第1493號判決意旨參照。

乃法所當然；而先核發保護令，將之與離婚事件分離，就不是法條本文之合併裁判，何能稱為別有規定？真正的「別有規定」，應是在請求家庭生活費用、扶養費或贍養費等家事非訟事件程序，關係人就請求所依據之法律關係有爭執者，法院應曉諭其得合併請求裁判。關係人為前項合併請求時，除關係人合意適用家事非訟程序外，法院應裁定改用家事訴訟程序（第 103 條第 1 項參照，並為第 107 條第 2 項、第 126 條所準用）之規定。此時，當依據之法律關係為家事訴訟事件而與原先提起之家事非訟事件合併裁判時，依第 42 條第 2 項規定本應以「判決」為之，但卻可因關係人合意而改為家事非訟程序，改以「裁定」為之，始為適例。此一特別明定之程序選擇權，可否擴充至其他，如上開之履行同居與離婚之合併（不論是預備或選擇之合併），如採肯定，則本節上開認為均應以判決為之，並循上訴程序救濟，將有不同結果，亦即如一樣賦予程序選擇權，則當事人自可選擇以家事非訟程序審理，以裁定為合併裁判，不服時循抗告程序救濟。果此，法院自應適當行使闡明權，讓關係人明白「訴訟與非訟」、「判決與裁定」之不同，「審級利益及救濟程序」之差異。

拾、合併裁判之法理交錯

　　家事訴訟與家事非訟之法理不同，言詞與書面、直接與間接、處分與職權，聽審請求權與既判力，皆有差異，當二者合併審理時，如何交錯適用，學理討論已久，最高法院 100 年度台抗字第 99 號裁定：「按於婚姻事件附帶請求定對於未成年子女權利義務行使或負擔之內容及方法，該附帶請求本質上雖為非訟事件，但其中關於命給付扶養費等事項，具給付裁判性質，因有強烈訟爭性，仍屬當事人處分權範圍，與法院應依職權酌定親權行使內容及方法事項尚有差異。是以法院於審理是類附帶請求事件，依民事訴訟法第五百七十二條之一第二項規定給予當事人陳述意見機會時，應注意交錯運用訴訟與非訟法

理，就職權事項與處分權事項，分別給予不同程度之陳述意見機會，其中屬給付裁判性質事項，抗告法院對當事人於抗告程序始提出或未於婚姻事件程序審理中充分表示意見之攻擊或防禦方法，亦當詳為調查，並將該調查證據之結果，曉諭當事人為辯論，始符合該條項規範之趣旨，以保障當事人之程序權。」雖係作成於家事事件法施行前，但其揭示之原則，仍有其遵循價值[48]。而本法於第41條第6項明定數宗事件合併審理時，除本法別有規定外，適用合併審理前各該事件原應適用法律之規定為審理，即係法理交錯之旨。

拾壹、簡易與小額事件之合併

　　民事訴訟法之簡易訴訟與小額訴訟事件，如其請求金額在新台幣50萬元或10萬元以下，在家事事件程序中可能是家事訴訟事件，例如剩餘財產分配請求事件；亦可能是家事非訟事件，例如贍養費、家庭生活費用、扶養費事件。然簡易訴訟與小額訴訟本質為訴訟事件，應以判決為之，家事非訟事件縱然涉及財產請求，應無變更為簡易或小額訴訟之餘地，此所以家事事件審理細則第72條規定：「本法第三條第三項所定丙類事件，除本法特別規定外，應依事件之性質，分別適用民事訴訟法有關通常訴訟程序、簡易訴訟程序及小額訴訟程序之規定審理。」而不及家事非訟事件。例如給與贍養費事件為戊類家事非訟事件，民事訴訟法第427條第2項第8款有關贍養費適用簡易程序之規定，已於102年5月8日修正公布刪除。

　　就合併分類情形觀察：一、家事身分訴訟事件與家事財產訴訟事件之合併。例如第3條甲類或乙類事件中合併丙類中之財產訴訟，當該類財產訴訟為50萬元以下之簡易或10萬元以下之小額訴訟，是否

---

[48] 關於法理交錯進一步說明與舉例，請參本書第一編第六章、陸、柒。

准許其合併，產生疑義，因二者固均以判決爲之，但救濟程序不同。以離婚同時請求剩餘財產分配事件爲例，二者均爲家事訴訟事件，法院實務通常不再考量後一事件是否爲簡易或小額訴訟，而併爲通常訴訟程序判決，其救濟自當向高等法院及最高法院爲之。二、家事財產訴訟事件與家事財產訴訟事件之合併。因二者均屬家事訴訟事件中之財產權爭訟，其中之一爲簡易或小額事件時，應注意民事訴訟法第435條及第436條之15之適用[49]。三、家事財產訴訟事件（簡易或小額程序）與家事財產非訟事件之合併。應適用何種程序，將視應否加計家事非訟事件部分而異，採加計說者，認爲二者均爲財產事件，應一併加計，以決定有無簡易或小額程序之適用；採不加計說，認爲家事非訟事件並無簡易或小額訴訟適用餘地，故應僅以家事訴訟事件計算之。爲求理論一貫，似以不加計說爲是。以夫妻離婚後請求50萬元以下之剩餘財產分配家事訴訟事件爲例（以A事件稱之），合併扶養費家事非訟事件（以B事件稱之），二者如具有基礎事實相牽連（第41條第1項），而准其合併，並以簡易判決爲之，其上訴程序，自應依民事訴訟法有關簡易程序之規定。但當A事件爲10萬元以下之小額程序時，應慮及不服小額程序第一審判決，應以其違背法令爲理由，始得向地方法院合議庭提起上訴，且不得對於第二審判決提起上訴（民事訴訟法第436條之24第2項、第436條之30），與家事非訟事件之救濟程序不同。爲避免事後不同之救濟方式，失去統合審理機會，是否仍宜合併判決？縱合併判決之，是否應捨小額程序，而改以簡易程序審理終結之？果仍有以小額程序合併判決，就此

---

[49] 第435條：「因訴之變更、追加或提起反訴，致其訴之全部或一部，不屬第四百二十七條第一項及第二項之範圍者，除當事人合意繼續適用簡易程序外，法院應以裁定改用通常訴訟程序，並由原法官繼續審理。前項情形，被告不抗辯而爲本案之言詞辯論者，視爲已有適用簡易程序之合意。」第436條之15：「當事人爲訴之變更、追加或提起反訴，除當事人合意繼續適用小額程序並經法院認爲適當者外，僅得於第四百三十六條之八第一項之範圍內爲之。」

類合併裁判之不服救濟，A、B事件似應分別處理，即A事件之限制不應影響B事件之救濟審級與規定。舉例言之，假設A事件之裁判並無違背法令情事，而不得上訴，關係人仍得就B事件抗告於地方法院合議庭，對於合議庭裁定，如有適用法規錯誤，亦得逕向最高法院提起抗告[50]。四、家事財產訴訟事件（簡易或小額程序）與家事身分非訟事件之合併。例如夫妻離婚後一方請求50萬元以下之剩餘財產分配，同時合併請求未成年子女之親權行使，固無財產金額加計問題，但同應注意上開三、之說明。五、家事簡易判決上訴二審中，得否反請求家事通常程序事件，如准許之，應適用何種程序，最高法院106年度台簡上字第8號判決略以：適用簡易程序之家事訴訟事件，於第二審程序中提起之反請求應適用通常訴訟程序之事件，應無不可（一般民事事件，依民事訴訟法第436條之1第2項，不許之）。依判決全文觀之，如仍續行簡易程序似不以經當事人合意為必要，但可否改行通常訴訟程序，即適用民事訴訟法第435條[51]，則無從該判決得知。若可，其救濟之上級審究為高院或最高法院？如係先高院再最高法院，則原簡易程序之第一審事件，將生四個審級問題。本書以為，家事事件不僅著重「統合」，也講究「迅速」（第1條），本法既不受民事訴訟法第248條但書規定不得行同種訴訟程序之限制，是縱然法院依職權或當事人聲請改行通常訴訟程序，因皆由三位法官合議審理，且程序保障更為慎重，當事人不服之救濟，應仍以最高法院為是，即同簡易程序之救濟[52]。當然，若仍續行簡易上訴審程序，判

---

[50] 但B事件如僅是涉及扶養費之給付，仍受上訴利益150萬元之限制，此為最高法院現行見解。

[51] 第435條：「因訴之變更、追加或提起反訴，致其訴之全部或一部，不屬第四百二十七條第一項及第二項之範圍者，除當事人合意繼續適用簡易程序外，法院應以裁定改用通常訴訟程序，並由原法官繼續審理。前項情形，被告不抗辯而為本案之言詞辯論者，視為已有適用簡易程序之合意。」之規定係適用於簡易程序第一審。

[52] 類似問題，參本章貳、八、「同審級合併與異審級合併」之說明。

決後之救濟本以最高法院為第三審法院，自不待言（最高法院之裁判字別係「台簡上」字，是認同下級審續行簡易上訴程序）。為讓當事人得以知悉此一法律效果，不論是續行簡易或改以通常訴訟程序，均宜加以適度闡明。

拾貳、合併裁判之假執行

　　家事非訟事件準用非訟事件法，而非訟事件法並無民事訴訟法假執行之適用。以家事訴訟事件與扶養費事件合併請求為例，經法院依家事事件法第 42 條第 2 項合併判決者，其中命給付扶養費部分性質上仍屬家事非訟裁定，依同法第 41 條第 6 項規定，法院於裁判前認有必要時，得依同法第 85 條規定命為適當之暫時處分，法院為本案裁判後，依同法第 186 條第 1 項，該裁判亦得為執行名義。因此，民事訴訟法於 102 年 5 月 8 日修正公布刪除第 389 條第 1 項第 2 款：「命履行扶養義務之判決。但以起訴前最近六個月分及訴訟中履行期已到者為限」，依職權宣告假執行之規定（修法理由參照）。法院為合併裁判時宜注意就家事非訟事件部分不應為假執行之宣告，始為法律之正確適用。

拾參、合併裁判之暫時處分與保全程序

　　本法第 85 條以下之暫時處分，僅限於丁、戊類之家事非訟事件，且以繫屬為必要，至於甲、乙、丙類之家事訴訟事件，則應視其情形，準用民事訴訟法第七編之保全程序。離婚同時請求損害賠償與贍養費，離婚損害賠償為家事訴訟事件，贍養費為家事非訟事件，為預防一方脫產，常見聲請人一併聲請假扣押，此時應注意民事訴訟法之假扣押與家事事件法之暫時處分不同，條件相異，擔保不同，宜分

別注意適用[53]。如一併就假扣押之聲請爲准駁，因本案爲家事訴訟程序（訴訟與非訟事件合併），就該准駁之抗告即應由高等法院或其分院行抗告程序，非由地方法院合議庭審理[54]。

拾肆、合併裁判之救濟

「當事人就家事訴訟事件與家事非訟事件之終局裁判聲明不服者，除別有規定外，適用上訴程序」（第44條第1項），該條所稱終局「裁判」，涵蓋家事訴訟事件及家事非訟事件合併裁判之情形，蓋如僅是家事訴訟事件，自可逕稱爲終局「判決」；單指家事非訟事件，自可逕稱爲終局「裁定」矣。所謂「別有規定」，依該條立法說明一：「例如就家事非訟事件有特別限制其抗告審級者，即應依各該規定處理。」易言之，就家事訴訟及家事非訟事件合併裁判之情形，家事非訟事件部分之抗告審級，仍應適用本法就家事非訟事件抗告審級之規定，則依第94條第1項規定：「對於第一審就家事非訟事件所爲裁定之抗告，由少年及家事法院以合議裁定之。」依此，家事法院合併爲判決後，如僅就家事非訟事件部分不服，依第44條第3項，適用家事非訟事件抗告程序，向地方法院合議庭提起抗告。又對於家事訴訟事件之終局判決聲明不服者，以該判決所認定之法律關係爲據之其他事件之裁判，視爲提起上訴」（第44條第4項），例如離婚合併請求分配剩餘財產，經第一審分別審理，分別裁判，而認原告之訴有理由，被告雖僅就離婚部分聲明不服，依上開規定，其上訴之效力亦及於剩餘財產分配部分[55]。

---

[53] 台灣高等法院103年度家抗字第18號裁定、台北地院101年度家暫字第30號裁定。

[54] 最高法院107年度台簡抗字第112號。

[55] 見台灣高等法院暨所屬法院101年法律座談會民事類提案第26號，提案重點在討

拾伍、合併裁判之分案

因家事事件之處理規範與前已大不相同，是關於家事事件之編號、計數、分案、報結，司法院另訂「家事事件編號計數分案報結實施要點」，其中第6點規定，「家事事件因請求之基礎事實相牽連而為請求之追加或反請求者，應另立卷宗號數」，有別於民事事件，訴之合併、追加及反訴，不另立卷宗號數。刑事案件，則僅在檢察官或自訴人追加起訴，應另立卷宗號數，而相牽連案件合併審判，僅立一卷宗號數，自訴案件被告之反訴也不另立卷宗號數（民刑事件編號計數分案報結實施要點第8點、第9點、第17點、第19點參照）。

拾陸、合併裁判之繳退費

合併裁判應如何繳費，以當事人合併請求判決離婚、給付贍養費100萬元、酌定未成年子女監護權，及請求給付子女扶養費300萬元為例，司法院內網「家事事件裁判費徵收核算對照表」例示之繳費方式如下：離婚之訴（非因財產權起訴之訴訟事件）3,000元＋贍養費（因財產權關係為聲請之非訟事件）2,000元＋酌定未成年子女監護權（非因財產權關係為聲請之非訟事件）1,000元＋子女扶養費（因非財產權關係而為聲請，並為財產上之請求之非訟事件）0元＝6,000元。此一例示是否正確無誤，仍有討論空間。另一部撤回或調（和）

論就剩餘財產分配部分應否繳納上訴裁判費，結論採肯定見解，但如拒繳應如何處理未進一步作成結論。惟本法第44條第4項本在合併審判時，得從判決書看出數事件之關係，法律問題提案內容「是分別審理，分別裁判」，則除非是從前案紀錄，或相關卷證資料，或當事人之訴狀或陳述得知，否則法院並不一定能知道有該另一「法律關係為據之其他事件」存在，而得因法律規定「視為提起上訴」，而併與審判。

解，應否退費，各法院之做法也未盡一致[56]。

拾柒、合併裁判之救濟教示

　　家事訴訟事件與家事非訟事件得合併審理，當事人得一併聲明不服，亦得就部分事件表示不服，因此，可能是上訴，亦可能是抗告，二者救濟期間有 20 日及 10 日之分，管轄法院亦不相同[57]，是裁判書後附之救濟教示期間[58]，有無分別載明必要，存有疑義。例如，在家事訴訟事件與家事非訟事件合併裁判之判決書後，僅教示如不服本判決，得於 20 日內提起上訴，設當事人於 10 日後僅就家事非訟事件部分提起抗告，即生抗告是否逾期問題。因此或有主張應分別教示如下：對裁判全部，或對家事訴訟事件（宜以一般用語示之，例如離婚部分）不服，上訴期間 20 日；對家事非訟事件（宜以一般用語示之，例如監護部分）不服，抗告期間 10 日。舊民事訴訟法第 572 條之 1 第 1 項有關婚姻及未成年子女親權行使（附帶請求）之判決，其救濟期間如何，早有此疑，最高法院 89 年度第 2 次民事庭會議決議認為：

---

[56] 司法院內網上開例示已刪除，改為合併數家事訴訟事件，各依家事訴訟事件規定繳納；合併數家事非訟事件，各依家事非訟事件規定繳納；合併家事訴訟及家事非訟事件，訴訟部分：各依家事訴訟事件規定繳納，非訟部分：各依家事非訟事件規定繳納。有關繳、退費問題，請參本書第一編第十三章「家事事件法之繳費與退費」。

[57] 舊民事訴訟法第572條之1第1項有關婚姻及未成年子女親權行使（附帶請求）判決，當事人一併聲明不服或只對附帶請求部分不服，其管轄法院均為高等法院，管轄法院並無不同，如僅就附帶請求部分聲明不服，高等法院改以抗告程序處理而已。然家事事件法施行後，如僅對合併之家事非訟事件聲明不服，依第44條第3項，適用家事非訟事件抗告程序，其管轄法院為地方法院之合議庭，而非高等法院，已有所不同。

[58] 有關裁定正本所附之關於不服抗告教示，並非裁定理由，教示內容妥適否，非適用法規有無錯誤問題，最高法院102年度台簡抗字第70號裁定參照。

「當事人或利害關係人僅對附帶請求部分之裁判聲明不服者，所應遵守之不變期間，仍爲民事訴訟法第四百四十條所定之二十日。」一律以 20 日爲準，似仍可遵從，以求簡化（最高法院 92 年度台抗字第650 號裁定同此意旨）。否則如分別教示，恐衍生其他問題，例如：當事人本欲僅對非訟事件部分抗告，因已逾 10 日抗告期間，不得不改以對全部裁判不服（因尚未逾 20 日），致程序改變，即由抗告改爲上訴，管轄法院隨之變易，即由地方法院合議庭改向高等法院，及訴訟資源之浪費，即對本已折服之訴訟事件部分，反須併予聲明不服，由法院再次審理[59]。是對於家事訴訟事件合併家事非訟事件之第一審判決，僅就家事非訟事件抗告，其抗告期間爲 20 日[60]。

拾捌、別請求禁止主義及失權效

　　統合處理，在求程序之迅速及經濟之必要，因此有如上各種合併問題，身分關係無論是夫妻或親子，尚有安定性之法政策考量，因此能合併未合併，即有別請求禁止主義之適用，就確認婚姻無效、婚姻關係存在或不存在、撤銷婚姻或離婚事件，規定當事人得依第 41 條第 2 項之規定爲請求之變更、追加或反請求者，不得另行請求。不於訴訟繫屬中爲請求之變更、追加或反請求而另行請求者，爲保障已請求之當事人權益，法院應以裁定移送於訴訟繫屬中之法院。但爲保障當事人之程序權，另規定適用第 6 條第 2 項至第 5 項等規定，就該移送之裁定得爲抗告，且移送之裁定確定後，受移送之法院不得以違背專屬管轄爲理由，移送於他法院，以維程序之安定（第 56 條）。

---

[59] 或有認爲，可將婚姻部分撤回上訴，果此，留下之家事非訟事件其抗告是否逾期恐又生爭議。

[60] 參台灣高等法院暨所屬法院104年法律座談會民事類提案第47號研討結果。許士宜，前揭書（註28），第378頁，結論同此。

此外，爲全面解決有關同一婚姻關係之紛爭，以儘早使婚姻關係趨於安定，避免因訴訟反覆提起而造成程序上之不經濟，參酌日本人事訴訟法第 25 條第 1 項及擴大我國民事訴訟法第 573 條（已刪除）規定，就有關婚姻關係之訴訟，如經判決確定後，不論該判決結果有無理由，當事人均不得援以前訴訟程序，依請求之合併、變更、追加或反請求所得主張之事實，就同一婚姻關係提起獨立之訴，使其發生失權效。然爲保障當事人之程序權，如有因法院未依法行使闡明權致未爲主張；或是雖經法院闡明，但因不可歸責於當事人之事由而未爲主張之情形，規定爲發生失權效之例外，允許當事人能援以前依請求之合併、變更、追加或反請求所得主張之事實者，提起獨立之訴（第 57 條），而無此失權效之適用。此一規定爲親子關係訴訟事件所準用（第 69 條）

拾玖、合併之程序公開

家事事件之處理程序，原則上不以公開法庭行之（第 9 條），民事事件則反之。贊同有一定牽連關係之民事事件得併入家事事件審理，或本書前述在一定情形下，仍有民事事件併入家事事件之可能者，此時，程序應否一部公開，一部不公開，或因合併之故，一律依本法之原則不公開之，容有不同意見[61]。

---

[61] 有認爲既然要合併審理，在合併必要範圍內，其他非屬於家事訴訟程序之事件，應家事訴訟化，此乃程序形成法理所不得不然，見司法院家事事件法研究制定資料彙編（五）委員會第176次委員會會議紀錄，第287頁，許士宦委員之意見。

貳拾、結論

　　家庭紛爭多伴隨身分、財產、夫妻、子女及其他家庭成員間之糾葛，此一糾葛常橫跨經年，當事人權利主張又多加入非理性之感情因素，恩怨情仇不易釐清，訴訟結果不僅是關乎當事人間之權利，在有未成年子女之情形，更可能影響其一生；情緒未能平復者，法庭內外採取自傷傷人之極端舉措亦屢見不鮮，因此家事事件法之立法，不僅要求妥適、迅速，更希望能統合處理（第 1 條）。妥適與迅速為所有訴訟事件所要求，統合一語卻為家事事件法所新創。

第四編

家事非訟程序

第一章

丁類家事事件研析

學習重點

1. 死亡宣告新程序
2. 監護與輔助宣告之修法過程
3. 應依職權選任程序監理人之爭議
4. 收養事件之「認可」與「許可」
5. 親屬會議之最新修法
6. 民事訴訟程序中之陳報遺產清冊移由家事庭處理
7. 遺產管理人難覓之原因
8. 選任國有財產局為遺產管理人
9. 遺囑執行人與遺產管理人不同
10. 遺產清理人制度刪除之問題
11. 提審法對家事事件之適用疑義
12. 民事保護令事件之法律適用

壹、法律規定

第 3 條第 4 項
　　下列事件為丁類事件：
一、宣告死亡事件。
二、撤銷死亡宣告事件。
三、失蹤人財產管理事件。
四、監護或輔助宣告事件。
五、撤銷監護或輔助宣告事件。
六、定監護人、選任特別代理人事件。
七、認可收養或終止收養、許可終止收養事件。
八、親屬會議事件。
九、拋棄繼承、無人承認繼承及其他繼承事件。
十、指定遺囑執行人事件。
十一、兒童、少年或身心障礙者保護安置事件。
十二、停止緊急安置或強制住院事件。
十三、民事保護令事件。

貳、原則說明

　　丁類為家事非訟事件，較無訟爭性，當事人或利害關係人對於程序標的無處分權。本類事件中之宣告死亡（第 1 款）、撤銷死亡宣告（第 2 款）、撤銷監護或輔助宣告（第 5 款），原屬舊民事訴訟法之人事訴訟事件，而予非訟化，其餘 10 款，除第 13 款民事保護令事件新納入外，均為舊民事訴訟法或非訟事件法所定之非訟事件。

參、逐款研析

一、宣告死亡事件

宣告死亡事件，指自然人失蹤一定期間後，因生死不明，聲請法院宣告其死亡也（民法第 8 條至第 11 條）。宣告死亡事件性質上本為非訟事件，因影響自然人權利之有無，事關公益，採干涉主義，便宜規定於舊民事訴訟法人事訴訟程序中（該法第 625 條以下）[1]。但有認此乃我國舊制係繼受 1887 年德國民事訴訟法，由於當時德國沒有非訟事件，只好一併規定於民事訴訟法中[2]。本法將之非訟化[3]，其程序分為二階段，第一階段為公示催告程序。第二階段為裁定宣告失蹤人死亡。舊法實務上，法院先分「催」字案號，待公告期間屆滿，當事人聲請法院為宣告死亡判決時，法院再分「亡」字案號審理，但本法施行後，則逕分「亡」字案號，公告期間屆滿，法院應依職權逕為是否為死亡宣告之裁定，而不待當事人之聲請。公示催告期間一般為 6 個月以上，但對於失蹤人滿百歲以上者，得為 2 個月以上（第 156 條第 2 項）。少家廳答覆法官論壇時表示：聲請人僅須具狀聲請死亡宣告，毋庸先聲請公示催告，收狀後，分「亡」字案處理，法院認為應准許為宣告死亡之聲請者，即應公示催告，若聲請人仍然先聲請公示催告，法院應曉諭聲請人補正聲請狀，再進行相關程序，毋庸另分「家催」字案號。為此，「少年及家事法院審理期限規則」第 3 條第 1 項第 4 款，將死亡宣告事件之公示催告期間，不計入審理期限之 8

---

[1] 吳明軒，民事訴訟法（下），自版，2009年10月8版，第1930頁。

[2] 沈冠伶等，家事程序法制之新變革及程序原則——家事事件法之評析及展望——民事訴訟法研討會第114次研討紀錄，法學叢刊，第226期，2012年4月，第216頁（沈冠伶書面論文）。

[3] 民法第9條第1項規定：「受死亡宣告者，以判決所確定死亡之時，推定其為死亡。」其「判決」二字於未來修正時，宜改為「裁判」或「裁定」。

個月中，避免因陳報生存期通常在 6 個月以上，造成案件遲延。

二、撤銷死亡宣告事件

宣告死亡裁定確定後，發現受宣告死亡之人尚生存或確定死亡之時不當者，得聲請撤銷或變更宣告死亡之裁定（第 160 條）。同前款宣告死亡事件，舊法均為訴訟事件，以判決為之，本法均予非訟化，以裁定為之。但為保障利害關係人之程序參與權，無論是前款之宣告死亡或本款撤銷死亡宣告事件，除通知顯有困難者外，法院應通知失蹤人之配偶、子女及父母參與程序，失蹤人另有法定代理人者並應通知，裁定且應送達上開之人（第 158 條、第 161 條第 3 項）。

三、失蹤人財產管理事件

失蹤人失蹤後，未受死亡宣告前，其財產之管理，除其他法律另有規定者外，依家事事件法之規定（民法第 10 條）。此本為舊非訟事件法第四章第一節所定之家事非訟事件，二者規定之內容大致相同，僅就不能定管轄之處理（第 142 條第 2 項）及增設財產管理人得聲請法院許可辭任之規定（第 145 條第 2 項）。此類事件，法院實務並不多見。

四、監護或輔助宣告事件[4]

監護宣告事件，對於因精神障礙或其他心智缺陷，致不能為意

---

4 實務上常見精神障礙者受騙購屋、購物之報導，另戶政機關於受理印鑑登記及印鑑證明之核發、國民身分證請領補發時，常發現申請人為未向法院聲請監護宣告或輔助宣告之精神障礙或心智缺陷者，其家屬憂應其受不法之徒詐騙，向戶政事務所主張限制其辦理補發國民身分證、印鑑證明及結（離）婚登記等事項，因該主張於法無據，造成戶政事務所作業困擾。衛生福利部社會及家庭署特別發函請各縣政府確實依據老人福利法第13條第1項及身心障礙者權益保障法

思表示或受意思表示，或不能辨識其意思表示之效果者，向法院聲請監護宣告（民法第 14 條）。輔助宣告事件，對於因精神障礙或其他心智缺陷，致其為意思表示或受意思表示，或辨識其意思表示效果之能力，顯有不足者向法院聲請輔助宣告（民法第 15 條之 1）。監護宣告後，受監護宣告之人，無行為能力（民法第 15 條）。輔助宣告後，受輔助宣告之人，其法律行為，原則上要經輔助人同意（民法第 15 條之 2）。未成年人是否為輔助宣告之對象，實務有探之，學說有認為無宣告實益，應予駁回，如誤為宣告裁定，屬違法之瑕疵裁定，但如該未成年人成年後，仍有受輔助宣告之原因，該瑕疵得予治癒[5]。監護或輔助宣告事件之程序，民法第 1110 條以下詳有規定。法院為監護宣告裁定時，應指定會同開具財產清冊之人，輔助宣告則否[6]。

　　97 年 5 月民法將禁治產改成監護及輔助，98 年 7 月民事訴訟法第九編第三章，99 年 1 月非訟事件法第四章第四節配合修正。在本法施行以前，有關監護或輔助宣告、撤銷監護或輔助宣告事件，分散於上開民事訴訟法及非訟事件法中，造成適用困難，例如對於此類事件之第一審裁定抗告，究應由地方法院組成合議庭受理，或由高等法院或其分院受理之，引起爭議[7]，本法施行後，即無此疑義，概由地方

第81條等規定，加強辦理相關宣導事項，並請轉知老人及身心障礙福利機構、團體適時提供精神障礙、心智缺陷個案之家屬，得向法院聲請監護宣告或輔助宣告之資訊，以避免當事人遭不法人士利用（見該署102年12月9日社家支字第1020006191號函）。是此類事件，在本法施行後，案件量有增加趨勢。

[5] 鄧學仁，法院裁定未成年人受輔助宣告裁定之效力——評臺灣桃園地方法院107年度監宣字第198號民事裁定，裁判時報，第78期，2018年12月，第25至31頁。

[6] 受輔助宣告之人並不因輔助宣告而喪失行為能力，僅於其為民法第15條之2第1項各款列舉之法律行為時，應經輔助人同意，且參酌民法第1113條之1第2項規定，亦未準用同法第1099條、第1099條之1、第1101條及第1103條第1項之規定，顯見受輔助宣告之人之財產無須由輔助人管理，自毋庸列於準用之規定而指定會同開具財產清冊之人（新竹地院99年監宣字第61號裁定）。審理細則第145條第1項明定：「法院為輔助宣告，無庸併選任會同開具財產清冊之人。」

[7] 台灣高等法院暨所屬法院100年法律座談會民事類提案第29號。

法院合議庭受理（第 94 條第 1 項）。依舊法之禁治產宣告裁定，監護人如欲聲請法院處分受監護人之不動產，須先聲請法院指定會同開具財產清冊之人，法院裁定後，監護人與會同開具財產清冊人應完成開具財產清冊陳報法院，法院始得就處分不動產之聲請為准駁裁定。蓋未完成開具財產清冊陳報法院前，監護人對於受監護人之財產，僅得為管理上必要之行為（民法第 1113 條準用第 1109 條之 1）。

此類事件雖為非訟事件，但為保障利害關係人之程序參與權，除通知顯有困難，在監護宣告事件裁定前，應通知得被選任之監護人（輔助人）、在改任或另選任監護人（輔助人），應通知原監護人（輔助人）（審理細則第 138 條、第 146 條）。監護事件，在實務引起較大爭議者，乃修法前第 165 條法院應依職權選任程序監理人，法院是否有裁量權問題[8]。

舊法不服監護或輔助宣告，關於選定監護人及指定會同開具財產清冊之人之裁定部分，得提出抗告，但關於宣告監護及輔助之部分，不得抗告。本法第 92 條因裁定而權利受侵害之關係人，得為抗告，已無此區別。

聲請監護宣告，法院調查後認為未達應受監護宣告之程度，而有輔助宣告之原因，得依聲請或職權為輔助宣告，但應使聲請人及受輔助宣告之人有陳述意見機會（民法第 14 條、本法第 174 條）。聲請輔助宣告，法院調查後認有監護宣告之必要，舊法規定應曉諭聲請變更，不變更則駁回，不得依職權為監護宣告（舊民事訴訟法第 624 條之 8），但本法則得依聲請或依職權以裁定為監護宣告，但應使關係人有陳述意見機會（第 179 條）。

108 年 6 月 19 日民法親屬編修正，增加第四章第三節成年人之意定監護制度，增訂 9 個條文（第 1113 條之 2 至第 1113 條之 10）及民法總則第 14 條，本法配合修正第 164 條及第 165 條。

---

8 參本書第一編第十章「程序監理人」。

　　本款事件實務常見問題有：一、監護人或輔助人人選之爭。二、聲請人以外之關係人將應受監護或輔助宣告之人藏匿，無法鑑定之處置。前者乃法官個案裁決，較無涉法律適用；後者，多數認爲並不符合第 13 條當事人違背到場義務之要件，不得處罰之，但得以暫時處分命關係人交付，執行不到得處怠金[9]。

五、撤銷監護或輔助宣告事件

　　監護宣告、輔助宣告及其撤銷事件，舊法區分爲非訟與訴訟二道程序予以處理，即聲請監護宣告或輔助宣告之准駁以裁定爲之，裁准後之撤銷監護或輔助宣告則以判決爲之，本法均改以非訟單一程序進行，以避免程序繁瑣。然除如上第四款之說明外，爲保障利害關係人之程序參與權，在撤銷監護或輔助宣告事件，應通知受監護宣告之人（受輔助宣告之人），及監護人（輔助人）參與程序（審理細則第 142 條、第 146 條）。

　　聲請撤銷監護宣告，法院認受監護宣告之人受監護原因消滅，而仍有輔助之必要，得依聲請或職權變更爲輔助之宣告（民法第 14 條、本法第 173 條）。然聲請撤銷輔助宣告，法院卻不能以有監護宣告爲必要，裁定改爲監護宣告，因本法第 180 條第 6 項僅明文準用第 172 條，但未準用第 173 條之故。

六、定監護人、選任特別代理人事件

　　定監護人事件，指民法第 1094 條第 3 項（未成年人監護）、第 1111 條（成年人監護）[10]、兒童及少年福利與權益保障法第 71 條之選定或改定監護人、兒童及少年性剝削防制條例第 28 條之選定或改監

---

[9] 台灣高等法院暨所屬法院111年法律座談會民事類提案第23號。
[10] 此爲立法理由之舉例，第1111條之成年人監護人其實可歸之於第4款之監護事件。

護人。民法第1094條第3項之聲請，是未能依第1項定其監護人時，始須提出，但實務上常見，為第1項之法定監護人者，仍聲請法院定其為監護人，法院就此有准、有駁[11]。此定監護人事件，不包括父母對於未成年子女權利義務之行使負擔之酌定與改定事件，其另規定於本法第3條戊類第8款。

選任特別代理人事件，立法理由僅例舉父母與未成年子女利益相反，依法不得代理之情形（民法第1086條第2項）。除此，應包括前述依兒童及少年福利與權益保障法第71條與兒童及少年性剝削防制條例第28條之選定或改定監護、未成年人監護（民法第1098條第2項）、成年人監護（民法第1113條準用未成年人監護）及輔助宣告（民法第1113條之1準用第1098條第2項）等規定中，監護人與未成年人、監護人與受監護宣告人及輔助人與受輔助宣告人間，因利益相反或依法不得代理之情形。故本法第111條未成年人之特別代理人規定，為受監護宣告之人及受輔助宣告之人所準用（第124條、第180條第4項）。特別代理人之選任，得依「聲請」或依「職權」為之（民法第1086條第2項參照），亦屬職權事件[12]，故縱由叔叔、祖母、舅舅、外祖母提出聲請，不應以其等非共同繼承人或無法釋明利

---

[11] 以父母均不能行使監護權（如父在監，母再嫁不知去向），聲請人為未成年人同居祖父母為例，駁回之主要理由為：聲請人既為與未成年人同居之祖父母，依前揭法條（即民法第1094條）規定，聲請人即為該未成年人之第一順位法定監護人，且其亦無不適任監護之情事，是以聲請人並無再聲請本院改定未成年人監護人之必要。從而，聲請人之本件聲請，核無必要，應予駁回。但慮及戶政機關未能配合登記，特於理由說明，此種監護登記之性質為報告之申請，不論是否已為監護登記，對其身分關係發生之效果不生任何影響，聲請人為未成年人之法定代理人，而得為相關法律行為之代理，然因我國法上之戶籍具有證明個人具體身分關係現狀之機能，且依照戶籍法第67條之規定，各機關所需之戶籍資料，應以戶籍登記為依據，聲請人自得依戶籍法相關規定，以未成年人之監護人之身分，向戶政機關申請為監護登記（苗栗地院101年度監字第6號裁定參照）。

[12] 參本書第一編第七章訴訟與非訟區別。

害關係而予駁回，致忽略法院應依職權選任之規定[13]。實法文之「利害關係人」，並不以共同繼承人爲要，其他身分上之利害關係人，例如非共同繼承人之監護人（民法第 1091 條以下），亦應屬之。

　　定監護人與選任特別代理人，固爲二事，但常相涉。監護人欲處分受監護人之不動產，依法應經法院許可（民法第 1101 條、第 1113 條），若該處分方案與監護人無利害關係，自無聲請法院選任特別代理人之問題。反之，倘監護人與受監護人同爲繼承人，因不動產之遺產分割屬於處分行爲，彼此利益相反，無法自行協議爲不動產之分割登記，而有聲請法院爲特別代理人選任之必要。二者如何併同處理，曾見疑慮，致有認爲，恐選定之特別代理人爲不利於受監護人不動產遺產分割之協議，規避法院依法對受監護人不動產處分之監督，而否准選任特別代理人者，但如此一來，遺產無法分割，當事人財產處分權受限，可能有害受監護人生計所需。正確做法，或可先爲選任特別代理人之裁定，再由特別代理人或監護人提出分割方案，以爲許可之准駁，分二階段而行[14]。實務上，監護人於聲請選任特別代理人時，有並未同時聲請法院許可處分者，法院爲免損害受監護人之權益，做法上，亦可於裁定主文於選任特別代理人同時限定遺產之分割不得侵害受監護人之應繼分；倘監護人聲請選任特別代理人同時提出分割方案，法院審查後認爲未侵害受監護人之利益，亦可於主文中准許依該方案分割。這樣，等於對特別代理人之選任與不動產處分之許可爲同

---

[13]例如台北地院103年度家聲字第139號、第53號、基隆地院102年度家親聲字第130號、彰化地院102年度家親聲字第232號、台南地院103年度家親聲字第79號裁定；而苗栗地院103年度家聲字第142號裁定，則從職權事件性質准許堂哥、堂姐之聲請（此爲筆者所書寫之裁定）。

[14]分割方案，有由特別代理人提出聲請者，如苗栗地院106年度監宣字第141號裁定；有由監護人提出聲請者，如花蓮地院108年度監宣字第44號裁定。由監護人聲請者，主文有書寫准由特別代理人代爲處分者，如花蓮地院108年度監宣字第137號號裁定。

時准許之裁定，一階段完成[15]。

　　另實務上，在父母與未成年子女遺產分割事件調解程序中，倘忽略特別代理人之選任，縱調解成立並經法官核定，可能無法順利辦理分割登記。類此事件，當事人如欲自行協議分割，應先依民法第1086條第2項聲請法院選任特別代理人（可稱為實體特別代理人），由該特別代理人代為遺產分割之協議及辦理登記。法院選任後，如當事人意見不同，無法達成分割協議，改請求法院分割，該特別代理人應有調解合意之權，無另依民事訴訟法第51條聲請受訴法院選任特別代理人之必要（可稱為程序特別代理人[16]）。但倘父母向法院訴請分割後始聲請選任特別代理人，如認為應依民事訴訟法第51條為選任，因該程序特別代理人，不得為捨棄、認諾、撤回或和解（同條第4項但書），解釋上當亦不可為調解，因此縱於調解程序中達成分割協議，亦不得作成調解筆錄，而僅能由法院為裁判分割。本書以為，實體特別代理人既得代理未成年人為遺產分割之協議，繫屬或前或後之選任，應無區別權限之必要，只要該分割方案未侵害未成年子女之應繼分即可。如仍有疑義，對於繫屬後之選任，仍可依民法第1086條第2項選任之（該條項並不限制案件繫屬前），而不依民事訴訟法第51條選任。其或不然，則僅能選任程序監理人代之，蓋程序監理人並無不得為調解之限制（但程序較為繁瑣，並涉及報酬問題）。相對於此，監護人與受監護人同為繼承人之場合，因遺產分割屬於財產

---

[15] 參苗栗地院102年度家聲抗字第18號裁定，主文「原裁定廢棄（第一項）。選任關係人郭○合為相對人許○柿辦理被繼承人許○生之遺產繼承分割事件（如附件遺產分割協議書所示）之特別代理人（第二項）。」該分割方案不動產全部及部分存款均由受監護人取得，法院認定受監護人所繼承取得之遺產顯已逾越其應繼分，形式上並無不利益，應可支應受監護人日後生活照顧及醫療養護之所需。此裁定筆者為審判長，提出如上見解，為合議庭採用。

[16] 該條所謂法定代理人不能行代理權，不僅指法律上不能（如經法院宣告停止其權利）而言，並包括事實上之不能（如心神喪失、利害衝突等）在內。最高法院50年度台抗字第187號判例意旨參照。

處分性質，應經法院許可，自無作成調解或和解筆錄之空間。此與父母與未成年子女同為繼承人之場合，依民法第 1086 條第 2 項選任之特別代理人，依第 1088 條第 2 項之規定，自得本於子女之利益，代子女為遺產之分割，而無待法院之許可。

　　本法施行前，父母為子女聲請選任特別代理人，多數法院裁定主文僅書寫成：「選任○○○於辦理被繼承人○○○遺產繼承分割事件之特別代理人」，本法施行後亦然，多仍未注意依本法第 111 條第 3 項：「前項選任之裁定，得記載特別代理人處理事項之種類及權限範圍」之規定，加以適當之記載，對於未成年子女利益之保護欠周。蓋依民法第 1086 條第 2 項所選任之特別代理人，其後代理分割並無須聲請法院許可，其結果可能會侵害未成年子女之利益[17]。至於監護人為受監護人聲請選任之特別代理人，如採二階段進行，其後代理分割應另聲請法院許可，則於選任之時或無須特別加以記載，但如採一階段進行，自應明確記載不得侵害受監護人之應繼分，或依有利於受監護人之分割方案為遺產之分割。

七、認可收養或終止收養、許可終止收養事件

　　認可收養事件，指收養應以書面為之，並向法院聲請認可（民法第 1079 條）[18]。認可終止收養事件，指未成年養子女與養父母雙方合意終止，應向法院聲請認可（民法第 1080 條）。許可終止收養事件，指養父母死亡後，養子女向法院聲請許可終止收養（民法第 1080 條之 1）。未成年子女之出養，應另注意兒童及少年福利與權益保障法第 15 條以下之規定。至於，宣告終止收養事件（即民法第

---

[17] 苗栗地院上開 103 年度家聲字第 142 號裁定，首度在為未成年子女選任特別代理人事件中，於主文中特別載明「遺產之分割不得侵害相對人之法定應繼分」。

[18] 收養子女應經法院認可之規定，係民法於 74 年 6 月 3 日修正時始增列之條文，於該次修正前，收養子女並無聲請法院認可之規定，應予注意，最高法院 105 年度台簡抗字第 19 號裁定參照。

1081 條及兒童及少年福利與權益保障法第 20 條之情形），本法將之非訟化，而為戊類第 13 款所定（引起之批評參本書第四編第二章該款之說明）。

　　未成年子女終止收養事件應向法院聲請認可，認可與否非當事人所得處分，應由法院裁定准駁，縱當事人聲請法院調解，不可成立調解筆錄，免生戶政機關得否拒絕登記之疑義[19]。

八、親屬會議事件

　　親屬會議事件，指依民法本應由親屬會議處理之事項（參本法第 181 條之規定），因無法召開或無法決議，進而聲請法院處理之事件，及關係人不服親屬會議之決議，聲請法院撤銷或宣告無效之事件。民法親屬編「親屬會議」之規定，係基於「法不入家門」之傳統思維，為農業社會「宗族制」、「父系社會」解決共同生活紛爭的途徑。但因時代及家族觀念之變遷，親屬共居已式微，親屬成員不足、召開不易、決議困難，所在多有。又近年「法入家門」已取代傳統的「法不入家門」思維，加強法院的監督及介入已成趨勢。民法繼承編關於遺產管理、遺囑提示、開示、執行，與親屬會議亦有許多關聯，但同有親屬成員不足、召開不易等困難。故 103 年 1 月 19 日修正公布第 1132 條為：「依法應經親屬會議處理之事項，而有下列情形之一者，得由有召集權人或利害關係人聲請法院處理之：一、無前條規定之親屬或親屬不足法定人數。二、親屬會議不能或難以召開。三、親屬會議經召開而不為或不能決議。」

　　對親屬會議之決議不服，民法第 1137 條規定應向法院聲訴，此一「聲訴」用語，本法施行前之最高法院判例認為法院對於此項聲訴

---

[19] 司法院秘書長101年8月29日秘台廳少家二字第1010020366號函覆法務部，或基於尊重法院獨立審判，不便直言該調解筆錄於法不合，僅稱「又雖調解成立與確定裁判有同一之效力，惟得否提憑該調解程序筆錄辦理終止收養登記，則應由主管機關本於權責判斷」。

之裁判，應依民事訴訟法所定判決程序辦理，不得以裁定行之[20]。該法條雖未明定應提起何種訴訟，惟依其情形，如親屬會議決議之內容違反強行規定，或親屬會議之組織或決議不合法時，應提起決議無效之訴，僅於親屬會議之召集或決議程序違反法律，或決議之內容不當時，始應提起決議撤銷之訴[21]。本法施行後此類無效或撤銷事件之定性（訴訟或非訟），學說上有認屬非訟化之眞正訟爭事件，即以家事非訟審理，但應注意法理交錯[22]。實務見解雖不一致，允以定性家事非訟事件爲宜[23]。

　　如前述，現代工商社會，人民遷徙頻繁，親屬會議召開不易，由親屬會議處理者，並不多見，在民法第 1132 條修正後，法院漸取代親屬會議之功能[24]，例如繼承開始時，繼承人之有無不明者，由親屬會議於 1 個月內選定遺產管理人，並將繼承開始及選定遺產管理人之事由，向法院報明；又無親屬會議或親屬會議未於前條所定期限內選定遺產管理人者，利害關係人或檢察官，得聲請法院選任遺產管理人（民法第 1177 條、第 1178 條第 2 項）。是聲請法院指定遺產管理人時，在民法第 1132 條修正前，是否應先依該條 1 項踐行親屬會議之召開，見解雖有歧異，但多數認爲，利害關係人聲請法院指定遺產管

---

[20]最高法院29年抗字第20號判例。

[21]最高法院88年度台上字第1143號判決。

[22]邱聯恭，家事事件法相關規定之解釋論上問題探討，收錄於民事訴訟法研究基金彙編「民事訴訟法之研討」（十九），2013年6月，第233頁。論者另謂：「聲訴」非必解爲「起訴」請求判決，原亦可解爲兼含有「聲請」爲非訟裁定，本法已將此類事件非訟化，該條規定應爲限縮解釋，不得再據以起訴請求判決，參許士宦，家事審判之請求（上），月旦法學教室，第130期，2013年8月，第67頁。另參林秀雄，論家事件法中之親屬會議事件——從實體法之觀點，軍法專刊，第62卷第6期，2016年12月，第12至15頁以下。

[23]有以判決，有以裁定爲之。最高法院108年度台抗字第1040號裁定認屬家事非訟事件。

[24]參林秀雄，前揭文（註22），第1至16頁。該文從實體法之歷次修正觀點，指明本款事件相對應之分則條文第181條有諸多待刪除或修正之處。

理人不以無親屬會議者為限，復不以有親屬會議而親屬會議不能選定遺產管理人為其要件，而可逕行聲請法院指定遺產管理人[25]。

九、拋棄繼承、無人承認繼承及其他繼承事件

拋棄繼承事件，指繼承人知悉其得繼承之時起 3 個月內向法院聲請拋棄繼承（民法第 1174 條）。無人承認繼承事件，指繼承人有無不明，或均拋棄繼承，為處理遺產之清償，而行公示催告命繼承人承認繼承，指定遺產管理人清償交付遺贈物等事項（民法第 1177 條以下）。其他繼承事件，如陳報遺產清冊（民法第 1154 條以下），及其他繼承事件（本法第 127 條參照）。

有關兩岸之繼承事項，臺灣地區與大陸地區人民關係條例第 66 條以下有特別規定，適用上應注意及之。

拋棄繼承或限定繼承（陳報遺產清冊）事件，為常見之家事事件。就陳報遺產清冊事件，在債權人向民事法庭（非家事法庭）提起財產訴訟（A 事件）中命繼承人提出遺產清冊（B 事件）（民法第 1156 條之 1 第 1 項）之案例中，A 事件（民事事件）是否改易為家事事件，及 B 事件（家事事件）應由民事法庭或家事法庭受理，曾發生疑義。例如銀行就被繼承人積欠之信用卡債務，對（限定）繼承人於繼承被繼承人之遺產範圍內要求清償之事件（A 事件），提起民事訴訟，此因係基於清償債務而為請求，並非「繼承人間因繼承關係所生請求」，故不屬家事事件，且事件屬性亦不會因法院依職權命繼承人於 3 個月內提出遺產清冊而有所變更。在該民事事件中就陳報遺產清冊之 B 事件，雖為本款之家事事件，此時，是否應該移由家事法庭審理，少家廳在答覆法官論壇時表示：民法第 1156 條之 1 第 2 項之「法院」依其文義，不以受理家事事件之法院為限，似包括受理民事訴訟事件或民事非訟事件之法院在內。基此，審理請求清償信

---

[25] 台灣高等法院暨所屬法院96年法律座談會民事類提案第10號。

用卡債務之民事庭、簡易庭或非訟中心，即為民法第 1156 條之 1 第 2 項之「法院」，自得依職權命繼承人提出遺產清冊，以利其審理。而依法院命令提出遺產清冊之繼承人，即應依家事事件法第 128 條規定，向家事法院（庭）陳報遺產，由該庭另分一家事非訟事件，以續行公示催告等程序。至於原本民事訴訟或非訟事件，仍由原承辦股依原程序處理[26]。

　　無人承認繼承所生遺產管理人事件，為本款繼承事件之一，可從立法理由所引之法條得知，但在本法第四編家事非訟程序中，則分二處規定，如由利害關係人或檢察官聲請者，為第七章之繼承事件（第 136 條），如應經親屬會議處理之酌給遺產管理人報酬事件，則為第十二章之親屬會議事件（第 181 條第 5 項第 3 款）。遺產管理人事件，常來自債權人（包括國稅機關）之聲請，遺產管理人可能因疏忽未能查清遺產，負有稅務風險[27]，且在遺產不多情況下報酬有限[28]，各法院因常難覓願意擔任者，而不得不指定國有財產署（改制前為國有財產局）擔任之（依舊非訟事件法第 149 條第 3 項、本法第 136 條第 3 項，法院本得選任公務機關為遺產管理人）。得否選任國有財產署擔任遺產管理人，早期見解略以：依司法院 74 年 10 月 15 日院台

---

[26] 見法官論壇103年2月26日討論。

[27] 遺產及贈與稅法第6條第1項及第2項規定，無遺囑執行人及繼承人者，遺產稅之納稅義務人為遺產管理人，若未依規定申報即有被裁罰可能。曾有擔任遺產管理人之某律師因為一筆被繼承人在世贈與給配偶的2億遺產未申報，要被處罰5,600萬元罰款，讓他身陷資產被凍結、薪資被查扣，瀕臨破產慘況。財政部後來發布解釋令，表示遺產稅及罰鍰僅限在遺產範圍之內，所以遺產管理人個人財產不會受影響。另如因未盡注意義務，也有負擔賠償損害之責，林秀雄，遺產管理人之職務與責任——最高法院106年度台上字第2106號民事判決評析，月旦裁判時報，2020年3月，第93期，第24至29頁。

[28] 依財政部頒布之「代管無人承認繼承遺產作業要點」第13點第4款之規定，聲請法院酌定管理報酬，其請求標準為遺產現值百分之一。有關遺產管理人之報酬規定，民國104年1月14日公布修正之民法第1183條增加「必要時得命聲請人先為墊付」。

廳一字第 05786 號函示：此類拋棄繼承事件，多屬遺債大於遺產形同破產，儘量避免選任國有財產局為遺產管理人。倘顯無遺產可歸屬國庫，應即避免選任國有財產局為管理人，以免公器淪為私用，損及全民利益，令國庫遭受權利之侵害等情[29]。近期見解略以：依財政部國有財產署組織法第 2 條第 2 款、第 3 款分別規定財政部國有財產署掌理國有財產之清查、管理處分；無繼承人承認繼承時，其遺產於清償債權並交付遺贈物後，如有剩餘，歸屬國庫，該歸屬國庫之遺產，足見無人繼承遺產清理事宜，本即為財政部國有財產署執掌之事務。另選任遺產管理人處理無人繼承遺產事宜，旨在維護公益及被繼承人債權人之利益，而遺產管理人之職務，程序相當繁複，自應選定熟習該項作業者為佳。財政部國有財產署為國庫之管理機關，備有管理財產之專才，並具相當公信力，代管無人繼承遺產清理事宜亦為其執掌事務，其經費支出固屬國家資源，但保護無人繼承財產之債權人權利，亦屬政府之義務。倘若維護公益之國家機關，都以被繼承人遺產之有無或遺產是否大於債務，作為決定是否擔任遺產管理人之考量，難以期待一般私人願自費擔任遺產管理人，亦與法律賦予法院選任遺產管理人之立法精神有違[30]。

十、指定遺囑執行人事件

指定遺囑執行人事件，指以遺囑捐助設立財團法人，無遺囑執行人時，向法院聲請指定（民法第 60 條）；遺囑未指定遺囑執行人，亦未委託他人指定時，向法院聲請指定（民法第 1211 條）；遺囑執行人怠於執行職務，或有其他重大事由時，向法院聲請另行指定（民法第 1218 條）。

---

[29] 例如台灣高等法院87年度家抗字第54號裁定。
[30] 例如苗栗地院102年度繼字第23號裁定。又如台北地院102年度家聲抗字第104號裁定，駁回被選任為遺產管理人財政部國有財產署北區分署之不服抗告。

　　遺囑執行人之指定以遺囑眞正爲前提，遺囑眞正與否固不以先經法院確認爲前提，但以繼承人或相關利害關係人對之無爭執爲必要，否則遺囑之眞正與否未確定，遺囑執行人無從本於遺囑爲執行，不得認爲遺囑眞僞屬訴訟實體事項，指定遺囑執行人屬非訟程序事項，而得先非訟後實體，率予先行指定遺囑執行人，致無法執行[31]；另縱遺囑爲眞正，除遺囑內容涉及捐助設立財團法人，須待遺囑執行人以爲執行之類似必要情形外（民法第 60 條第 3 項參照），否則利害關係人聲請法院指定時，法院若認爲遺囑之內容不必執行應可實現者，或指定遺囑執行人毫無意義時，可駁回利害關係人之聲請[32]；而指定數遺囑執行人時，除應注意民法第 1217 條過半數決定之規定外，並宜避免指定利害關係相反之二人共同擔任遺囑執行人[33]。

　　本款遺囑執行人與上述遺產管理人不同，遺囑執行人管理權限僅限於與遺囑有關之遺產，與遺產管理人悉就全部遺產有管理權限迥異，此參諸二者關於遺產清冊之編製，前者僅於必要時編製，並以與遺囑有關之遺產爲限，而後者則一定要編製，且就全部遺產爲之，並應於就職後 3 個月內編製之甚明。再參照遺產管理人之選定、職務、有無報酬等規定，與遺囑執行人不同，益能區分二者之差異性，實難混爲一談。依民法第 1216 條之規定，繼承人就與遺囑無關之遺產，並不喪失其管理處分權及訴訟實施權，是同法第 1215 條所定遺囑執行人有管理遺產之權限，即應以與遺囑有關者爲限，逾遺囑範圍之遺產，其管理處分及訴訟實施權並不歸屬於遺囑執行人[34]。

　　除遺產管理人與遺囑執行人外，舊非訟事件法第 154 條及第 155 條尚有遺產清理人制度，即當繼承人因故不能管理遺產，亦無遺囑

---

[31] 新北地院105年度家聲抗字第28號裁定、最高法院110年度台簡抗字第286號裁定。

[32] 林秀雄，繼承法講義，2012年10月5版1刷，第278頁。

[33] 苗栗地院106年度家聲抗字第4號裁定。

[34] 最高法院91年度台上字第786號判決。

執行人，利害關係人或檢察官得聲請法院選任遺產清理人。本法並未納入，非訟事件法第154條刪除理由謂：「另本條於六十一年增訂時，其立法背景係考量多數退除役官兵死亡後，據其身家資料知有繼承人，惟因繼承人大都在大陸地區，無法管理遺產，民法或相關實體法對此問題復無明文，遂設此遺產清理人之規定，以為補救措施；然臺灣地區與大陸地區人民關係條例施行後，該條例第六十八條第一項就此情形已設規定而有解決之道，故遺產清理人制度已無存在之必要。」然如下案例為實務所常見，或仍有借助遺產清理人制度以為處理者，例如：（一）唯一繼承人為印尼籍，遠居印尼，年逾八十歲，我國與印尼並無平等互惠原則適用，致該繼承人無法辦理繼承登記取得系爭不動產權利，復因被繼承人並無遺囑執行人，故舊非訟事件法第154條第1項所定得聲請法院選任遺產清理人之「利害關係人」，應包括繼承人在內，得由該唯一繼承人聲請法院選任遺產清理人，以將系爭不動產出售予第三人，將所得價款扣除相關應付費用後，匯入繼承人存款帳戶[35]。（二）繼承人為越南籍人士，依土地法第18條規定，無法取得或設定土地權利，致使聲請人（銀行）之抵押品無法提出拍賣求償以實現債權，有選任遺產清理人必要[36]。（三）年代久遠，子孫繁多，依現有之戶籍資料，僅可查知部分繼承人，尚無從得知全體繼承人。是以被繼承人雖確有再轉繼承人存在，然行蹤不明，惟全體再轉繼承人為何人，尚無從得知，且被繼承人之前開遺產，自其死亡迄今已近64年，仍未能辦理遺產登記，堪認其繼承人因故不能管理遺產，此外亦無遺囑執行人，聲請人聲請選任遺產清理人，即屬有據[37]。（四）被繼承人之繼承人為失蹤人，聲請人經法院選任為失蹤

---

[35] 台灣高等法院98年度非抗字第136號裁定。繼承人雖為未成年人，但有法定代理人代為處理者，不得聲請，參高雄地院98年度司財管字第238號裁定。

[36] 雲林地院98年度財管字第13號裁定，惟本件法院選任之遺產清理人為繼承人之一，似不合要件。

[37] 台中地院95年度財管字第60號裁定。

人之財產管理人，並聲請爲被繼承人之遺產清理人[38]。取消遺產清理人制度後，實務上倘遇上開案例情形，就兩岸人民繼承事件，可依臺灣地區與大陸地區人民關係條例第 67 條之 1 聲請法院指定財政部國有財產局爲遺產管理人，或第 68 條由主管機關管理其遺產以爲處理（港澳居民，可依香港澳門關係條例爲解釋，或適用大陸地區人民之相同規定）[39]；對於他國人民，應視情形是否符合遺產管理人或失蹤財產管理人之要件，或以一般民法代理方式代爲處理，以爲解決[40]。本法施行後，遇有原住民死亡後遺留之原住民保留地，其唯一繼承人不具原住民身分，依原住民保留地開發管理辦法第 18 條之規定無法辦理繼承登記，即生是否仍可選任遺產清理人之疑義[41]。

---

[38] 彰化地院95年度財管字第20號裁定。

[39] 甚至實務上也有繼承人爲大陸人士，尚未取得身分證，目前行蹤不明，令聲請人無法辦理不動產登記以拍賣抵押物，爲此聲請選任之遺產清理人，見屏東地院99年度財管字第53號裁定。

[40] 惟上開涉及外國繼承人案例，所涉及之不動產登記問題如可解決，非以選任遺產清理人爲必要，內政部98年7月29日內授中辦地字第0980725039號函略以：土地法第18條之立法意旨，與我國無平等互惠關係之外國籍繼承人不得取得遺產中之土地權利，亦不得申辦土地權利繼承登記；另就遺產全部爲分割協議繼承時，與我國無平等互惠關係之外國籍繼承人，得無須參與協議及會同申辦登記。惟爲保障該外國籍繼承人之權益，應於繼承系統表切結「表列繼承人如有遺漏或錯誤致他人權益受損者，申請人願負法律責任，並保證與我國無平等互惠關係之外國人主張繼承權利時，登記之繼承人願就其應得價額予以返還」；可爲參考。

[41] 雖有認仍可選任遺產清理人，但多數認應聲請選任遺產管理人。至於實體上如何實現該繼承權，或可類推適用土地法第30條之1：「農地繼承人部分不能自耕者，於遺產分割時，應將農地分歸能自耕者繼承之。其不能按應繼分分割者，依協議補償之。農地繼承人均無自耕能力者，應於繼承開始後一年內，將繼承之農地出賣與有耕作能力之人。」參台灣高等法院暨所屬法院107年法律座談會第34號提案。

十一、兒童、少年或身心障礙者保護安置事件

　　兒童或少年保護安置事件，指兒童、少年遭受危險或有危險之虞，依法被政府社福機關緊急安置後，向法院聲請繼續及延長安置（兒童及少年福利與權益保障法第57條、第59條）；遭受性剝削之兒童或少年被緊急安置後，主管機關向法院提出報告，聲請法院裁定（兒童及少年性剝削防制條例第16條至第21條）；身心障礙者保護安置事件，指身心障礙者遭受遺棄虐待等不當對待，依法被安置後，向法院聲請繼續及延長安置（身心障礙者權益保障法第80條）。

　　兒童、少年安置事件，在實務引起較大爭議者，乃修法前第184條準用第165條法院應依職權選任程序監理人，法院是否有裁量權問題[42]，又因此類事件多是書面審理，少傳訊或就訪兒童或少年，因此如何聽取未成年子女意見（第108條），以落實本法保護未成年子女之立法精神，為免訴訟成本浪費，對於年幼無表意能力，又無爭議案例（例如棄嬰或受虐兒），是否均一律傳訊或就訪，實務上當個案審酌，以求妥適。

十二、停止緊急安置或強制住院事件

　　精神衛生法於111年12月14日修正公布，強制住院、延長強制住院（第59條第4項、第63條）、聲請或職權強制社區治療（法院對於強制住院或延長強制住院之聲請，認為未達應受強制住院之程度，而有強制社區治療之原因者，第71條）、停止緊急安置、強制住院及強制社區治療（第66條），須由家事法院裁定之，由法官一人為審判長，與參審員二人組成合議庭行之（第67條）。家事事件法於112年配合修正第3條本款改為嚴重病人保護安置事件、第96條參審員準用民事訴訟法再審相關規定、第185條專屬司法院指定之

---

[42] 詳本書第一編第十章「程序監理人」。

法院管轄（尚未施行）。

　　103 年提審法之施行本與家事事件法無關，但司法院訂定「法院受理提審聲請之事務分配辦法」，將上開第十一、十二款之事件，例如涉及緊急安置於福利機構（兒童及少年福利與權益保障法）、緊急安置於收容中心（兒童及少年性剝削防制條例）、強制住院（精神衛生法）、殘障安置（身心障礙者權益保障法）、老人安置（老人福利法），均規定由家事法庭法官受理[43]。其中有所爭議者，要屬主管機關如依兒童及少年福利與權益保障法第 56 條第 1 項所為之「緊急安置」，是否屬於「逮捕、拘禁」之疑義。因依提審法第 5 條第 1 項第6 款之規定，「無逮捕、拘禁之事實」者，受聲請法院得以裁定駁回之。事涉有無該款適用，及主管機關如未依第 2 條第 1 項，「以書面告知本人及其指定之親友，至遲不得逾二十四小時」，科新台幣 10萬元以下罰金（第 11 條第 1 項）之問題。

　　本書以為，提審法第 1 條之「逮捕、拘禁」，依司法院釋字第392 號解釋理由所示，謂「逮捕」，係指以強制力將人之身體自由予以拘束之意；而「拘禁」則指拘束人身之自由使其難於脫離一定空間之謂，均屬剝奪人身自由態樣之一種。就剝奪人身之自由言，拘提與逮捕無殊，羈押與拘禁無異；且拘提與羈押亦僅目的、方法、時間之久暫有所不同而已。其他所謂「拘留」「收容」、「留置」、「管收」等亦無礙於其為「拘禁」之一種，當應就其實際剝奪人身（行動）自由之如何予以觀察，未可以辭害意（立法理由參照）。是有無逮捕、拘禁之事實，由法院依釋字第 392 號解釋意旨，視具體個案情形客觀判斷之。而兒童及少年福利與權益保障法第 56 條第 1 項「緊急安置」之目的，在於「非立即給予保護、安置或為其他處置，其生命、身體或自由有立即之危險或危險之餘」（法條文字），與帶有懲罰不法、維護治安，或基於特定管制目的，所為強制剝奪人身自由

---

[43] 如遇假日，通常由值班法官處理，各法院規定負責處理之法官事務分配容有不同。

之性質迥然不同。然被緊急安置之樣態不一，或將兒童或少年強制帶離親權者之控制中（如被虐待），或單純給予保護安置（如棄嬰），在前者，親權被剝奪者，並非其自身人身自由被剝奪，不得以親權被剝奪聲請提審，除非兒童或少年表明不願意被緊急安置，而主管機關仍違背其意願強予安置，限制其返家或行動自由時，始可能處於被逮捕、拘禁之狀態，而有提審之適用，因此對於是類提審事件，當「視具體個案情形客觀判斷之」。至於如上其餘之安置、強制住院有無提審法適用，當依同一原則以為適法處理。不服家事法庭就提審事件裁處之抗告審究為地方法院合議庭或高等法院，實務做法未見一致[44]。問題爭點與提審法之聲請事件應否定性為本法之家事非訟事件有關，此固有討論空間，但目前由地方法院民事、刑事或行政訴訟庭所為提審事件裁處之抗告審似均為高等法院（及高等行政法院）[45]，家事事件之提審允宜一體適用才是，然法律座談會多數認應以地方法院家事法庭合議庭為抗告法院[46]。

十三、民事保護令事件

　　家庭暴力防治法（以下簡稱家暴法）於 87 年 6 月 24 日制定公布，有關民事保護令之核發，並未規定在非訟事件法家事事件中，司法院 88 年 6 月 17 日發布「法院辦理家庭暴力案件應行注意事項」明定民事保護令事件，非有必要，不宜由辦理家事事件之專庭或專人以外之

---

[44] 以高院為抗告審者，如台中高分院103年度家提抗字第1號、花蓮高分院103年度家提抗字第2號；以地方法院合議庭為抗告審者，如新北地院103年度家提抗字第1號、桃園地院103年度家提抗字第1號裁定。

[45] 比較特殊者為士林地院103年度民提抗字第1號以合議庭裁駁。

[46] 台灣高等法院暨所屬法院104年法律座談會民事類提案第50號結論。曾有當事人質疑此一見解，主張抗告審應由高等法院審理，但為承審地方法院合議庭駁回者，參士林地院106年度家聲抗再字第1號裁定。目前以高院為抗告審者，有台中高分院及花蓮高分院，其餘似均以地院合議庭為抗告審。因此類事件不得再抗告（提審法第10條第3項），難由最高法院作出統一見解。

人辦理（第2點）。本法納入為家事事件後，自應由家事法院（庭）審理（但緊急保護令多發生於深夜，由值班法官核發）。民事保護令雖為家事事件，但本法並未在第四編家事非訟事件為相應規定，104年2月4日修正公布之家暴法第20條第1項則明定：「保護令之程序，除本章別有規定外，適用家事事件法有關規定」，其與本法之關係，本法第97條立法理由認為家暴法為特別法，因此，在：（一）生效時點上，民事保護令自「核發」時起生效（家暴法第15條第1項、第16條第6項），本法之家事非訟裁定生效時點為「宣示」、「送達」、「告知」或「公告」（第82條第1項），自應優先適用家暴法。（二）民事保護令自「核發」時起生效，抗告中不停止執行（家暴法第15條第1項、第20條第2項）[47]，亦應優先於本法第82條第1項但書「但有合法之抗告者，抗告中停止其效力」之規定。（三）家事非訟事件雖得聲請暫時處分，但有其類型化，依「家事非訟事件暫時處分類型及方法辦法」並無民事保護令一項；換言之，當事人欲聲請民事保護令，應依家暴法聲請，而非依本法聲請暫時處分，一旦聲請通常保護令，法院為保護被害人，於通常保護令審理終結前，得依聲請或依職權（104年修正之家暴法第16條第2項增加依「職權」）核發暫時保護令，亦無再依本法聲請暫時處分餘地；再如聲請法院核發暫時保護令，更無於審理終結前另聲請暫時處分，蓋暫時保護令本質上即屬暫時性處置，若許聲請人於聲請「暫時」保護令案件繫屬時，又為「暫時」處分之聲請，此種「暫時」中又存有「暫時」之狀態，顯與民事保護令或暫時處分制度設計有違[48]。（四）民事保護令之執行與本法之執行亦有明顯不同，家事事件裁判之執行同一般民事裁判，雖得請求行政機關、社會福利機構協助執行（第186條第2項），但執行主體仍是法院，而民事保護令之執行，則視保護令

---

[47] 保護令抗告後縱被廢棄，廢棄前之違反保護令行為，仍構成違反保護令罪，參澎湖地院94年易字第18號判決。

[48] 新竹地院102年度家暫字第6號裁定、台北地院101年度家暫字第12號裁定。

內容不同，法律明定由不同執行機關執行（該法第 21 條以下）：有由法院直接受理者（不動產之禁止使用、收益或處分行為及金錢給付之保護令）、有由法院間接受理者（義務人不依保護令交付未成年子女時，權利人得聲請警察機關限期命義務人交付，屆期未交付者，命交付未成年子女之保護令得為強制執行名義，由權利人聲請法院強制執行）、有由縣、市主管機關執行者（設處所為未成年子女會面交往、完成加害人處遇計畫之保護令）、有由政府其他相關機關執行者（禁止查閱相關資訊之保護令）、有由警察機關執行者（其他保護令之執行）。（五）本法第 14 條第 2 項「滿七歲以上之未成年人，除法律別有規定外，就有關身分及人身自由之事件，有程序能力」，如該未成年人為家庭暴力受害人，性質上應為「人身自由之事件」，如以自己名義為暫時及通常保護令聲請人，是否還須法定代理人代為，依家暴法第 10 條前段「被害人得向法院聲請通常保護令、暫時保護令」之文意，解釋上似應同刑事訴訟法第 232 條有獨立聲請權。然實務上似乎受家暴法第 10 條第 1 項後段：「被害人為未成年人（中略），其法定代理人得為其向法院聲請」，進而援引家暴法準用一般民事或非訟法理，認仍須由法定代理人代為聲請。本法施行後，多數認為應無必要，法院辦理家庭暴力案件應行注意事項之歷次修正，亦從「須」到「應」，至目前之「宜」由法定代理人代理聲請[49]。（六）對民事保護令抗告之裁定不服，往昔係依舊家暴法第 20 條第 2 項準用非訟事件法第 46 條，再準用民事訴訟法第 486 條第 1 項、第 4 項向高等法院提起再抗告[50]。本法施行後，依第 94 條第 2 項規定，對於家事非訟事件抗告由合議庭裁定，如有適用法規顯有錯誤，係逕向最

---

[49]「庭長願景營」討論提案編號12，多數說認不必由法定代理人代為聲請，顯然認為本法排除家暴法上開規定。討論時，該注意事項第6點規定「應」，但104年2月6日之最新修正則改為「宜」。

[50]94年民議字第五號提案分院，應為抗告法院（地方法院合議庭）之直接上級法院，即高等法院或其分院，而非最高法院。

高法院提起抗告，民事保護令事件既爲家事非訟事件，是否應一同適用本法，產生疑義，最高法院在 102 年度台簡抗字第 90 號民事裁定中，就受理保護令再抗告事件，雖未就此法律適用之改變加以說明，但從程序上受理再抗告，等於肯認應一律適用本法第 94 條第 2 項之規定[51]。然此一問題，依新修正家暴法第 20 條第 1 項明定適用家事事件法有關規定後，當無複爭議，自應依本法第 94 條第 2 項，以最高法院爲再抗告法院。（七）本法施行後，各地方法院成立家事服務中心，其組織法源非出於本法，而係少年及家事法院組織法，民事保護令事件既爲家事事件，自爲家事服務中心之服務對象，則現行各地方法院之家暴服務處，是否有整併必要，也留有討論空間[52]。（八）家暴法雖爲特別法，有認爲本法個別條文仍有適用餘地，例如處遇計畫屬於保護令內容之一部，其變更法雖明文應經當事人或被害人之聲請（家暴法第 15 條第 2 項），但對於處遇計畫之執行機關（如縣政府衛生局）來函詢問可否變更處遇計畫之內容（如增加或減少治療時數等），法院非不得依本法第 83 條第 3 項之規定，以情事變更爲由，職權變更之[53]。然此一見解，有待商榷，減少時數，有利於家暴相對人，或較無爭議，但增加時數，若相對人不配合，涉及違反保護令刑事犯罪問題，若眞有變更必要，仍以經當事人或被害人聲請爲是。

　　111 年 6 月 1 日施行之跟蹤騷擾防制法第 5 條第 4 項規定：「家庭暴力防治法所定家庭成員間、現有或曾有親密關係之未同居伴侶間之跟蹤騷擾行爲，應依家庭暴力防治法規定聲請民事保護令，不適用本法關於保護令之規定。」依該法聲請法院核發保護令，目前劃歸由民事庭審理（該法第 6 條第 1 項、第 15 條第 1 項）。

---

[51]依此見解，家暴法就此非特別法，本件裁定因涉家暴，未公告上網，乃向最高法院索取。

[52]參閱本書第一編第四章「家事服務中心」。

[53]台灣高等法院暨所屬法院103年法律座談會民事類第39號提案結論。

第二章

戊類家事事件研析

學習重點

1. 協議離婚未約定贍養費，事後可否請求
2. 法院和解或調解離婚未約定贍養費，事後可否請求
3. 本於協議離婚書約定，請求給付贍養費事件之定性
4. 贍養費之裁判應一次命給付或命給付定期金
5. 宣告改用分別財產制事件之修法
6. 父母曾約定變更子女姓氏，不應作成再次變更之調解筆錄
7. 扶養事件依子女對父母、夫妻間、親屬間為不同歸類
8. 請求代墊子女扶養費，或依離婚協議書請求之事件定性
9. 宣告終止收養關係事件非訟化之批評

壹、法律規定

第 3 條第 5 項

　　下列事件為戊類事件：

一、因婚姻無效、撤銷或離婚之給與贍養費事件。

二、夫妻同居事件。

三、指定夫妻住所事件。

四、報告夫妻財產狀況事件。

五、給付家庭生活費用事件。

六、宣告改用分別財產制事件。

七、變更子女姓氏事件。

八、定對於未成年子女權利義務之行使負擔事件。

九、交付子女事件。

十、宣告停止親權或監護權及撤銷其宣告事件。

十一、監護人報告財產狀況及監護人報酬事件。

十二、扶養事件。

十三、宣告終止收養關係事件。

貳、原則說明

　　戊類為家事非訟事件，有某程度訟爭性，當事人或利害關係人對於程序標的有某程度處分權。本類事件中，因婚姻無效、撤銷或離婚之給與贍養費事件（第 1 款）、夫妻同居事件（第 2 款）、給付家庭生活費用事件（第 5 款）、宣告改用分別財產制事件（第 6 款）、宣告停止親權或監護權及撤銷其宣告事件（第 10 款）、扶養事件（第

12 款）[1]、宣告終止收養關係事件（第 13 款），共計 7 款原屬舊民事訴訟法之人事訴訟事件（舊民事訴訟法第 568 條、第 583 條、第 592 條、第 572 條第 3 項），而予非訟化，其餘 6 款，均為舊非訟事件法第四章所定之家事非訟事件。

參、逐款研析

一、因婚姻無效、撤銷或離婚之給與贍養費事件

　　贍養費事件，指夫妻無過失之一方，因判決離婚而陷於生活困難者，他方縱無過失，亦應給與相當之贍養費。於結婚無效及結婚經撤銷時，準用之（民法第 1057 條、第 999 條之 1）。故由法院「判決」離婚、結婚無效、結婚經撤銷而請求者，當屬本款事件。又此一贍養費之請求，解釋上包括於提起婚姻無效、撤銷或離婚之請求時，一併聲請給與贍養費事件，此時實為家事訴訟事件（婚姻無效、撤銷或離婚）合併家事非訟事件（贍養費）；亦包括提起婚姻無效、撤銷或離婚之請求經法院判決勝訴後，根據該判決另行聲請給與贍養費，而為單純之家事非訟事件。

---

[1] 扶養費部分，原均屬訴訟事件，99年非訟事件法修正時，增訂第四章第四節之一「扶養事件」，予以部分非訟化，當時乃為配合民法於97年增訂第1120條但書：「但扶養費之給付，當事人不能協議時，由法院定之。」該條但書與本文之「扶養之方法，由當事人協議定之；不能協議時，由親屬會議定之」之解釋，認為僅是扶養費之給付，才有但書適用，反之，扶養方法，究採扶養義務人迎養扶養權利人，或由扶養義務人給與一定金錢或生活資料予扶養權利人，或依其他之扶養方法為之？應由當事人協議定之，以切合實際上之需要，並維持親屬間之和諧；若當事人就是否以扶養費之給付為扶養之方法不能協議者，則仍應回歸依該條本文規定，由親屬會議定之（最高法院100年度台上字第2150號判決意旨參照）。且請求過往代墊扶養費、依契約請求，在當時均仍是訴訟事件，因此僅能稱是部分非訟化。

　　有疑問者：（一）夫妻如係協議離婚，未約定贍養費，事後可否請求，如可，是否仍係本款之事件，或歸類爲其他家事事件（第3條第6項），如係後者，是家事訴訟事件或家事非訟事件？（二）夫妻如係經法院和解或調解離婚，但未約定贍養費，事後可否請求，如可，同有如上事件定性疑問。（三）夫妻協議離婚並約定一方應給付贍養費，他方未履行，依契約關係請求給付贍養費，如何定性其事件性質，屬於民事事件或家事事件？如屬後者，亦同有如上事件定性疑問。

　　按贍養費爲民法第1057條、第999條之1所定，賴乎「法院判決」始有之，最高法院39年台上字第920號判例認爲：「民法第一千零五十六條所載之損害賠償，第一千零五十七條所載贍養費，均以判決離婚爲其請求權發生之原因，而第一千零五十八條所定取回固有財產，亦以離婚之時爲限，上訴人未與被上訴人離婚，竟訴請賠償損害、給與贍養費及返還粧奩金戒衣物，於法自屬無據。」28年渝上字第487號判例亦認：「民法第一千零五十七條之規定，限於夫妻無過失之一方，因判決離婚而陷於生活困難者，始得適用，夫妻『兩願離婚者』，無適用同條之規定，請求他方給付贍養費之餘地。」法院和解或調解雖與判決有同一效力，乃可據以執行，而非等同判決。和解或調解筆錄之贍養費約定，有執行名義，得逕行聲請強制執行外，若筆錄中未記載，事後亦不得提出。最高法院70年度台上字第2068號判決認爲：「兩造於訴訟上互爲讓步而成立離婚之和解與判決離婚之情形有所不同，上訴人於當時既未提出賠償及給付贍養費之條件，參照最高法院二十八年上字第四八七號判例意旨，自不得依民法第一千零五十六條，第一千零五十七條之規，請求被上訴人爲給付。」職故，僅限於向法院提起離婚、結婚無效、撤銷婚姻之訴，經過法院判決才有請求贍養費之餘地，而不及其他。離婚事件中，被告如僅反請求贍養費而未同時反請求離婚，是否允許，曾有異見，今應採肯

定[2]。然如同時為離婚與贍養費之請求，離婚部分審前調解成立（強制調解）、審理中移付調解成立，或訴訟中和解，仍應就贍養費部分繼續審理，蓋此與訴請離婚時未為贍養費之請求，不得於調解或和解後另行請求尚有不同，自不得拘泥於未經「判決」，而駁回原贍養費之請求[3]。又所謂經判決離婚之贍養費請求，解釋上不限於同時請求，即判決確定後再為請求，應無不可。

至於夫妻於協議離婚時同時約定贍養費之給付，乃本乎「協議書」，雖非藉由法院判決程序產生，然本於契約自由原則，並無排除當事人得自行約定一定金錢之給付，而不論其名目是否使用贍養費一詞而異，因此本於離婚協議契約之贍養費請求，既為法之所許，又是因夫妻身分關係而來，性質上應同為「贍養費」，其與和解、調解筆錄約定贍養費之不同，僅離婚協議契約非執行名義，一方不履行，仍須請求法院裁判而已。

夫妻一方本於離婚協議契約贍養費之約定訴請法院履行，在本法施行前，與請求過往代墊扶養費及依契約請求扶養費一樣，均認為是訴訟事件，以判決終結之，但彼時，其究為民事事件應由民事庭法官審理，或家事事件應由家事庭法官審理，各法院做法不一，惟該時尚無本法之制定，要屬法院內部事務分配事項，不影響當事人訴訟權益，然本法施行後，則有定性必要，免生「法院於權限之有無辨別不當」之疑慮[4]。新法施行，自屬陌生，是類問題又涉及法院內部事務權限之「爭」，因此在「庭長願景營」討論中，意見分歧，爭論甚久，

2　否定見解如台灣高等法院暨所屬法院71年度法律座談會民事類第23號結論，肯定見解如台南高分院100年度家上字第53號判決，應以肯定說為是，蓋法無明文以反請求離婚為必要，且原告於離婚判決確定後既可另請求贍養費，豈能限制被告須以反請求離婚為條件。

3　詳細理由，請參本書第三編、第三章、參、二有關民法第1056條離婚損害之說明。

4　參本書第三編第六章「家事事件之合併」。

最後結果多數認屬「家事訴訟事件」，少數認屬「家事非訟事件」[5]。然多數說之家事訴訟事件究何所指欠明，蓋甲、乙、丙類中並無「贍養費」一項。且如採此說，同樣是「贍養費」請求，根據法院之離婚、結婚無效、撤銷婚姻判決，是為本款之家事非訟事件；根據離婚協議書之請求，卻為家事訴訟事件，並非恰當。類此問題，直到法律施行近半年後，在台灣高等法院於 101 年 11 月間舉行之法律座談會中，關於夫妻一方依不當得利請求他方給付代墊子女扶養費，或離婚協議書給付子女扶養費，均定性為家事非訟事件。因依契約請求贍養費之性質與之類同，故也應定性為家事非訟事件才是。但座談會後，若干法院並未依循多數結論，仍以家事訴訟程序審理判決終結之。案件上訴後，高等法院雖未廢棄原判決，但指出原法院未改依家事非訟程序處理，仍依訴訟事件程序判決，雖有未合，惟既提起上訴，本院應依家事非訟程序處理終結，並適用家事事件法第 94 條第 1 項規定之抗告程序以裁定為之[6]。本法施行前以判決行之，新法施行後，初因定性未被注意，致上級審未能及時發現予以糾正，仍以判決終結者或有之[7]。今則應定性為家事非訟事件，以裁定審理，始為正確。109 年 7 月 23 日新修正家事事件審理細則第 95 條第 1 項第 8 款明定為婚姻非訟事件。

　　贍養費之裁判，究應一次命給付或命給付定期金，法無明文，有認為：惟總括一次給付方式，在一般人心理上認為此方法最為有效，對離婚配偶新生活的再出發亦有較大之實益，且可避免定期給付沒有擔保所帶來的危險，況於離婚後雙方還維持財產上不可分之關係，每為當事人所不願，故以一次給付為合理可採之給付方式。有認為：揆之最高法院 19 年上字第 36 號判例意旨：「判決離婚之原因如果由夫構成，則夫應就其妻所受損害予以賠償，或並給與贍養費，至其給

---

[5] 提案編號2，多數說20票，採少數說者僅1票，即為本書作者。

[6] 台灣高等法院102年度家上字第33號、102年度家上易字第31號裁定。

[7] 參最高法院102年度台上字第1646號判決。

與額數，則應斟酌其妻之身分、年齡及自營生計之能力與生活程度，並其夫之財力如何而定」。依首揭判例意旨，贍養費的數額，應按權利人之需要、義務人之經濟能力及身分定之，由此約略可以看出，贍養費的程度是以當事人之生活狀態，包括身分地位、生活需要，及經濟情況等情形為基礎。換言之，亦即離婚時，如婚姻繼續存在，夫妻一方得向他方期待之扶養數額相同。職此之故，以定期金為給付方式，最能符合贍養費是婚姻關係存續中，夫之扶養義務延長，此參德國新離婚法第 1585 條第 1 項規定：「日常扶養應以支付定期金之方法為之，定期金應按月支付之。扶養權利配偶於當月再婚或死亡者，也應支付全月之金額」。88 年法律研討會多數意見認為應採一次給付[8]，但最高法院 95 年度台上字第 855 號判決認為：「民法第一千零五十七條之贍養費乃為填補婚姻上生活保持請求權之喪失而設，其非賠償請求權性質，乃基於權利人生活上之需要，為求道義上公平，使於婚姻關係消滅後，事後發生效力之一種給付，有扶養請求權之意味。而贍養費的數額，實應按權利人之需要、義務人之經濟能力及身分定之，由此可知贍養費之多寡係以當事人之生活狀態，包括身分地位、生活需要及經濟情況等情形為基礎。換言之，亦即離婚時，如婚姻繼續存在，夫妻一方得向他方期待之扶養數額相同。職此之故，以定期金為給付方式，最能符合贍養費為婚姻關係存續中，夫之扶養義務延長。如不以定期給付方式為之，亦宜扣除期前利息」，則採定期金給付之見解。

　　贍養費在學理及訴訟實務上，所涉問題尚多，諸如：有認贍養費為夫妻扶養義務之延長，故此義務原則上因離婚而消滅；贍養費要件中之「限於生活困難」，與夫妻扶養義務要件中之「不能維持生活」不同，解釋上是否同一；贍養費請求人如有其他有扶養能力之扶養親屬時，是否仍得請求；贍養費之給付除上述之定期或分期給付爭議

---

[8] 民國88年司法院司法業務研究會第35期研討會結論。

外，尚有應終生扶養或短期扶養，即永久性贍養費與更生性贍養費之別；再婚是否構成不能請求之事由，法院判決或兩願離婚約之定期性給付，如事後發生雙方經濟能力變更，得否請求法院減免或增加給付金額，此在本法施行前後之解釋是否不同等等[9]。又夫妻兩願離婚約定一方應定期給付另一方之「贍養費」，並約定若干期未履行，應一次給付一定數額之「違約金」。就贍養費而言，固屬本類款之家事非訟事件，但如係請求違約金，有認應屬丙類第2款因離婚之損害賠償事件，而為家事訴訟事件者[10]。

本法施行後，給與贍養費事件改為家事非訟事件，法院得於本案裁定確定前，為適當之暫時處分，不適用假扣押之規定。民事訴訟法第526條第4項原規定贍養費之假扣押程序，法院命供擔保之金額不得高於請求金額十分之一，已於102年5月8日修正公布刪除。

二、夫妻同居事件

夫妻同居事件，指夫妻一方無正當理由違背同居義務（民法第1001條），他方請求法院判命履行該義務者。此一給付請求縱然勝訴確定，執行法院除通知到場勸導履行外，無法直接強制執行，亦無從請他人代為履行，亦不得處以怠金、拘提管收（強制執行法第128條）。惟如持續拒不履行，又無正當理由，即與民法第1052條第1項第5款「夫妻之一方以惡意遺棄他方在繼續狀態中」相當，他方得

---

[9] 參徐慧怡、吳從周合著，贍養費給付之理論與訴訟實務，月旦法學教室，第83期，2009年9月，第63頁以下。另參拙著，約定贍養費事件之實體與程序——評最高法院106年度台簡抗字第15號民事裁定，裁判時報，第73期，2018年7月，第29頁以下。

[10] 最高法院102年度台上字第1337號判決參照。不過，如將違約金性質解釋為類如本法第100條第4項之「酌定加給之金額」，則其事件本質仍為贍養費，有無必要將之改定性為丙類第2款之家事訴訟事件，理論上不無探討空間，縱有爭訟性，非不得以訴訟法理交錯解決之（即仍將之定性為家事非訟事件，但參照契約違約金之訴訟法理）。

據以請求離婚。

　　夫妻同居事件，本爲訴訟事件，應以判決爲之（舊民事訴訟法第568 條），本法改列爲非訟事件[11]。

三、指定夫妻住所事件

　　指定夫妻住所事件，按夫妻之住所，由雙方共同協議之；未爲協議或協議不成時，得聲請法院定之，法院裁定前，以夫妻共同戶籍地推定爲其住所（民法第 1002 條）。指定夫妻住所事件，本即爲非訟事件（舊非訟事件法第 121 條）。此類事件實務並不多見。

四、報告夫妻財產狀況事件

　　報告夫妻財產狀況事件，按夫妻就其婚後財產，互負報告之義務（民法第 1022 條）。此類事件實務並不多見。

五、給付家庭生活費用事件

　　給付家庭生活費用事件，按家庭生活費用，除法律或契約另有約定外，由夫妻各依其經濟能力、家事勞動或其他情事分擔之（民法第1003 條之 1 第 1 項）。

　　家庭生活費用爲本款家事非訟事件，當請求所依據之法律關係有爭議時，除當事人合意適用家事非訟程序外，法院應改用家事訴訟程序（第 103 條參照）。

　　家庭生活費用與子女扶養費應加分辨，實務上對於子女扶養費之請求，乃以子女成年與否爲區別標準，即對未成年子女扶養費部分，

---

[11] 就此非訟化批評，他方如反請求婚姻關係不存在，法院仍須踐行訴訟程序，吳明軒，家事訴訟程序值得檢討之事項，月旦法學雜誌，第 219 期，2013 年 8 月，第 18 頁。惟他方可否反請求婚姻關係不存在，涉及家事訴訟事件可否併入家事非訟事件疑義，請參本書第三編第六章「家事事件之合併」。

若於婚姻關係存續中，則被吸收於家庭生活費用之內；反之，若子女已成年，則應適用民法第1114條以下扶養權利義務之有關規定[12]。家庭生活費用請求主體為夫妻之一方，家庭生活費用既包括對未成年子女之扶養費，是夫妻一方不履行家庭生活費用（包括對未成年子女之扶養費），另一方請求分擔此一家庭生活費用時，亦應含有請求他方履行對子女之扶養義務，然此並不排除未成年子女請求父母盡其扶養之義務，因此，夫妻一方得代理未成年子女向不履行義務之一方請求履行扶養義務[13]。

六、宣告改用分別財產制事件

宣告改用分別財產制事件，指夫妻一方發生：（一）依法應給付家庭生活費用而不給付時。（二）夫或妻之財產不足清償其債務時。（三）依法應得他方同意所為之財產處分，他方無正當理由拒絕同意時。（四）有管理權之一方對於共同財產之管理顯有不當，經他方請求改善而不改善時。（五）因不當減少其婚後財產，而對他方剩餘財產分配請求權有侵害之虞時。（六）有其他重大事由時。或當夫妻之總財產不足清償總債務或夫妻難於維持共同生活，不同居已達6個月以上時，有前面所生事項時，夫妻一方得向法院請求宣告分別財產制（民法第1010條）。舊民法第1011條原規定：「債權人對於夫妻一方之財產已為扣押，而未得受清償時，法院因債權人之聲請，得宣告改用分別財產制。」造成司法實務上，債權銀行或資產管理公司為追討夫或妻一方之債務，得利用本條規定訴請法院宣告改用分別財產制，再依民法第242條代位債務人行使民法第1030條之1之剩餘財

---

[12]如最高法院96年度台上字第328號判決：「按夫妻之一方請求他方給付家庭生活費用固含子女教養費用在內，然係指未成年子女教養費用而言。若子女已成年，應適用扶養權利義務之有關規定，由子女自行請求。」

[13]林秀雄，未成年子女扶養費之請求，萬國法律，第126期，2002年12月，第19頁。

產分配請求權，致使與夫妻關係完全無關之第三人，可以債權滿足為由，借國家權力之手，強行介入夫妻間財產制之狀態，導致夫妻婚後財產因第三人隨時可能介入而產生不穩定狀況，更與法定財產制係立基夫妻財產獨立之立法精神有悖，而於 101 年 12 月 26 日修法刪除。

七、變更子女姓氏事件

變更子女姓氏事件，指有關子女姓氏，原則可自行約定與變更，即父母於子女出生登記前，應以書面約定子女從父姓或母姓。未約定或約定不成者，於戶政事務所抽籤決定之。子女經出生登記後，於未成年前，得由父母以書面約定變更為父姓或母姓，子女已成年者，得變更為父姓或母姓。前開變更，各以一次為限。但如，父母離婚、父母之一方或雙方死亡、父母之一方或雙方生死不明滿 3 年、父母之一方顯有未盡保護或教養義務之情事者，法院得依父母之一方或子女之請求，為子女之利益，宣告變更子女之姓氏為父姓或母姓（民法第 1059 條）。未成年子女出生時，約定從父姓，父母兩願離婚時，約定變更從母姓，嗣父母再行結婚，能否再改回父姓，見解不同，有認或能類推適用民法第 1059 條第 5 項第 1 款父母離婚之規定，聲請法院變更[14]。

非婚生子女從母姓。經生父認領者，適用婚生子女即民法第 1059 條第 2 項至第 4 項之變更規定。同樣，如非婚生子女經生父認領後，父母之一方或雙方死亡、父母之一方或雙方生死不明滿 3 年、子女之姓氏與任權利義務行使或負擔之父或母不一致、父母之一方顯有未盡保護或教養義務之情事者，法院得依父母之一方或子女之請求，為子女之利益，宣告變更子女之姓氏為父姓或母姓（民法第 1059 條之 1）。

子女姓氏之變更，為顧及身分安定及交易安全，父母約定變更

---

[14] 最高法院109年度台簡抗字第253號裁定。

及子女自行決定變更各有一次數限制，包括非婚生子女原從母姓，經父認領後約定改從父姓，不得再約定改從母性[15]；法院宣告變更則有條件限制。父母如曾約定變更過一次子女姓氏，依法已不得再行約定變更；換言之，已屬不得處分事項，只能由法院裁定宣告變更之，不得以調解或和解筆錄爲之，以免架空實體法律規定，也違背本法程序要求，蓋和解筆錄與本案確定裁判有同一效力者，以當事人得處分事項爲限，第 101 條第 1 項所明文，並爲第 110 條第 2 項變更子女姓氏事件所準用。而調解之成立，本以當事人得處分之事項爲限（第 30 條）[16]。

八、定對於未成年子女權利義務之行使負擔事件

定對於未成年子女權利義務之行使負擔事件，即所謂親權行使事件，此一類事件之程序請求，有父母離婚時附帶請求由法院於判決時一併裁判[17]，但也有先判決離婚，親權部分另依非訟程序裁定之；有父母離婚時未請求，事後以非訟請求，由法院以裁定爲之；有父母分居達 6 個月以上，準用離婚規定，以非訟程序請求者（民法第 1089 條之 1）；有父母未離婚或分居，但對於未成年子女重大事項權利之行使意思不一致時，請求法院依子女最佳利益酌定之（民法第 1089 條第 2 項）。有疑問者，父母未離婚或分居，但均不適合行使權利時，法院應依子女之最佳利益並審酌前條各款事項，選定適當之人爲子女之監護人，並指定監護之方法、命其父母負擔扶養費用及其方式（民法第 1055 條之 2），因是選任父母以外之第三人爲「監護人」，似與丁類第 6 款之定監護人事件相近，但審理細則第 101 條第 1 款仍將之定性爲本款事件。

---

[15] 台灣高等法院暨所屬法院104年法律座談會民事類提案第43號結論。

[16] 實務未注意於此，造成戶政機關能否拒絕登記疑義，見法務部101年9月20日法律字第10100174830號函。台灣高等法院102年法律座談會第8號提案結論同此。

[17] 舊民事訴訟法第572條之1之用語，本法施行後應改爲合併請求。

　　非婚生子女經認領者，關於未成年子女權利義務之行使或負擔，準用婚生子女規定（民法第 1069 條之 1）。此外，父母對兒童及少年疏於保護、照顧情節嚴重，或有其他違法情事，得請求法院另行選定或改定監護人（兒童及少年福利與權益保障法第 71 條）[18]。

　　定對於未成年子女權利義務之行使負擔內容為何，是否包括扶養費，難從字面文義定之，學理及實務多認包括之[19]，且參第 104 條第 1 項第 1 款：「關於未成年子女扶養請求、其他權利義務之行使或負擔之酌定、改定、變更或重大事項權利行使酌定事件」之規定，應可將未成年子女扶養費請求歸類於本款（詳後本類第 12 款之定性與爭議說明）。

　　有關未成年子女對於父母扶養費之請求，因父母有無離婚，影響事件定性與請求主體，分述如下：（一）父母婚姻中。父母對於未成年之子女，有保護及教養之權利義務，民法第 1084 條第 2 項定有明文。就其中關於保護教養費用之負擔，應負生活保持義務，此乃本於為父母子女之身分關係而當然發生。故夫妻於婚姻關係存續中，對其未成年子女保護教養所生費用，應依民法第 1089 條之規定為之，即除法律另有規定外，由父母共同負擔之。父母不能共同負擔時，由有能力者負擔之。此類事件可被定性為前開第 5 款之家庭生活費用。如父母之一方已單獨支付該費用時，自得依不當得利之規定請求他方償還代墊其應分擔之費用部分。（二）父母離婚後，縱然父母簽訂之離婚協議書就未成年子女之扶養費有所約定，因未成年子女並非該契約當事人，該契約書自不得拘束該子女。但任未成年子女權利義務行

---

[18] 本條尚有停止親權、改定非父母之監護人、終止收養等規定，分別歸屬不同類之家事事件。

[19] 最高法院91年度台上字第1519號判決指出：「按所謂定對於未成年子女權利義務行使、負擔之內容及方法，包括由何人行使或負擔對於未成年子女之權利義務、未行使或負擔權利義務之一方與未成年子女如何會面交往、扶養費用負擔之方式、給付子女將來扶養費用及維持子女將來生活所必需之財產等事項之酌定在內。」

使或負擔之父母一方，如已給予未成年子女完全滿足之扶養，未成年子女未陷於未得受完全滿足保護教養之不安、危險狀態，即無保護必要，自無從以自己名義向未任未成年子女權利義務行使或負擔之一方父或母請求給付過往之扶養費，否則即有同一受扶養權利，重複受償之危險。但其得請求至其成年時止將來之扶養費，自不待言。父或母已代爲給付者，得依其他法律關係請求他方返還已墊付之扶養費用，由代墊者自行請求，非未成年子女所得置喙。而父母中任未成年子女權利義務行使或負擔之一方得否請求他方給付，爲離婚父母對於未成年子女如何行使或負擔權利義務內容之一部，應依父母協議，如未爲協議或協議不成，應由父母一方以自己名義請求法院酌定[20]。

又夫妻兩願離婚約定一方應定期給付未成年子女之「扶養費」，並約定若干期未履行，應一次給付一定數額之「違約金」。就扶養費而言，固屬本類款之家事非訟事件，但如係請求違約金，有認應屬丙類第2款因離婚之損害賠償事件，而爲家事訴訟事件者[21]。

九、交付子女事件

交付子女事件，指法院依民法第1055條之規定，爲酌定、改定或變更未成年子女權利義務行使或負擔時，得命交付子女（舊非訟事件法第127條第1項）。此包括有監護權之夫妻一方，或夫妻以外未成年子女之監護人所主張之命交付子女（本法第104條第1項第5款、第120條第1項第8款）。交付子女裁定之執行不易，因此本法第五編第三章，特別制定交付子女與子女會面交往之執行專章，規定

---

[20] 參最高法院103年度台抗字第448號裁定意旨。

[21] 最高法院102年度台上字第1337號判決參照。不過，如將違約金性質解釋爲類如本法第100條第4項之「酌定加給之金額」，則其事件本質仍爲扶養費，有無必要將之改定性爲丙類第2款之家事訴訟事件，理論上不無探討空間，縱有爭訟性，非不得以訴訟法理交錯解決之（即仍將之定性爲家事非訟事件，但參照契約違約金之訴訟法理）。

執行名義係命交付子女或會面交往者，執行法院應綜合審酌之因素，決定符合子女最佳利益之執行方法，並得擇一或併用直接或間接強制方法等規定（詳本書第五編執行）。由於目前各家事法庭並未設執行處，而仍由民事執行處執行，遇此類事件，須有專業協助，司法院訂定「少年及家事法院受囑託辦理交付子女與子女會面交往強制執行事件要點」，運用家事法院現有資源連結，及專業訓練以為妥適處理。

十、宣告停止親權或監護權及撤銷其宣告事件

宣告停止親權事件，指父母之一方濫用其對於子女之權利時，法院得依他方、未成年子女、主管機關、社會福利機構或其他利害關係人之請求或依職權，為子女之利益，宣告停止其權利之全部或一部（民法第 1090 條）。宣告停止監護權事件，乃事實足認監護人不符受監護人之最佳利益，或有顯不適任之情事者，法院得依聲請改定適當之監護人，法院於改定監護人確定前，得先行宣告停止原監護人之監護權，並由當地社會福利主管機關為其監護人（民法第 1106 條之1）。特別法另有父母或監護人對於兒童及少年疏於保護、照顧情節嚴重等情形時之宣告停止親權或監護權（兒童及少年福利與權益保障法第 71 條、兒童及少年性剝削防制條例第 28 條）。

宣告停止親權及撤銷其宣告事件原為訴訟事件（舊民事訴訟法第 592 條），本法予以非訟化，支持者以此類職權事件，未必有對立之兩造當事人（如親權人離家多年），程序標的非關係人所得任意處分，如適時賦予程序保障，應無不妥之處[22]。兒童及少年福利與權益保障法第 71 條將停止親權與監護權並列，致應以訴訟或非訟程序審理，前曾引起爭議，此實乃未嚴格區分「親權」與「監護權」之概念所致[23]。本款將宣告停止親權或監護權及撤銷其宣告事件，均明定為

---

22 許士宦，家事非訟之程序保障，月旦法學雜誌，第210期，2012年11月，第136頁。

23 關於宣告停止監護權及撤銷其宣告，法規範本欠明，例如舊民事訴訟法第593條

非訟事件，上述爭議可不復存在。

撤銷其宣告事件，指停止原因消滅後，撤銷停止親權或監護權之宣告，實體法並無同時關於撤銷其宣告之規定，本款定之以爲處理。但其後分則條文，除管轄外（第104條），餘闕如。委諸於家事事件審理細則第105條規定提起撤銷停止親權宣告之當事人，但撤銷停止監護權宣告部分未併爲規定。法理上，當得類推適用撤銷停止親權宣告之規定。

與本款有關之父母恢復行使親權能力之情形（民法第1094條第1項），原選定監護人之裁定，應如何處理，並無相關規範（非應另行選定或改定監護人之問題）。解釋上，此情等同原事實上無法行使而被停止親權之原因消滅，應可類推適用撤銷停止親權宣告之規定，將該裁定撤銷，以恢復父母之親權行使。

十一、監護人報告財產狀況及監護人報酬事件

監護人報告財產狀況及監護人報酬事件，指受監護人之財產，由監護人管理。執行監護職務之必要費用，由受監護人之財產負擔。法院於必要時，得命監護人提出監護事務之報告、財產清冊或結算書，檢查監護事務或受監護人之財產狀況（民法第1103條）。此類事件實務並不多見[24]。

十二、扶養事件

本款之扶養事件，不包括未成年子女對於父母之扶養請求，今固成定論，然本法施行之初，解讀不同，最富爭議。首先，初讀本法

規定：「撤銷停止親權宣告之訴，以現行親權之人或監護人爲被告」，似將親權與監護權同等對待。

[24] 偶見子女擔任監護人請求報酬事件，參最高法院107年度台簡抗字第106號裁定。

者，會以爲一切扶養事件，無論父母子女間或親屬間之扶養均歸類於此，然細讀立法理由六卻謂：「扶養事件（指除未成年子女請求父母扶養事件以外之扶養事件）」、同法第 125 條親屬間扶養之立法理由亦同有該段括弧內文字。至此，未成年子女對離婚父母之扶養請求事件，爲何種事件，依何種程序進行之疑慮自然而生。回頭遍查本法第 3 條共 40 項事件，並未再出現其他扶養字樣，而本類第 8 款如上所述「定對於未成年子女權利義務之行使負擔事件」，字面上亦無扶養意涵。因此，在「庭長願景營」提案編號 3 討論結果：少數說認爲立法理由說明既已敘明在案，自不宜認屬該款事件，而應認屬同條第 6 項之其他應由法院處理之家事非訟事件，並適用本法第四編第三章之親子非訟事件處理。多數說置立法理由於不顧，而認本款扶養事件，應包括未成年子女對離婚後父母一方之請求扶養費事件在內，並適用本法第四編第三章之親子非訟事件處理。彼時，並無人想到應將之歸類爲第 8 款之事件。本法施行後近半年，台灣高等法院於 101 年 11 月 14 日舉行之法律座談會所提問題第 24 號、第 25 號提案結論之理由說明，卻認爲不是第 3 條第 5 項第 8 款之「定對於未成年子女權利義務之行使負擔事件」與第 12 款之「扶養事件」，而是第 3 條第 6 項之「其他應由法院處理之家事事件」。最高法院初對此見解未見一致，有認屬第 8 款[25]，有認屬於第 12 款[26]，但似未將之歸類爲第 3 條第 6 項之事件者，今則多認屬第 8 款。

　　至於夫妻一方依不當得利請求他方給付代墊子女扶養費，或依離婚協議書請求給付子女扶養費，上開台灣高等法院法律座談會多數採家事非訟事件說。其後各法院雖仍有以訴訟程序判決終結者，但定性爲家事非訟事件已成主流，但究爲第 8 款或第 12 款之事件，見解仍

---

[25]如102年度台抗字第647號、102年度台簡抗字第29號、102年度台抗字第453號裁定。

[26]如101年度台抗字第886號、102年度台抗字第217號、102年度台抗字第299號裁定。

分歧[27]。此實涉及第三程序或中間程序事件之定性問題[28]。應注意者，依不當得利請求返還扶養費之樣態不一，非盡屬家事事件，例如非扶養義務人之第三人甲誤以爲乙孤身無人照顧而長期扶養之，乙死始後發有養子丙存在，甲對丙請求代爲支出扶養費之不當得利，應屬一般民事事件。然後順位扶養義務人代爲扶養後，向最先順位扶養義務人請求者，因同屬一定親屬，有認爲仍屬本款之家事事件[29]。

扶養費事件定性爲家事非訟事件，由法院以裁定程序行之，性質上不生判決假執行之問題。如家事訴訟事件與扶養費事件合併請求，經法院依本法第 42 條第 2 項合併判決者，其中命給付扶養費部分性質上仍屬家事非訟裁定，依同法第 41 條第 6 項規定，法院於裁判前認有必要時，得依同法第 85 條規定命爲適當之暫時處分。法院爲本案裁判後，依同法第 186 條第 1 項，該裁判亦得爲執行名義。職是，民事訴訟法於 102 年 5 月 8 日修正公布刪除第 389 條第 1 項第 2 款：「命履行扶養義務之判決。但以起訴前最近六個月分及訴訟中履行期已到者爲限」，依職權宣告假執行之規定。

民法親屬編所定之扶養，可分親屬間及夫妻間之扶養，親屬間之扶養又可細分爲未成年子女對於父母之請求扶養，及其他請求扶養事件（包括父母對於子女請求扶養及其他親屬間之扶養）。因事件性質不同，本法分別規範如下：關於夫妻間扶養請求事件，規定於本法第四編第二章第 98 條以下，關於未成年子女請求父母扶養事件，規定

---

27 有參考最高法院105年度台簡抗字第4號、第197號裁定認屬第8款，因此有保存此類金錢請求之必要者，應聲請暫時處分，參台灣高等法院暨所屬法院107年法律座談會第32號提案結論；也有認爲屬於第12款，如最高法院107年度台簡抗字第147號裁定；也有區分被扶養子女成年前之代墊爲第8款，成年後之代墊爲第12款，如同院104年度台抗字第776號裁定；同院110年度台簡抗字第236號裁定認屬第8款。

28 參本書第一編第七章「訴訟與非訟區別」拾壹、「第三程序或中間程序事件」之說明。

29 參台灣高等法院暨所屬法院103年度法律座談會民事類提案第37號結論。

於同編第三章第 104 條以下，其他親屬間之扶養請求事件，則規定於同編第六章第 125 條以下。

又扶養方法固可包括扶養費之給付，但二者之程序規範不同，前者由當事人協議定之，不能協議時，由親屬會議定之；後者，當事人不能協議時，由法院定之（民法第 1120 條參照）[30]。對於應先經親屬會議議決之扶養方法事件，即扶養費以外之扶養方法，例如迎養、提供房屋居住、聘請外勞照顧等，當事人如未能協議，應先經親屬會議議定之，苟未踐行此程序，法院逕為裁處，屬於適用法規顯有錯誤[31]。

十三、宣告終止收養關係事件

宣告終止收養關係事件，指養父母、養子女之一方，有對於他方為虐待或重大侮辱、遺棄他方、因故意犯罪，受 2 年有期徒刑以上之刑之裁判確定而未受緩刑宣告、有其他重大事由難以維持收養關係，關係人得請求法院宣告終止其收養關係（民法第 1081 條），此外，兒童及少年福利與權益保障法第 20 條、第 71 條，與兒童及少年性剝削防制條例第 28 條，亦有類似請求宣告終止收養之規定。

本法施行前，依舊民事訴訟法第 583 條本將「撤銷收養、終止收養關係及撤銷終止收養」共列為訴訟事件，本法將「終止收養關係」改為本款家事非訟事件。批評者認為：獨將「終止收養關係」改為家事非訟事件，難為理論上之說明，遑論本法第 45 條第 1 項所定

---

[30] 按97年1月9日修正公布，同年月11日施行之該條文，未採立法院原提案委員既審查會過之修正草案條文：「扶養之方法，由當事人協議定之，不能協議時，由法院定之」，而改於原條文增列但書規定為：「但扶養費之給付，當事人不能協議時，由法院定之」。惟一般認為，未成年子女對於父母請求扶養事件，與親屬間扶養性質有別，無論是扶養方法或扶養費之給付，均得直接聲請法院定之。

[31] 最高法院101年度台簡抗字第50號裁定參照。

「終止收養關係」定為訴訟事件，前後規定自相矛盾，其立法技術之
拙劣，何至於此！與離婚類似，皆在消滅一定身分關係，離婚適用
家事訴訟程序，終止收養適用家事非訟程序，漠視身分關係存否之重
要性，有失事理之平，莫此為甚[32]；於第 3 條戊類本款規定為家事非
訟事件，於同條丙類第 4 款卻尚有因「判決」終止收養關係給與相當
金額事件，前後規定確有自相矛盾之處，參照日本人事訴訟法第 2 條
所定人事訴訟中，亦定有終止收養之訴，立法論宜將之列為家事訴
訟事件，於有保護未成年子女必要時，再行非訟法理，以保護子女利
益即可[33]；亦有從邏輯概念加以批評，認為確有矛盾之處[34]。支持者認
為：終止收養事件如兩造均為成年人，本得合意終止，不必另向法院
聲請認可（民法第 1080 條第 1 項），如無法合意，一造聲請法院宣
告終止收養，對於終止收養事由是否存在具有對立性（民法第 1081
條），仍具有訴訟事件之性質，應屬本質上之家事訴訟事件，而對應
民事訴訟法有關之爭點簡化協議或事實證據（本法第 10 條第 2 項前
段）。但如涉及未成年人，應依養子女最佳利益為之（民法第 1081
條第 2 項）、養子女為未成年人之終止收養應聲請法院認可（民法
第 1080 條第 2 項），以及養父母死亡，養子女向法院聲請許可終止
收養（民法第 1080 條之 1 第 1 項），均具有非訟性。如分別就上開
情形規定訴訟程序或非訟程序，恐程序制度過於複雜化，故將之全面
非訟化，此一非訟化理由，無論從立法過程、德日不同法例，及事件
之特性，均有其正當性[35]；將具訟爭性之終止收養事件，一併規定為

---

[32] 吳明軒，論家事事件法之得失（上），月旦法學雜誌，第205期，2012年2月，
　　第132頁。

[33] 林秀雄，家事事件法中之收養非訟事件，月旦法學雜誌，第219期，2013年8
　　月，第11至15頁。郭振恭，評析家事事件甲類及乙類家事訴訟事件，月旦法學
　　雜誌，第208期，2012年9月，第168頁，見解同此。

[34] 許政賢，程序法理交錯運用的迷思與反思——最高法院100年度台抗字第99號民
　　事裁定，裁判時報，第29期，2014年10月，第23頁以下。

[35] 沈冠伶，家事事件之類型及統合處理（一），月旦法學教室，第118期，2012年

非訟事件，乃係眞正家事訟爭事件，因當事人對於程序標的具有處分權，可以交錯適用訴訟法理，而有本法第 45 條第 1 項之和解、第 46 條第 1 項之捨棄、認諾、第 47 條第 4 項之逾時提出攻擊防禦方法失權效、第 69 條第 3 項之養父母或養子女一方於裁判確定前死亡者，本案視爲終結等適用，因此不宜逕指前後所爲規定有何矛盾之處，以免陷於訴訟法理與非訟法理二元分離適用之窠臼[36]。此外，此類事件非訟化後，對於由主管機關或利害關係人所提出之請求，可不將子女列爲共同相對人，而得解決「將被虐待者列爲被告」之疑慮[37]。實務本均採家事非訟事件見解，但最高法院 109 年度台簡抗字第 262 號裁定卻認屬家事訴訟事件，因見解歧異，經該院 110 年度台簡抗大字第 33 號裁定，認縱爲成年養子女之宣告終止收養事件，亦屬家事非訟事件[38]。

8月，第68頁。另參氏著，終止收養事件之審判（上）、（下），月旦法學教室，第153期，2015年7月，第51頁以下；第154期，2015年8月，第36頁以下。

[36] 許士宦，家事非訟之程序保障（二），月旦法學教室，第121期，2012年11月，第49頁。

[37] 沈冠伶，收養關係確認訴訟之當事人適格與確認利益——最高法院九六年民事庭第一次決議及相關裁判之評析，台灣本土法學雜誌，第101期，2007年12月，第109頁以下。

[38] 相關評論，李太正，宣告終止收養事件：訴訟或非訟之爭——評最高法院109年度台簡抗字第262號裁定，月旦裁判時報，第112期，2021年10月，第19頁以下。

第三章

家事非訟程序通則

學習重點

1. 家事非訟程序分則之體例編排具有如何特色

2. 未列入丁、戊類之遺產管理人其規範在何處

3. 通知關係人參與程序,有「應」、「得」之分

4. 第94條第3項之上級法院是高院或最高法院

壹、概說

家事事件法第一編總則、第二編調解程序、第三編家事訴訟程序，於第四編規定「家事非訟程序」，家事非訟程序編再分第一章通則、第二章至第十三章共計十二章分別規定第二章婚姻非訟事件、第三章親子非訟事件、第四章收養事件、第五章未成年人監護事件、第六章親屬間扶養事件、第七章繼承事件、第八章失蹤人財產管理事件、第九章宣告死亡事件、第十章監護宣告事件、第十一章輔助宣告事件、第十二章親屬會議事件、第十三章保護安置事件。第二章至第十三章可謂是家事非訟程序之分則規定，此一分則規定之體例編排具有以下特色，須對大體架構及細部事項，有一完整瞭解，始能為迅速及正確之法律適用。

一、家事非訟事件共有26項目（即第3條丁類13項加上戊類13項，不含第6項之其他家事非訟事件），而分則規定則僅有如上共十二章之類別。

二、第3條丁類在前，戊類在後，但分則卻是戊類在前，丁類在後，即戊類之13項大致規定在第二章至第五章，而丁類之13項大致規定在第六章至第十三章（僅少數合併規定，如後述），乃因二者之邏輯次序並不相同。

三、分則章序原則按親屬事件（第二章至第六章）、繼承事件（第七章）、民法總則事件（第八章至第十一章）、之後又回到親屬事件（第十二章之親屬會議事件，雖涉及親屬與繼承事務，但其基本規範在親屬編，若能移前為第七章，體例似較一致），而以特別法之保護安置事件（第十三章）殿後，並非完全對應丁類與戊類項目之順序。蓋後者是以有無某程度訟爭性或處分權為分類，丁類原則較無訟爭性或處分權，戊類則有之。戊類13款，均屬親屬事件，大致以夫妻關係（第1款至第6款）及親子關係（第7款至第13款）為排列。而丁類13款涉及較多層面，其排列順

序，又恰與分則章序相反，即丁類係先規定民法總則事件（第 1
款至第 5 款）、次親屬事件（第 6 款至第 8 款）、再繼承事件（第
9 款及第 10 款）、而以特別法之保護安置、停止強制鑑定與強
制住院、保護令事件殿後（第 11 款至第 13 款）。而細目順序又
先後不一，造成解讀及尋找相對應法條之困難，舉丁類事件為
例，其以宣告死亡事件為先（第 1 款及第 2 款），失蹤人財產管
理事件居次（第 3 款）（民法總則第 8 條規定死亡宣告、第 10
條規定失蹤人財產管理），然分則章序卻相反，第八章為失蹤人
財產管理事件，第九章為宣告死亡事件。因上開立法體例之邏輯
次序不同，若欲以丁、戊類共 26 款事件為序，尋找分則相對之
章節法條，則丁類第 1 款至第 2 款為第九章；第 3 款為第八章；
第 4 款至第 5 款分列於第十章及第十一章；第 6 款前句之「監護
人」與戊類第 11 款併入第五章，而後句之「特別代理人」則分
列在第三章（第 104 條第 1 項第 4 款）、第五章（第 120 條第 1
項第 6 款）、第十章（第 164 條第 1 項第 8 款）、第十一章（第
177 條第 1 項第 6 款）；第 7 款及戊類第 13 款併入第四章；第 8
款為第十二章；第 9 款至第 10 款為第七章；第 11 款及第 12 款
為第十三章；第 13 款另規範在家庭暴力防治法中。戊類第 1 款
至第 6 款為第二章；第 7 款至第 10 款為第三章（其中第 9 款交
付子女尚見於第五章第 120 條第 1 項第 8 款）；第 11 款如上述
與丁類第 6 款前句之「監護人」併入第五章；第 12 款分列為第
二章（夫妻間）與第六章（親屬間）；第 13 款如上述與丁類第
7 款合併為第四章。

四、親屬、繼承編或其他特別法相關之家事非訟事件，並未完全明
列於第 3 條之丁、戊類中，應按其性質，覓得與其相對應之分則
規範，例如同是遺產管理人事件，如由利害關係人或檢察官聲請
者，為第七章之繼承事件（第 136 條），如應經親屬會議處理
之酌給遺產管理人報酬事件，則為第十二章之親屬會議事件（第
181 條第 5 項第 3 款）。

五、丁、戊類之家事非訟事件，有些項目無法從其字面文義確知其所指對象或範圍，例如戊類第 12 款之「扶養事件」，容易被誤認為包括未成年子女對父母之扶養請求，與夫妻間、親屬間之扶養事件，但立法理由卻明示排除前者，引起解釋困擾（見本書本編第二章、參、該款之說明）。

貳、通則規定

一、非訟程序之適用範圍

第 3 條所定丁類、戊類及其他家事非訟事件，除別有規定外，適用本編之規定（第 74 條）。

二、書狀或筆錄記載之事項

聲請或陳述，除別有規定外，得以書狀或言詞為之。以言詞為聲請或陳述，應在法院書記官前為之；書記官應作成筆錄，並於筆錄內簽名。聲請書狀或筆錄，「應」載明下列各款事項：（一）聲請人之姓名及住所或居所；聲請人為法人、機關或其他團體者，其名稱及公務所、事務所或營業所。（二）有相對人者，其姓名、住所或居所。（三）有利害關係人者，其姓名、住所或居所。（四）有法定代理人、非訟代理人者，其姓名、住所或居所及法定代理人與關係人之關係。（五）聲請之意旨及其原因事實。（六）供證明或釋明用之證據。（七）附屬文件及其件數。（八）法院。（九）年、月、日。聲請書狀或筆錄內「宜」記載下列各款事項：（一）聲請人、相對人、其他利害關係人、法定代理人或非訟代理人之性別、出生年月日、職業、身分證件號碼、營利事業統一編號、電話號碼及其他足資辨別之特徵。（二）定法院管轄及其適用程序所必要之事項。（三）有其他

相關事件繫屬於法院者，其事件。聲請人或其代理人應於書狀或筆錄內簽名；其不能簽名者，得使他人代書姓名，由聲請人或其代理人蓋章或按指印。聲請書狀及筆錄之格式，由司法院定之。關係人得以電信傳真或其他科技設備將書狀傳送於法院，效力與提出書狀同。其辦法由司法院定之（第 75 條）。

非訟事件之訟爭性較低，亦無對審性，並無訴訟事件當事人之概念，僅有聲請人、相對人等關係人之概念[1]，甚亦無相對人者，如繼承人陳報遺產清冊之公示催告。又為使利害關係人得參與程序，自應由聲請人於書狀中載明利害關係人之姓名等資料。

三、法院審理方式

法院收受書狀或筆錄後，除得定期間命聲請人以書狀或於期日就特定事項詳為陳述外，應速送達書狀或筆錄繕本於相對人或利害關係人，並限期命其陳述意見（第 76 條）。未踐行此一程序，可能成為裁判被廢棄之理由[2]。

四、程序參與

非訟事件採職權進行主義，為保障利害關係人之程序參與權及聽審請求權，對聲請人、相對人以外之利害關係人，如有法律規定應依職權通知其參與程序，或因程序之結果致其權利受侵害之情形，自應保障其程序參與權；又親子關係相關事件，因其裁判結果發生對世效，並涉及子女權益之保護，亦應令所涉子女、養子女、父母、養父母有參與程序之機會。是法院應依職權通知上開利害關係人參與程

---

[1] 家事事件審理細則第105條第2項雖明文：「撤銷停止親權之聲請，以停止親權人為相對人。」但如停止親權人本身即為聲請人，解釋上應以現在行使親權人為相對人，參台灣高等法院102年法律座談會民事類提案第48號結論。

[2] 參最高法院106年度台抗字第153號裁定。

序。但於通知顯有重大困難之情形時，為使程序能順利進行，避免遲
滯，則毋庸通知。就因程序之結果，雖權利未受侵害，但其法律上利
害受有影響之人，宜賦予其參與程序之權利；另法院如認有需要（例
如民法第 1094 條選定監護人事件，認有保護未成年子女利益之必
要），亦得通知非訟事件相關主管機關或就該事件有聲請權之檢察官
參與程序，使之成為關係人。

前面應或得通知之人[3]，或其他利害關係人，如欲參與程序，亦應
許其得為聲請。惟為避免參與浮濫，法院如認不合參與要件時，應以
裁定駁回（第77條）[4]。對此駁回之裁定，聲請人得準用非訟事件法第
41 條規定，提起抗告。抗告法院為裁定前，除認為不適當者外，應
使因該裁定結果而法律上利益受影響之關係人有陳述意見之機會（非
訟事件法第 44 條第 2 項前段），未踐行此一程序，可能構成適用法
規顯有錯誤[5]。

---

[3] 在德國家事及非訟事件法亦基於利害關係之差異性，區別所謂關係人而決定應
或得通知。(1)法定之關係人，此係聲請事件之聲請人，但於職權事件，形式上
聲請人如僅係促使法院發動職權，例如於改定親權事件，由鄰居某人為聲請，
但其無法律上利害關係，則法院無通知其參與程序必要，該人非關係人。(2)
必要關係人，此係法院應依職權或依聲請引進程序之人，包含法律上明定應引
進程序之人及程序標的係直接涉及其主觀權利之人，但不包含僅受間接影響之
人，例如父母就子女重大事項聲請法院為裁定，該重大事項如係涉及交易行為
之同意，該交易之相對人雖受法院裁定影響，但此僅涉及該人之間接利益，則
非屬必要關係人。(3)任意關係人，此係由法院裁量得依職權或依聲請引進程序
之人，包含依法得通知參與程序之人及其有觀念上、社會上或經濟上利害關係
之人，例如，於親權事件，實際上照顧子女之人，於成年監護事件，應受監護
宣告者之配偶或近親，沈冠伶等，家事程序法制之新變革及程序原則──家事
事件法之評析及展望──民事訴訟法研討會第114次研討紀錄，法學叢刊，第
226期，2012年4月，第233頁註43（沈冠伶書面論文）。

[4] 有關第77條之詳細分析，請參沈冠伶，家事非訟程序之關係人，月旦法學教
室，第124期，2013年2月，第39至51頁。

[5] 最高法院109年度台簡抗字第15號裁定。

五、證據之調查

　　家事非訟事件授予法院相當之裁量權，爲求裁定之妥當，自應由法院職權調查事實及證據。家事非訟事件雖因法院擁有廣泛的裁量權，必須依職權調查事實與必要之證據。惟關係人仍負有協力之義務，特別是請求定扶養費、家庭生活費用等事件，應由法院闡述其裁定所需依賴的事實以及證據，由關係人協力提出陳述或主張，以使法院妥適迅速裁定。又爲儘速處理關係人之聲明，法院亦得指明特定事項，諸如夫妻共同生活所產生債務之債權人姓名、其數額以及得調查之證據，命關係人陳明或補充之（第78條）。至於命陳明或補充之方法，可先訂期日通知關係人到庭陳述，或使關係人先以書狀陳述，此屬法院訴訟指揮之一環，應由法院斟酌個案決定之。

六、家事非訟事件之合併

　　爲統合處理家事非訟事件，避免裁判歧異，並符合程序經濟原則，其合併、變更、追加、反聲請及程序之停止，準用家事訴訟程序關於合併審理、合併裁判之規定（第79條），有關家事事件合併，另詳參本書第三編第六章。

七、程序之承受、續行及終結

　　爲求程序之經濟及便利，聲請人因死亡、喪失資格或其他事由致不能續行程序時，應許其他有聲請權人得聲明承受程序，俾以利用同一非訟程序；惟非訟事件要求迅速終結，其得聲明承受之期限自不宜過長，故規定其他有聲請權人得於該事由發生時起10日內聲明承受程序。又爲免程序延宕，法院亦得依職權通知其承受程序。相對人如有不能續行程序之事由時，亦應許其他具相對人資格之人有承受程序之機會（例如請求扶養費之相對人死亡，其繼承人），故於此情形得準用前項聲請人不能續行之規定（第80條第1項、第2項）。至於

非訟事件程序標的或進行程序之目的已經消滅，例如未成年子女權利義務行使負擔事件中，未成年子女死亡者，程序之續行已無實益，而應予終結，法院即毋庸依職權通知承受程序[6]。

惟家事非訟事件，無論係依聲請或依職權開始，如程序標的之關係人均無處分權，雖無人承受程序，法院如認必要，應續行程序（第80條）。但死亡宣告（第162條）及監護宣告（第171條）均另有程序終結之特別規定，應依該等規定處理之。以認可收養事件為例，被收養人不論其成年與否，若於法院裁定前死亡，程序固應終結（審理細則第117條第1項）[7]。但如收養人於法院裁定前死亡，法院認收養有利於未滿十八歲之被收養人，仍得為認可收養之裁定，此為審理細則第117條第2項所明定，惟如被收養人為滿十八歲之人，法院認為必要（第80條第3項用語），即判斷有其他特別情事可認其有應受保護之必要時，仍應續行程序，而非當然終結[8]。

八、裁定之送達

非訟事件裁定「應」送達對象有二：一是受裁定之人，即聲請人、相對人、關係人、法定代理人、非訟代理人及裁定內容所指定之人，例如指定遺囑執行人事件中所指定遺囑執行人。二是已知之利害關係人，法院於審理過程中，如已知有其他利害關係人存在，亦應將

---

[6] 司法院送請審議之第85條第3項原規定：非訟程序因關係人死亡而無續行之實益，經法院公告者，視為終結。

[7] 該條1項係參照兒童及少年福利與權益保障法第19條第2項而來，但該法規範對象本僅限於未滿十八歲之未成年人，但本法之被收養人包括滿十八歲之人，後者之人如於法院裁定前死亡，程序似應同為終結，然審理細則該條項之規定，反而會引起解釋爭議（即被收養人為滿十八歲之人，程序似否終結疑義）。參林秀雄，家事事件法中之收養非訟事件，月旦法學雜誌，第219期，2013年8月，第7頁。

[8] 最高法院104年度台簡抗字第73號、第195號裁定，及105年度台簡聲字第16號裁定意旨參照。

裁定向其等送達，以維其等權益（第 81 條第 1 項）。

非訟事件裁定「得」送達對象，為第 77 條第 1 項所定：（一）法律規定應依職權通知參與程序之人。（二）親子關係相關事件所涉子女、養子女、父母、養父母。（三）因程序之結果而權利受侵害之人。此等法院應通知參與程序之人，因其等權利受裁定影響或侵害較為嚴重，而法院未必知悉致未向其送達裁定，為維護其權益及便利抗告期間之計算，其等得聲請法院付與裁定正本（第 81 條第 2 項）。

九、裁定之生效時

家事非訟事件涉及身分或財產關係，除法律別有規定外，宜使其本案裁定儘速生效，使權利人權利迅速得到實現，故除法律別有規定外，於宣示、公告、送達或以其他適當方法告知於受裁定人時發生效力，而不待確定。但有合法之抗告者，抗告中停止其效力[9]。

以公告或其他適當方法亦為裁定對外發表之方式，為便於稽考，判斷裁定發生效力之時點，參照民事訴訟法第 224 條第 2 項，法院書記官應作記載該事由及年、月、日、時之證書附卷（第 82 條）。

所謂「法律別有規定」，及本法何以對裁定之生效為不同規定，乃因家事非訟事件之類型多樣化，須為不同規範所致。法律別有規定之情形，例如認可收養之裁定，因涉身分關係之變動，法律明定對聲請人及被收養人之父母、收養人與被收養人之配偶確定時始發生效力（第 117 條第 1 項、第 3 項準用之）。而抗告不停止執行之例外，暫時處分即為適例，但法院認為必要時，得裁定命供擔保或免供擔保後停止執行（第 91 條第 1 項）；另監護及輔助宣告之裁定不因抗告而停止效力（審理細則第 141 條、第 145 條第 2 項）。

---

[9] 司法院送請審議之第87條第2項原規定：命給付扶養費之裁定，不適用前項但書（即不受抗告影響其效力），但立法院審查時以為利程序之統一而遭刪除。

十、裁定之撤銷或變更

家事非訟事件涉及身分或財產關係之成立、變更或消滅，應著重本案裁定之妥當性及迅速性，故除法律別有規定外，就不得抗告之裁定、關係人不得處分事項所為之裁定（含已確定或未確定之本案裁定），因當事人已無從循抗告途徑請求救濟（或未提起抗告），如原法院發現所為本案裁定不當時，縱已確定，自應許依職權為撤銷或變更，以迅速確保裁定之妥當性、合目的性。另得抗告之裁定，經提起抗告時，如原法院認有不當，亦應許原法院得逕予撤銷或變更，以利時間之減省及保障當事人權益。惟為貫徹審級制度之意旨，避免行政程序之不便，如抗告事件業已送交抗告法院，即不宜再由原法院予以撤銷或變更（第83條第1項）。程序標的事項，僅關係人有處分權之事件，為尊重其處分權，就駁回聲請之裁定，除聲請人聲請外，法院不得逕予撤銷或變更（第2項）。例如，請求給付贍養費或指定夫妻住所事件。

所謂「裁定不當」，包括法院因本於法律或事實錯誤，而為不當之裁定。錯誤之造成或由於法院之疏忽，或因關係人未盡協力義務，致「隱藏之事實」未被發現，例如法院決定賦予行使親權者曾有對該子女暴力情事。裁定不當固多屬自始不當，但如係裁定後確定前，因「情事變更」造成嗣後不當，有認仍應有該項之適用，不可拘泥於同條第3項，將情事變更限於法文之「裁定確定後」，而未能及時撤銷或變更，以為適當處理。本條第1項裁定可變更性之規定，學理上認應本於制度目的為限縮解釋，僅適用於需求合目的性之調整而不生既判力之裁定，如為具有既判力之裁定，例如宣告終止收養事件，基於法安定性及程序保障之自我責任，於具有形式確定力時，關係人及法院均須受到拘束，原法院亦不得再就自始不當之裁定予以變更[10]。

---

[10] 沈冠伶，家事非訟裁定之效力（一）：裁定之生效及可變更性，月旦法學教室，第135期，2014年1月，第51頁；另參氏著，終止收養事件之審判（下），

其他如真正訟爭事件、合意適用非訟程序審判事件（例如第 103 條第 2 項）、合意聲請裁定事件（第 33 條）、適當之本案裁定（第 36 條），亦應排除適用[11]。

家事非訟事件本案裁定確定後，如遇情事變更，致原裁定失其公平性及妥當性，法院得依職權撤銷或變更之（第 3 項）。對於有既判力之一般非訟裁定，有認仍有本項之適用，但真正訟爭事件、合意適用非訟程序審判事件、合意聲請裁定事件、適當之本案裁定，應準用民事訴訟法第 397 條之變更確定判決之訴，而非適用本條之規定[12]。

為保障關係人之程序權，避免其權利被不當侵害，法院為撤銷或變更裁定前，應使關係人有陳述意見之機會（第 4 項）。且對善意第三人之權益亦應兼顧，除法律別有規定外，基於交易安全之維護及信賴利益之保護，其效力不溯及既往（第 5 項）。

實務上，裁定確定前，如有撤銷或變更之必要，當事人復提起抗告，通常會由抗告審審酌，較少由原審依職權撤銷或變更。裁定確定後之情事變更，本法另規定者，從其規定，例如第 102 條須依「聲請」始可「變更」之（為第 107 條第 2 項、第 126 條、第 183 條第 2 項所準用）；此外，法律如另有改定（任）之規定，當事人亦常聲請法院另為裁定，而非撤銷或變更原裁定，例如改定親權（民法第 1055 條第 3 項、第 5 項）、改定特別代理人（第 111 條第 5 項）、改任或另行選任財產管理人（第 145 條，此為遺產管理人、遺囑執行人所準用），其性質同屬裁定之變更；或另有撤銷或變更之規定者，應直接適用該規定，如程序監理人（第 15 條第 3 項）、暫時處分（第 88 條第 1 項）、死亡宣告（第 160 條）、監護或輔助宣告（第 173 條）、保護令（家庭暴力防治法第 15 條第 2 項）等。

月旦法學教室，第154期，2015年8月，第48頁。

[11] 許士宦，家事事件法，新學林出版，2020年2月初版1刷，第654頁。

[12] 許士宦，前揭書（註11），第658頁。

十一、調解撤銷之準用

　　法院就家事非訟事件所成立之調解，例如依第 24 條有關未成年子女權利義務行使或負擔事件所成立之調解，如有不當或情事變更之情形，應許法院依職權介入，以維持調解之妥當性，自得準用第 83 條撤銷或變更之規定。惟就關係人得處分之事項，因調解係經聲請人及相對人合意成立，不宜再由法院任意依職權介入，而應依聲請人或相對人聲請，始得撤銷或變更之。

　　就關係人得處分之事項成立調解而應為一定之給付，如其內容尚未實現，因情事變更，依原調解內容顯失公平者，法院得依聲請以裁定變更之（第 102 條法理參照）。惟為保護關係人之程序權，避免不當侵害其權益，法院就此為裁定前，應使關係人有陳述意見之機會（第 84 條）。

　　此之調解撤銷或變更，乃專指家事非訟事件而言，如家事訴訟事件之調解，有情事變更情形，則準用民事訴訟法第 397 條之規定。

十二、暫時處分

　　法院就已受理之家事非訟事件，除法律別有規定外，於本案裁定確定前，認有必要時，得依聲請或依職權命為適當之暫時處分（第 85 條至第 91 條），詳參本書第四編第五章。

十三、抗告權人

　　家事非訟事件裁定之抗告權人有三：一、因家事非訟事件之本案裁定而權利受侵害之關係人，雖非聲請人或相對人，亦得提起抗告，以維護其權益。但判斷何謂「權利受侵害之關係人」並非易事，例如緊急保護令之聲請者，限檢察官、警察機關或直轄市、縣（市）主管機關，被害人不得聲請，則經法院駁回警察機關緊急保護令之聲請

後，被害人對該裁定有無抗告權[13]？又監護宣告事件，非聲請人之弟反對法院選任兄擔任受監護宣告父之監護人，得否准其抗告[14]？此一問題，首因本法「關係人」一詞，有不同之使用，解讀困難，有「關係人」（第10條第2項第2款）、有「利害關係人」（第15條第1項）、有「關係人與利害關係人」並列（第75條第3項第3款、第4款）、有「因權利受侵害之關係人」（第92條第1項之抗告權人）、有「法律上利益受影響之關係人」（第95條）；另有未使用「關係」一詞者，如「權利受侵害之人」（第77條第1項第3款之應通知參與程序）、「法律上利害受影響之人」（第77條第2項之得通知參與程序）。次為「權利受侵害之關係人」與「法律上利害受影響之人」區別不易。以本法第92條立法理由所舉繼承人、遺產債權人對選任遺產管理人裁定不服，應得抗告為例，自有細緻區別之必要。本書以為，該繼承人如以其未拋棄繼承或拋棄不生效（錯誤、詐欺或脅迫）、不合法（已逾3個月），主張不符合「繼承人之有無不明」之要件（民法第1177條），法院遺產管理人之選任於法不合，固可認是「權利受侵害之關係人」，但如係合法拋棄繼承者，其非但不是「權利受侵害之關係人」，恐怕連「法律上利害受影響之人」都不是。至於遺產債權人，有認為遺產管理人會影響該債權人之權利能否充分實現或滿足，可認為是權利受侵害之人[15]，但仍應分別而論，倘該債權人以不符遺產管理人選任之實體要件為由（如上民法第1177條之規定），固可認是「權利受侵害之關係人」，但若僅是對於遺產管理人之人選有意見，最多應僅是「法律上利害受影響之人」，而不得抗告才是。本法施行以來，以非「權利受侵害之關係

[13]採肯定見解者，如桃園地院103年度緊家護抗字第1號、第5號裁定。
[14]實務以其等負有扶養義務，客觀上權利受有侵害，准予抗告，彰化地院108年度家聲抗字第13號裁定。
[15]許士宦，前揭書（註11），第554頁。

人」駁回抗告者不乏其例，例如非監護人之祖母（延長安置事件）[16]、非裁定當事人（保護令事件）[17] 等等。本法施行前，最高法院 88 年度台抗字第 428 號裁定，就非訟事件法第 24 條第 1 項：「因裁定而權利受侵害者得爲抗告」之規定（現修正爲第 41 條），認爲係指因裁定而其「權利直接受侵害者」而言，果以此爲參考點，則個案之准駁抗告，或有不同結果。二、因裁定致社會公益或秩序受影響，該事件相關主管機關或檢察官亦得爲抗告，例如民法第 1094 條選定監護人事件，認其選定不符未成年子女利益時，主管機關得爲抗告。三、依聲請就關係人得處分事項爲裁定者，例如指定夫妻住所事件，法院不得依職權爲之，如關係人向法院聲請，此一聲請被駁回時，自僅聲請人得爲抗告（第 92 條）。本法對於上開抗告權人之規定，類似於 2009 年施行之德國家事事件及非訟事件程序法（FamFG）[18]，而與於 2013 年施行之日本家事事件手續法不同，後者於個別事件，明文規定何種人得即時抗告 [19]。韓國法例則與日本相同，惟未於母法而係在家事訴訟規則中加以規定 [20]。

---

[16] 高雄少家法院109年度家聲抗字第23號裁定。

[17] 彰化地院108年度家護抗字第19號裁定，此裁定單以非當事人爲由加以駁回，似有未洽，因其忽略非訟程序採實質當事人概念，抗告權之有無，應從實質判斷其權利有無因裁定而受有侵害，非限於形式上關係人。

[18] 該法第59條規定之抗告權人共分三項，第1項爲權利受影響之人；第2項聲請事件被駁回僅聲請人；第3項爲法有明定之機關。原文如下：(1)Die Beschwerde steht demjenigen zu, der durch den Beschluss in seinen Rechten beeinträchtigt ist. (2)Wenn ein Beschluss nur auf Antrag erlassen werden kann und der Antrag zurückgewiesen worden ist, steht die Beschwerde nur dem Antragsteller zu. (3) Die Beschwerdeberechtigung von Behörden bestimmt sich nach den besonderen Vorschriften dieses oder eines anderen Gesetzes.

[19] 該法第二編第二章共列有27節不同家事審判事件，均在各該節中明定對何種裁定、何人得即時抗告，例如第123條、第132條等等。

[20] 例如該規則第36條、第51條等等。

十四、裁定抗告期間之起算及裁定確定時

提起抗告，除法律別有規定外，抗告權人應於裁定送達後 10 日之不變期間內為之。但送達前之抗告，亦有效力（第 93 條第 1 項）。

抗告權人均未受送達者，前項期間，自聲請人或其他利害關係人受送達後起算，以利裁判迅速確定（第 93 條第 2 項）[21]。抗告權人均未受送達者之情形，實務不易發生，此處之聲請人通常有抗告權，但有例外，例如由關係人發動聲請法院為暫時處分，對暫時處分之裁定，僅對准許本案請求之裁定有抗告權之人始得抗告。因此，如聲請人本身即有抗告權，就無本項之適用。

較有爭議者，乃本條第 3 項：「受裁定送達之人如有數人，除法律別有規定外，抗告期間之起算以最初受送達者為準」，因與一般規定與實務做法不同，而引起質疑[22]。蓋一般得抗告裁定係以最後受送達人之抗告期間屆滿，始為裁定確定之時。本項所以特別規定，乃因凡權利受侵害之關係人，或涉公益事件之主管機關或檢察官，均得對家事非訟事件裁定提起抗告，並不限於聲請人及相對人（第 92 條），而此等人或為法院所不知，或其並非裁定應送達對象（按應送達對象，依第 81 條第 1 項規定，僅限於受裁定之人及已知之利害關係人），而家事非訟裁定涉及身分與財產關係，應儘快明確，亦不容裁定之確定時點浮動，因此抗告期間之起算以最初受送達者為準，以利裁定之劃一確定[23]。對後送達者，且有抗告權之人，如已逾最初送

---

[21] 司法院送請審議之第97條第2項原規定：未受裁定送達之人提起抗告，前項期間應自其知悉裁定時起算。但裁定送達於受裁定之人後已逾6個月，或因裁定而生之程序已終結者，不得抗告。

[22] 法官論壇103年5月16日之提問。

[23] 有關家事非訟事件裁定之生效、抗告、確定、變更等問題討論，見司法院家事事件法研究制定資料彙編（八）、（九）委員會第151次至第162次會議。另非訟事件法第42條第2項也有類似規定，但其期間6個月太長，不適合家事非訟事件之性質。

達者之 10 日抗告期間，裁定既已確定，當無從抗告，而其救濟，則視有無得撤銷、變更之情形（第 83 條第 1 項、第 3 項），或準用再審之規定（第 96 條）。而本項所謂「除法律別有規定外」一語，立法理由未舉例說明。在認可收養之裁定，因涉身分關係之變動，法律明定對聲請人及被收養人之父母、收養人與被收養人之配偶確定時發生效力（第 117 條第 1 項、第 3 項準用之），此不僅是第 82 條裁定生效之特別規定，也是第 93 條起算抗告期間之特別規定。因該裁定並非一宣示、公告或送達於最先受送達者即生效，又對聲請人及被收養人之父母、收養人與被收養人之配偶確定時，當指該最後受送達者之抗告期滿時而言，故此類事件抗告期間之計算，乃從上開之人最後受送達者收受裁定時起算 10 日。

　　法院實務上，並未發現引據第 93 條第 3 項為駁回抗告之裁定者[24]，其原因或不知有該條項之規定，或無法理解其規範理由與正當性，或因與傳統認知與做法不同，或認為不宜剝奪後受送達者之抗告權，而將之「備而不用」。此一法律規定與實務運作相背離之現象，其實早在法案討論過程即埋下引線，其後司法院送請審議之第 97 條第 2 項本規定：「未受裁定送達之人提起抗告，前項期間應自其知悉裁定時起算。但裁定送達於受裁定之人後已逾六個月，或因裁定而生之程序已終結者，不得抗告」（查應係參考非訟事件法第 42 條第 2 項之規定），但最終通過之條文仍回到第一階段委員會之版本即本條之規定。因此，此一規範之法理基礎似尚待強化，畢竟，法律備而不用究非法治國常態。再不准後受送達者提起抗告（已逾最初受送達者

---

[24]鍵入「家事事件法&第93條第3項」搜尋各法院裁判書，僅有台南地院於104年9月1日裁判之103年度家聲抗字第89號裁定認為，對於未送達之人，準用非訟事件法第42條第2項規定，未逾6個月抗告合法；惟其後台灣高等法院暨所屬法院104年法律座談會民事類提案第49號，多數認為如已逾最初送達者之抗告期間，裁定既已確定，當無從抗告，而其救濟，則視有無得撤銷、變更之情形（同法第83條第1項、第3項），或準用再審之規定。

之抗告期間），雖得以撤銷、變更或再審救濟之，其結果法院仍須分案審理，程序是否更爲費時，對關係人權益保障是否充足，且撤銷、變更或再審之救濟，對於原裁定效力並無停止之效果，不同於抗告之效力（第 82 條第 1 項但書參照），亦值檢討。法政策上，如有延後抗告期間之必要，或仍以傳統之最後受送達者計算抗告期間；或參考前司法院送請審議之條文；或研議以第 81 條第 1 項「應」送達之最後受送達者計算抗告期間，但不包括第 81 條第 2 項之「得」受送達者及其他聲請法院送達之相關主管機關或檢察官等（除非其等在個案上亦是應受送達者），不失爲可能途徑。外國法，如德國、日本及韓國等，均無如我國抗告期間之起算以最初受送達者爲準之規定[25]。

十五、抗告

對於第一審就家事非訟事件所爲裁定之抗告，由少年及家事法院以合議裁定之（第 94 條第 1 項）。對此合議裁定，僅得以其適用法規顯有錯誤爲理由，逕向最高法院提起抗告（第 94 條第 2 項）。所謂適用法規顯有錯誤，係指原法院就其取捨證據所確定之事實適用法規顯有錯誤而言，不包括認定事實不當或理由不備之情形在內[26]。第 2 項之「逕向最高法院提起抗告」規定，應係特別規定，不必再準用非訟事件法與民事訴訟法之規定。但最高法院亦有認爲仍應經再抗告法院許可，且此項許可，以原裁定所涉及之法律見解具有原則上之重要性爲限（即依第 97 條準用非訟事件法第 46 條，再準用民事訴訟法第 495 條之 1 第 2 項及第 469 條之 1）[27]。

---

[25] 參德國FamFG第63條第3項、日本家事事件手續法第85條第2項、韓國家事訴訟規則法第29條之2。

[26] 最高法院104年度台簡抗字第185號裁定。

[27] 最高法院103年度台簡抗字第57號裁定。然亦有僅引第94條第2項者，未提及應經該院許可者，如103年度台簡字第54號裁定。許士宦，家事事件合併之新進展（下）──最高法院有關裁判之檢討，月旦法學教室，第178期，2107年8月，

　　家事非訟事件如係有關財產請求，例如扶養費，再抗告提起之利益數額，如低於新台幣 150 萬元，仍不得提起再抗告於最高法院[28]。

　　對於抗告法院裁定之再抗告，應委任律師為代理人。但抗告人或其法定代理人、程序監理人具有律師資格者，不在此限（審理細則第94 條）。

　　依第 41 條規定於第二審為追加或反請求者，對於該第二審就家事非訟事件所為裁定之抗告，由其上級法院裁定之（第 94 條第 3項）。此之追加或反請求，如係在家事訴訟事件（以 A 事件稱之）上訴高等法院之第二審程序中，為家事非訟事件（以 B 事件稱之）之追加或反聲請，對 B 事件裁定之抗告，其上級法院當指最高法院而言[29]。然若係在家事非訟事件（以 C 事件稱之）抗告至地方法院合議庭之第二審中為家事非訟事件（以 D 事件稱之）之追加或反聲請（依第 79 條準用第 41 條），此時之上級法院究應是高等法院，或最高法院，可能有不同見解，設對於 C、D 事件一併抗告，如何處理，看法各異[30]。有認為 C、D 事件僅能向最高法院提起抗告以資救濟[31]。

第49頁，亦認家事事件法已有特別規定，應不必再準用民事訴訟法相關條文。

[28] 最高法院103年度台簡抗字第22號裁定。

[29] 其抗告審固為最高法院，但是否須具備適用法規顯有錯誤為理由，恐有爭議。就此，高等法院之裁定為初次裁定，對其抗告應非再抗告，而宜採否定說。但對於高等法院始聲請合併之當事人，或有認為其已捨棄一次事實審之審級救濟機會，對駁回其聲請之裁定僅能以再抗告救濟之。

[30] 本法公布後施行前之101年3月11日，民事訴訟法研究會第115次研討會，曾提出討論。呂太郎書面所提問題第38題，(1)本請求（題設妻對夫聲請給付家庭生活費用）A事件依第94條第2項，逕向最高法院，反請求B事件（夫請求妻給付家庭生活費用）則依第94條第3項向高等法院為之？(2)或本請求A事件與反請求B事件均依第3項向高等法院為之？(3)若向高等法院為之，對於高等法院之裁定，得否再抗告於最高法院？若可，是否會發生四個審級？詳呂太郎等，家事事件法若干解釋上問題——民事訴訟法研討會第115次研討紀錄，法學叢刊，第227期，2102年7月，第232頁。

[31] 民事訴訟法研討會第115次研討紀錄（註30），許士宦發言，第227頁。

有認為 C 事件依第 94 條第 2 項向最高法院提起抗告，D 事件則依同條第 3 項向高等法院提起抗告，對高等法院裁定不服，並不是依同法第 2 項向最高法院提起抗告，而係準用非訟事件法第 46 條再準用民事訴訟法第 488 條表明抗告理由，且無限於適用法律顯有錯誤[32]。有主張本法第 94 條第 3 項之上級法院，應視原合併審理之第二審係在少家法院合議庭或高等法院，而決定該家事非訟事件之上級法院（可能係高等法院或最高法院）[33]，如依此說，就 D 事件，顯然認為應向高等法院提起抗告。

　　以上爭議之產生，主要在於第 94 條第 3 項之「第二審」，未清楚定性是地方法院合議庭之第二審，或高等法院之第二審所然。最高法院 104 年度台簡抗字 165 號裁定似採後者，認該條項係針對於家事訴訟事件第二審程序中，為家事非訟事件之追加或反聲請，且僅對於第二審法院就家事非訟事件所為裁定提起抗告情形所為之規定，不包括於家事非訟事件第二審程序中，為另一家事非訟事件之追加或反聲請，而併就原聲請部分及追加或反聲請部分聲明不服之情形。再抗告人對於如上述 C、D 均聲明不服，仍應依同條第 2 項規定合併辦理。依此見解，最高法院似認為無論是對 C（經地方法院合議庭為第二審）聲明不服，或對 D（經地方法院合議庭為第一審）聲明不服，或對 C、D 一併聲明不服，同以最高法院為抗告法院，但均應以適用法規顯有錯誤為理由。

　　又本條第 3 項僅規定「追加或反請求」，而不及「變更」，因此，在高等法院審理離婚之家事訴訟事件時，變更為履行同居之家事非訟事件，應如何處理，亦見疑義。首應說明者，此時為單一事件，並無合併問題，而此一變更，應為法之所許（第 41 條第 2 項之規定不宜解釋成限於變更後仍有數事件合併之情形），關係人如對裁定結

---

[32] 民事訴訟法研討會第115次研討紀錄（註30），曾華松會後提出之說明，第245頁。

[33] 姜世明，家事事件之救濟審，月旦法學雜誌，第207期，2012年8月，第107頁。

果不服，其抗告法院，應爲最高法院[34]。

十六、關係人陳述意見之機會

　　爲保障關係人之程序權，避免不當侵害其權益，規定抗告法院爲本案裁判前，應使因裁判結果而法律上利益受影響之關係人有陳述意見之機會。惟如抗告法院認爲不適當時，則不在此限，以彈性因應（第95條）。此一陳述意見之機會，包括以書狀陳述其意見之情形在內，並不以行言詞辯論爲必要[35]。

十七、再審之準用

　　家事非訟事件之確定本案裁定如程序有重大瑕疵或內容顯有不當，準用民事訴訟法第五編再審程序之規定[36]。惟再審之目的在匡正確定裁判之不當，保障關係人之權益，就曾以同一事由爲抗告、聲請再審、聲請撤銷或變更裁定，經以無理由被駁回，或知其事由而不爲抗告，或抗告而不爲主張，經以無理由被駁回，自應予限制，以避免關係人一再聲請再審，致程序被濫用，耗費司法資源（第96條）。另配合112年精神衛生法之修正，增訂第2項「民事訴訟法第四百九十六條第一項第四款、第七款及第二項規定，於參審員參與審理之家事事件準用之」（尚未施行）。

十八、非訟事件法之準用

　　家事非訟事件，除法律別有規定外，例如家庭暴力防治法，其餘準用非訟事件法之規定（第97條）。

---

[34] 有認爲，此類事件成爲無審級救濟程序，姜世明，家事事件法論，元照出版，2013年8月2版1刷，第404頁。

[35] 最高法院110年度台簡抗字第192號裁定。

[36] 再審之對象限於家事非訟事件之本案裁定，不包括暫時處分裁定，最高法院102年度台聲字第1328號、103年度台簡聲字第6號裁定參照。

第四章

家事非訟程序分則

學習重點

1. 分期給付與定期金區別
2. 何謂強制金
3. 前提法律關係合併審理所生程序轉換
4. 親子非訟事件之強制合併

壹、概說

家事事件法第一編總則、第二編調解程序、第三編家事訴訟程序，第四編「家事非訟程序」，家事非訟程序編再分第一章通則、第二章至第十三章共計十二章分別規定第二章婚姻非訟事件、第三章親子非訟事件、第四章收養事件、第五章未成年人監護事件、第六章親屬間扶養事件、第七章繼承事件、第八章失蹤人財產管理事件、第九章宣告死亡事件、第十章監護宣告事件、第十一章輔助宣告事件、第十二章親屬會議事件、第十三章保護安置事件。第二章至第十三章可謂是家事非訟程序之分則規定，分則規定之體例特色，請參本書上一章之說明。

貳、分則規定

一、婚姻非訟事件

民法為使婚姻家庭生活更圓滿順暢，規定於特定情形下得由法院適當之介入，本法第四編第二章配合規定法院處理此類事件應遵循之程序。

（一）管轄

本法第 3 條所定戊類事件第 1 款至第 5 款所規定之夫妻同居、指定夫妻住所、請求報告夫妻財產狀況、給付家庭生活費用、贍養費等事件，以及夫妻間之扶養費及宣告改用分別財產制事件，或屬婚姻之普通效力，或雖發生於婚姻關係消滅後，惟與婚姻亦具密不可分之關係，均為與婚姻訴訟事件有關之非訟事件。乃本法既已擴大家事訴訟事件與家事非訟事件合併審判的可能範圍，是上開事件除應盡可能合併於同一程序審理外，對於管轄之規定亦準用本法第 52 條、第 53 條

有關婚姻訴訟事件管轄之規範（第98條）。

（二）書狀或筆錄之載明事項

本法第75條第3項第5款雖已要求聲請人就家事非訟事件，於聲請時即應表明聲請之意旨及其原因事實，惟爲達成審理集中化之目標，避免程序之進行發生延滯，尚應課予關係人協力促進程序之義務，爰參照民事訴訟法第266條第1項之規定，明定聲請人於聲請狀或準備書狀應爲更具體之記載，包括請求之金額、期間、給付方法、關係人之收入所得、財產現況及其他個人經濟能力之相關資料，並添具所用書證影本，俾利相對人能迅速提供資料，法院亦可順利進行審理程序。惟聲請人所負上開義務，並非聲請之要件，是其縱於聲請時就上開主張有不明瞭或不完足之處，法院亦得於審理期日予以闡明，如經聲請人以言詞陳明時，則由書記官據之記載於筆錄。

審判實務對於金錢債權之爭執事件，本於處分權主義之要求，固課予聲請人需具體表明其請求金額之責任，以方便法院明確審理之目標，並利於相對人妥適行使防禦權。惟於前條所列事件，多由法院依其認定事實結果而爲裁量，聲請人請求之際，難期待其得預測法官將來裁判之項目費用金額，故明定聲請人於提出請求時，雖仍應表明請求之項目費用金額，但除其得採取單獨或分別列明各項費用金額，並表明係屬分別請求之方式外，亦得合併其中數項費用而表明爲總額或最低金額之方式。聲請人如表明係爲總額之請求者，法院於裁判時即應斟酌關係人陳述意旨及調查證據之結果，於理由內釐清聲請人得主張之費用項目及其金額，並就各項費用之金額不受聲請人聲明之拘束而爲斟酌，以利一次解決關係人間有關數項費用之紛爭。惟法院如認爲聲請人請求之項目費用或金額有不明瞭或不完足之處，自應予闡明令其敘明或補充之。

另爲保障聲請人之權利，就其所主張之最低金額請求，如法院依其審理所得心證及裁量權行使之結果，認爲聲請人所得請求之金額逾該最低額時，應於程序終結前告以得爲補充，並使相對人得表示意

見，以保護其防禦權。惟聲請人倘未據此補充時，法院當然僅能依其聲明之最低額裁判（第99條）[1]。

（三）分期給付、定期金與強制金

本法所定扶養費等費用請求事件，既已緩和處分權主義，明定法院得於聲請人請求之總額內，依職權斟酌費用項目數額，基於同一事理，有關給付方法之聲明，法院亦得依職權取捨、決定，不受關係人聲明以及主張拘束。是關於扶養費之請求，法院為確保未成年子女之最佳利益，固得命給付超過聲請人請求金額；惟其請求金額如超過法院命給付者，即應於主文諭知駁回該超過部分之請求，以明確裁定所生效力之範圍，使受不利裁定之當事人得據以聲明不服，並利上級法院特定審判範圍及判斷有無請求之變更、追加或反請求[2]。

法院得斟酌權利人請求之費用性質、關係人之財產狀況、生活需要程度等類相關資料，依職權命義務人一次給付、分期給付或以定期金給付，必要時並得命提出擔保。

權利人請求之費用額如已到期，義務人固以一次全部清償為原則，然法院如認於裁判時尚無必要命義務人全部清償，自可彈性裁定採取分期給付方式。惟為避免權利人因分期給付，導致必須分別、逐次聲請強制執行，蒙受勞力、時間、費用等程序上不利益，損及實體利益，法院得於審酌前揭因素及義務人履行可能性後，於裁判時併予宣示義務人一期不履行時，其後債務視為到期之範圍或條件，稱為「期限喪失條款」。例如，義務人如一期不履行時，當期以後之一、二期，甚至全部債務均視為到期之範圍，或可酌令義務人提出相當擔保等條件，以督促義務人履行債務，並兼顧關係人或家庭成員生活之需。

---

[1] 學者間之不同見解，參劉明生，扶養費請求金額之聲明拘束性，月旦法學教室，第175期，2017年5月，第15頁以下。

[2] 最高法院105年度台簡抗字第4號、107年度台簡抗字第218號裁定。

　　另如法院認爲權利人與義務人間因具一定之身分關係，須於此等關係存續中命義務人履行債務，並以給付定期金之方法爲之，因其履行期限何時屆至未必恆屬確定，例如夫妻間家庭生活費用或扶養費之定期金，當以夫妻婚姻關係存在爲前提，自不宜於義務人一期未能履行時，即令其後未必確定存在之債務亦發生視爲到期之效果。惟權利人此類請求既屬賴以維生之必要費用，爲使義務人切實履行債務，法院自得於裁判時衡量雙方之經濟能力與實際需要，酌定義務人如有逾期不履行，所喪失期限利益之範圍或條件。如有必要，亦得對義務人預定課予加給金額之間接強制方式，藉以督促義務人確實履行（第100條）。

　　本條所謂分期給付與定期金之性質不同，前者係指義務人之給付義務已發生且給付總額已確定存在，惟於一定情形不適於一次爲全部給付時，乃許其爲分期給付，此或經債權人同意，或基於法律規定或經法院裁判命之者（例如民法第318條第1項、第2項、第389條；民事訴訟法第396條第1項、第2項、第4項）；後者，則指給付義務係隨時間之經過始順次發生者（民法第193條第2項、第415條、第729條；民事訴訟法第427條第2項第8款）[3]。在家庭生活費用、扶養費或贍養費之事件中，因權利人與義務人間具有一定身分關係，須於此等關係存續中命義務人履行債務，履行期限何時屆滿未必恆屬確定，故以給付定期金之方法爲之。例如約定每月給付未成年子女扶養費新台幣1萬元至其成年爲止，因該未成年人是否存活至滿二十歲之成年並不確定，故此每月1萬元即爲定期金。定期金何時屆滿未必恆屬確定，自不宜於義務人一期未履行時，即令其後未必存在之債務亦發生視爲全部到期效果，而應定一定之範圍，例如其後10期亦視爲一次到期。但如係就過去到期之扶養費而言，因給付總額已確定發

3　邱璿如，未成年子女扶養費債權履行確保制度之擴充必要性（上），台灣法學雜誌，第176期，2011年5月，第10頁。許士宦，間接強制金之裁定及執行，收錄於家事審判與債務執行，2013年12月初版1刷，第260頁。

生，如准其分期給付，則可附加視爲全部到期之期限喪失條款。

實務上，偶見定期金之給付，法院之裁判或和解、調解筆錄仍有附加視爲全部到期之期限喪失條款[4]，此固長期未注意區分所致，法律規定不夠精確亦爲其因，例如舊非訟事件法第 127 條第 2 項規定：「前項扶養費之給付，法院得依聲請或依職權，命爲一次給付或分期給付。分期給付遲誤一期履行者，其後之期間視爲亦已到期。」未區分此一扶養費是過去已屆期之分期給付或將來尚未發生之定期給付[5]。以致實務上，曾有當事人竟依該規定，認法院裁判未一併附加視爲全部到期，乃文字顯有錯誤，請求法院裁定更正者有之[6]。最高法院104年度台抗字第 680 號裁定揭示：「原確定判決所命抗告人給付之上開扶養費，性質上應屬定期金債權，竟命爲分期給付及諭知抗告人如一期不履行時，其後之期間視爲亦已到期，適用法規顯有錯誤」。

（四）和解之方式及效力

本法第 98 條或其他得處分之事項等事件，聲請人及相對人成立

---

[4] 例如台灣高等法院101年度家上字第208號判決，將子女扶養費之請求，認爲原審於本法施行前依舊非訟事件法第127條第2項規定命遲誤一期履行者，視爲全部到期，與本法第100條第3項規定相符，而忽略此一扶養費應是第4項之定期金，喪失之期限利益有一定範圍與條件。台南高分院101年度家上易字第36號、101年度家抗字第26號判決亦同。但也有糾正原審而更爲正確之法律適用者，如苗栗地院103年度家聲抗字第20號裁定。

[5] 此一修正，立法院朝野協商所增加，無立法理由，見立法院公報，第88卷第6期，第795頁。類似法律規定不夠精確者尚有，強制執行法第5條之1規定：「債權人聲請強制執行之執行名義係命債務人分期給付者，於各期履行期屆至時，執行法院得經債權人之聲請，繼續執行之。」其立法理由謂：「終身定期金、扶養費、民法第一百九十三條第二項或其他規定之繼續性小額定期給付，依現行法之規定，債權人必須於每期之給付到期時，逐次聲請強制執行，甚爲繁瑣，宜予方便，爰增設本條之規定，期能便民。」亦將定期金納入分期給付之概念中。

[6] 最高法院93年度台抗字第445號裁定。

和解，於作成和解筆錄時，發生與本案確定裁判同一之效力。爲盡可能藉由一次程序統合解決涉及聲請人及相對人間所生之爭執，以明確發生效力之客觀範圍，並保障程序權，聲請人與相對人得以變更、追加或提起反請求等方式，就原程序標的以外，且屬可處分之事項於程序中成立和解。

如爭執之程序標的屬於不得任意處分之事項，而雙方於本案程序中對於上開爭執之解決已達成合意者，法院於本案裁判行使裁量權時，爲兼顧聲請人與相對人追求實體與程序利益，於無害公益之範圍內，應儘量尊重雙方之意願，爲適當之裁判。

和解係基於聲請人及相對人之意願以解決雙方之紛爭，並終結程序，惟和解如具有無效或得撤銷之原因，自準用撤銷訴訟上和解之請求期間、應踐行之程式等類相關事項之規定。

聲請人與相對人成立和解，致第三人固有利益或法律地位受法律上不利影響時，爲保障其利益及程序權，得請求依原程序撤銷或變更和解對其不利部分，並準用民事訴訟法第五編之一第三人撤銷訴訟程序之規定（第 101 條）。

（五）情事變更

法院對於聲請人及相對人間就本法第 99 條之爭執事件所爲裁判已確定或和解成立後，如所命或同意爲給付之內容尚未實現，遇情事變更，而依原裁判或和解內容已失其公平性及妥當性，爲保障聲請人及相對人實體及程序權益，聲請人及相對人此時得自行衡量利害，決定是否聲請法院撤銷或變更原確定裁判或和解之內容。爲保護關係人之程序權，避免不當侵害其權益，法院依此請求爲裁判前，應使關係人有陳述意見之機會（第 102 條）。又此類事件既係聲請人及相對人就得處分之事項所生爭執，本於處分權主義，須因聲請人或相對人提出聲請法院始得斟酌裁判，自屬第 83 條第 3 項法院得依職權撤銷變更非訟事件確定裁定之特別規定。

（六）前提法律關係之合併審理

關於第 99 條請求家庭生活費用、扶養費或贍養費事件，如關係人就該請求所依據之前提法律關係是否存在有爭執時，法院應曉諭關係人得就該前提法律關係合併請求裁判，以便統合處理紛爭，貫徹本法第 1 條及第 41 條之立法意旨。關係人依前項規定就請求所依據之法律關係合併請求裁判時，除關係人合意適用家事非訟程序繼續審理外，法院應以裁定改用家事訴訟程序，並爲避免法官更易，造成程序延滯，此一程序轉換後仍應由原法官繼續審理。爲保障程序安定，對於法院轉換程序之裁定，不得聲明不服（第 103 條）。

二、親子非訟事件

爲建構更融洽之親子關係，民法分別於第 1055 條以下規定各類應由法院裁定之事件，本法第四編第三章配合規定法院處理此類事件應遵循之程序。

（一）管轄及費用負擔

關於親子非訟事件，多發生在子女身分關係生活之中心即住居所地，爲便利未成年人使用法院及調查證據之便捷，以追求實體及程序利益，宜以其住所或居所地法院專屬管轄，惟於未成年人爲棄嬰或類此情形，致其無住居所時，得由法院認爲適當之所在地法院管轄。

親子非訟事件，指：1. 關於未成年子女扶養請求、其他權利義務之行使或負擔之酌定、改定、變更或重大事項權利行使酌定事件。2. 關於變更子女姓氏事件。3. 關於停止親權事件。4. 關於未成年子女選任特別代理人事件。5. 關於交付子女事件。6. 關於其他親子非訟事件。

未成年子女有數人，而其住所或居所不在一法院管轄區域內時，聲請人向何人之住所或居所地之法院提出聲請，有自由選擇之權。惟受理聲請事件之法院，準用非訟事件法第 3 條但書之規定，得

依聲請或職權以裁定將事件移送於認爲適當之其他管轄法院。

親子非訟事件有理由時，程序費用由未成年子女之父母或父母之一方負擔（第104條）。如不合法或無理由時，則由聲請人負擔程序費用，自不待言。

（二）親子非訟事件之強制合併

婚姻或親子訴訟事件與其基礎事實相牽連之親子非訟事件如已分別繫屬於不同法院，基於此類事件有統合處理之必要，並避免裁判歧異，除別有規定外，上開事件應合併由婚姻或親子訴訟事件繫屬之第一審或第二審法院處理，並由受理親子非訟事件之法院依職權裁定移送。對於移送裁定不得聲明不服，受移送之法院亦應受該裁定羈束，不得以其無管轄權爲由將該事件再移送於他法院（第105條）。

（三）審前報告及意見陳述

法院審理親子非訟事件時，應以子女之最佳利益爲最高指導原則，而兒童及少年主管機關及社會福利機構，對未成年人之保護有專業之知識及經驗，法院得徵詢上開機關或機構之意見，請其進行訪視或調查，並提出報告或建議供法院參考。爲確保關係人之聽審請求權，法院斟酌前項報告或建議，應使關係人（包括未成年子女等）有陳述意見之機會。惟如內容涉及隱私或其他不適當之情形，自不宜使關係人得知其內容。調查人員所見聞事實之報告或建議，係供法院處理親子非訟事件參酌之重要資料，法院認有必要時，自得命其等於期日到場陳述意見。相關人員到庭陳述意見，往往面對訟爭性高之關係人，爲確保隱私以及安全，應使法院得採取必要適當之措施以保障其隱私及安全（第106條）。

（四）交付子女、給付扶養費或其他財產，或爲相當之處分

基於親子非訟事件之職權性及合目的性，法院於酌定、改定或變更父母對於未成年子女權利義務之行使或負擔時，得斟酌子女之實

際需要及父母之負擔能力等，而併爲多樣性之裁定，例如得命交付子女、容忍自行帶回子女、未行使或負擔權利義務之一方與未成年子女會面交往之方式及期間、給付扶養費、交付身分證明文件或其他財物，或命爲相當之處分，並得訂定必要事項。如係就未成年子女之扶養費酌定給付方法，其性質即與夫妻間之費用請求方法相仿，準用第99條至第103條之規定，以期周全保護未成年子女之權益（第107條）。

（五）聽取未成年子女意見

親子非訟事件既於未成年子女之權益影響重大，法院除應依第106條之規定給予其對調查報告陳述意見之機會，於裁定前更應依未成年子女年齡及識別能力等不同狀況，於法庭內、外，親自聽取其意見，或藉其他適當方式，曉諭裁判結果對於未成年子女可能發生之影響，藉以充分保障其意願表達及意見陳述權。又未成年人陳述意見或表達意願，時而必須仰賴兒童及少年心理專家或其他專業人士之協助，因此必要時得請專業人士協助。協助所生之報酬，準用第17條第3項之規定（第108條）。有關未成年子女之表意權，無論是法院之裁定、和解、或調解，皆應尊重，其實踐情形，請另參本書第一編第十二章「子女利益保護」。

（六）選任程序監理人

法院於審理涉及未成年子女權利義務之行使或負擔等事件中，除確保未成年子女之最佳利益、保障表意權及聽審請求權之外，爲免除未成年子女對於父母之忠誠困擾，確保子女最佳利益之詮釋能融入子女觀點，妥善安排子女之照護及探視等事項，避免不當干擾，得依聲請或依職權爲未成年子女選任程序監理人（第109條）。本條規定之實踐情形，請另參本書第一編第十章「程序監理人」。

（七）和解筆錄

第 107 條所定事件以及其他親子非訟事件之爭執，如經父母達成合意，且其合意符合子女最佳利益者，法院應尊重父母間之合意內容，記載於和解筆錄中（第 110 條第 1 項）。

父母雙方達成之和解，當以得處分事項爲限，和解如有無效或得撤銷事由，或情事變更，與婚姻非訟事件之和解相似，自應準用；而法院裁定前應給予未成年子女意願表達權，同有準用（第 110 條第 2 項準用第 101 條、第 102 條及第 108 條）。

（八）特別代理人

法院依民法第 1086 條第 2 項爲未成年子女選任特別代理人時，應斟酌得即時調查之一切證據。法院爲前項選任之裁定前，應徵詢被選任人之意見。前項選任之裁定，得記載特別代理人處理事項之種類及權限範圍。選任特別代理人之裁定，於裁定送達或當庭告知被選任人時發生效力。法院爲保護未成年子女之最佳利益，於必要時，得依父母、未成年子女、主管機關、社會福利機構或其他利害關係人之聲請或依職權，改定特別代理人（第 111 條）。

法院得依特別代理人之聲請酌定報酬。其報酬額，應審酌下列事項：選任之原因、特別代理人執行職務之勞力、未成年子女及父母之資力、未成年子女與特別代理人之關係。此一報酬，除法律另有規定外，由未成年子女負擔。但選任特別代理人之原因係父母所致者，法院得酌量情形命父母負擔全部或一部（第 112 條）。

（九）父母分居6個月之準用

民法第 1089 條之 1 既規定父母未離婚又不繼續共同生活 6 個月以上之未成年子女權利義務行使負擔，準用民法第 1055 條、第 1055 條之 1 及第 1055 條之 2 等規定，則關於未成年子女權利義務之行使負擔事件，自應準用本法親子非訟事件章之規定（第 113 條）。

三、收養事件

為確保收養家庭結構健全，民法規定有關收養應經法院認可、許可或宣告之事件，本法第四編第四章配合規定法院處理此類事件應遵循之程序。

（一）管轄

認可收養子女事件，專屬收養人或被收養人住所地之法院管轄；收養人在中華民國無住所者，由被收養人住所地之法院管轄。認可終止收養事件、許可終止收養事件及宣告終止收養事件，專屬養子女住所地之法院管轄（第114條）。

（二）聲請認可之程式

認可收養事件，除法律別有規定外，以收養人及被收養人為聲請人。認可收養之聲請應以書狀或於筆錄載明收養人及被收養人、被收養人之父母、收養人及被收養人之配偶。

聲請「應」附之文件，包括：收養契約書；收養人及被收養人之國民身分證、戶籍謄本、護照或其他身分證明文件。聲請「宜」附之文件，包括：被收養人為未成年人時，收養人之職業、健康及有關資力之證明文件；夫妻之一方被收養時，他方之同意書（但有民法第1076條但書者，不在此限[7]）；經公證之被收養人父母之同意書（但有民法第1076條之1第1項但書、第2項但書或第1076條之2第3項情形者，不在此限[8]）；收養人或被收養人為外國人時，收養符合其

---

[7] 第1076條：「夫妻之一方被收養時，應得他方之同意。但他方不能為意思表示或生死不明已逾三年者，不在此限。」

[8] 第1076條之1：「子女被收養時，應得其父母之同意。但有下列各款情形之一者，不在此限：一、父母之一方或雙方對子女未盡保護教養義務或有其他顯然不利子女之情事而拒絕同意。二、父母之一方或雙方事實上不能為意思表示（第1項）。前項同意應作成書面並經公證。但已向法院聲請收養認可者，得以

本國法之證明文件；經收出養媒合服務者爲訪視調查，其收出養評估報告。文件在境外作成者，應經當地中華民國駐外機構驗證或證明；如係外文，並應附具中文譯本（第 115 條）。

有關收出養之規定，兒童及少年福利與權益保障法第 15 條至第 21 條有特別規定，應注意適用。

（三）收養觀察期

法院在認可收養未成年子女前，讓收養者與被收養之未成年人共同生活一段時間，有利於法院爲認可收養與否決定時之參考，兒童及少年福利與權益保障法第 17 條第 2 項第 2 款定有明文。因此，法院認可未成年人被收養前，得准收養人與未成年人共同生活一定期間，供法院決定之參考。准許共同生活期間，未成年人實際由收養人而非其本生父母或監護人保護教養，故該期間，對於未成年人權利義務之行使負擔，由收養人爲之（第 116 條）。

（四）認可收養裁定之生效

認可收養之裁定，於其對聲請人及第 115 條第 2 項所定之收養人、被收養人、被收養人之父母、收養人及被收養人之配偶確定時發生效力。認可收養之裁定正本，應記載該裁定於確定時發生效力之意旨。認可、許可或宣告終止收養之裁定，準用之（第 117 條）。

（五）未成年父母之程序參與權

被收養人之父母爲未成年人而未結婚者，法院爲認可收養之裁定前，應使該未成年人及其法定代理人有陳述意見之機會。但有礙難情

言詞向法院表示並記明筆錄代之（第2項）。第一項之同意，不得附條件或期限（第3項）。」第1076條之2：「被收養者未滿七歲時，應由其法定代理人代爲並代受意思表示（第1項）。滿七歲以上之未成年人被收養時，應得其法定代理人之同意（第2項）。被收養者之父母已依前二項規定以法定代理人之身分代爲並代受意思表示或爲同意時，得免依前條規定爲同意（第3項）。」

形者，不在此限（第118條）。

（六）審前報告、聽取意見之準用

收養非訟事件對於未成年子女之權益影響重大，法院於裁定前除應徵詢對於未成年人之保護有專業知識及經驗之主管機關或社會福利機構之意見或囑託進行訪視或調查，並提出報告以供法院參考外，並應保障未成年子女之意願表達及陳述意見權，故而準用第106條及第108條之規定（第119條）。

四、未成年人監護事件

未成年人無父母或父母均不能照護未成年子女時，民法第1091條以下規定設置監護人及其他相關事件，本法第四編第五章配合規定法院處理此類事件應遵循之程序。

（一）管轄

關於未成年人監護事件，多發生在未成年人身分關係生活之中心即住居所地，為便利未成年人使用法院及調查證據，以追求實體與程序利益，自應由其住所或居所地法院專屬管轄。至於未成年人為棄嬰或類此情形，致其無住居所時，得由法院認為適當之所在地法院管轄。

未成年人監護事件，指：1.關於選定、另行選定或改定未成年人監護人事件。2.關於監護人報告或陳報事件。3.關於監護人辭任事件。4.關於酌定監護人行使權利事件。5.關於酌定監護人報酬事件。6.關於為受監護人選任特別代理人事件。7.關於許可監護人行為事件。8.關於交付子女事件。9.關於監護所生損害賠償事件。10.關於其他未成年人監護事件。

未成年人有數人時，關於定管轄、合併裁判、移送管轄及程序費用之負擔等事項，均與親子非訟事件程序類同，故準用第104條第2

項、第 3 項以及第 105 條（第 120 條）。

（二）監護損害賠償事件之程序轉換

關於監護所生之損害賠償事件[9]，其程序標的之金額或價額逾得上訴第三審利益額者，聲請人與相對人得於第一審程序終結前，合意向法院陳明改用家事訴訟程序，由原法官繼續審理。

或案情繁雜者，聲請人或相對人得於第一審程序終結前，聲請法院裁定改用家事訴訟程序，由原法官繼續審理。對此裁定，不得聲明不服（第 121 條）。

（三）監護人辭任事由

法院選定之監護人，如有正當理由而不能繼續擔任監護人時，應許其向法院聲請許可辭任，其情形有：1. 滿七十歲。2. 因身心障礙或疾病不能執行監護。3. 住所或居所與法院或受監護人所在地隔離，不便執行監護。4. 其他重大事由。法院許可辭任時，應另行選任監護人。

為確保受監護人之權益，法院為准否監護人辭任之裁定前，除得於裁定前徵詢主管機關或社會福利機構之意見外，並得囑託進行訪視、調查，更應保障受監護人之意願表達權，故準用第 106 條及第 108 條規定（第 122 條）。

（四）審前報告、特別代理人等規定之準用

監護事件於未成年人之權益影響重大，法院除得於裁定前徵詢主管機關或社會福利機構之意見外，並得囑託進行訪視、調查；更應保障未成年子女之意願表達及陳述意見權。並應允許法院視具體個案而為多樣性之裁定，或為其他相當之處分、訂定必要之事項。另外選定監護人應先徵詢被選定人之意見，法院並得於裁定載明監護人處理

---

[9] 有關監護所生損害賠償事件之爭議，請參本書第三編第三章、參、五之說明。

事項之種類及權限範圍，故準用第 106 條至第 108 條及第 111 條第 1 項、第 2 項規定之（第 123 條）。

監護人與受監護人利益相反時，法院為受監護人選任特別代理人，其程序與未成年子女選任特別代理人同，準用第 111 條及第 112 條規定（第 124 條）。

五、親屬間扶養事件

依民法第 1114 條規定，親屬間互負扶養義務，而關於夫妻間扶養請求事件及未成年子女請求父母扶養事件，本法第四編第二章及第三章已有規定，其他親屬間之扶養請求事件則規定於第六章。

（一）管轄及費用負擔

關於親屬間扶養事件多發生在受扶養權利人生活之中心即住居所地，為便利受扶養權利人使用法院及調查證據之便捷，以追求實體及程序利益，由其住所或居所地法院專屬管轄。

親屬間扶養事件之範圍，指：1. 關於扶養請求事件。2. 關於請求減輕或免除扶養義務事件。3. 關於因情事變更請求變更扶養之程度及方法事件。4. 關於其他扶養事件。第 1 款之扶養請求事件係包括請求扶養事件及請求給付扶養費事件 [10]；第 2 款係指依民法第 1118 條之 1 規定請求法院減輕或免除扶養義務事件；第 3 款係指依民法第 1121 條規定因情事變更請求變更扶養之程度及方法事件。

關於受扶養權利人有數人，而其住所或居所不在同一法院管轄區域內，如何定其管轄法院及程序費用之負擔等事項，乃有準用第 104 條第 2 項、第 3 項以及第 105 條規定之必要（第 125 條）。

---

[10] 民法第 1120 條：「扶養之方法，由當事人協議定之；不能協議時，由親屬會議定之。但扶養費之給付，當事人不能協議時，由法院定之。」是當扶養方法，當事人不能協議，親屬會議又無法議定，應聲請法院處理（民法第 1132 條），而扶養費之給付，當事人不能協議時，得逕聲請法院定之。

（二）婚姻非訟事件之準用

夫妻間之扶養費請求，性質類似於此，故第 99 條至第 103 條及第 107 條第 1 項之規定準用之（第 126 條）。

六、繼承事件

涉及繼承之事件，民法及其他法律爲明確繼承關係，設有由法院裁定之相關規定，該類事件之程序，自應明定之，本法第四編第七章配合規定法院處理此類事件應遵循之程序。

（一）管轄及費用負擔

關於繼承事件，爲便於調查證據，由繼承開始時被繼承人住所地法院專屬管轄。繼承事件之範圍，指：1. 關於遺產清冊陳報事件。2. 關於債權人聲請命繼承人提出遺產清冊事件。3. 關於拋棄繼承事件。4. 關於無人承認之繼承事件。5. 關於保存遺產事件。6. 關於指定或另行指定遺囑執行人事件。7. 關於其他繼承事件（例如：大陸地區人民繼承臺灣地區人民之遺產事件，及將來可能新增之其他繼承事件）。第 5 款之保存遺產事件[11]，除得由繼承開始時被繼承人住所地法院管轄外，爲便於遺產之保存，亦得由遺產所在地法院管轄。而被繼承人無住所而不能定法院管轄者，宜由繼承開始時被繼承人居所地法院管轄。被繼承人之住、居所不明者，由中央政府所在地之法院管轄，第 52 條第 4 項之規定準用之。繼承事件有理由時，程序費用由遺產負擔（第 127 條）。

---

[11] 指繼承開始時繼承人之有無不明者，在遺產管理人選定前，法院得因利害關係人或檢察官之聲請，爲保存遺產之必要處置（民法第1178條之1）。

（二）遺產陳報書應記載事項

繼承人[12]為遺產陳報時，除併附具遺產清冊應記載被繼承人之財產狀況及繼承人已知之債權人、債務人外，應於陳報書記載：1.陳報人。2.被繼承人之姓名及最後住所。3.被繼承人死亡之年月日時及地點。4.知悉繼承之時間。5.有其他繼承人者，其姓名、性別、出生年月日及住、居所（第128條）。

（三）聲請命提出遺產清冊之程式及遺產陳報書

債權人依民法第1156條之1第1項之規定向法院聲請命繼承人提出遺產清冊時，其聲請書應記載下列各款事項：1.聲請人。2.被繼承人之姓名及最後住所。3.繼承人之姓名及住、居所。4.聲請命繼承人提出遺產清冊之意旨。

法院依民法第1156條之1第2項規定以職權命繼承人提出遺產清冊，繼承人依法院命令提出遺產清冊者，準用第128條遺產陳報書應記載事項之規定（第129條）。

（四）報明債權之公示催告

繼承人開具遺產清冊陳報法院時，法院依民法第1157條之規定，應依公示催告程序公告，命被繼承人之債權人報明債權，公示催告應記載事項為：1.為陳報之繼承人。2.報明權利之期間及在期間內應為報明之催告。3.因不報明權利而生之失權效果。4.法院。

為保障其他繼承人之權益，法院公示催告被繼承人之債權人報明債權時，應通知其他繼承人，使其知悉公示催告之情形。

為使債權人能知悉法院公示催告之內容，以利其報明債權，法院就前項公示催告應予公告。公告應揭示於法院公告處、資訊網路及其

---

[12]法院收養認可程序終結前，收養關係是否成立雖尚未確定，被收養人以繼承人身分陳報遺產清冊，法院不得逕予駁回（最高法院104年度台簡抗字第74號裁定）。

他適當處所；法院認爲必要時，並得命登載於公報或新聞紙，或用其他方法公告之。

　　法院爲公示催告之目的，乃在使債權人報明債權，如於報明期間無人報明者，有礙其債權受償之可能，爲求慎重，並保護債權人之權益，公示催告所定報明期間不宜過短，自揭示之日起，應有 6 個月以上（第 130 條）。

（五）償還遺產債務之陳報及提出文件

　　爲防繼承人於陳報遺產清冊後，怠於清償債務，有害債權人之權益，規定繼承人應於報明債權期限屆滿後 6 個月內，清理遺產償還債務，並向法院陳報償還遺產債務狀況及提出相關表冊。爲恐繼承人不及於 6 個月內清理遺產償還債務，法院得依繼承人之聲請延展聲報期限（第 131 條）。

（六）拋棄繼承書面之記載、備查及公告

　　依民法第 1174 條第 2 項之規定，拋棄繼承應於知悉得繼承之時起 3 個月內，以書面向法院爲之[13]。繼承人拋棄繼承之書面應記載事項爲：1. 拋棄繼承人。2. 被繼承人之姓名及最後住所。3. 被繼承人死亡之年月日時及地點。4. 知悉繼承之時間。5. 有其他繼承人者，其姓名、性別、出生年月日及住、居所。

　　拋棄繼承爲合法者，法院應予備查，通知拋棄繼承人及已知之其他繼承人，並公告之。至於拋棄繼承不合法者，法院應以裁定駁回之（第 132 條）。繼承人如對該裁定不服，得循抗告程序救濟。

　　有關拋棄繼承之通知，在通知時機、通知主體、通知客體及通知效力，因實體法與程序法、新法與舊法之立法技術問題，適用上不無困擾。1. 就實體法而言，現行民法第 1174 條第 2 項於 97 年修

---

[13]更早之前即19年12月26日之規定係：「前項拋棄，應於知悉其得繼承之時起二個月內，以書面向法院親屬會議或其他繼承人爲之。」並非向法院拋棄。

正前（於 74 年修正）原規定：「前項拋棄，應於知悉其得繼承之時起二個月內以書面向法院爲之。並以書面通知因其拋棄而應爲繼承之人。但不能通知者，不在此限。」句點後「並以書面通知」之通知義務主體，從文法結構上，似乎指拋棄繼承人，但 74 年之修正理由明指由「法院」通知；通知客體爲修正後之現行第 1176 條第 5 項、第 6 項規定應爲繼承之人，俾該繼承人依同條第 7 項規定亦得爲限定繼承或拋棄繼承（同修正理由）。但因後段規定，於實務運作上易誤認通知義務爲拋棄繼承之生效要件，即誤以書面向法院爲之並以書面通知因其拋棄而應爲繼承之人，始生拋棄繼承之效力，致生爭議。爲明確計，並利繼承關係早日確定，而於 97 年修正時，改列爲第 3 項規定，以示此通知義務係屬訓示規定。修正後之現行規定爲：「拋棄繼承後，應以書面通知因其拋棄而應爲繼承之人。但不能通知者，不在此限。」明定通知時機爲向法院拋棄之「後」，通知主體（參考前開 74 年之修正理由，似仍指法院）及通知客體，則未改變。因此法院不得以拋棄繼承人未踐行通知程序而不准備查。以甲死亡，留有配偶乙、子丙、父丁三人爲例，子丙向法院爲拋棄繼承後，應由法院通知丁。2. 就程序法而言，101 年 6 月 1 日本法施行前適用舊非訟事件法第 144 條第 2 項規定：「拋棄繼承爲合法者，法院應予備查，通知拋棄繼承人，並公告之。」通知時機爲拋棄之後，通知主體爲法院，同上開民法之現行規定，但通知客體則變成「拋棄繼承人」即上例之丙；而本法第 132 條第 2 項卻規定：「拋棄繼承爲合法者，法院應予備查，通知拋棄繼承人及已知之其他繼承人，並公告之。」通知時機及通知主體同前非訟事件法，但通知客體除拋棄繼承人即上例之丙外，增加之「已知之其他繼承人」，究指乙或丁，抑或乙與丁，反不明確。此實涉及通知之立法目的何在，參民法第 1174 條於 74 年之修法，及 97 年之修法理由：「蓋繼承人如爲第一千一百三十八條第一順序次親等或第二順序以下之繼承人，未必確知自己已成爲繼承人，故應自其知悉得繼承之時起算，以保障繼承人之權利」，似單指丁而言（因丙拋棄而爲繼承人），俾讓丁有機會表示是否願爲繼承，而能

及時為拋棄與否之決定。但舊非訟事件法第 144 條於 94 年之修法理由卻謂：「繼承人依民法第一千一百七十四條第一、二項之規定向法院為拋棄繼承之意思表示後，溯自繼承開始時即生繼承權喪失之法律效果，原無須法院為准許之裁定。惟繼承人欲辦理後續相關事宜時，主管機關往往要求須提出已拋棄繼承之證明」，及本法第 132 條立法理由謂：「為便利繼承人辦理相關手續，並使因拋棄繼承而具有利害關係之其他繼承之人知悉拋棄繼承之情形。」似又包括乙（本為繼承人）及丁（因丙拋棄而為繼承人）。3. 僅以現行條文觀察，民法第 1174 條第 3 項之實體規定，縱然參考前述 74 年修法理似應由法院通知，但純從文法結構及字面文義，其通知義務人似為拋棄繼承人，然本法第 132 條第 2 項前開文字內容，從文法結構，「……法院應予備查，通知……」，又似乎是應由法院通知。因此，通知主體及客體究為何，還是留有解釋空間。實務上，為免爭議，無論是於備查前要求拋棄繼承人通知，或法院事後依職權通知，皆以一併通知乙及丁為宜。至於民法上開條文第 3 項末句「但不能通知者，不在此限。」本法上開條文雖未同予規定，解釋上自應同一。

　　漏未通知雖不影響拋棄繼承之法效，但對於因拋棄而應為繼承人如上例之丁，自仍得於知悉其得繼承之時起 3 個月內，以書狀向法院為拋棄。然知悉與否，非單以有無受通知為斷，而應視具體個案認定之；又未滿七歲之未成年人，依民法第 76 條規定，既由其法定代理人代為意思表示，並代受意思表示，其是否知悉得繼承，自應以其法定代理人為斷[14]。

　　其次，是否有已知之其他繼承人，應由拋棄繼承人負協力義務，闡明或提供相關資料以供法院通知之用，此所以本法第 132 條第 1 項第 5 款明定，應以書面表明：「有其他繼承人者，其姓名、性別、出生年月日及住居所」，倘經法院命其補正，消極不回應，或提

---

[14]最高法院93年度台抗字第855號裁定。

供之資料明顯有所不符或欠缺，再次命補正仍未積極配合者，法院非不得認其程序不合法，依第 3 項以裁定駁回之。蓋家事非訟事件，法院固有依職權探知義務，但此類事件爲眞正聲請事件，基於關係人之聲請而發動，爲關係人可處分事項，關係人當負較高協力義務也[15]。

再，拋棄繼承之聲明，法院准予備查，僅具確認之性質，非謂該拋棄繼承之意思表示須經法院准予備查後，始生效力[16]。拋棄繼承之聲明，法院原則上固僅爲形式審查，但如法定代理人代未成年子女聲請，則應職權審查是否有危及該子女之利益[17]。向法院爲拋棄繼承後，於法院准予備查前，可否撤回，曾有爭議，一般認爲拋棄繼承爲單獨行爲，除非有不合法情形，否則向法院遞狀，法院受理後即生拋棄效力，不可事後撤回[18]。另，繼承人於向法院爲拋棄繼承之意思表示並經准予備查後，其後是否仍得以拋棄繼承之意思表示錯誤爲由，於拋棄繼承之意思表示除斥期間屆滿後，任意爲撤銷拋棄繼承之意思表示，有認此與民法第 1174 條第 2 項規定立法意旨不符，而採否定[19]。倘利害關係人對之有所爭執，應循民事訴訟程序訴請法院爲實體上之裁判[20]。另拋棄繼承者如有多人，實務認爲應按一件徵收費用

---

[15]但或有參考民法第1174條於74年在立法院審查會說明修正之理由：行政院、司法院修正條文以「並附具同一順序及次順序繼承人名冊」爲拋棄繼承之生效要件之一，實課拋棄繼承人以過重之責任，爰修正爲「並以書面通知因其拋棄而應爲繼承之人。但不能通知者，不在此限」，使負較合理之責任等意旨，而認爲不得以此爲由駁回其聲請。如採後說，法院當自行查明以爲通知。

[16]最高法院94年度台抗字第930號裁定。

[17]苗栗地院104年度家聲抗字第2號裁定。父母代爲拋棄，究是民法第1088條第2項之「處分」或屬一般無權代理，參林秀雄，父母非爲子女之利益代理子女所爲拋棄繼承之效力，月旦法學教室，第92期，2010年6月，第12至13頁。

[18]台灣高等法院暨所屬法院100年法律座談會民事類提案第13號結論：(1)若未合法拋棄繼承，即不生拋棄繼承之效力，當無撤回可言。(2)若已合法拋棄繼承，於意思表示到達法院時，即生拋棄繼承之效力，自不得再撤回之。

[19]新竹地院85年度家訴字第86號判決。

[20]最高法院104年度台簡抗字第212號裁定。

1,000元，而不以人數計算分別收費[21]。未繳納程序費用，遭法院裁定駁回，實務多數認為不影響拋棄繼承之效力[22]。

（七）親屬會議之陳報

親屬會議依民法第1177條之規定，於繼承人之有無不明時，將繼承開始及選定遺產管理人之事由向法院陳報，應由其會員一人以上於陳報書記載下列各款事項，並附具證明文件：1.陳報人。2.被繼承人之姓名、最後住所、死亡之年月日時及地點。3.選定遺產管理人之事由。4.所選定遺產管理人之姓名、性別、出生年月日及住、居所（第133條）。

（八）親屬會議選任遺產管理人

親屬會議選定之遺產管理人，以自然人為限。遺產管理人有下列各款情形之一者，法院應解任之，命親屬會議於1個月內另為選定：1.未成年。2.受監護或輔助宣告。3.受破產宣告或依消費者債務清理條例受清算宣告尚未復權。4.褫奪公權尚未復權（第134條）。

至於親屬會議若未於1個月內另行選定者，利害關係人或檢察官即得依民法第1178條第2項、本法第136條之規定，聲請法院選任遺產管理人。

（九）遺產管理人之解任與另為選定

親屬會議選定之遺產管理人有下列情形之一者，法院得依利害關係人或檢察官之聲請，徵詢親屬會議會員、利害關係人或檢察官之意

---

[21]參台灣高等法院暨所屬法院107年法律座談會民事類提案第35號結論。

[22]參台灣高等法院暨所屬法院109年法律座談會民執類提案第34號之討論。按法院就拋棄繼承之聲明，准予備查與否，並無實體認定之效力，是否合法，於相關事件仍須實體審查。因未繳費，法院不予備查，駁回其聲請，將來其可能必須承受無法舉證之不利益，亦可避免繼承人藉由不繳納程序費用，達到實質撤回拋棄繼承之結果。

見後解任之,命親屬會議於 1 個月內另爲選定:1. 違背職務上之義務者。2. 違背善良管理人之注意義務,致危害遺產或有危害之虞者。3. 有其他重大事由者(第 135 條)。

至於親屬會議若未於 1 個月內另行選定者,利害關係人或檢察官即得依民法第 1178 條第 2 項、本法第 136 條之規定,聲請法院選任遺產管理人。

(十)利害關係人或檢察官聲請選任遺產管理人

依民法第 1178 條第 2 項之規定,無親屬會議或親屬會議未於同法第 1177 條所定期間內選定遺產管理人者,利害關係人或檢察官得聲請法院選任遺產管理人其聲請書應記載下列事項,並附具證明文件如下:1. 聲請人。2. 被繼承人之姓名、最後住所、死亡之年月日時及地點。3. 聲請之事由。4. 聲請人爲利害關係人時,其法律上利害關係之事由。

親屬會議未依第 134 條第 2 項或第 135 條另爲選定遺產管理人時,利害關係人或檢察官得聲請法院選任遺產管理人,並適用前面聲請書應記載事項,並附具證明文件之規定。

法院選任之遺產管理人,除自然人外,亦得選任公務機關,蓋無人承認繼承之遺產清理完畢後,如有賸餘,應歸屬國庫,而國有財產向由公務機關擔任管理人者(第 136 條)。

向法院聲請選任遺產管理人是否以被繼承人留有遺產爲必要,法無明文,實務見解不同 [23]。

(十一)繼承人搜索公示催告之記載事項及公告

法院選任遺產管理人後,公示催告繼承人承認繼承時,應記載下列事項:1. 陳報人。2. 被繼承人之姓名、最後住所、死亡之年月日時及地點。3. 承認繼承之期間及期間內應爲承認之催告。4. 因不於期間

---

[23] 台灣高等法院暨所屬法院104年法律座談會民事類提案第18號。

內承認繼承而生之效果。5. 法院。公示催告，準用第 130 條第 3 項至第 5 項之規定（第 137 條）。承認繼承之期限為 6 個月以上（民法第 1178 條）。

（十二）陳報債權之公示催告

無人承認之繼承，經選任遺產管理人後，由法院依職權為繼承人搜索之公示催告外，並應由遺產管理人聲請法院裁定為債權以及受遺贈人之公示催告程序。

此一聲請除記載第 137 條第 1 項第 2 款及第 5 款所定事項外，並應記載下列事項：1. 遺產管理人之姓名及處理遺產事務之處所。2. 報明債權及願否受遺贈聲明之期間，並於期間內應為報明或聲明之催告。3. 因不報明或聲明而生之失權效果（第 138 條）。公示催告，準用第 130 條第 3 項至第 5 項之規定（第 139 條）。陳報債權及願否受遺贈聲明之期間應定 1 年以上（民法第 1179 條第 1 項第 3 款）。

上開（十）至（十二）之遺產管理人選任、繼承人搜索公示催告、陳報債權公示催告，法律規定分為三階段，即：1. 先裁定選任遺產管理人。2. 繼之由遺產管理人向法院聲請對繼承人搜索公示催告。3. 再由遺產管理人向法院聲請陳報債權之公示催告。但實務上，常將第 1、2 程序合併，即於選任遺產管理人之裁定主文中同時命繼承人於期限內承認繼承之公示催告，以求早日清算遺產之債權債務[24]。惟應注意的是，如現役軍人或退除役官兵死亡而無繼承人，繼承人之有無不明或繼承人因故不能管理遺產者，由主管機關管理其遺產，臺灣地區與大陸地區人民關係條例第 68 條第 1 項定有明文。而亡故退除役官兵遺留財產由行政院國軍退除役官兵輔導委員會所屬安養機關為

---

[24] 例如苗栗地院103年度繼字第8號裁定。理由說明：聲請人雖未聲請准為承認繼承之公示催告，本院併依民法第1178條第2項規定，基於職權為主文第2項之諭知，以求早清算遺產之債權債務。又如台北地院103年度司繼字第55號裁定亦同對繼承人為公示催告。

遺產管理人，亡故退除役官兵未安置，以其設籍地退除役官兵服務機構爲遺產管理人；遺產管理人對亡故退除役官兵之遺產，應向其住所地之法院聲請對大陸地區以外之繼承人、債權人及受遺贈人分別依民法規定爲公示催告，退除役官兵死亡無人繼承遺產管理辦法第4條、第6條第1項有所規定[25]。因此，並無第1項選任遺產管理人之程序，蓋主管機關爲其法定管理人，自無再選任必要。而第2項、第3項程序，實務上多爲一次裁定，例如「准對被繼承人○○○之債權人、受遺贈人及大陸地區以外之繼承人爲公示催告」[26]。如非上開退除役官兵繼承事件，而繼承人全部爲大陸地區人民者，應注意依「大陸地區人民繼承被繼承人在臺灣地區之遺產管理辦法」辦理之，則仍有第1項程序，應由法院指定財政部國有財產署爲遺產管理人。又承認繼承之期間爲6個月以上，陳報債權及願否受遺贈聲明之期間爲1年以上，長短不同，應注意及之，以免錯誤。

（十三）遺產管理人或清理人陳報之義務

法院對於其所選任之遺產管理人有監督之權，其監督之方法，依第141條規定，應準用失蹤人財產管理人之相關規定；惟失蹤人之財產，僅生管理而無清理之問題，與遺產應全部處理完畢之情形未盡相同，故處理完畢後應向法院陳報，以落實法院之監督（第140條）。

（十四）準用失蹤財產管理人規定

由法院選任之財產管理人，除失蹤人財產管理人以外，尚有如：遺產管理人、遺囑執行人及於暫時處分選任之臨時財產管理人等，此等財產管理人之地位相類似，除法律別有特別規定者外，準用本法第八章失蹤財產管理人事件之規定（第141條）。遺囑執行人之報酬，民法本無規定，104年1月14日公布增訂第1212條之1，使其得請

---

[25] 如係現役軍人應依「現役軍人死亡無人繼承遺產管理辦法」處理。

[26] 例如苗栗地院100年度司家催字第42號裁定。

求報酬，報酬之數額應先由當事人協議，當事人如不能協議時，則由法院酌定。同日公布修正之第 1183 條增加遺產管理人之報酬，必要時，得命聲請人先爲墊付。「必要時」之判斷，法院實務多以如有遺產可爲支付，不得命聲請人先爲墊付[27]。

七、失蹤人財產管理事件

民法第 10 條規定，失蹤人失蹤後，未受死亡宣告前，其財產之管理，除其他法律另有規定者外，依家事事件法之規定。失蹤人之財產，應爲適當之管理，以確保失蹤人以及其他關係人權益。本法第四編第八章配合規定法院處理此類事件應遵循之程序。

（一）管轄

關於失蹤人之財產管理事件，爲便於調查證據，由失蹤人住所地之法院管轄。失蹤人無住所而不能依前項規定定法院管轄者，由失蹤人居所地法院管轄。失蹤人之住、居所不明者，宜由中央政府所在地之法院管轄（第 142 條）。

（二）財產管理人之順序

失蹤人未置財產管理人者，其財產管理人依下列順序定之：1. 配偶。2. 父母。3. 成年子女。4. 與失蹤人同居之祖父母。5. 家長。如不能依前 5 款定財產管理人時，法院得因利害關係人或檢察官之聲請，選任財產管理人。被選任財產管理人之權限，因死亡、受監護、輔助或破產之宣告或其他原因消滅者，則另依前 5 款順序定之，不能定之時，聲請法院選任（第 143 條）。

---

[27] 如苗栗地院104年度家聲字第201號、第202號裁定；另有因遺產管理人未完成法定職務不核給報酬，代墊費用部分本得由遺產中支付，而駁回聲請者，如雲林地院104年度繼字第207號裁定。偶因僅有稅款債務而無積極財產，始命聲請人（國稅局）墊付者，如苗栗地院104年度家聲字第203號裁定。

（三）財產管理人有數人之選定

財產管理人有數人者，關於失蹤人之財產管理方法，除法院選任數財產管理人，而另有裁定者外，依協議定之；不為協議或協議不成時，財產管理人或利害關係人得聲請法院酌定之（第144條）。

（四）財產管理人之改任

財產管理人不勝任或管理不適當時，法院得依利害關係人或檢察官之聲請改任之；其由法院選任者，法院認為必要時得依職權改任之。財產管理人有正當理由者，得聲請法院許可其辭任，法院為許可時，應另行選任財產管理人（第145條）。

（五）利害關係人意見之詢問

法院選任、改任或另行選任財產管理人時，應詢問利害關係人及受選任人之意見（第146條）。

（六）失蹤人財產之登記

失蹤人財產之取得、設定、喪失或變更，依法應登記者，財產管理人應向該管登記機關為管理人之登記（第147條）。

（七）管理財產目錄之作成

財產管理人應作成管理財產目錄，並應經公證人公證，其費用由失蹤人之財產負擔之（第148條）。

（八）管理財產狀況之報告或計算

法院得因利害關係人或檢察官之聲請，命財產管理人報告管理財產狀況或計算；財產管理人由法院選任者，並得依職權為之。前項裁定，不得聲明不服（第149條）。

（九）財產狀況有關文件之閱覽

利害關係人得釋明原因，向法院聲請閱覽前條之報告及有關計算之文件，或預納費用聲請付與繕本、影本或節本（第 150 條）。

（十）財產管理人之注意義務及權限

財產管理人應以善良管理人之注意，保存財產，並得爲有利於失蹤人之利用或改良行爲。但其利用或改良有變更財產性質之虞者，非經法院許可，不得爲之（第 151 條）。變賣財產之「處分」行爲，有認不應許可。但共有物之分割事涉土地之經濟效益及他共有人之權益，如分割結果無損於失蹤人之利益，應許可之。

（十一）財產管理人之提供擔保

法院得命財產管理人就財產之管理及返還，供相當之擔保，並得以裁定增減、變更或免除之。前項擔保，準用民事訴訟法關於訴訟費用擔保之規定（第 152 條）。

（十二）財產管理人之報酬

法院得依財產管理人之聲請，按財產管理人與失蹤人之關係、管理事務之繁簡及其他情形，就失蹤人之財產，酌給相當報酬（第 153 條）。

八、宣告死亡事件

民法第 8 條設有死亡宣告制度，並規定由法院裁判宣告，本法第四編第九章配合規定法院處理此類事件應遵循之程序。

（一）管轄及費用負擔

宣告死亡事件，爲便於調查證據，專屬失蹤人住所地法院管轄。死亡宣告事件之範圍，指：1. 關於聲請宣告死亡事件。2. 關於

聲請撤銷或變更宣告死亡裁定事件。3.關於其他宣告死亡事件。失蹤人無住所而不能依前項規定定法院管轄者，宜由失蹤人居所地法院管轄。失蹤人之住、居所不明者，宜由中央政府所在地之法院管轄，故準用第52條第4項之規定。死亡宣告事件之程序費用，除宣告死亡者由遺產負擔外，由聲請人負擔（第154條）。

（二）聲請人

宣告死亡或撤銷、變更宣告死亡之裁定，利害關係人或檢察官得聲請之（第155條）。

（三）公示催告之應載事項及公告方法

法院認失蹤人有宣告死亡之事由而准許宣告死亡之聲請者，應為公示催告程序，以催告失蹤人陳報生存，或知悉失蹤人之生死者陳報其所知，公示催告，應記載：1.失蹤人應於期間內陳報其生存，如不陳報，即應受死亡之宣告[28]。2.凡知失蹤人之生死者，應於期間內將其所知陳報法院。

第130條第3項至第5項關於公示催告之公告方法、報明期間起算時點之規定，於本條之公示催告予以準用，惟失蹤人年滿百歲者，現尚生存之可能性較小，故其公示催告所定陳報期間得酌予縮短，得定為自揭示之日起2個月以上（第156條）。

（四）期滿後陳報之效力

為失蹤人生存之陳報在陳報期間屆滿後，而未宣告死亡或宣告死亡之裁定確定前者，與在期間內陳報者，有同一效力（第157條）。

---

[28] 此與舊法不同，法院不待當事人聲請，應依職權為死亡宣告，請參本書第四編第一章、參、一「死亡宣告事件」之說明。

（五）程序參與及裁定之送達

宣告死亡程序，除通知顯有困難者外，法院應通知失蹤人之配偶、子女及父母參與程序；失蹤人另有法定代理人者，並應通知之。宣告死亡之裁定，應送達於上開所定之人（第 158 條）。

（六）宣告死亡之裁定、生效及公告

宣告死亡之裁定應確定死亡之時。宣告死亡之裁定，於其對聲請人、生存陳報人及前條第 1 項所定之人確定時發生效力。宣告死亡裁定生效後，法院應以相當之方法，將該裁定要旨公告之（第 159 條）。

（七）撤銷或變更宣告死亡裁定之事由

宣告死亡裁定確定後，發現受宣告死亡之人尚生存或確定死亡之時不當者，得聲請撤銷或變更宣告死亡之裁定（第 160 條）。

（八）撤銷或變更宣告死亡裁定之程式及程序參與

聲請撤銷或變更宣告死亡之裁定，應於聲請狀表明：1. 聲請人、宣告死亡之聲請人及法定代理人。2. 聲請撤銷或變更之裁定。3. 應如何撤銷或變更之聲明。4. 撤銷或變更之事由。並提出相關證據以佐。撤銷或變更宣告死亡裁定之程序，對於受死亡宣告人之配偶、子女及父母之權益影響重大，關於程序參與及裁定之送達，故準用第 158 條規定（第 161 條）。

（九）程序終結

受宣告死亡人於撤銷宣告死亡裁定之裁定確定前死亡者，本案程序已失其目的，而無續行之必要，法院應裁定本案程序終結（第 162 條）。

（十）撤銷或變更宣告死亡裁定之裁定效力

撤銷或變更宣告死亡裁定之裁定，不問對於何人均有效力。但裁定確定前之善意行為，不受影響。因宣告死亡取得財產者，如因前項裁定失其權利，僅於現受利益之限度內，負歸還財產之責。關於撤銷或變更宣告死亡裁定之裁定發生效力之時點及裁定要旨之公告，準用第 159 條第 2 項及第 3 項之規定（第 163 條）。

九、監護宣告事件

為保障意思能力欠缺之人，民法設有監護及輔助宣告制度，本法第四編第十章配合規定法院處理監護宣告事件應遵循之程序。

（一）管轄及費用負擔

關於監護宣告事件，多發生在應受監護宣告之人或受監護宣告之人生活中心即住居所地，為便利應受監護宣告之人或受監護宣告之人使用法院及調查證據之便捷，以追求實體及程序利益，宜以其住所或居所地法院專屬管轄。惟如應受監護宣告之人或受監護宣告之人無住所或居所時，得由法院認為適當之所在地法院管轄。

監護宣告事件範圍，指：1. 關於聲請監護宣告事件。2. 關於指定、撤銷或變更監護人執行職務範圍事件。3. 關於另行選定或改定監護人事件。4. 關於監護人報告或陳報事件。5. 關於監護人辭任事件。6. 關於酌定監護人行使權利事件。7. 關於酌定監護人報酬事件。8. 關於為受監護宣告之人選任特別代理人事件。9. 關於許可監護人行為事件。10. 關於監護所生損害賠償事件。11. 關於聲請撤銷監護宣告事件。12. 關於變更輔助宣告為監護宣告事件。13. 關於許可終止意定監護契約事件。14. 關於解任意定監護人事件。15. 關於其他監護宣告事件。

上開事件有理由時，程序費用由受監護宣告之人負擔。除前開情形外，其費用由聲請人負擔（第 164 條）。

（二）程序能力與程序監理人

於聲請監護宣告事件、撤銷監護宣告事件、另行選定或改定監護人事件、許可終止意定監護契約事件及解任意定監護人事件，應受監護宣告之人及受監護宣告之人有程序能力。如其無意思能力者，法院應依職權爲其選任程序監理人。但有事實足認無選任必要者，不在此限（新修正第 165 條）。本條前段之「有程序能力」，實務有以該人如無意思能力，不得自爲監護宣告之聲請[29]；又法院爲監護宣告之裁定於送達或當庭告知法院選定之監護人時發生效力（第 169 條第 1 項），故受監護宣告之人對監護宣告裁定提起抗告者，應以監護人爲法定代理人，如監護人無代理抗告意願，此時即可選任程序監理人。

（三）診斷書之提出

聲請人爲監護宣告之聲請時，宜提出診斷書（第 166 條）。

（四）應受監護宣告之人及鑑定人之訊問

法院應於鑑定人前，就應受監護宣告之人之精神或心智狀況，訊問鑑定人及應受監護宣告之人，始得爲監護之宣告。但有事實足認無訊問之必要者，不在此限。鑑定應有精神科專科醫師或具精神科經驗之醫師參與並出具書面報告（第 167 條，108 年修正）。違反此一程序，屬違背法令[30]。

（五）裁定應附理由及送達

監護宣告之裁定，應同時選定監護人及指定會同開具財產清冊之人，並附理由。法院爲前開選定及指定前，應徵詢被選定人及被指定人之意見。選定或指定裁定，應送達於聲請人、受監護宣告之人、法

---

[29] 士林地院103年度監宣字第169號裁定。
[30] 最高法院103年度台簡抗字第155號裁定。

院選定之監護人及法院指定會同開具財產清冊之人；受監護宣告之人另有程序監理人或法定代理人者，並應送達之（第168條）。

　　實務曾質疑受監護宣告人既為無行為能力人，如何向其送達；又此時法院選定之監護人之裁定未確定前，尚非其法定代理人，似無法代為受領送達，而生裁定何時生效與確定疑義[31]。按家事非訟事件類型中有所謂保護照顧監督型，其裁定生效及確定與一般裁定不同，監護宣告裁定，於裁定送達或當庭告知法院選定之監護人時發生效力（第169條第1項），因此第168條第3項監護宣告裁定應送達於受監護宣告人之規定，對於監護宣告裁定之生效並不生影響。至於如何發確定證明書問題，當受送達人有數人時，除法律別有規定外，抗告期間之起算以最初送達者為準（第93條第3項），是以如監護人早已受送達，且逾10日抗告期間，不待受監護宣告人收受送達，即生確定效力。且縱受監護宣告之人或其他有抗告權人先受送達，仍應從監護人之受送達日起算10日，蓋在監護人受送達前，裁定既未生效，不可能先行確定矣。如監護人有二人以上且為共同監護，則以全體監護人皆受送達為準，為生效時點及抗告期間之計算[32]。

（六）裁定之生效及公告

　　監護宣告之裁定，於裁定送達或當庭告知法院選定之監護人時發生效力。裁定生效後，法院應以相當之方法，將該裁定要旨公告之（第169條）。

（七）廢棄監護宣告之效力

　　監護宣告裁定經廢棄確定前，監護人所為之行為，不失其效力。監護宣告裁定經廢棄確定前，受監護宣告之人所為之行為，不得

---

[31] 法官論壇103年5月28日提問。

[32] 有關家事非訟裁定之生效與確定，另參本編第三章、貳、九「裁定之生效時」及十四「裁定抗告期間之起算及裁定確定時」之說明。

本於宣告監護之裁定而主張無效。監護宣告裁定經廢棄確定後，應由第一審法院公告其要旨（第170條）。

（八）程序終結

受監護宣告之人於監護宣告程序進行中死亡者，法院應裁定本案程序終結（第171條）。

（九）撤銷監護宣告裁定之生效

撤銷監護宣告之裁定，於其對聲請人、受監護宣告之人及監護人確定時發生效力。第166條關於提出診斷書之規定、第167條關於訊問應受監護宣告之人及鑑定人之規定、第168條關於裁定應附理由及送達之規定，及第170條第3項關於第一審法院應公告確定裁定要旨之規定，於聲請撤銷監護宣告事件亦有準用之必要，故準用之（第172條）。

（十）撤銷監護宣告之聲請為輔助宣告

法院對於撤銷監護宣告之聲請，認受監護宣告之人受監護原因消滅，而仍有輔助之必要者，得依聲請或依職權以裁定變更為輔助之宣告。此一裁定，準用第172條之規定（第173條）。

（十一）聲請監護宣告變更為輔助宣告

法院對於監護宣告之聲請，認為未達應受監護宣告之程度，而有輔助宣告之原因者，得依聲請或依職權以裁定為輔助之宣告。法院為前開裁定前，應使聲請人及受輔助宣告之人有陳述意見之機會。此一裁定如經抗告改為監護宣告，則於監護宣告裁定生效時，失其效力（第174條）。

（十二）輔助宣告變更為監護宣告

受輔助宣告之人，法院認有受監護宣告之必要者，得依聲請以裁

定變更爲監護宣告。並準用第 172 條有關裁定生效、提出診斷書、訊問、裁定應付理由、送達與公告之規定（第 175 條）。本條所以規定僅能依聲請爲變更，而不得依職權，乃法院爲輔助宣告裁定後，事件已脫離繫屬，受輔助宣告人之精神障礙與心智缺陷情形若已達應爲監護宣告之程度，非經聲請，法院無從變更之故。此與聲請輔助宣告，法院裁定前，認有監護宣告之必要，得依聲請或依職權以裁定爲監護之宣告不同（後者參第 179 條）

（十三）相關規定之準用

關於聲請監護宣告事件、撤銷監護宣告事件、就監護宣告聲請爲輔助宣告事件及另行選定或改定監護人事件，亦應準用第 106 條關於徵詢主管機關或社會福利機構之規定，及第 107 條關於交付子女、給付扶養費或爲相當處分之規定。又上開事件對於應受監護宣告、受監護宣告人或應受輔助宣告之人之權益影響重大，法院除應依第 77 條之規定保障其聽審請求權外，於裁定前更應依其年齡、理解及辨識能力等不同狀況，於法庭內、外，親自聽取其意見，或藉其他適當之方式，曉諭裁判結果對其可能發生之影響，藉以充分保障其意願表達權，亦有準用第 108 條規定之必要。

就監護人辭任事件，準用第 122 條之規定，以保障受監護宣告之人之權益。而酌定監護人報酬事件與酌定未成年子女之特別代理人報酬事件之性質相似，故準用第 112 條之規定。

第 111 條關於爲未成年子女選任特別代理人之規定，及第 112 條關於酌定特別代理人報酬之規定，於法院爲受監護宣告之人選任特別代理人事件，亦準用之。而因監護所生損害賠償事件，雖經非訟化，然因不改其訴訟事件之本質，於一定條件下，宜賦予當事人有改用訴訟程序審理之機會，爰準用第 121 條關於未成年人監護所生損害賠償事件之程序轉換規定（第 176 條）。

十、輔助宣告事件

為保障意思能力欠缺之人，民法設有監護及輔助宣告制度，本法第四編第十一章配合規定法院處理輔助宣告事件應遵循之程序。

（一）管轄及費用負擔

關於輔助宣告事件，多發生在應受輔助宣告之人或受輔助宣告之人生活中心即住居所地，為便利應受輔助宣告之人或受輔助宣告之人使用法院及調查證據之便捷，以追求實體及程序利益，以其住所或居所地法院專屬管轄。惟如應受受輔助宣告之人或受輔助宣告之人無住所或居所時，得由法院認為適當之所在地法院管轄。

輔助宣告事件範圍，指：1.關於聲請輔助宣告事件。2.關於另行選定或改定輔助人事件。3.關於輔助人辭任事件。4.關於酌定輔助人行使權利事件。5.關於酌定輔助人報酬事件。6.關於為受輔助宣告之人選任特別代理人事件。7.關於指定、撤銷或變更輔助人執行職務範圍事件。8.關於聲請許可事件。9.關於輔助所生損害賠償事件。10.關於聲請撤銷輔助宣告事件。11.關於聲請變更監護宣告為輔助宣告事件。12.關於其他輔助宣告事件。

上開事件有理由時，費用負擔準用監護宣告之規定，即程序費用由受輔助宣告之人負擔。除前開情形外，其費用由聲請人負擔（第177條）。

（二）輔助宣告裁定之效力

輔助宣告之裁定，於裁定送達或當庭告知受輔助宣告之人時發生效力。如當庭告知與送達之時間不一致時，以先生效者為準。

第106條關於徵詢主管機關或社會福利機構之規定、第108條關於聽取當事人意見之規定、第166條關於提出診斷書之規定、第167條關於訊問應受監護宣告人及鑑定人之規定、第168條關於裁定應附理由及送達之規定、第169條第2項關於公告裁定要旨之規定，及第

170 條關於廢棄監護宣告之效力之規定，於聲請輔助宣告事件亦有準用之必要，故均準用之（第 178 條）。

（三）輔助宣告之聲請改為監護宣告

法院對於輔助宣告之聲請，認有監護宣告之必要者，宜向聲請人曉諭變更為監護宣告之聲請，如聲請人同意變更，即按監護宣告聲請程序處理；如聲請人不同意變更，因程序已經開始，基於監護宣告事件之公益性，法院如認有為監護宣告之必要時，應依職權以裁定為之。此一裁定之性質，與法院依第 174 條第 1 項之規定對於監護宣告之聲請變更為輔助宣告裁定之性質相似，故該條第 2 項及第 3 項之規定，於此項裁定亦準用之（第 179 條）。

（四）相關規定之準用

關於法院選定、另行選定或改定輔助人事件，準用第 106 條至第 108 條之規定；關於輔助人辭任事件，準用第 122 條之規定，以保障受輔助宣告之人之權益；關於酌定輔助人報酬事件與酌定未成年子女之特別代理人報酬事件之性質相似，故準用第 112 條之規定；第 111 條關於為未成年子女選任特別代理人之規定，及第 112 條關於酌定未成年子女特別代理人報酬之規定，於法院為受輔助宣告之人選任特別代理人事件，亦準用之；第 121 條關於監護損害賠償事件之程序轉換規定，於因輔助所生損害賠償事件，同予準用；撤銷輔助宣告事件之性質與撤銷監護宣告事件之性質相似，故第 172 條關於聲請撤銷監護宣告之規定，於聲請撤銷輔助宣告事件亦予準用；第 173 條關於就撤銷監護宣告之聲請為輔助宣告之規定，於聲請變更監護宣告為輔助宣告事件，亦準用之（第 180 條）。

十一、親屬會議事件

民法第 1132 條以下規定各類親屬會議所應處理及相關事件，本

法第四編第十二章配合規定法院處理此類事件應遵循之程序[33]。

（一）管轄及程序費用負擔

民法關於聲請指定親屬會議會員及召開親屬會議之事由不一，因此關於此類事件之管轄亦有所不同，分述如下：

1. 關於為未成年人及受監護或輔助宣告之人聲請指定親屬會議會員事件，專屬未成年人、受監護或輔助宣告之人住所地或居所地法院管轄。此類事件有理由時，程序費用由未成年人、受監護或輔助宣告之人負擔。

2. 關於為遺產聲請指定親屬會議會員事件，專屬繼承開始時被繼承人住所地法院管轄。此類事件有理由時，程序費用由遺產負擔。

3. 關於為養子女或未成年子女指定代為訴訟行為人事件，專屬養子女或未成年子女住所地法院管轄。此類事件有理由時，程序費用由養子女或未成年子女負擔。

4. 關於聲請酌定扶養方法及變更扶養方法或程度事件，專屬受扶養權利人住所地或居所地法院管轄。如受扶養權利人有數人時如何定其管轄法院、與相牽連之訴訟事件如何合併裁判及移送裁定之效力等事項，準用第 104 條第 2 項及第 105 條規定。此類事件之費用負擔，本法未規定，應依非訟事件法第 21 條定之。

5. 而聲請法院處理下列各款所定應經親屬會議處理之事件，專屬被繼承人住所地法院管轄：(1) 關於酌給遺產事件。(2) 關於監督遺產管理人事件。(3) 關於酌定遺產管理人報酬事件（按民法第 1183 條於 104 年 1 月 14 日公布修正刪除應由親屬會議酌定之規定，改逕向法院聲請酌定）。(4) 關於認定口授遺囑真偽事件。(5) 關於提示遺囑事件。(6) 關於開視密封遺囑事件。(7) 關於其他應經親屬會議處理事

---

[33] 與本章相對應之民事實體法已多次修正，致本章3個條文有多處應予刪除或修正，參林秀雄，論家事件法中之親屬會議事件——從實體法之觀點，軍法專刊，第62卷第6期，2016年12月，第1至16頁。

件。因無住所或居所致不能依前面規定定管轄法院者,準用第52條第4項規定由被告住、居所地之法院管轄。被告之住、居所不明者,由中央政府所在地之法院管轄。此類事件有理由時,程序費用由遺產負擔(第181條)。

(二)遺產管理人報酬事項之調查

法院就第181條第5項所定事件所爲裁定時,於酌定遺產管理人報酬時,得調查遺產管理人所爲遺產管理事務之繁簡及被繼承人之財產收益狀況(第182條)。

(三)相關規定之準用

第122條關於法院所選定監護人之辭任事由及程序,於第181條第1項及第2項關於法院指定親屬會議會員事件,準用之。第99條關於請求扶養事件之書狀記載事項、第100條關於扶養費之給付方法、第101條關於和解之方式及效力、第102條關於情事變更、第103條關於前提法律關係合併審理及第107條關於法院酌定、改定,或變更父母對於未成年子女權利義務之行使或負擔之裁定內容等規定,於第181條第4項所定聲請酌定扶養方法及變更扶養方法或程度事件,亦予準用。第106條關於徵詢主管機關或社會福利機構之規定,於本章之事件亦有準用之必要。爲免疏漏,明定關於本章之規定,於其他聲請法院處理親屬會議之事件準用之(第183條)。

十二、保護安置事件

應由法院裁定保護安置之事件多規定在特別法中,例如兒童及少年福利與權益保障法第57條第2項所定兒童及少年之繼續安置事件、兒童及少年性剝削防制條例第16條至第21條所定兒童及少年之安置保護事件、身心障礙者權益保護法第80條第1項所定身心障礙者之繼續安置事件,或其他法律規定應由法院裁定安置事件。本法第

四編第十三章配合規定法院處理此類事件應遵循之程序。

（一）安置管轄與相關規定準用

為便利被安置人使用法院及調查證據之便捷，下列安置事件，專屬被安置人住所地、居所地或所在地法院管轄：1.關於兒童及少年之繼續安置事件。2.關於兒童及少年之安置保護事件。3.關於身心障礙者之繼續安置事件。4.關於其他法律規定應由法院裁定安置事件。

除法律別有規定外，第106條審前報告及意見陳述、第108條聽取未成年子女意見、第165條程序能力與選任程序監理人[34]、第166條診斷書提出、第169條裁定生效與公告，及第171程序終結之規定，於前項事件準用之（第184條）。

（二）停止安置管轄與相關規定準用

下列停止事件，專屬嚴重病人住所地、居所地或所在地法院管轄：1.關於停止緊急安置事件。2.關於停止強制住院事件。3.關於其他停止安置、住院事件。

除法律別有規定外，第106條審前報告及意見陳述、第108條聽取未成年子女意見、第165條程序能力與選任程序監理人[35]、第166條診斷書提出、第167條訊問、第168條第1項裁定附理由、第169條第1項裁定生效，及第171程序終結之規定，於前項事件準用之（第185條）。本條配合精神衛生法之修正，修正為嚴重病人保護安置事件，專屬司法院指定之法院管轄（尚未施行）。

---

[34]程序監理人之修法，參本書第一編第十章「程序監理人」之說明。
[35]同前註。

暫時處分

壹、暫時處分與各種保全處分

　　家事事件法第四編「家事非訟程序」第 85 條以下規定「暫時處分」，與之同屬保全程序之規範，尚有民事訴訟法上之「假扣押」（第 522 條）、「假處分」（第 532 條）、「定暫時狀態之處分」（第 538 條）、「必要之假處分」（第 579 條），及非訟事件法之「必要之保全處分」（第 124 條），共 6 種，名詞要件各異，後二者「必要之假處分」及「必要之保全處分」，法已刪除而失其適用。

　　家事事件法之暫時處分，乃基於家事非訟事件之職權性及目的性，並為因應本案裁定前之緊急狀況，避免本案請求不能或延滯實現所生之危害[1]，因此明定法院就已受理之家事非訟事件，於本案裁定確定前，認有必要時，得依聲請或依職權，命為適當之暫時處分（第 85 條第 1 項）。暫時處分得命令或禁止關係人為一定行為、定暫時狀態或為其他適當之處置[2]。例如：法院就請求扶養事件，得暫時命為一定之給付；就選定未成年子女監護事件，得暫時對子女為適當處

---

[1] 暫時處分類型及方法辦法第4條規定，暫時處分，非有立即核發，不足以確保本案聲請之急迫情形者，不得核發，實務有未敘明急迫情形被上級審廢棄發回者，見最高法院102年度台抗字第289號裁定。另有認為暫時處分之聲請，應以避免本案請求不能或延滯實現所生之危害為限，故在履行同居本案之請求，聲請定與未成年子女會面交往之暫時處分，為法院駁回者，參高雄少家法院102年度家暫字第26號裁定。

[2] 本法暫時處分性質為何，此一「其他適當處置」是否包括假扣押、標的物假處分，肯認之者，認為暫時是「假」之意，包括假扣押、假處分及定暫時狀態假處分，參許士宦，家事事件法，新學林出版，2020年2月初版1刷，第154頁。但實務有認為暫時處分不包括「禁止相對人處分不動產」之假處分者，如新北地院107年度家暫字第14號裁定。相關討論，參魏大喨，家事暫時處分性質疑義，月旦法學雜誌，第244期，2015年9月，第148至161頁、許士宦，家事非訟之暫時處分（上）、（下），月旦法學教室，第196期，2019年2月，第31至52頁、第197期，2019年3月，第32至52頁。

置；於交付未成年子女事件，得命暫時禁止攜未成年子女出國[3]；於改定遺產管理人事件，得禁止遺產管理人爲特定之行爲等。其類型及方法，爲求明確有據，授權司法院頒訂相關辦法，司法院依此訂定「家事非訟事件暫時處分類型及方法辦法」（以下簡稱暫時處分類型及方法辦法），以爲法院處理依據。

　　家事事件適用本法之暫時處分（以下簡稱暫時處分），與適用民事訴訟法之保全處分（以下簡稱保全處分），有如下區別：一、管轄不同。暫時處分，由受理本案之法院裁定，本案裁定業經抗告，且於聲請時，卷宗已送交抗告法院者，由抗告法院裁定，除非本案繫屬後有急迫情形，不及由本案法院或抗告法院裁定時，始得由財產、標的或其相關人所在地之法院裁定，並立即移交本案法院或抗告法院；保全處分，由本案管轄法院或假扣押標的所在地之地方法院管轄（假處分與暫時狀態假處分準用之）。二、繫屬不同。暫時處分，具有附隨性[4]，限於事件已繫屬；保全處分，則爲一獨立事件，不論事件是否已繫屬。三、事件不同。家事非訟事件僅能適用暫時處分；家事訴訟事件僅能適用保全處分（審理細則第 71 條參照）。但實務上，在請求財產性質之家事訴訟事件中合併聲請家事非訟事件，例如合併提起離婚、請求剩餘財產分配及子女扶養費，就後二者有一併聲請假扣押，而未就子女扶養費另聲請暫時處分者[5]。四、發動不同。暫時處分，得

---

[3] 此類主文如何諭知方能確實達到限制出境之目的，台灣高等法院暨所屬法院104年法律座談會民事類提案第48號之討論可爲參考。

[4] 德國FamFG第51條第3項規定：「即使主請求已繫屬於法院，暫時處分爲一獨立程序」（Das Verfahren der einstweiligen Anordnung ist ein selbständiges Verfahren, auch wenn eine Hauptsache anhängig ist.），德國暫時處分不以主請求（本案）繫屬爲必要，與我國不同。此之附隨性專指附隨於本案而言，至於暫時處分本身，有認爲仍有其制度性規範，並准其抗告，與一般附隨性及中間裁定性質不同。

[5] 最高法院103年度台抗字第17號及107年度台簡抗字第112號裁定均未糾正原審此類裁定未區分假扣押與暫時處分之適用。

依聲請或職權為之（關係人得處分事項，僅能依聲請）；保全處分，依聲請為之。五、擔保不同。暫時處分，原則免供擔保（第 85 條第 4 項）；保全處分，原則提供擔保（民事訴訟法第 526 條、第 533 條、第 538 條之 4）。六、法理不同。暫時處分，原則採職權進行、職權探知、職權裁量主義，就處分之方法，由法院依職權為適當處置；保全處分，原則採處分權主義與辯論主義，僅於假處分之方法部分，酌採非訟法理，不受當事人聲明拘束，得由法院依職權酌定之（民事訴訟法第 535 條第 1 項）。七、執行不同。暫時處分之執行，得由法院依職權為之；保全處分之執行，由當事人聲請為之。

貳、暫時處分之規範

一、本案為繫屬中之家事非訟事件

聲請暫時處分，須本案為非訟事件且已繫屬，如尚無任何事件繫屬，於法不合。繫屬之法條用語為「受理」（第 85 條第 1 項），「受理」包括聲請調解[6]，區別在於如僅聲請調解，而法院認有暫時處分之必要者，僅能曉諭關係人「聲請」為之，而在已進入審理階段之移付調解中，則得依「聲請」或依「職權」為之，但得處分事項仍非依其聲請，不得為之（審理細則第 56 條）。關係人於家事非訟事件聲請前，聲請暫時處分者，法院應以書面或其他適當方式向聲請人發問或曉諭是否併為本案聲請，並告知未為本案聲請之法律效果（審理細則第 91 條第 3 項）。如發現其所據以聲請暫時處分之「本案請求」

---

[6] 審理細則第56條第1項聲請家事非訟事件之調解，有暫時處分之必要，得曉諭關係人為聲請，對照第2項之規定，第1項之調解，單指聲請調解而言，而非本案繫屬後之視為調解聲請或移付調解，蓋後者本案已繫屬，本可為暫時處分之聲請。另日本家事事件程序法第105條第1項則於括弧內明定包括調解事件。

是家事訴訟事件，因民事訴訟法之假扣押、假處分或定暫時狀態之處分，不以本案繫屬為前提，則應釋明，是否改依民事訴訟法上開規定聲請保全處分[7]。

又所謂本案為非訟事件，非指單獨提起家事非訟事件而言，如家事非訟事件合併家事訴訟事件提起，就該家事非訟事件部分自仍不改其非訟性質，例如在離婚訴訟中同時請求子女監護，離婚部分為家事訴訟事件，子女監護部分為家事非訟事件，就子女監護部分自可為暫時處分之裁定。反之，如僅請求離婚，而聲請暫時處分，縱其內容是關於子女監護事項，因無家事非訟事件之本案繫屬，自不符法律規定，遇此，法院宜適度闡明，詢問是否追加另一家事非訟事件，再視有無必要而為暫時處分之准駁裁定。而法院命未成年子女權利義務之行使負擔由一造任之，其本質即包括他造應交付子女在內。倘一造持外國法院確定民事判決，取得監護權一方訴請我國法院許可交付子女之強制執行，審酌該外國法院確定判決已在我國發生效力，法益保護之必要性較諸審理中之家事非訟事件明確，基於實效性要求，避免許可訴訟延滯所生之危害，應類推適用家事事件法第85條第1項規定，准其聲請暫時處分[8]。

本案為非訟事件，應不包括民事保護令事件在內，亦即在聲請民事保護令事件中，如有暫時處分必要，應依聲請或依職權核發暫時保護令（家庭暴力防治法「下稱家暴法」第16條第2項）[9]，而非聲請或由法院依職權為暫時處分。蓋本法暫時處分有其類型化，依暫時處分類型及方法辦法並無民事保護令一項。換言之，當事人欲聲請民事保護令，應依家暴法聲請，而非依本法聲請暫時處分，一旦聲請通常保護令，法院為保護被害人，得於通常保護令審理終結前，依聲請或依

---

[7] 第二階段研究制定小組曾建議將暫時處分移到總則規定，使之涵蓋所有家事事件，見第7次會議紀錄，第219頁。

[8] 最高法院105年度台簡抗字第7號裁定。

[9] 該條本無依職權核發規定，104年修法時增列之。

職權核發暫時保護令，亦無再依本法聲請暫時處分餘地[10]；再如聲請
法院核發暫時保護令，更無於審理終結前另聲請暫時處分，蓋暫時保
護令本質上即屬暫時性處置，若許聲請人於聲請「暫時」保護令案件
繫屬時，又為「暫時」處分之聲請，此種「暫時」中又存有「暫時」
之狀態，顯與民事保護令或暫時處分制度設計有違[11]。

　　包含子女親權行使部分之保護令核發後（無論是緊急、暫時或
通常保護令），固不妨礙當事人另案聲請子女之親權行使，但在該親
權非訟事件中，得否聲請同一或相反內容之暫時處分，則有疑義。肯
定見解略謂：仍得聲請，因保護令與暫時處分不同，無一事不再理問
題，且保護令之執行機關為警察機關，暫時處分之執行機關為法院，
保護令有期間限制，暫時處分則應至本案裁判確定時失其效力，二者
效力不同。否定見解略謂：無再以暫時處分定暫時狀態之必要，因子
女之權利義務由何人行使負擔之狀態，應僅有一個，保護令既已暫定
其狀態，自無再為暫時處分必要。本書以為，家暴法第15條第4項
規定，通常保護令所定之命令，於期間屆滿前，經法院另為「裁判」
確定者，該命令失其效力，所稱裁判應指「本案裁判」而言，暫時
處分與保護令性質相當，非「本案裁判」。因此，在子女親權非訟事
件中，固可為終局裁定，不受保護令內容拘束，但不宜以暫時處分為
相反內容之裁定（如無矛盾或不相容，當無此限）[12]，此所以暫時處分
類型及方法辦法第21條第1項特為規定：「法院核發暫時處分，應
注意不得與其他暫時處分、民事保護令內容相反、互不相容或相互矛
盾」。至若原保護令內容有所不周，非不得循變更保護令內容之方式
為之；保護令期限屆滿前，亦可為衛接式之暫時處分裁定（即於保護

---

[10] 新北地院106年度家暫字第70號裁定結論同此。

[11] 新竹地院102年度家暫字第6號裁定、台北地院101年度家暫字第12號裁定。

[12] 若進而考慮保護令之效力，違反者構成刑責，則不宜以暫時處分變更保護令內
　　容，否則可能發生一方面因為違反保護令應否逮捕偵辦，另一方面又因暫時處
　　裁定是否優於保護令效力，造成解釋及執法困擾。

令屆滿時為暫時處分，或於暫時處分裁定中明示自某一保護令期滿之日為如何之處分），應不至有保護不足之處。

另在調解程序中，如當事人合意將家事訴訟事件改由法院為合意裁定（第33條）或適當裁定（第36條），法院為裁定確定前，有謂得適用暫時處分者[13]，此一見解重在說明原訴訟事件因合意或適當裁定變為非訟事件，而有暫時處分之適用（暫時處分以非訟事件之本案為前提）。本書以為，原屬身分訴訟事件中之親子關係存否、否認子女等事件鮮有暫時處分必要，而財產訴訟事件非不得以民訴法之保全程序為之。當然，如本案原即為非訟事件，縱改為合意或適當裁定，裁定確定前，本當有暫時處分之適用，自不待言。

二、職權或聲請

暫時處分得依聲請或本於職權為之，但關係人得處分之事項，為尊重其處分權，非依其聲請，不得為之（第85條第1項但書）。

三、釋明與擔保

關係人為暫時處分之聲請時，應表明本案請求、應受暫時處分之事項及其事由，並就得處分之事項釋明暫時處分之事由。暫時處分之裁定，免供擔保。但法律別有規定或法院認有必要者，不在此限（第85條第2項、第4項）。

四、管轄法院

暫時處分，由受理本案之法院裁定；本案裁定業經抗告，且於聲請時，卷宗已送交抗告法院者，由抗告法院裁定。但本案繫屬後有

---

[13] 參許士宦，家事特別非訟程序（下），月旦法學教室，第165期，2016年7月，第55頁。

急迫情形，不及由本案法院或抗告法院裁定時，得由財產、標的或其相關人所在地之法院裁定，並立即移交本案法院或抗告法院（第86條）。

　　本條之抗告法院規定，應為目的性限縮，不包括最高法院在內。蓋為暫時處分前，應依職權調查事實及必要之證據，暫時處分之執行，得由暫時處分裁定之法院依職權為之，而最高法院為法律審，不適於為此項處分，是家事非訟事件之本案裁定，經抗告且卷宗已送交最高法院者，當事人聲請暫時處分，應以第一審法院為管轄法院[14]。

五、生效與執行

　　為使暫時處分得儘速生效，暫時處分裁定於送達或告知受裁定人時，對其發生效力。如告知顯有困難者，於對外發布即公告時發生效力。暫時處分之裁定得為執行名義。暫時處分之執行，除法律別有規定外，得由暫時處分裁定之法院依職權為之。暫時處分之裁定就依法應登記事項為之者，法院應依職權通知該管機關；裁定失其效力時亦同（第87條）。以禁止相對人攜未成年子女出境之暫時處分為例，暫時處分裁定之法院（即家事法院而非法院之民事執行處），得以當場告知受裁定人或公告後裁定生效即得執行，並無須待裁定送達聲請人後才能依職權通知境管單位。嗣後如暫時處分經法院依聲請或依職權撤銷或變更，或有其他失效情形時，自亦應由為裁定之法院依職權立即通知境管單位。此外，為防免脫產，實務常見當事人於離婚請求贍養費之本案裁判確定或和解或撤回前，聲請法院禁止相對人將所有座落之土地為出租、出借、負擔或移轉、設定等處分之行為之暫時處分，此雖亦屬應登記之事項，但法院通常於主文中諭知聲請人應提供一定金額為擔保，故在提供擔保前，法院無從依職權通知地政機關為

---

[14] 最高法院103年度台簡聲字第3號裁定。

登記，而應由聲請人向民事執行處聲請執行。本案終結後如有聲請擔保金之發還者，應由家事法庭為裁定[15]。又如上述，暫時處分之裁定得為執行名義，且不以確定為必要，縱相對人提起抗告，除法院裁定停止執行，亦不停止執行（第 91 條第 1 項），故執行法院不應命聲請人提出確定證明書[16]。

又家事事件之強制執行，除法律別有規定外，準用強制執行法之規定（第 186 條第 2 項），惟如性質不相通者，仍無準用餘地。例如強制執行法第 132 條第 3 項規定，債權人收受假扣押或假處分裁定後已逾 30 日者，不得聲請執行。揆其立法意旨係以假扣押及假處分本質上具有緊急性，如債權人取得准許假扣押或假處分裁定後，遲不聲請強制執行，即與保全之目的有違，故限制債權人聲請強制執行之期限。至於對於未成年子女權利義務之行使或負擔之暫時處分，夫妻一方收受該暫時處分後，是否聲請強制執行或於何時聲請，宜由其斟酌夫妻二人與未成年子女間之互動狀況及子女之最大利益後決定之，不必然具有緊急性，其性質既與一般之假扣押及假處分不同，自不在強制執行法第 132 條第 3 項規定適用之列[17]。法院暫時處分裁定主文雖為命供擔保對一定財產為假扣押，因與一般民事假扣押裁定性質不同，亦無該條項之適用者[18]。

六、撤銷與變更

暫時處分之裁定確定後，如認為不當或已無必要者，本案法院得依聲請或依職權撤銷或變更之。法院為撤銷或變更裁定時，應使關係

---

[15] 苗栗地院104年度家聲字第204號裁定。

[16] 家事事件審理細則第163條第2項明定家事非訟事件本案裁判聲請執行時，毋庸提出確定證明書，雖未提及暫時處分（非本案裁判），但應無排除之意。審理細則第91條至第93條有關暫時處之規定並無執行部分。

[17] 最高法院101年度台抗字第575號裁定意旨參照。

[18] 台灣高等法院暨所屬法院104年法律座談會民事類提案第19號結論。

人有陳述意見之機會。但法院認為不適當者，不在此限（第88條）。

七、失效與回復原狀

暫時處分之裁定，除法律別有規定或法院另有裁定外，如於本案請求經裁判駁回確定，本案程序經撤回請求或因其他事由視為終結[19]，暫時處分之內容與本案請求經裁判准許確定、調解或和解成立之內容相異部分，或暫時處分經裁定撤銷或變更確定者，暫時處分裁定失其效力（第89條）。

暫時處分裁定失效，法院得依聲請或依職權，在失效範圍內，命返還所受領給付或為其他適當之處置。但在命給付家庭生活費用或扶養費之情形，因此等受給付者或有親屬關係，或係弱勢經濟者，為保護之，於未逾必要範圍時，不宜命其返還。法院為該裁定前，應使關係人有辯論之機會（第90條第1項、第2項）。但有認為，命給付家庭生活費用或扶養費之暫時處分，為具有履行功能之滿足性處分，應於核發程序即實質保障當事人之對審權，始符合憲法所保障聽審權之意旨，而非事後透過另一程序，僅針對所命給付是否逾必要範圍，以事後追認或彌補方式，填補原核發程序所可能存在之重大缺漏，前者乃應否命給付，後者乃有無逾必要範圍，無從以後者補正前者之程序瑕疵，因此應明定須經言詞辯論程序，或實際上曾行言詞辯論程序，始得緩解其違憲疑慮[20]。

一般非訟裁定原無既判力，惟此命返還受領給付事件，為配合家事非訟事件一併迅速處理之目的，而予非訟化，在兼顧法安定性及訴訟經濟要求，且已保障關係人受辯論機會之前提，關係人又具有抗告權，該裁定如經確定，有既判力[21]。此一命返還確定裁定得為執行名

---

[19] 因其他事由視為終結情形，請參本書第三編第四章、貳、三之說明。

[20] 許政賢，新家事事件法暫時處分制度之初探，台灣法學雜誌，第202期，2012年6月，第62至88頁。

[21] 家事事件法條文中明確規定賦予確定裁定有既判力者僅此一處。一般非訟確定

義，裁定法院並得依職權爲執行（第90條第3項、第4項）。

八、抗告

　　暫時處分乃本案請求之附隨程序，除法律別有規定外[22]，僅對准許本案請求之裁定有抗告權人得爲抗告[23]，以免抗告浮濫；而暫時處分通常具有急迫處理之必要性，縱經抗告，亦不宜停止執行，惟暫時處分內容不一，宜賦予法院一定裁量權，因此原法院或抗告法院認有必要時，得裁定命供擔保或免供擔保後停止執行，以因應實際需要。爲免程序複雜化，對於命供擔保或免供擔保後停止執行之裁定，不得抗告。駁回暫時處分聲請之裁定，僅該聲請人得爲抗告，以尊重其程序處分權。抗告法院爲裁定前，應使關係人有陳述意見之機會。但認爲不適當者，不在此限（第91條）。

九、繳費

　　暫時處分之聲請及抗告是否應繳納費用，涉及暫時處分之性質，認爲暫時處分爲具有附隨性及中間裁定之性質，於聲請時免徵裁判費，主要依據乃準用非訟事件法第16條：「非訟事件繫屬於法院

裁定無既判力，但眞正訟爭事件，在兼顧法安定性與訴訟經濟要求，賦予關係人辯論機會下，於此明定有既判力。德國法就非訟事件裁定既判力無特別規定，學說上認應個案（von Fall zu Fall）判斷，詳參沈冠伶等，家事程序法制之新變革及程序原則——家事事件法之評析及展望——民事訴訟法研討會第114次研討紀錄，法學叢刊，第226期，2012年4月，第242頁（沈冠伶之回應意見）。

[22] 立法理由未說明何處法律別有規定，第91條第3項駁回裁定，僅聲請人得爲抗告，或可解爲別有規定；至於本法審理細則第162條第1項對於病人緊急處置之裁定，有認爲屬於暫時處分之性質，第2項規定不得聲明不服，倒成爲特別規定，參許士宦，前揭書（註2），第595頁。但後者乃「命令」，非「法律」之別有規定。

[23] 司法院送請審議之第94條第1項原規定，「因裁定而權利受侵害者得爲抗告」。

後,處理終結前,繼續爲聲請或聲明異議者,免徵費用」之規定[24]。換言之,將暫時處分之聲請及抗告,視爲本案繫屬中之「繼續聲請或聲明異議」。然有認爲本法之暫時處分,有其制度性規範,並准其抗告,與一般附隨性及中間裁定性質不同,仍應命其繳納聲請費與抗告費(第 97 條準用非訟事件法第 13 條、第 14 條、第 17 條),目前實務做法未見統一。

暫時處分裁定之執行,尚包括暫時處分失效後命返還受領給付事件,如由民事執行處爲之,應另依強制執行法繳費[25]。惟依家事事件法第 87 條第 3 項規定,法院審酌個案情狀,認有依職權執行暫時處分者,例如禁止相對人攜未成年子女出境之暫時處分時,有認此一執行,既非出於債權人之聲請,自無命債權人繳納執行費之餘地[26]。法院依職權執行或不必命其繳費,然如係由當事人聲請執行,不論是向民事執行處或家事法院聲請,似皆應命其繳納費用。蓋本法有關執行費用之規定,除扶養費請求權之執行,暫免徵執行費,由執行所得扣還之外(第 189 條),其餘家事事件之強制執行,準用強制執行法之規定(第 186 條第 2 項)。是家事事件之執行,除法律別有規定外,仍應依法繳納費用。非訟事件法第 16 條之免徵費用,並不包括執行階段。至繳費標準可參考強制執行法第 28 條之 2,按執行標的之金額或價額徵收,非財產則徵收新台幣 3,000 元。

十、暫時處分之裁判方式

暫時處分由法院核發,多以裁定書爲之,但偶有以宣示筆錄代之者[27]。此多係親子事件本案審理中,法院先擬出會面交往方案,要

---

[24] 參本書第一編第十三章、陸、五之說明。

[25] 司法院上開對照表未對此執行階段之繳費有所規定。

[26] 司法院少家廳答覆法官論壇提問。

[27] 苗栗地院103年度家暫第12號、第13號及104年度家暫第1號,其筆錄內容記載爲:「本件定暫時處分如下:(略)」,他法院似未見此做法。

求兩造試行，以作爲後續本案審酌參考，爲賦予效力而以暫時處分爲之。本於裁定之不要式性，難認此一做法有何違法之處，惟此一宣示筆錄，解釋上仍屬裁定性質，其效力與救濟，應同暫時處分裁定。然法院審理暫時處分事件中，如當事人達成一定協議，准許以和解筆錄（第110條）[28] 代替法院之裁定者，二者之性質則有不同，而影響其效力與救濟方式。和解筆錄，本法規定如有無效或得撤銷之原因，則得請求依原程序繼續審理（第101條第4項）。如其內容尚未實現，因情事變更，依原裁判或和解內容顯失公平者，法院得依聲請變更原和解內容（第102條、第110條）。相對於此，如認爲此一和解筆錄與本案（暫時處分）確定裁判有同一效力，聲請和解筆錄之撤銷或變更等同對於暫時處分之聲請者，則其法律依據應爲第88條而非第83條，蓋第83條之「裁定」不當，乃指本案裁定，而非暫時處分裁定[29]，且二者之條件與發動均不同。

其實類此事件，在本案審理中如當事人同意暫依法院擬訂之方案試行，也可作成暫時性之和解筆錄，即筆錄載明在本案裁定確定前，同意依該筆錄內容行使，既係法院作成之和解筆錄，應具拘束力與執行力，似無借用暫時處分名義之必要，否則如當事人抗告，抗告審很難從宣示筆錄內容瞭解其處分之妥當性。雖然，一般而言，和解筆錄

---

[28] 實務上有仍使用舊語，以協議筆錄稱之者，如台北地院103年度家暫聲字第1號，該案抗告，最高法院並未加以糾正。實務於暫時處分程序，似認爲關係人得就暫時處分成立和解，104年度台簡抗字第62號、105年度台簡抗字第129號裁定，相關評釋，許士宦，家事事件法實務運用，月旦法學雜誌，第298期，2020年3月，第12至13頁。

[29] 台北地院上開103年度家暫聲字第1號裁定併引第88條與第83條，正是對於此一筆錄之性質未清楚定性所致。另最高法院104年度台簡抗字第62號裁定，雖從實體上駁回再抗告，但對於原審以暫時處分事件達成協議，同時引用第88條、第83條、第110條準用同法第101條第1項之規定，認爲該協議筆錄發生與暫時處分確定裁定同一之效力，兩造均應受其拘束之法律適用，同有此一問題；又後者之協議筆錄，應改爲和解筆錄才是，蓋第110條之文義，協議是過程，和解筆錄才是結果。至今猶有作成協議筆錄者，或仍受舊非訟事件法第129條之影響。

一作成，本案終結，而此一暫時性和解筆錄作成後，本案卻仍繫屬中，似乏法之明文，但似無禁止之理。而在暫時處分事件審理中（無論是原審或抗告審[30]），如當事人同意，也可作成如上暫時性和解筆錄，同時撤回暫時處分之聲請，亦無不可。此舉，可免該和解筆錄是否等同暫時處分之疑義。後者所作成之暫時性和解筆錄，則宜另分案（如本案與暫時處分由同股法官審理，則似可援用本案案號），並將筆錄送本案審理之法官，以為後續本案審理之參考。又兩造離婚與子女親權事件合併審理中，一造如另狀聲請定與未成年子女之臨時性會面交往，性質上即為暫時處分之聲請，法院應闡明是否為暫時處分之聲請，不宜將之視為一獨立之聲請事件而為准駁[31]。

---

[30] 此雖涉及事件變更或追加之問題，但解釋上應無不可。

[31] 苗栗地院104年度家親聲字第45裁定似未注意及此。

第五編

家事事件之執行

壹、概說

　　家事事件法在第五編特別定有「履行之確保及執行」一編，是家事事件法不僅係一家事事件之爭訟程序法，更兼具執行法之性質，而不同於民事訴訟法。蓋一般民事裁判確定後之執行，並不在民事訴訟法中加以規定，而係另由強制執行法以爲規範，舊民事訴訟法中人事訴訟程序所爲之裁判亦然。惟人事訴訟程序中有關子女交付與會面交往事件裁判之執行有其特殊性與困難性，因此在本法施行前之100年10月1日起，司法院即指定若干法院試辦由家事法庭協助處理此類事件之執行[1]。本法將此類事件直接入法，於本編第三章規定「交付子女與子女會面交往之執行」；此外對於扶養費、家庭生活費用、贍養費之執行，則於第二章規定「扶養費及其他費用之執行」；另爲確保上開二類事件及其他事件之順利執行，在第一章規定「通則」，內容除同強制執行法得聲請法院調查義務之履行狀況外，新創得聲請法院「勸告」債務人履行債務之全部或一部，而爲「履行之調查與勸告」（此類事件法院分「家勸」字）。撤回聲請勸告類同撤回強制執行聲請，後者並無退費規定，前者也不退費。

　　本法施行後，目前各地方法院與高雄少年及家事法院均未另設家事執行處，因此本法第五編之上開執行規定，仍由民事執行處依強制執行法及本編相關規定執行之，並持續由家事法院（庭）試辦「交付子女與子女會面交往之執行」[2]。然就暫時處分之執行，除法律別有規

---

[1] 司法院100年9月22日秘台廳少家二字第1000023696號函指定基隆、台中、花蓮、高雄及屏東地院試辦，自100年10月1日起試辦2年。其中高雄地院家事業務已於101年6月1日移撥至新成立之高雄少年及家事法院。但法院執行處命相對人交付子女，相對人未爲履行，經執行處裁處怠金後，應由法官處理之聲明異議事件，或相對人對交付子女裁判提起債務人異議之訴，應由家事法庭受理，參台灣高等法院105年法律座談會民事類第39號、第40號結論。

[2] 本法通過後，未被司法院指定試辦之法院，有已依本法之規定協助處理者，故試辦應改爲正辦。

定外，得由暫時處分裁定之法院依職權爲之（第 87 條第 3 項）。是暫時處分裁定之家事法院認有依職權執行必要時，自得依法爲之。暫時處分之種類多樣，簡單如禁止父母一方攜未成年子女出境之處分，家事法院固可直接函文入出境主管機關以爲執行，但其他事項之執行，仍有賴依強制執行法之規定而發動者，是否仍由家事法院執行，如何執行，尚有爭議[3]。

　　家事事件法何以專編規範履行之確保及執行，乃相較於一般債權強制執行事件，具有諸如：家庭成員間和諧關係之維持必要性；避免進入執行程序激發激烈衝突；債權人通常是經濟及知識上的弱者，利用執行程序有其困難性；法院爲裁判時已考慮債務人履行債務的履行能力，所以有較高履行可能性；扶養費、家庭生活費用等小額費用，爲權利人生活不可或缺，若透過繁複執行程序，可能緩不濟急等特性。而有強化、充實確保履行之必要[4]。

貳、履行之確保

　　依家事事件法作成之調解、和解及本案裁判，得爲執行名義（第186 條第 1 項）。所謂本案裁判，當指判決或裁定，如是家事非訟事件裁定，不待確定即可執行。但有合法之抗告者，抗告中停止其效力（第 82 條第 1 項），惟暫時處分例外，抗告中不停止執行（第 91 條第 1 項）。家事事件審理細則（以下簡稱審理細則）第 163 條第 2 項明定家事非訟裁判聲請執行時不用提出確定證明書。但應注意該裁判是否已合法抗告或上訴[5]。另暫時處分之裁定及依本法第 90 條第 1 項

---

[3] 參本書第四編第五章「暫時處分」。

[4] 許士宦，家事債務之執行，收錄於家事審判與債務執行，2013年12月初版1刷，第232頁。

[5] 家事非訟事件如與家事訴訟事件一併裁判，對之全部不服之救濟方式爲上訴程

所爲回復原狀裁定，亦得爲執行名義（審理細則第 163 條第 1 項）。

債權人於執行名義成立後，本得依法聲請強制執行，惟爲調整債權人與債務人之利害關係，避免因貿然採取強制執行手段引發當事人間尖銳對立，並貫徹費用相當性及程序利益保護等原則，規定於執行名義成立後，債權人除聲請強制執行外，亦得聲請法院先行調查債務人履行義務之狀況，並依其調查之結果，致力消弭當事人間之情感上糾葛，勸告債務人自發性履行其債務之全部或一部。爲便利債權人使用法院，上述調查及勸告，由爲裁判或成立調解或和解之第一審法院爲之。所指第一審法院，爲家事法院或家事法庭（審理細則第 164 條），且爲確保家事債務之履行，並發揮家事調查官之功能，法院於必要時，得命家事調查官爲調查及勸告。此一聲請，徵收費用新台幣（下同）500 元，由聲請人負擔，並準用民事訴訟法第 77 條之 23 第 4 項，不另徵收郵電送達費等費用（第 187 條）。

至於調查方法，強制執行法第 19 條已有所規定，審理細則第 165 條規定：「法院爲履行調查及勸告，應聽取債務人之陳述。但法院認有急迫情形或依事件性質顯不適當者，不在此限。」可併爲參考。而勸告方法，法院得囑託其他法院或相關機關、團體及其他適當人員共同爲之（第 188 條第 1 項）。例如債務人居住於他法院轄區、於縣市政府設置之處所進行會面交往、請相關機關、醫療機構、民間團體、心理師、社工人員、學校老師、債務人信賴之親友甚或外交單位等協助評估、勸告、溝通、安撫情緒等。至其勸告之措施可極爲多元，例如：一、評估債務人自動履行之可能性、何時自動履行、債權人之意見、未成年子女之意願、心理、感情狀態或學習生活狀況及其他必要事項等，以擬定適當之對策。二、評估債權人及債務人會談之可能並促成會談。但有家庭暴力之情形者，準用家庭暴力防治法第 47 條規定[6]。三、進行親職教育或親子關係輔導。四、未成年子女無

序，故應注意是否已合法上訴。

6 第47條：「法院於訴訟或調解程序中如認爲有家庭暴力之情事時，不得進行和

意願時，予以適當之輔導，評估促成共同會談、協助履行。五、向其他關係人曉諭利害關係，請其協助促請債務人履行。六、協助債權人或債務人擬定安全執行計畫或短期試行方案。七、勸告債務人就全部或已屆期之金錢或其他代替物之給付，提出履行之方式或採取其他適當之措施等（審理細則第166條）。勸告履行所需費用，由法院酌量情形，命債權人及債務人以比例分擔或命一造負擔，或命各自負擔其支出之費用（第188條第2項）。

此項履行調查及勸告制度，並非強制執行程序之前置程序，當事人有程序選擇權，先行或併行均可，但如併行，而該執行案由民事執行處負責時（並未囑託家事法院代執行），將同時分由家事法院執行履行調查及勸告，民事執行處負責強制執行[7]。

此項履行調查勸告本身雖無強制力，期待債務人因而自動履行，但因其原則上係由執行名義之作成機關為之，可說為裁判、調解、和解之法院於判決、裁定、調解、和解之後，為使其被履行而予以事後照顧之持續援助制度[8]。

參、扶養費及其他費用之執行

關於扶養費、家庭生活費用及贍養費等金錢請求權之執行，本法就執行費用、直接強制與間接強制三方面特為規範。

在執行費用方面，扶養費請求權之執行（不包括家庭生活費用及

解或調解。但有下列情形之一者，不在此限：一、行和解或調解之人曾受家庭暴力防治之訓練並以確保被害人安全之方式進行和解或調解。二、准許被害人選定輔助人參與和解或調解。三、其他行和解或調解之人認為能使被害人免受加害人脅迫之程序。」

[7] 另參許士宦，前揭書（註4），第234至235頁註4。

[8] 許士宦，民事程序法之新進展，收錄於律師實務專業教育訓練——家事事件法，教育訓練手冊，2012年7月28日，第28頁。

贍養費），暫免繳執行費，由執行所得扣還之（第189條）。因為扶養債權人通常係屬經濟上弱者，關於扶養費請求權之執行，倘要求扶養債權人預納強制執行費用，或另行聲請執行救助，將增加扶養債權人之程序上不利益，故免除扶養債權人之執行費用預納義務，提高執行程序之使用效益。

在直接強制方面，增訂期限屆至前即可聲請執行之規定。即債務人依執行名義應定期或分期給付家庭生活費用、扶養費或贍養費，有1期未完全履行者，雖其餘履行期限尚未屆至，債權人亦得聲請執行，學理稱為預備查封制度（第190條第1項）。蓋依強制執行法規定，執行名義附有期限者，於期限屆至始得開始強制執行，且執行名義係命債務人分期給付者，於各期履行期屆至時，執行法院得經債權人聲請，繼續執行之（強制執行法第4條第2項、第5條之1）。然於前述扶養費等定期或分期給付之執行名義，倘要求債權人依上開規定聲請強制執行，將徒增其逐期聲請之煩，而增加程序上不利益。且倘債權人囿於上開限制，於累積數期債權到期後始合併聲請執行，對於生計已陷困窘之債權人而言，亦緩不濟急，故此類執行名義之強制執行，自有放寬上開限制之必要。

第190條第1項所謂「亦得聲請執行」，僅指得一次聲請執行，扣押陸續履行期屆至之債權，無須分別聲請，而非謂履行期限尚未屆至之各期給付亦視為到期[9]，而得全部一次清償，除非執行名義本有視為全部到期之記載（若有該約定，當無本項適用之需要），否則第100條視為全部到期之規範將失其意義。特別是在定期金部分，並無全部視為到期之適用。惟為避免損害債務人之期限利益，就前述債權之執行，僅限於其履行期限屆至之債權，扣押債務人對第三人已屆清償期之薪資債權或其他繼續性之債權（第190條第2項）。是第1項

---

[9] 有將此解讀為未到期者已為到期，質疑何以限制僅得扣押薪資等繼續給付之債權，而認為凡債務人之財產均可執行。見吳光陸，強制執行法，三民書局出版，2013年6月修訂2版2刷，第567頁。似對本條之規範意義有所誤解。

之預備查封標的，應受第 2 項之限制，僅限於第 2 項之薪資等繼續給付債權，且扣押範圍限於履行期屆至後債務人已屆清償期之薪資等繼續給付債權。舉例言之，設債務人應每月給付贍養費 1 萬元與債權人，共 20 期，債務人每月有 3 萬元之薪資，因 1 期未付，則債權人得對於未到期之 19 期聲請執行，由法院對該薪資債權為預備查封，但查封範圍，為陸續到期之每月 1 萬元，是債權人一次聲請，分次受償，也避免損害債務人之期限利益；至於已到期之債權，如舉例中 1 期未付之 1 萬元，及其後陸續到期但未能受償之債權（例如債務人離職致無後續薪資債權可得受償），自得對債務人之其他一般財產為執行，與一般執行無異[10]。裁判主文如記載定期金遲誤 1 期未履行，其後 6 期視為全部到期，當有遲誤 1 期未履行情形，則共 7 期之定期金均為已到期之債權，債務人於執行程序中縱已清償完畢，債權人對於其餘未到期之給付，仍符合此一預備查封之要件[11]。

在間接強制方面，則增訂強制金制度。強制金制度於裁判及執行階段均有規定：一、在裁判時，法院命給付家庭生活費用、扶養費或

---

[10]對第190條第1、2項之文義及立法理由如未能掌握其義，解釋上可能產生爭議，而有以為，第1、2項為不同規範，第1項所得聲請扣押之標的不以第2項之薪資等繼續給付債權為限，而得對於債務人之個別財產如存款、動產、不動產等為預備查封。或者因對第2項之履行期屆至之文義有所誤解，而有「如對債務人非定期權利（或單一）財產為執行時，是否仍已以屆期之債權為限？」之質疑，見盧江陽，家事事件之財產執行釋義，司法週刊，第1625期，2012年12月21日，第2、3版。因此執行名義如未依第100條第3、4項酌定喪失期限利益之範圍或條件，執行法院僅能就已到期部分撥款，而不可依第1項規定，就未到期部分予以全額撥款執行，台灣高等法院103年法律座談會民執類提案第6號結論參照。有關預備查封制度，詳參許士宦，家事債權之預備查封，月旦法學教室，第170期，2016年12月，第31頁以下。

[11]原審誤以為債務人清償後即已恢復期限利益，債權人不得請求就未屆清償期之扶養費用債權為預備查封，系爭執行程序已終結，債權人請求續為執行，為無理由，案經再抗告，為最高法院108年度台抗字第31號裁定廢棄發回。

贍養費如命給付定期金者[12]，可以酌定逾期不履行時加給之金額，但其金額不得逾定期金每期金額之 1/2（第 100 條第 4 項、第 107 條第 2 項、第 126 條、第 183 條第 2 項）。因權利人此項請求既屬賴以維生之必要費用，法院自得於裁判時衡量雙方之經濟能力與實際需要，酌定義務人逾期不履行之效果，而於必要時，對義務人預定課予加給金額之間接強制方式，藉以督促義務人確實履行。二、在執行上，債務人依執行名義應定期或分期給付家庭生活費用、扶養費或贍養費，有 1 期未完全履行者，雖其餘履行期限尚未屆至，執行法院得依債權人之聲請，以裁定命債務人應遵期履行，並命其於未遵期履行時，給付強制金予債權人，但該強制金不得逾每期執行債權額 1/2。但為裁判法院已酌定加給者不在此限[13]。上述命定期或分期給付債務已屆履行期限者[14]，法院亦得依債權人之聲請，以裁定命債務人限期履行，並命其於期限屆滿仍不履行時，給付強制金予債權人。此種間接強制係給與債務人財產上不利益，施以心理上之壓力，促使其履行債務，該金額固委由執行法院為合理之裁量，惟應斟酌債權人因債務不履行所受之不利益、債務人資力狀態及以前履行債務之狀況（第 191 條第 1 項至第 4 項）。蓋關於金錢債權之強制執行，原則上固採直接強制方法，由執行法院查封債務人之責任財產，將之變價而交付或分配予債權人，以滿足執行債權。惟債權人之上述債權，均係維持其生計不

---

[12] 定期金與分期給付概念不同，參本書第四編第四章、貳、一、（三）「分期給付、定期金與強制金」之說明。

[13] 若裁判上就不遵期履行時已酌定加給金額，執行就不可再命給付強制金。另可否單獨對此強制金之裁定聲明不服，法無規定，留有爭議，有認為此一裁定具從屬性，如未對本案裁定之扶養費、贍養費、給付家庭生活費用聲明不服，則不可單獨對此強制金之裁定聲明不服；有認為可以聲明不服。許士宦，前揭書（註4），第244頁註8、第247頁註11。

[14] 第191條第4項之準用前2項規定，係屬執行名義為命定期或分期給付，債權人就已屆期部分聲請強制執行之情形，至於因遲誤一期未履行而視為全部到期之情形，則無本項規定之適用（立法理由參照）。

可或缺，如依一般金錢債權之執行程序進行，恐過於迂遠，且該等債權之數額已將債務人之資力列入主要考慮要素始予決定，通常其沒有無資力履行之虞，為促使債務人確實依執行名義履行債務，採取間接強制制度，除家事法院於裁判時已酌定加給金額外，執行法院亦得依聲請命債務人給付強制金予債權人。裁定強制金後，如債務人能證明無資力清償或因清償債務將使其生活陷於窘迫者，執行法院應依債務人聲請或依職權撤銷該裁定（同條第5項）。

執行「裁判中」之強制金裁定（第100條第4項），屬於債務人新增之債務，該裁定為另一執行名義，債權人如欲執行強制金裁定，應另為強制執行之聲請，且應繳納執行費，不論其原來執行名義之內容是否為扶養費皆然[15]。但「執行中」之強制金裁定（第191條第1項），因是已經聲請強制執行以後，債權人利用同一執行程序聲請執行法院採用強制金執行手段即間接強制方法，應不需另外繳納執行費[16]。又此一強制金裁定確定後，情事變更者，執行法院得依債務人之聲請變更之。債務人為變更之聲請，法院於必要時，得以裁定停止強制金裁定之執行。此一停止執行裁定，不得聲明不服（第192條）[17]。

此外，對於未成年子女扶養費債權之執行，不受強制執行法第122條規定之限制[18]，但應酌留債務人及受其扶養之其他未成年子女

---

[15]許士宦，前揭書（註4），第246頁註10。

[16]許士宦，前揭書（註4），第246頁註9。

[17]第100條之裁判上強制金，如有情事變更者，得依第102條聲請法院變更。

[18]第122條：「債務人依法領取之社會福利津貼、社會救助或補助，不得為強制執行。債務人依法領取之社會保險給付或其對於第三人之債權，係維持債務人及其共同生活之親屬生活所必需者，不得為強制執行。債務人生活所必需，以最近一年衛生福利部或直轄市政府所公告當地區每人每月最低生活費一點二倍計算其數額，並應斟酌債務人之其他財產。債務人共同生活親屬生活所必需，準用前項計算基準，並按債務人依法負擔扶養義務之比例定其數額。執行法院斟酌債務人與債權人生活狀況及其他情事，認有失公平者，不受前三項規定之限制。但應酌留債務人及其扶養之共同生活親屬生活費用。」此處所稱「未成

生活所需（第193條）[19]。強制執行法上開禁止執行之規定，係爲維持債務人及其共同生活之親屬生活所需，而扶養債務人之經濟能力多已在執行名義作成過程中予以相當之考量，有別於一般金錢債權之執行名義。因此，關於未成年子女扶養費用債權之執行，無須重複考量債務人及其共同生活親屬之家庭生活需要。惟爲維護債務人之基本生活需要及其他未成年子女受債務人扶養之權利，執行法院仍應酌留其等生活所需。

　　關於扶養費、家庭生活費用及贍養費等金錢請求權之執行，因本法有如上特別制度，不同於一般金錢債權之執行，因此司法實務上，無論是裁判主文、和解或調解筆錄之記載，宜標明爲扶養費、家庭生活費用或贍養費，俾法院執行處得根據該執行名義適用本法爲特別執行，而不須調卷查明，或猶須從裁判書理由中探知主文依據；尤其在和解或調解情形，從起訴卷證資料或可知悉是否爲扶養費、家庭生活費用及贍養費之請求，但和解或調解結果之金錢給付，有時並不是扶養費、家庭生活費用及贍養費之給付，易生是否適用本法執行規定之爭議。例如夫通姦，妻請求離婚並請求夫給付贍養費10萬元，兩造在法院和解程序中，夫以妻欠其借款10萬元爲由主張抵銷，但夫願意給付10萬元給妻作爲離婚之精神上損害賠償，此10萬元之給付即非贍養費。

　　關於離婚子女扶養費履行之確保，有建議參考韓國依「扶養費履行確保及支援法律」設立「子女扶養費履行管理院」，處理與履行確保相關之事務[20]。

　　年子女扶養費債權」不包括夫妻一方代墊子女之扶養費債權，參最高法院106年度台抗字第652號裁定原審法院之見解。

[19] 本條規定僅是就執行之範圍或對象加以規範，而非認爲未成年子女扶養費債權之執行具有優先性，參最高法院106年度台抗字第652號裁定。

[20] 鄧學仁，離婚後未成年子女之扶養費問題，月旦法學教室，第212期，2020年6月，第9至11頁。

肆、交付子女與子女會面交往之執行

　　爲使關於交付子女與子女會面交往等行爲及不行爲請求權之執行，更加迅速、妥適，明定執行名義係命交付子女或會面交往者，執行法院應綜合審酌未成年子女年齡及有無意思能力、其意願、執行之急迫性、執行方法之實效性、債務人、債權人與未成年子女間之互動狀況及可能受執行影響之程度等因素，決定符合子女最佳利益之執行方法，並得擇一或併用直接強制或間接強制方法（第 194 條）。本法施行前，最高法院 96 年度台抗字第 831 號裁定意旨認爲，交付子女得依強制執行法第 128 條第 1 項處以怠金或管收之間接強制，及第 3 項將該子女取交債權人之直接強制[21]，而會面交往則僅能適用第 1 項之間接強制，不得依第 3 項之直接強制，但本法施行後，明定得擇一或併用直接強制或間接強制方法，並不區分執行名義是命交付子女或會面交往而有所差異[22]。

　　惟法院以直接強制方式交付子女時，通常係因間接強制方法已無效果，於此情況，債務人常有許多情緒性作爲或聚眾頑抗，更應審慎處理，故明定執行法院宜擬定執行計畫，必要時得不先通知債務人執行日期，並請有關機關協助。執行過程，宜妥爲說明勸導，儘量採取平和手段，並注意未成年子女之身體、生命安全、人身自由及尊嚴，安撫其情緒（第 195 條）[23]。

---

[21] 強制執行法第128條：「依執行名義，債務人應爲一定之行爲，而其行爲非他人所能代履行者，債務人不爲履行時，執行法院得定債務人履行之期間。債務人不履行時，得處新臺幣三萬元以上三十萬元以下之怠金。其續經定期履行而仍不履行者，得再處怠金或管收之。前項規定於夫妻同居之判決不適用之。執行名義，係命債務人交出子女或被誘人者，除適用第一項規定外，得用直接強制方式，將該子女或被誘人取交債權人。」

[22] 台灣高等法院102年度家抗字第12號裁定參照。

[23] 發生於2004年2月間吳憶樺交付子女事件，經警方強力介入，在推擠衝突中完成，引發關注與中外媒體報導。相關問題，參伍偉華，吳憶樺案之回顧與啟示，裁判時報，第26期，2014年4月，第119頁以下。

　　離婚判決諭知未成年子女由父母一方之甲單獨行使親權，另一方乙得依附表所示方式與未成年子女進行會面交往。惟甲乙離婚後，乙從未探視子女，甲可否持上開確定判決聲請強制執行，命乙與未成年子女進行會面交往，實務見解採否定[24]。

伍、結論

　　家事事件中之一般財產事件，例如遺產分割，現行強制執行制度行之有年，並無另立規範或專設執行單位之需求，而本編之履行勸告與執行之規定，若能落實，有效資源整合，充分合作，基於國家資源有限，避免機關功能重疊之考量，各地方法院目前固無另成立家事執行處之必要[25]，然已專設之家事法院，如高雄少年及家事法院，因與高雄地方法院不同院區，有無置專人專責，或進而設家事執行處，以負責所有家事事件裁判之執行，應從整體法院資源與人力分配予以考量。本法新增之本編執行規定，諸多良法美意，如履行勸告、強制金，交付子女與會面交往之執行，能否落實採用，仍待實務一段時間之觀察。

---

[24] 參台灣高等法院暨所屬法院109年度法律座談會民執類提案第18號結論。

[25] 少年及家事法院組織法第10條第1項：「少年及家事法院為辦理強制執行事務，得設執行處，或囑託地方法院民事執行處代為執行。」

第六編

附則

本法施行後，涉及審理中未結案件，原所之適用民事訴訟法或非訟事件法與本法間之新舊法程序轉換，及少年專業法院成立後案件移撥，與子法審理細則、施行細則及施行日期等問題，爰於第六編附則中加以規定。

壹、少年及家事法院案件受理

本法施行後，已成立少年及家事法院之地區，原管轄之地方法院，應以公告將本法所定家事事件，移送少年及家事法院，並通知當事人及已知之關係人（第 196 條）。目前僅成立高雄少年及家事法院，是原管轄法院當指高雄地方法院，司法院正在評估是否於中部、北部、東部成立少年及家事專業法院。

至於本法施行前繫屬於民事庭之案件，因本法施行後被定性為家事事件，是否改移家事庭審理；反之，原繫屬於家事庭之案件，因本法施行後被定性為民事事件，是否改移民事庭審理，依本法施行細則第 4 條：「地方法院於本法施行前受理而未終結之家事事件，經分由民事庭處理者，應由原法官依本法所定程序終結之。」之規定可知，民事庭法官處理中之家事事件，並不移由家事庭處理；同理，家事庭法官處理中之民事事件，亦應自為終結，亦無移由民事庭處理之問題[1]。

貳、程序從新原則與例外規定

家事事件之審理於本法制定前，原應分別適用民事訴訟法、非訟

---

[1] 此為司法院少家廳答覆法官論壇之提問。

事件法等相關程序法律，本法制定後，依程序從新之基本原則，自應適用本法續行審理（第 197 條第 1 項）。

然本法施行前，已經依照原法定程序進行之行為，包含當事人之各項聲請等行為，其效力仍應依照原法定程序之法律定之，以免因本法之施行，使程序行為之效力產生變動，阻礙程序之進行（第 197 條第 2 項）。

法院之管轄應以起訴時定之，起訴時有管轄權之法院，不因情事之變動而受影響。本法施行後，除設有少年及家事法院之地區，應由普通法院將家事事件依照第 196 條之規定，移由少年及家事法院審理外，其他於起訴或聲請時，已經取得管轄權之法院，自不因本法之施行受影響（第 197 條第 3 項）。

本法第 41 條以下定有合併審理之規定，其合併範圍與程序均與舊法不同，對於前已繫屬尚未終結之家事事件，以儘早審結為宜，避免因本法施行，再為移由（法院內部）或移送（不同法院間），故除依本法施行前民事訴訟法人事訴訟編得合併裁判者外，不得移送合併審理（第 197 條第 4 項）。

本法就訴訟行為之期間設有不同於民事訴訟法以及非訟事件法之規定者，例如第 60 條承受訴訟之期間有 3 個月與 1 年，故本法所定期間之程序行為，而應於其施行之際為之者，其期間自本法施行之日起算。但本法施行前，法院依原適用法律裁定之期間已進行者，因法院已為裁定命其遵守，自應依法院裁定進行，故於此情形，應依法院所裁定期間（第 197 條第 5 項）。

參、保全、救濟、管轄及執行程序之新舊法適用

本法於第 85 條以下增設暫時處分制度，與非訟事件法第 124 條

以下之必要處分制度間，有功能重疊之處，然因要件、內容以及供擔保等事項並不相同，則已經繫屬之非訟程序必要處分，自應依照本法所定程序終結。至於已經終結之程序，併同終結後之撤銷、擔保金發還及效力等程序，自仍應適用原程序所適用之非訟事件法（第 198 條第 1 項）。該條項僅就非訟事件必要處分程序爲規定，未及民事訴訟法之保全程序，乃因依照本法所定程序終結當指暫時處分之程序，而暫時處分僅限於家事非訟事件之故。舊民事訴訟法第 579 條雖亦有「必要之假處分」，但該條並無準用該法保全程序，不生擔保、撤銷之法律適用問題。本條立法理由雖提及民事訴訟法保全程序，但未注意法條本項僅以非訟事件之「必要處分程序」爲規範對象。至於，本法施行前已繫屬尚未終結之民事訴訟法保全程序，於本法施行後，當依第 51 條準用該法爲後續處理，本法並無相關規範，當無適用本法所定程序終結之問題。

　　本法施行前已終結之家事事件，爲免當事人訴訟權受影響，其異議、上訴、抗告及再審救濟程序之管轄，應以原程序即起訴或聲請時所應適用之法律定之（第 198 條第 2 項）。

　　第 197 條第 2 項與第 198 條第 2 項之區別，在前者之對象爲「尚未終結之家事事件」（依本法所定程序終結之），後者是「已終結之家事事件」（其救濟程序之管轄，依原程序所適用之法律定之）。在本法施行前，第二審法院以判決宣告改用分別財產制事件，當事人不服該第二審判決，於本法施行前提起上訴，最高法院於本法施行後，究應依上訴程序處理（適用第 198 條第 2 項），或依再抗告程序處理（適用第 197 條第 2 項），主要涉及該事件是否已終結而異其結論。因本法施行細則第 10 條特別規定：「本法施行前之訴訟事件，依本法爲家事非訟件者，自本法施行後，應依本法所定之家事非訟程序處理之。上訴審，亦同。」因此最高法院 101 年度第 5 次民事庭會議結論認爲：當事人於民國 101 年 6 月 1 日本法施行前，對於第二審法院宣告改用分別財產制之判決，提起第三審上訴，因本法第 3 條第 5 項第 6 款已將此類事件規定爲家事非訟事件，本院對該法施行後已繫屬

而未終結之家事事件，依同法第 197 條第 3 項規定，自有管轄權，其處理程序，依同條第 2 項及同法施行細則第 10 條規定，應依同法所定家事非訟程序終結之，並適用第 94 條第 2 項規定，改依非訟程序之再抗告程序處理。

本法第五編增設履行勸告及執行程序，其中履行勸告使債權人除聲請強制執行外，得聲請法院採取勸告措施，促使債務人履行債務內容，並未增設債權人、債務人額外之程序負擔，則本法施行前已取得之家事事件執行名義者，亦得由債權人聲請。至於執行部分，增加扶養費等費用請求、子女交付及會面交往執行手段之規定，自仍應得適用本法（第 198 條第 3 項）。

肆、審理及施行細則

家事事件審理細則、本法施行細則，由司法院定之（第 199 條）。司法院訂定家事事件審理細則計 167 條，家事事件法施行細則計 18 條。

伍、施行日期

本法施行日期，由司法院定之（自 101 年 6 月 1 日施行）。本法修正條文，除中華民國 112 年 5 月 30 日修正之第 3 條、第 96 條及第 185 條施行日期由司法院定之外，自公布日施行（第 200 條）。

國家圖書館出版品預行編目(CIP)資料

家事事件法之理論與實務／李太正著.--八版.
--臺北市：五南圖書出版股份有限公司，
2023.08
面； 公分
ISBN 978-626-366-387-9(平裝)

1.CST：家事事件法

584.4   112012131

1S83

家事事件法之理論與實務

作　　者 ― 李太正（88.3）

發 行 人 ― 楊榮川

總 經 理 ― 楊士清

總 編 輯 ― 楊秀麗

副總編輯 ― 劉靜芬

責任編輯 ― 林佳瑩、呂伊真

封面設計 ― 陳亭瑋

出 版 者 ― 五南圖書出版股份有限公司

地　　址：106台北市大安區和平東路二段339號4樓

電　　話：(02)2705-5066　　傳　　真：(02)2706-6100

網　　址：https://www.wunan.com.tw

電子郵件：wunan@wunan.com.tw

劃撥帳號：01068953

戶　　名：五南圖書出版股份有限公司

法律顧問　林勝安律師

出版日期　2014年9月初版一刷
　　　　　2023年8月八版一刷

定　　價　新臺幣540元

經典永恆・名著常在

五十週年的獻禮——經典名著文庫

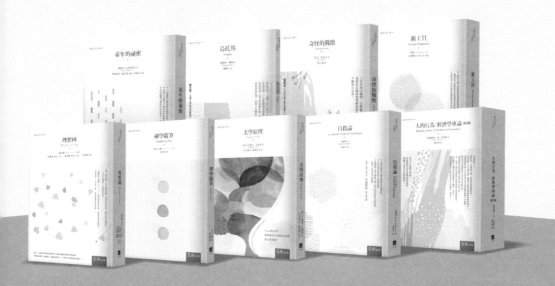

五南，五十年了，半個世紀，人生旅程的一大半，走過來了。
思索著，邁向百年的未來歷程，能為知識界、文化學術界作些什麼？
在速食文化的生態下，有什麼值得讓人雋永品味的？

歷代經典・當今名著，經過時間的洗禮，千錘百鍊，流傳至今，光芒耀人；
不僅使我們能領悟前人的智慧，同時也增深加廣我們思考的深度與視野。
我們決心投入巨資，有計畫的系統梳選，成立「經典名著文庫」，
希望收入古今中外思想性的、充滿睿智與獨見的經典、名著。
這是一項理想性的、永續性的巨大出版工程。
不在意讀者的眾寡，只考慮它的學術價值，力求完整展現先哲思想的軌跡；
為知識界開啟一片智慧之窗，營造一座百花綻放的世界文明公園，
任君遨遊、取菁吸蜜、嘉惠學子！